Allgemeines

Reisepraktisches

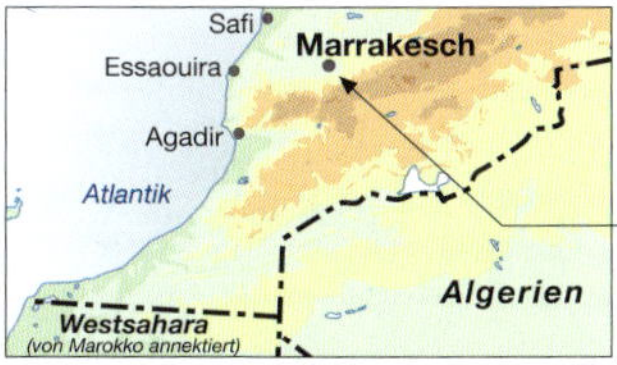

Marrakesch

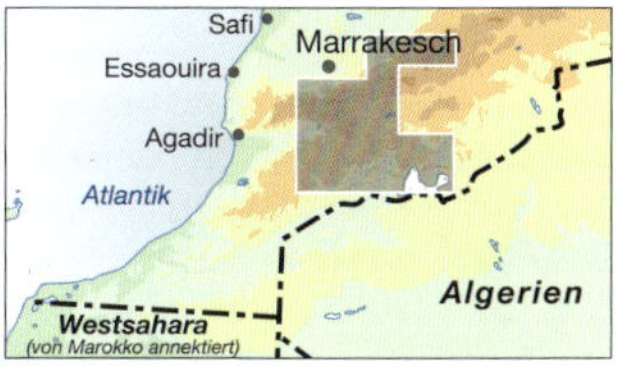

Bergregionen im Hohen Atlas

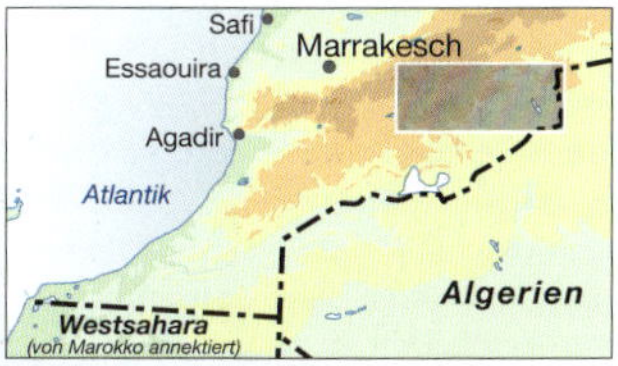

Dades- und Draa-Tal

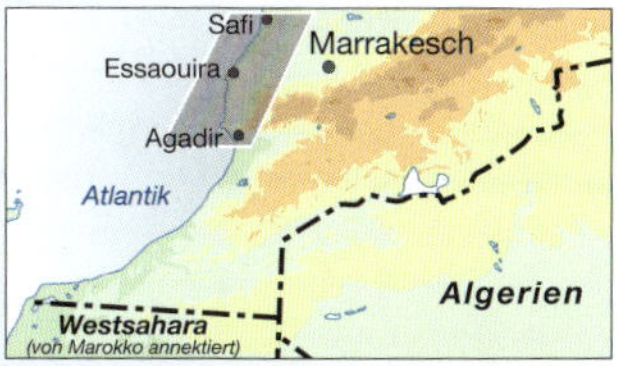

Atlantikküste

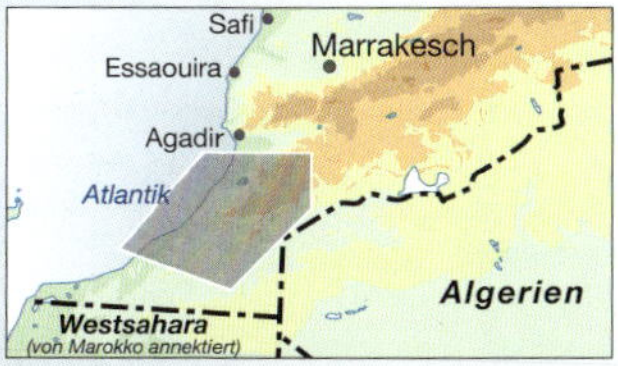

Tafraoute und der Süden

Text und Recherche: Lutz Redecker

Lektorat: Horst Christoph, Christine Beil (Überarbeitung)

Redaktion und Layout: Heike Wurthmann

Fotonachweis: Alle Fotos Jacopo Righi außer: 12, 25, 26, 27, 29, 30, 31, 32, 59, 61, 71, 74, 111, 112, 119, 176, 177, 190, 192, 210, 213, 221, 243, 250 (Lutz Redecker), 96, 147, 215 (Karsten Lutzay), 10, 11, 212 (Dorothee Töllner), 18 (Claudia Stirnweiss), 92 (Ali Oubassidi), 63 (Regina Kräh), 40 (zvg)

Covermotive: oben: Schusterkunst (Jacopo Righi)
                         unten: Ait Benhaddou (Karsten Luzay)

Covergestaltung: Karl Serwotka

Karten: Kim Wanselow, Judit Ladik, Hans-Joachim Bode

Mein besonderer Dank geht an Jochen Grashäuser, der mir Teile seiner historischen und praktischen Recherche zur Verfügung gestellt hat. Desweiteren danke ich Dorothee Töllner, Anne Schmücker, Arisha Montichielo, Peter Kiefer, Ftoma und Somiha Echaria, Aziz und Halima Hazai, Jawad Elwali, Edi Kunz, Dr. Gert Becker, Youssef Naciri, Claudia Stirnweiss, Ali Oubassidi, Abdellatif Ait Ben Abdallah, Dr. El Manira Rochdi, Marco Bovicini, Olivia Mazzocchi, Gaelle und Aziz Aitelcaid, Fatima Mernissi, Beatrice Buschor, Manfred Fahnert, Andrea und Kurt Rainer, Aziz Moubarik, Mahfoud Mohiydine, Ewald Sosna, Ives Dzahra, Mohamed Bouamrane, Rachid Gounair, Ali Lobidy, Achmed Boukhas, Mohamed Brahim, Karin Witzke, Regina Kräh, Thomas Kasan, Peter und Suin Kohle, Ulrike und Harald Leibing, Chris Cosmo, Dietrich Winzer, Martin Rousson, Annie Lauvaux, Thomas Ladenburger, Nadine Guapa de Tamuziga, Nicole und Michaela Pavlin, Stefan Lautner, Mohamed und Lahcen Bouredda, Monica, Kinga und El Mahjoub Laghfiri.

ISBN 978-3-89953-640-9

Aktuelle Infos zu unseren Titeln, Hintergrundgeschichten zu unseren Reisezielen sowie brandneue Tipps erhalten Sie in unserem regelmäßig erscheinenden Newsletter, den Sie im Internet unter **www.michael-mueller-verlag.de** kostenlos abonnieren können.

2. komplett überarbeitete Auflage 2011

SÜDMAROKKO

Lutz Redecker

INHALT

KARTENVERZEICHNIS

Zeichenerklärung für die Karten und Pläne

—·—·—·	Landesgrenze	▲	Berggipfel	✈	Flughafen/-platz
▬▬▬	Fernstraße	☀	Aussichtspunkt	🚕	Taxistandplatz
═══	Landstraße	Λ	Campingplatz	🚌	Bushaltestelle
═ ═ ═	Piste	★	Allg. Sehenswürdigkeit	⚓	Hafen
▬✕▬	Pass	♀	Moschee	P	Parkplatz
▨	Bebaute Fläche	✿	Kasbah	i	Information
▨	Strand	⌐	Tor	📯	Post
▨	Gewässer	☩	Kirche/Kapelle	@	Internetcafé
▨	Salzsee	♫	Schloss/Festung/Burg	T	Tankstelle
▨	Grünanlage	Ⓜ	Museum	✚	Krankenhaus
▨	Islam. Friedhof	🏛	Foundouk		
✝ ✝	Christl. Friedhof				

ALLES IM KASTEN

Was haben Sie entdeckt?

Haben Sie eine schöne Wanderung, ein gutes Restaurants oder eine nette Herberge entdeckt? Wenn Sie Ergänzungen oder Verbesserungsvorschläge zu diesem Buch haben bzw. aktuelle Änderungen feststellen, lassen Sie es uns bitte wissen. Ihr Tipp kommt der nächsten Auflage zugute. Schreiben Sie an:

Lutz Redecker

Stichwort „Südmarokko"

c/o Michael Müller Verlag GmbH

Gerberei 19

91054 Erlangen

lutz.redecker@michael-mueller-verlag.de

▲ Teppichausstellung

Südmarokko erleben

Wüste und Gebirge bei Merzouga

Südmarokko erleben …

… das heißt, Natur pur erleben: die Atlantikküste mit ihren kilometerlangen Sandstränden, Sanddünen wie aus dem sprichwörtlichen Bilderbuch und abgelegenen, fast menschenleeren Buchten; die schneebedeckten Gipfel des Hohen Atlas, weich-grüne, von Steinwüsten umgebene Oasen, blühende Mimosen- und Mandelhaine, schattige Palmen-Plantagen …

Doch Marokko ist groß, die Städte sind nicht mit Highways verbunden, das Fortkommen ist zeitraubender als in Mitteleuropa. So ist es unmöglich, das Land auf einer Zwei-Wochen-Spritztour abzuhaken und zugleich einen Erholungseffekt mit nach Hause zu nehmen. Wer weniger Zeit hat, sollte also überlegen, was er sehen und erfahren will: Gebirge, Wüste oder Oasen, berberische Ursprünglichkeit, modernes Freizeitambiente oder die alten Städte.

Wer sich für einen Badeaufenthalt am Atlantik entscheidet, sollte nicht enttäuscht sein, dass „maroc typic" an der Küste nur begrenzt anzutreffen ist. Die großen Städte sind die modernsten des Landes, ihre malerischen Altstädte, die Medinas, oft von wenig fotogenen Neustädten eingeschnürt. Das Landleben maghrebinischer Prägung ist in den Gebirgen des Mittleren und Hohen Atlas anzutreffen: abgelegene Berberdörfer, Nomadenzelte und Wochenmärkte unter den Gipfeln der Dreitausender. Und der Süden Marokkos ist das Land der Kasbahs und Wehrdörfer – die gewaltigen Lehmburgen in Palmenoasen und die ersten Sanddünen der gewaltigen Wüste geben am ehesten einen Eindruck von der großen Vergangenheit des Südens. Neben diesen Naturschönheiten – besonders in den ländlichen Regionen – ist in Marokko immer noch die Exotik einer Mischbevölkerung spürbar, die oft noch unbeirrt ihren Traditionen folgt. Die berberisch-islamische Kultur in Südmarokko hat ihre ganz eigenen Ausdrucksformen hervorgebracht. Ein Spaziergang durch das

Gassenlabyrinth der Medina von Marrakesch oder Essaouira ist voller Überraschungen: Stadtpaläste und Riads, Medresen und Mausoleen sind Zeugen einer Vergangenheit, die sich inzwischen mit neuen Lebensformen zu einer faszinierenden Gegenwart vernetzt. Aber vor allem abseits der etablierten touristischen Zentren kann man neue Wege gehen und authentische Eindrücke sammeln. Denn das Herz des Landes schlägt fernab des Atlantiks in den ländlichen Souks, den Königsstädten und den Hochplateaus mit den Kasbahs.

Von den Ländern des Maghreb ist Marokko neben Tunesien das am leichtesten zugängliche, und die schrittweise Öffnung des Landes unter dem jungen König Mohammed VI. ist sicher ein hoffnungsvolles Signal für eine Zukunft mit mehr sozialer Gerechtigkeit und weniger Armut. Insofern ist der Tourismus ein großer Hoffnungsträger, nicht nur als Devisenbringer für die touristischen

Mosaike schmücken die Architektur des Landes

Zentren, sondern auch für die lokalen Traditionen. Insbesondere für Individualreisende öffnen sich damit über einen reinen Badeurlaub hinaus neue Horizonte.

Wer bereit ist, sich auf Marokko einzulassen, kann tiefe Einsichten über die vielfältigen, kunterbunten Formen orientalischen Lebens gewinnen, eine alte und verborgene Kultur erleben und unvergessliche Eindrücke mit nach Hause nehmen. Eine ausgedehnte Tour durch das Land kann, wenn auch mit Strapazen verbunden, zum Erlebnis werden, in dem man nicht nur geografisches Neuland entdecken, sondern auch in der Auseinandersetzung mit dem Fremden viel über sich selbst erfahren kann.

Felsenküste südlich von Mirleft

Teppiche in allen Formen und Farben

Die Highlights

Strände, Baden, Wassersport

Mit Ausnahme von Agadir sind die Strände noch nicht übermäßig mit touristischen Einrichtungen verbaut. Es gibt sogar noch unendlich lange Strände fernab jeglicher Zivilisation, und andernorts lädt gerade mal ein kleines Restaurant zum Imbiss ein. Die folgende Auflistung mit Klassifikation nach den Merkmalen Besucherdichte (°), Freizeitangebot inklusive Cafés und Restaurants (+) und Naturbelassenheit (*) will zeigen, was Sie im Einzelnen erwartet.

Küste von Safi in südlicher Richtung nach Dar-Caid Hadji: Am Cap Safi wurden in den letzten Jahren neue Schotterwege und Zugänge zum Meer geschaffen. Die Bucht bei Dar-Caid Hadji ist gut für Wanderungen und Birdwatching geeignet. Souira Kèdima ist ein Fischerort mit Lokalkolorit, sehr einfachen Restaurants und einer Flotte kleiner Fischerboote. Vormittags kann direkt bei den Fischern gekauft werden.
Cap Safi (°/+), Dar-Caid Hadji (**), Souira Kèdima (°/+)

Die Region um Essaouira: Nördlich von Essaouira gibt es einige Pisten, die zu kleinen Stränden führen. Bei Moulay-Bouzerktoun befindet sich ein windumkämpfter großer Strand. Südlich von Diabat kann man zu Fuß oder mit dem Pferd einen über 10 km langen unberührten Abschnitt bis nach Cap Sim und Sidi Kaouki erkunden.
Moulay -Bouzerktoun (+/***), Essaouira (°°/+++/*), Diabat (+/**), Cap Sim (***)

Von Sidi Kaouki nach Had Simmou auf der neuen Seitenstraße zur N 1: Dieser ausgesprochen schöne Straßenabschnitt ist eigentlich zu schade, um ihn mit dem Auto zu erkunden. Da hier bis vor kurzem nur eine Piste existierte, ist die Straße immer noch sehr wenig befahren. Gleich hinter Sidi Kaouki beginnt der kaum frequentierte Abschnitt der langen Bucht mit traumhaften menschenleeren Stränden,

weiter südlich Cap Tafelney, umgeben von einer markanten Küste. Im Bereich der Flussmündungen wird Landwirtschaft betrieben. Versteckte Pisten führen ans Meer.
Sidi Kaouki (°/+ +/***), Cap Tafelney (**)

Immesouane: Ein Vorzeige-Fischerort mit einer kleinen Surfergemeinde und wenigen Unterkünften. Der Tourismus fällt kaum ins Gewicht. Vom Ort kann man hervorragende Wanderungen nach Süden unternehmen. Es gibt eine tägliche Fischauktion, und es kann fangfrischer Fisch gekauft werden.
Immesouane (+/**)

Von Cap Tafelney nach Cap Rhir: Die N 1 bietet hier einige ihrer schönsten Streckenabschnitte mit großartigen Panoramablicken auf die teilweise steile Küste und das Inland. Wenige Bademöglichkeiten. Einige nur mit Allradantrieb befahrbare Pisten führen ans Meer mit teilweise fantastischen Badebuchten, aber ohne Infrastruktur. Eine Ausnahme bildet Immesouane.

Von Cap Rhir nach Agadir: Die hiesigen Orte liegen im Einzugsbereich von Agadir, haben sich in den letzten Jahren immer weiter touristisch entwickelt und bieten inzwischen Freizeiteinrichtungen und Unterkünfte. Große Buchten und gute, teilweise windgeschützte Bademöglichkeiten haben leider auch Investoren angezogen.
Cap Rhir (+/***), Aghroud (°/+/**), Taghazoute (°/+ +/*), Tamrakht (°/+ +/*), Agadir (°°°/+ + +)

Von Tiznit über Sidi Moussa d'Aglou nach Sidi Ifni: Diese Strecke bietet etliche Küstenabschnitte mit tollen Panoramen. Aglou Plage hat eine Strandpromenade bzw. einige Restaurants erhalten. Auf der Strecke nach Mirleft bzw. Sidi Ifni finden sich immer wieder kleine, abgelegene Unterkünfte und Campingplätze. Steilküsten wechseln mit kleinen, teilweise schwer zugänglichen Buchten. Die Bucht von Legzira vor Sidi Ifni bietet spektakuläre, vom Meer umtoste Felsarkaden. Eine grandiose Piste lockt Biker und Trekker von Aglou Plage nach Massa bzw. bis nach Sidi R'bat und Tifnite.
Sidi R'bat (°/+/**), Sidi Moussa d'Aglou (°/+/**), Mirleft (°/+/**), Legzira (+/***), Sidi Ifni (°/+/*)

Kunsthandwerk allerorten

Von Guelmim nach Fort Bou-Jerif und zur Plage Blanche: Für Strandfans und Liebhaber der Einsamkeit ein unvergessliches Erlebnis. Die Plage Blanche bietet Lichtspiele und Windgeräusche in unendlichen Nuancen.
Foum Assaka (**), Plage Blanche (***), Tan-Tan Plage (°/+/*)

Der wenig bekannte Süden …

… für Landschaftsgenießer und Kilometerfresser

Der große Süden lockt mit einer Reihe spektakulärer, wenig befahrener Routen mit fantastischen Panoramen. Tatsächlich lassen sich Kilometer ohne Ende abreißen.

Von Safi nach Agadir: Für die Strecke braucht es je nach Verkehrsdichte mindestens fünf Stunden. Der erste Teil nach Essaouira ist wenig befahren, teilweise werden gerade Straßenschäden beseitigt. Nach Essaouira folgt die Region mit der größten Dichte an Arganbäumen. Zwischen Tamanar und Cap Rhir erreicht der Ausläufer des Hohen Atlas den Atlantik. Hinter Immesouane nähert sich die Straße wieder dem Meer mit weiten Panoramablicken auf die Küste.

Von Tiznit über Sidi Moussa d'Aglou nach Sidi Ifni: Fast ein Muss – immer noch wenig touristisch erschlossen, finden sich hier viele versteckte Ortschaften und Küstenabschnitte mit Panoramablicken.

Von Sidi Ifni nach Foum Assaka und zur Plage Blanche: Dieser Streckenabschnitt ist eine Herausforderung für Off-Roader. Zu erreichen ist die Strecke über die recht desolate Piste von Sidi Ifni oder über den inzwischen geteerten Abschnitt über Bou-Jerif nach Foum Assaka.

Von Guelmim über Tan-Tan nach Tarfaya: Diese Schnuppertour für „Endlose-Weite-Gefühle" führt direkt zur Station des ehemaligen Aéropostale-Fliegers Antoine de Saint-Exupéry in Tarfaya. 390 staubig-sandige Kilometer von Guelmim entfernt, kann hier die Westsahara „vorgekostet" werden, nach Dakhla sind es von hier „nur" noch 520 km. Ab El Ouadia (Tan-Tan Plage) mit einigen passablen Unterkünften verläuft die Straße nach Akhfennir an Salzfeldern, hohen Sanddünen und den letzten Hügeln vorbei, bis nur noch plane Sandebenen mit dürren Grasbüscheln folgt – dabei das blaue Meer im Westen immer im Blick.

Von Guelmim über Akka, Tata, Foum-Zguid, Tazenakht, Agdz, Ouarzazate, Taliouine, Igherm und Tafraoute nach Agadir: Die parallel hinter dem Anti-Atlas nach Osten verlaufende Route bietet Off-Road-Feeling auf Asphalt, Abgeschiedenheit, kaum belebte uralte Ksars (Wehrdörfer), Wüstenbastionen und Panoramen auf geologisch bizarren Formationen. Auf einem mächtigen Monolithen bei Amtoudi „verschmilzt" die Kasbah Id Aissa mit dem steinigen Untergrund. Von der südlichsten Strecke vor der Wüste – wenig befahrene 470 km bis Foum-Zguid – geht es in nördlicher Richtung über Tazenakht, das Zentrum der Teppichproduktion, zunächst nach Agdz mit seinen gut erhaltenen Kasbahs und weiter am Draa-Tal entlang zum kosmopolitischen Ouarzazate. Nach drei 1600-Meter-Pässen erreicht man schließlich das fruchtbare Souss-Tal um Tafraoute und das kulturelle Zentrum der Schlöh-Berber.

Von Marrakesch über den Tizi-n-Tichka-Pass nach Ouarzazate, Agdz, Zagora, Tazzarine, Alnif, Rissani, Merzouga, Rissani, Erfoud, Tinejdad, Tinerhir, Boumalne und Skoura und zurück nach Marrakesch: Diese Route führt zu den wichtigsten

Schaufenster am Dades

Orten und historischen Sights des Südwestens bzw. über den im Winter gelegent-
lich verschneiten Tizi-n-Tichka-Pass zur *„Straße der Kasbahs"*. Von Zagora, dem
früheren Tor nach Timbuktu, lassen sich eine Vielzahl von Touren unternehmen.
Die wenig bekannte Querverbindung südlich des Djebel Saghro führt zu den Oasen
des Tafilalet bis nach Merzouga und bietet unvergessliche Blicke auf 50 m hohe
Sanddünen und besondere Unterkünfte am Erg Chebbi. Vom geschichtsträchtigen
Sijilmassa bei Rissani geht es Richtung Tinerhir mit der prächtigen Todra-Schlucht.
Von Boumalne sind das Tal der Rosen, die reizvolle Dades-Schlucht bzw. die Pisten
des M'Goun Gebirges gut zu erreichen. Die Dades-Region mit markanten Ortschaften, die Oase von Skoura mit vielen alten Kasbahs, die Region um Tinerhir
und die uralte Oasis des Ziz sind Paradiese für Off-Roader, Biker und Trekker.

**Von Marrakesch nach Asni, Tizi-n-Test, Taroudannt, Agadir, Essaouira und Safi
und zurück nach Marrakesch:** Diese Pass-Route verbindet zwei klimatische Zo-
nen – ab Taroudannt ist das milde Atlantikklima der belebten alten Stadt am
Südrücken des Hohen Atlas zu spüren. Der Weg entlang der Küste bietet weite
Panoramablicke aufs Meer, und die Städte im Inland bzw. am Atlantik vermitteln
ganz unterschiedliche Eindrücke. Safi, ein Zentrum der Keramikherstellung mit
einer lebendigen, wenig bekannten Medina, ist touristisch kaum erschlossen. In
der alten portugiesischen Festung hoch über der Stadt befindet sich heute ein
einzigartiges Keramikmuseum.

… für Pferdefans, Trekker, Biker und Surfer

Pferdetrekking: Besonders die Atlantikküste zwischen Essaouira und Agadir ist ein
Paradies für mehrtägige Ausritte. Fast das ganze Jahr (mit Ausnahme des Hochsom-
mers) kann dort geritten werden. Auch die Regionen um Ouarzazate und Marra-

kesch bieten Möglichkeiten. Und schon eine Schnuppertour auf einem für Reiter ausgebildeten geländesicheren Berberhengst vermittelt einzigartige Erfahrungen.

Kameltrekking: Ausritte sind im ganzen Süden möglich. Besonders reizvoll dafür sind Merzouga und der Erg Chebbi, die Region von Skoura, Tinerhir, Zagora, Agdz und Essaouira. Im Gegensatz zum Pferdetrekking können sich hier auch Anfänger – Muskelkater gratis – auf eine Tour einlassen.

Trekking: Eine Fortbewegungsart, die in Südmarokko in allen Varianten und Schwierigkeitsgraden erprobt werden kann. Anspruchsvolles Bergwandern ist in der Toubkal-Region mit ausgebildeten Bergwanderführern auch im Winter möglich. Einige der panoramareichen Berghütten des Club Alpine Français sind ganzjährig erreichbar. Azilal und das Ait-Bougmez-Tal sind zwei der reizvollsten Gebiete für mehrtägige Touren – man kann sogar über das M'Goun-Massiv bis zum Tal der Rosen und zur Dades-Schlucht wandern. Boumalne und Tinerhir bieten den Freunden der Dades- und der Todra-Schlucht unzählige Möglichkeiten für kleine oder längere Touren, auch mit professionellen Agenturen. Die Oasen von Skoura, Tinerhir, Zagora, Erfoud und Agdz lassen sich ohne große Kondition auch in kleinen Etappen erkunden. Und auch das prächtige Ammeln-Tal bei Tafraoute mit einem weiten Netz von Maultierpfaden ist eine ausgefallene Wanderregion.

Mountainbiking: Von Herbst bis Frühjahr sind die klimatischen Bedingungen dafür am besten. Viele Regionen können auch abseits der Hauptstraßen gut durchquert werden, und wer Pisten mag, kommt auf seine Kosten. Die reizvolle Strecke Tiznit––Anezi–Tafraoute–Igherm–Talouine lässt sich mit einer Piste über Ifri nach Tata kombinieren. Die Strecke Agdz–Zagora ist über die Piste östlich des Draa befahr-

Am Strand nach Essaouira

bar, wo der Fortschritt bisher noch keine Spuren hinterlassen hat. Mountainbiker mit Kraftüberschuss fahren von Boumalne eine Rundtour über den Tizi-n-Tazazert-Pass (2200 m) nach Nekob und über zwei weitere Pässe hinter Alnif über Tinerhir zurück. Und wem die Zeit auf den einsamen Bergpisten davonläuft, verfrachtet das Bike in den erstbesten Bus und fährt zurück zum Startort. Die beste Straße für faszinierende Meerblicke mit wenig Verkehr verläuft von Sidi Moussa d'Aglou (Tiznit) über Sidi Ifni nach Bou-Jerif.

Surfen: Wer mit eigener Ausrüstung anreist, hat den Vorteil, die besten Spots mit viel Wind und Wellen (*) zwischen Agadir und Essaouira flexibel zu testen. Die Anzahl der Locations mit Vermietung von Surfboards (+) wird größer. Kitesurfequipment findet sich bisher allerdings nur in Agadir, Taghazoute und Essaouira. Folgende Hotspots sind zu nennen:

Moulay-Bouzerktoun (***), Essaouira (***/+++), Diabat (***), Sidi Kaouki (***/+), Cap Tafelney (*), Immesouane (**/++), Cap Rhir, nördlich Tamrir Plage (***), südlich La Bouilloire (**), Aghroud (**), Taghazoute, Anchor Point (***/+++), Tamrakht, Banana Beach (**/++), La Roche du Diable (***), Agadir (*/+++).

... und für Liebhaber alter Kulturen

Marrakesch, die Perle des Südens, und andere geschichtsträchtige Orte: Die alte und sich heute verjüngende Metropole des Südens ist ein Schmelztiegel der Traditionen und Völker. Eine Stadt voller Gegensätze und intensiver sinnlicher Eindrücke, mit architektonischen Sights, Museen und Sammlungen von internationalem Rang. Auf dem legendären Djemaa-el-Fna und in den Souks bzw. in versteckten Quartieren kann man handwerklich und künstlerisch wertvolle

Von der Welt verlassen: Ksar Tamnougalt bei Agdz

Schätze suchen und finden. Doch nicht nur die Altstadt von Marrakesch ist als UNESCO-Kulturerbe klassifiziert, auch der Medina von Essaouira und den Kasbahs von Ait Benhaddou oder Amtoudi wurde diese Ehre zuteil. Die Dichte an sehenswerten Baudenkmälern ist erheblich, und auch Städte wie Taroudannt, Tafraoute oder Tiznit sind weit mehr als einen Tagesausflug wert.

Die Kultur der Berber: Die Berber nennen sich selbst *Amazigh* („freie Männer"), und ein Besuch der ländlichen Regionen im Süden Marokkos lehrt schnell, was

damit gemeint ist. In den Städten weitgehend in das moderne Leben integriert, leben immer noch viele Berber land- und erdverbunden in den Weiten des Südens, nur wenig eingebunden in den kulturellen Mainstream islamischer Prägung. Wer über Land fährt, lernt archaische Lebensweisen kennen und kann innerhalb von Stunden eine Zeitreise in das vorletzte Jahrhundert machen.

Kasbahs und Agadire: Besonders im 20. Jh. wurden die alten Wohn- und Wehrburgen mystifiziert. Unter dem legendären Glaoui-Pascha, der sich ab 1912 mit den Franzosen verbündet hatte, fand ein erbitterter Kampf gegen die königstreuen Caids in ihren Kasbahs statt. Nicht zuletzt das touristische Interesse führt heute dazu, dass die vielen Burgen an der *Straße der Kasbahs* erhalten bleiben. Von Ait Benhaddou über Skoura nach Tinerhir und von Agdz nach Zagora kommen Liebhaber dieser Baukunst auf ihre Kosten. Einige spektakuläre Kasbahs wie Telouet oder Id Aissa thronen jedoch fernab der großen Routen. Unweit von Tafraoute liegt der mächtige, steingemauerte Agadir Tasguent.

Viel Geschmiedetes:
Place des Ferblantiers, Marrakesch

Kunsthandwerkliche Traditionen: Wer heute durch Marokko reist, findet in jeder Region spezielle Traditionen, die weitergeführt und lebendig gehalten werden. Die staatlich kontrollierten *Ensembles Artisanaux,* die Handwerkskooperationen der großen Städte, garantieren Qualität zu fairen Preisen und fördern mehr denn je die Ausbildung junger Menschen. Und in den Souks und den Medinas der Städte kann nicht nur alles Erdenkbare eingekauft werden – mit Auge und Ohr man kann auch die vitale Andersartigkeit des marokkanischen Alltags bestaunen.

Bei Taroudannt: Hoher Atlas zum Greifen nah!

Landschaft & Geografie

Südmarokko liegt annähernd auf dem Breitengrad der Kanarischen Inseln, die Entfernung von Agadir nach Las Palmas beträgt weniger als 800 km. Marokko erstreckt sich zwischen dem 23. und 36. Breitengrad, wird im Osten von Algerien und im Süden von Mauretanien begrenzt.

Marokkos Atlantikküste zieht sich von Tanger südlich bis nach Tan-Tan und La Gouira auf einer Strecke von über 2000 km. Von Tan-Tan geht das Meer in die unwirtliche Wüste der von Marokko besetzten Westsahara über, ein Gebiet von 710.800 km², während ohne die Westsahara die Landesfläche 458.700 km² beträgt.

Das Atlas-Gebirgsmassiv befindet sich in Tunesien, Algerien und Marokko. Der Mittlere Atlas bildet den südlichen Abschluss, der nach Westen den bevölkerungsreichsten Teil des Königreichs umschließt. Die von Südwest nach Nordost verlaufende Gebirgskette des Hohen Atlas (bis 4100 m) und des Mittleren Atlas (um 3000 m) geht im Osten in das ostmarokkanische Hochplateau über (ab 1300 m). Am Nordrand der Sahara baut sich hingegen der Anti-Atlas (bis 2300 m) auf, in dessen Westen sich die fruchtbare Souss-Ebene erstreckt.

Klima und Reisezeit

Das Wetter an der *Atlantikküste* ist geprägt vom kalten Kanarenstrom, der die Tagestemperaturen auch im Sommer selten höher als 25° C klettern lässt. Die Wassertemperaturen liegen zwischen Dezember und März selten unter 16° C, im Sommer aber auch nicht über 20° C. Dennoch kann Agadir mit 300 Sonnentagen im Jahr werben – ein Wert, der von den benachbarten Städten an der Südküste nur wenig unterschritten wird. Der Winter an der Küste ist mild, mit jährlichen Niederschlägen von weniger als 500 mm – wobei die Niederschlagsmenge seit drei Jahren deutlich zunimmt.

Hinter dem atlantischen Küstengebiet beginnt der Einflussbereich des *afrikanischen Kontinentalklimas* mit starken Temperaturschwankungen. In Marrakesch steigt das Thermometer im Juli und August auf über 40° C und fällt im Winter gelegentlich auch unter 0° C – eine Jahreszeit, in der die Bergkuppen im Süden schneebedeckt sind. Im Landesinneren – nicht nur in der Wüste – ist generell mit extremeren Temperaturen zu rechnen, auf den östlich gelegenen Hochplateaus mit trockenem Steppenklima und oftmals heftigem Wind.

Die *Atlasketten* sind die Klimascheide des Landes. An den bis zu 4000 m hohen Bergmassiven regnen im Winter und Frühjahr die feuchten Luftmassen ab, die vom Nordwest-Atlantik kommen. So trennen die Atlas-Gebirge das ausgeglichene atlantische Klima vom heißen Wind der Sahara, dem Schirokko. Dieser periodisch ins Land fallende Wüstenwind lässt das Thermometer innerhalb von Stunden um 20° C steigen. Eindrucksvoll ist die üppige Vegetation und die landwirtschaftliche Blüte westlich des Anti-Atlas bzw. der Souss-Ebene (und die reiche Farbenpracht ab März), die sich südlich von Agadir landeinwärts erstreckt und von diesem günstigen Mikroklima profitiert. Oftmals gibt es hier in Meernähe Nebel, der durch das Aufeinanderprallen warmer Inlandsluft mit dem Kanarenstrom entsteht und so die Pflanzenwelt auch in den regenfreien Monaten unterstützt.

Reisezeit: Während es im Sommer, besonders im August, rund um die großen nordmarokkanischen Städte am Meer voll wird, sind in Südmarokko selbst zur Ferienzeit lediglich die Buchten von Agadir und Essaouira stärker frequentiert. Außerhalb der stadtnahen Bereiche findet man jedoch schnell Ruhe und Abgeschie-

Pflanzenvielfalt in Souss-Massa

denheit – ideal für einen Badeurlaub ohne großen Rummel. Im Inland wird es im Sommer recht heiß, Temperaturen über 40° C sind dann keine Seltenheit, und man sollte sich bei Exkursionen auf den Hohen Atlas beschränken.

Für Touren und Wanderungen an der Küste und bis in die mittleren Bergregionen findet man von Jahresbeginn bis Mai und von September bis Dezember ideale Bedingungen. Auch die Städte der Südküste zeigen sich dann von ihrer besten Seite, die historischen Sehenswürdigkeiten sind nicht so stark frequentiert, der Tourismus fällt weniger ins Gewicht. Ebenfalls gut geeignet für Exkursionen und Städtetouren (insbesondere für Marrakesch) sind die Wintermonate, zumal Tiefdruckausläufer selten sind und sich nicht lange halten.

Pflanzenwelt

Südmarokko ist unterhalb des Atlas-Gebirges bis zu den Trockenregionen der Wüsten geprägt von mediterraner Strauchvegetation – immergrüne Pflanzen, die sich durch kleine Blätter, Wachsüberzug und Haarbewuchs gegen Austrocknung schützen. Einige Büsche und Sträucher der mediterranen Macchia sind Lorbeer, Rosmarin, Ginster, Kreuzdorn, Thymian und Rutenkraut.

Weiter im Süden gedeihen Stein- und Korkeiche, Zeder, Thujabaum, Pistazie, Oleander, Tamariske, Aleppokiefer und Olivenbaum. All diese Arten müssen dem Schirokko widerstehen und sind so in ganz unterschiedlicher Dichte anzutreffen. Der Argan- oder marokkanische Eisenholzbaum findet sich von Sidi Ifni bis in die Region von Essaouira und hat sich hervorragend an mögliche Trockenperioden angepasst (→ Diabat/Arganöl). Die Atlas-Zeder zieht hingegen ein etwas höheres, nicht zu trockenes Terrain vor.

Auf den Hochplateaus des Mittleren und des Hohen Atlas vollzieht sich der Übergang zur ostmarokkanischen Steppe. Dort findet sich das langblättrige Halfa-Gras, das inzwischen zur Papierherstellung genutzt wird. Die typische Oasenpflanze, die hoch aufragende Dattelpalme, ist eine der wichtigsten Kulturpflanzen. Kakteen bzw. Sukkulentengewächse bekommt man ebenso zu sehen wie die farben- und formenreichen Disteln in vielen Varianten. In den trockenen Regionen wachsen vor allem Dornsträucher, etwa der Dornbusch, Tamarisken, Kameldorn, Salzbusch und Dornpolsterpflanzen.

Tierwelt

Besonders für die Vogelbeobachtung bietet Südmarokko zahllose Möglichkeiten: Entlang der Atlantikküste brüten und schnäbeln Möwen, Kormorane, Reiher und Flamingos, um die bekanntesten zu nennen. Im Winter gesellen sich zu den ansässigen Dauerkolonien europäische Zugvögel. Zu den Zentren des gefiederten Volks zählen der Nationalpark Souss-Massa südlich von Agadir, das Reservat der Purpur-Inseln vor Essaouira und die Banc d'Argui südlich von Tarfaya, der größte Brutplatz Westafrikas. Adler, Falken und Bussarde ziehen ihre Kreise über den Gebirgen, der Geier freut sich in der Wüste auf Aas, Kolkraben krächzen überall im Land.

Auch Insekten lieben Marokko. Schmetterlinge, Libellen, Grillen und Käfer – etwa die häufig anzutreffenden Skarabäus-Arten – leben hier in ungeahnter Vielfalt. Zur Plage wird mehr und mehr die Heuschrecke, die bekanntlich in den gefürchteten Schwärmen auftritt.

Bei den Reptilien fallen Echsen (etwa die Smaragd-Eidechse), kleine und große Chamäleons, Landschildkröten, Wüstenrenner, Berberskink sowie der mauretanische Mauergecko auf, der am liebsten in Lampennähe nachts an Wänden und Decken unterwegs ist. Der nachtaktive Skorpion fühlt sich besonders in der Steinwelt der warmen Bergregionen heimisch. Schlangen sind im ganzen Land verbreitet, doch sind sie selten und scheu. In der Oase lebt die harmlose Kapuzennatter, überall jedoch die Hornviper, deren Biss gefährlich ist.

Zu den Nagetieren zählt das gestreifte Zieselhörnchen, das u. a. im Souss-Massa-Nationalpark heimisch ist, das etwas kleinere Atlashörnchen mit weißen Streifen an der Flanke und buschigem Schwanz, das an der gesamten Küste verbreitet ist, und die schnelle und deswegen schwer zu erkennende Sandrennmaus. Zu den noch nicht ausgerotteten Raubtieren zählen Dachs, Luchs, Schakal, die Hyäne und der Fennek (Wüstenfuchs), die in den Steppen- und Wüstengebieten leben.

Huftiere, die frei durchs Land galoppieren, sind das Mufflon (ein Wildschaf), nur noch vereinzelte Exemplare der Antilope und das knorrige Wildschwein. Die anderen Huftiere wie Kamel, Schaf, Ziege, Rind, Esel, Muli, Pferd und Büffel hat sich der Mensch untertan gemacht. Am Rande der Gesellschaft geduldete Tiere sind Katze und Hund, und das Federvieh dient dem Verzehr.

Exotischer für Europäer sind die in Marokko lebenden Affen: Paviane und Magots (Berberaffen) – eine schwanzlose Makakenart, die in ansehnlichen Scharen schwer zugängliche Bergschluchten bevölkert.

In Bächen und Seen tummeln sich Speisefische wie Forelle, Barsch, Barbe und Hecht. Sardine, Thunfisch, Rotbarsch, Hai- und Tintenfisch – um die wichtigsten zu nennen – können beim Tauchen im Meer oder auf den Fischmärkten fangfrisch bestaunt werden. Hinzu kommen Krusten- und Schalentiere wie Seeigel, Muscheln, Langusten, Krabben – und auch Wasserschildkröten.

Die Wüstenschiffe warten

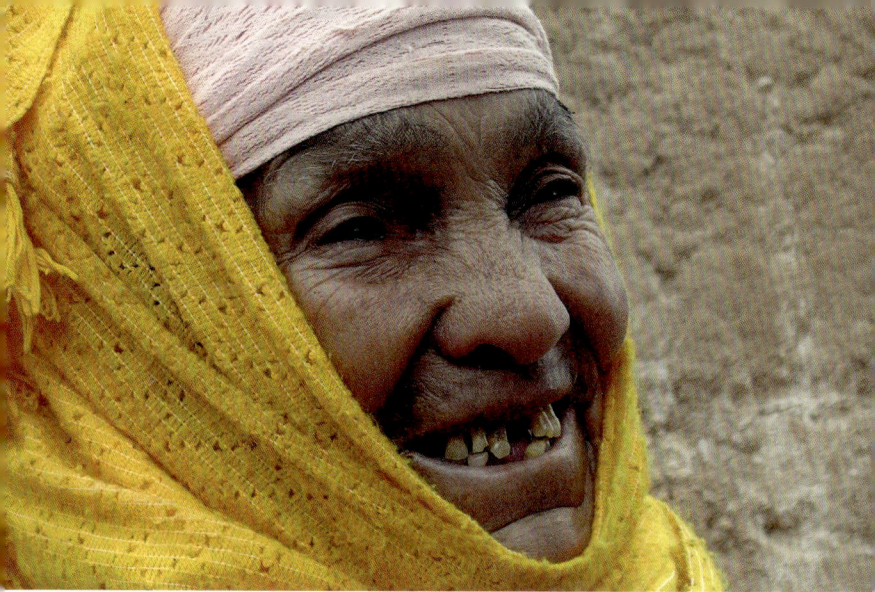

Eine fast Hundertjährige

Die Menschen

Bevölkerung

Die Bevölkerung Marokkos besteht vor allem aus Amazigh (Berbern) und Arabern. Erstere bevölkerten lange vor den Römern das Land, während die Ausbreitung des Islams in der Folgezeit in mehreren Wellen stattfand. Gesichert ist, dass zur Zeit der islamischen Eroberung ab dem 7. Jh. die Berber den größten Bevölkerungsanteil stellten. Als Idriss I. sein arabisches Fürstentum begründete, waren die Araber nur im Norden ansässig. Zwischen dem 7. und 13. Jh. kam es zu recht brutalen Eroberungsfeldzügen der Araber. Mit dem 20. Jh. haben vor allem Mischehen zwischen den in den vorangegangenen Jahrhunderten nur zaghaft zusammenwachsenden Gruppen zu der heutigen Bevölkerungsstruktur geführt.

Die marokkanischen Berber gehören zu verschiedenen Stammesgruppen, die sich sprachlich und äußerlich unterscheiden. Drei Dialekte finden sich dabei: Das *Tarifit* der Rifis im Rifgebirge, das *Tamazight* der Berber im westlichen Mittleren Atlas und im Hohen Atlas sowie das *Tachelheit* der Schlöh-Berber (→ Wissenswertes A–Z/Sprache) im westlichen Hohen Atlas, im Anti-Atlas und im Souss-Gebiet. Besonders im Süden Marokkos sprechen bis heute noch viele Menschen neben dem Arabischen einen Berberdialekt als Muttersprache. Verhältnismäßig reine Berberstämme leben noch in den Gebirgen des Atlas. In den zum Atlantik hinlaufenden Ebenen vermischten sich bereits vor dem 20. Jh. arabische Beduinen mit den Berbern. Es ist interessant zu sehen, dass dort die Männer Familienoberhaupt sind – ganz im Gegensatz zu den alten matriarchalisch organisierten Berbergruppen. So betrachtet, kann die Familienorganisation also Auskunft über den Grad der Islamisierung geben.

Stolze Berber

Berber hat seine Wurzel im Wort *Barbar,* womit die alten Griechen ursprünglich all jene bezeichneten, die kein Griechisch sprachen – seinen negativen Beiklang bekam der „Barbar" erst später. Berber ist also eigentlich eine Fremdbezeichnung, die heute angesichts des wachsenden Selbstbewusstseins dieser Volksgruppe gegenüber der Eigenbezeichnung *Amazigh* („freier Mann") mehr und mehr in den Hintergrund tritt. Dieses Selbstbewusstsein zeigt sich heute auch im Alltagsleben: So werden die Nachrichten mehrmals täglich in Amazigh ausgestrahlt, neue Kulturzentren eröffnen (bis hin nach Frankreich), und selbst Soaps werden inzwischen in Amazigh-Sprache produziert. Nach vorsichtiger Schätzung leben im gesamten Maghreb von Marokko bis weit über Algerien hinaus etwa 25 Millionen Berber, ein großer Teil lebt in Marokko: 40 % der Gesamtbevölkerung sind Amazigh.

Aktuelle Informationen über Literatur, Musik und Kunst der Berber finden sich auf der Webseite www.mondeberbere.com.

Für die Berber gilt, was der berühmte Schauspieler Omar Sharif für die arabische Gesellschaft generell feststellte: Die Grundlage des Zusammenlebens ist der Stamm. Mentalität und Gepflogenheiten seien nur aus diesem Blickwinkel heraus zu

verstehen. Ein Stamm unterteilt sich in mehrere Clans oder Sippen. Die Sippen sind durch Familienzugehörigkeit (bei geringer Islamisierung kann das Familienoberhaupt auch eine Frau sein) zu gegenseitiger Solidarität verpflichtet, die Clans durch ihre Stammeszugehörigkeit. Die Mitglieder eines Stammes wohnen auf dem Stammesgebiet, die einzelnen Clans leben verstreut in Dörfern und Siedlungen, die von nur wenigen, untereinander verwandten Großfamilien bewohnt werden. Eine über die Stammesgrenzen hinausgehende Berber-Identität war daher nie besonders ausgeprägt, nur bei starken Bedrohungen von außen kam es zu größerer Solidarisierung. Die über 800-jährige Geschichte der Berber zwischen Islamisierung des Maghreb und den osmanischen Einfällen zu Beginn des 16. Jh. sind daher aus dieser Perspektive zu verstehen.

Einen Riss im Verhältnis zu den Arabern gab es durch die Intrigen der französischen Kolonialpolitik nach 1930. Damals sollten mit dem sogenannten Ber-

Marktverkäufer und Kamelhändler

ber-Dahir-Dekret die Berber dem Einfluss des (arabischen) Sultans entzogen werden, um sie für die französischen Interessen einzuspannen und mit ihrer Hilfe den arabischen Norden besser kontrollieren zu können. Der Berberfürst Glaoui-Pascha Thami el-Glaoui wurde mit großen Machtbefugnissen sowie Waffen und Geld ausgestattet, womit er in Marrakesch bis zum Ende des französischen Protektorats gewaltsam regierte.

Araber und Berber in Marokko haben sich mit der fortschreitenden Industrialisierung des Landes in den letzten Jahrzehnten weiter angenähert, eine klare Grenzlinie zwischen diesen Bevölkerungsgruppen ist nicht mehr festzustellen. Dies gilt besonders für den Norden des Landes, wo der wirtschaftliche Erfolg dazu beiträgt, die kulturellen Differenzen zu überbrücken. Im ländlichen Süden mit seinen archaischen Strukturen, traditioneller Landwirtschaft und traditioneller Tierhaltung ist es vor allem das starke Glaubensband des Islam, das nach außen verbindet.

Die Familie

Was die Familienstruktur angeht, ist in Marokko ein deutlicher Unterschied zwischen Land- und Stadtbevölkerung sowie zwischen Arabern und Berbern festzustellen. Während in den großen Städten die Kleinfamilie nach europäischem Muster im Kommen ist und sogar individuelle Lebensstile fern der Familie gewählt werden, so hat die Familie vor allem im ländlichen Südmarokko immer noch eine ungleich höhere Bedeutung als in Westeuropa – sie ist die Grundlage allen sozialen Lebens. Im islamischen Familienverbund ist der Patriarch unumschränkter Herrscher.

In Berber-Großfamilien hat die Großmutter noch starken Einfluss – was ebenfalls im ländlichen Süden gut zu beobachten ist. Hier findet sich ein deutlicher Hinweis auf die matriar-

Bioküche in Taliouine

chale Organisation der alten Berberstämme. Einsame Entscheidungen eines Familienmitglieds über das eigene Leben sind hier immer noch unüblich, alle wichtigen Angelegenheiten werden im Kreise der Lieben durchgesprochen. Ist die Familie dagegen – *Inscha 'Allah,* dann eben nicht.

Juden und Araber in Marokko

Die letzte Synagoge ist längst geschlossen. Wer beten will, muss nach Casablanca oder Marrakesch fahren. Im Wüstenwind verweht sind die Oasen-Gemeinden am Rande der Sahara oder auf dem Land – Gemeinschaften, die teilweise auf jahrhundertealte Traditionen zurückblicken konnten. Nur noch ein paar Namen erinnern an sie sowie Reste jüdischer Friedhöfe oder Grabmäler von Rabbinern, die noch in Ehren gehalten werden.

Dass die Geschichte Marokkos untrennbar mit ihrer jüdischen Minderheit verbunden ist, ist wenig bekannt – besonders die Zeit vor der Vertreibung von Mauren und Juden aus dem „Paradies Andalusien" im Zuge der bis 1492 andauernden *Reconquista*, des Kampfs des (christlichen) Spaniens gegen die Araber. Die ersten jüdischen Siedler kamen im Gefolge der phönizischen und karthagischen Händler ins Land. Seit den Idrissiden (788–920), deren Sultan den Juden Schutz gewährte, folgten mehrere Einwanderungswellen, und bald bildeten jüdische Gelehrte, Kaufleute und Kunsthandwerker einen bedeutenden Bevölkerungsanteil in den nördlichen Städten, besonders in Fès. Später waren es ihre wirtschaftlichen Kontakte zu den europäischen Seefahrern, Diplomaten und Herrschern, von denen besonders Marokkos Hafenstädte profitierten. Überall arbeiteten sich die Juden in wichtige Positionen hoch, sie waren erfolgreiche Geschäftsleute, Ärzte, Schmuckschmiede und Händler.

1862 wurden sie den Muslimen gesetzlich gleichgestellt, und diese Toleranz des marokkanischen Königshauses gegenüber der jüdischen Minderheit ist von Kontinuität geprägt – sie reicht von Mohammed V. (1927–1961) über Hassan II. (1961–1999), der im Zweiten Weltkrieg 300.000 Juden Schutz gewährte, bis zum heutigen König Mohammed VI.

Einen schmerzhaften Einschnitt markierte der israelische Sechs-Tage-Krieg 1967. Auf Druck der Arabischen Liga stellte sich Marokko gegen Israel und provozierte damit die Flucht von vielen tausend jüdischen Familien. Heute leben nur noch 6000 Juden in Marokko. Der frühere marokkanische Tourismusminister, Serge Berdugo, sieht hier eine „historische Aufgabe", da sich in Marokko doch gezeigt habe, dass Juden und Araber ohne große Probleme zusammenleben können. Und diese jahrhundertealte friedliche Koexistenz könne für die Lösung des Nahostkonflikts genutzt werden.

Auch der Wirtschaftsberater des marokkanischen Königs, der Finanzier André Azoulay, macht sich seit Jahrzehnten für Frieden und Dialog zwischen Muslimen und Juden stark. Als arabischer Jude erfuhr er die Fronten zwischen den beiden Kulturen am eigenen Leib. Doch nicht die Unterschiede in der Religion, sondern der israelisch-palästinensische Konflikt sind für Azoulay das „Schlüsselsymbol für die Kluft zwischen den westlichen und muslimischen Gesellschaften".

Verbesserte Stellung der Frau: In der Herbstsitzung des Parlaments im Oktober 2003 kündigte König Mohammed VI. eine grundlegende Erneuerung der traditionellen Familiengesetze (Mudawana) an: Mann und Frau sollten praktisch gleichgestellt werden. Im Januar 2004 wird der Gesetzesentwurf nach langen Debatten einstimmig von beiden Kammern des Parlaments verabschiedet. Die wichtigsten Eckpunkte: Die Familie soll fortan „unter der Verantwortung beider Ehepartner", nicht nur der des Mannes stehen. Das Mindestalter für Eheschließungen wird für beide auf 18 Jahre (bisher 15 für Frauen) festgelegt. Junge Frauen dürfen nicht mehr gegen ihren Willen verheiratet werden. Die Polygamie wird zwar nicht ausdrücklich verboten, aber eingeschränkt, indem sie von der Zustimmung der ersten Frau, eines Richters und weiterer Bedingungen abhängig gemacht wird. Ein Mann kann seine Frau nicht mehr „verstoßen", er muss vor einen Scheidungsrichter gehen. Auch die Frauen haben jetzt das Recht, eine Scheidung und auch das Sorgerecht für ihre Kinder zu beantragen. Die Gehorsamspflicht der Frau wird abgeschafft, und eine Frau kann künftig ihren Mann wegen häuslicher Gewalt, Untreue oder finanzieller Vernachlässigung verklagen.

Für Marokko, das nach Tunesien und dem Libanon das dritte Land in der arabischen Welt ist, das den Frauen solche Rechte gibt, kommt das Maßnahmenbündel des Königs einer gesellschaftspolitischen Revolution von oben gleich. Und Mohammed VI., Monarch und „Oberhaupt der Gläubigen", setzt, wie auch die Wahlen 2007 gezeigt haben, seine Politik konsequent gegen extremistische Gruppierungen durch.

Bildung

Obwohl 1963 die allgemeine Schulpflicht eingeführt wurde, liegt die Einschulungsquote nach inoffizieller Schätzung immer noch unter 80 %. Der Grund: Besonders die Mädchen müssen in den armen und schwer zugänglichen Regionen zum Familieneinkommen beitragen. Berücksichtigt man, wie viele Menschen in solchen Regionen leben, wird die Analphabetenquote von rund 44 % verständlich. Das Schulsystem ist nach französischem Vorbild strukturiert (écoles primaires/écoles secondaires), doch viele Kinder verlassen schon nach der *école primaire* die Schule, obwohl kein Schulgeld gezahlt werden muss. Offizielle Unterrichtssprache ist Arabisch, in der Sekundärstufe können Französisch und andere Sprachen gewählt werden. Französischkenntnisse gelten als ein Muss für qualifizierte Arbeitsplätze.

Safranfest in Taliouine

Der Islam in Marokko

Der wichtigste Satz des Korans besagt: „Es gibt keinen anderen Gott als Allah, und Mohammed ist sein Prophet." Allah ist für den Moslem der einzige, unteilbare Gott. Und Mohammed war der letzte seiner Propheten, zu denen auch Noah, Abraham, Moses, Jakobus, David und Jesus zählen – doch Mohammed vertraute Gott seine endgültige Botschaft an, die für jeden Moslem für alle Zeiten bindend ist. 99 % der marokkanischen Bevölkerung bekennen sich zum sunnitischen Islam (arab. „Ergebung in Gottes Willen"). Das verbleibende Prozent repräsentiert die religiösen Minderheiten: Juden, Christen und geistige Bruderschaften.

Der marokkanische Alltag ist stark vom Islam geprägt – ohne die Grundpfeiler des islamischen Glaubens ist Marokko nicht zu verstehen. Nach islamischer Lehre lenkt Allah die Welt und den Einzelnen. Der gläubige Moslem akzeptiert Gottes Willen und unterwirft sich in seinem Denken und Handeln den Gesetzen Gottes. Unmittelbare Folge ist – für den christlichen Kulturkreis schwer nachvollziehbar – die Schicksalsergebenheit des Moslems: *Kismet*, Allah hat es so gewollt, da kann man nichts machen. Die Offenbarungen Gottes wurden in Suren aufgezeichnet und im Koran, dem Gegenstück zu Bibel und Thora, zusammengefasst. Mohammed selbst war übrigens Analphabet, weshalb seine Anhänger die Aufzeichnungen für ihn besorgten. Der Koran gilt übrigens als eines der poetischsten Werke in arabischer Sprache.

Ursprünglich sollte der Koran das einzig gültige Gesetz sein, er war die Grundlage für das islamische Gesetzbuch, die *Scharia*. An sie ist nach der islamischen Lehre jede Regierung gebunden, ebenso die Rechtsprechung und alle wissenschaftlichen Disziplinen. Aber nicht nur in Marokko, auch in anderen islamischen Ländern wird der Koran heute durch weltliche (westlich geprägte) Gesetze eingeschränkt. Dieses Rechtsverständnis ist dem Empfinden des frommen Moslems fremd und stößt auf den Widerstand orthodox-islamischer Kreise – Konfliktthemen sind beispielsweise die Stellung der Frau, die sexuelle Moral, Umgang mit Alkohol und Kleidungsvorschriften.

Das Leben des Moslems ist durch eine feste Ordnung von Geboten und Verboten geregelt, die es strikt zu befolgen gilt. Die fünf wichtigsten Gebote umfassen die fünf täglichen Gebete, die täglichen Waschungen, die Almosengabe an Bedürftige, das Einhalten des Fastenmonats Ramadan und die Pilgerfahrt nach Mekka – wobei einige Gebote Spielraum lassen: So braucht der Moslem seine Pilgerfahrt nur dann zu machen, wenn ihm das (finanziell) möglich ist; die Waschungen können notfalls auch ohne Wasser, also ritualisiert ausgeführt werden.

Gute und böse Geister: Trotz Islamisierung hielt sich der berberische Volksglaube über die Jahrhunderte und bildet – von islamischen Rechtsgelehrten und dem Königshaus teils geduldet, teils (erfolglos) bekämpft – einen wichtigen Bestandteil des Islams marokkanischer Prägung. So gibt es Zauberer und Wahrsager, den bösen Blick, unheilvolle Plätze und jede Menge *Djinns* – gute und böse Geister, mit denen man sich besser gut stellen sollte. Zu den Mitteln, um sich zu schützen, gehören beispielsweise Beschwörungsformeln, Amulette, die gespreizte Hand und Henna, das in bestimmten Mustern auf Gesicht und Hände aufgetragen wird.

Der Sufismus: Eine weitere marokkanische Besonderheit ist die Heiligenverehrung. Schon seit der Frühzeit des Islam sorgten verschiedene *Sufi-Orden* für Elemente, die der offiziellen Religion fehlten – Musik, Poesie und Tanz sollen der mystischen Ekstase und der geistigen Vereinigung mit Allah dienen. Ihre bedeutendsten Lehrer werden als Heilige verehrt, ihre Gräber sind bis heute Ziel von Wallfahrten. Denn diesen Heiligen, den *Marabuts*, werden außergewöhnliche Kräfte zugeschrieben, weil sie mit den göttlichen Wirkkräften in Verbindung stehen. So glauben überzeugte Pilger an die *Braka*, die „heilbringende Aura", die gleichsam angezapft werden kann: Werden Wohnstätte, Grab oder Gegenstände aus dem persönlichen Besitz des Heiligen berührt, überträgt sich seine Aura auf den Pilger.

Die bekanntesten Sufi-Persönlichkeiten, wie etwa Moulay Idriss, der Gründer des ersten marokkanischen Staates, sowie Vertreter der „heiligen Schulen" und Bruderschaften werden weit über ihre Heimatregion hinaus verehrt (→ Wissenswertes A–Z/Sufismus).

Ramadan: Der heilige Fastenmonat wird alljährlich in Rabat mit Böllerschüssen feierlich „eingeläutet", natürlich live in Radio und Fernsehen übertragen. Von Neumond bis Neumond, also etwa einen Monat, sollen die Menschen sich rückbesinnen und darin erinnern, dass jede Speise von Gott ist. Beim Fasten werden den Menschen ihre Sünden verziehen, heißt es. Dabei bedeutet Fasten keineswegs Verzicht auf Ausgelassenheit – das Feiern ist vielmehr ein zentraler Bestandteil des Ramadan, und das passiert nachts, denn die Fasten-Gebote gelten nur von Sonnenaufgang bis Sonnenuntergang. So verbringen viele Gläubige 29 bis 30 Nächte im Ramadan-Rausch, der auch für die Ungläubigen einen Monat lang zu spüren ist: im öffentlichen Leben, bei den Öffnungszeiten, im Arbeitsalltag (→ Wissenswertes A–Z/Feiertage).

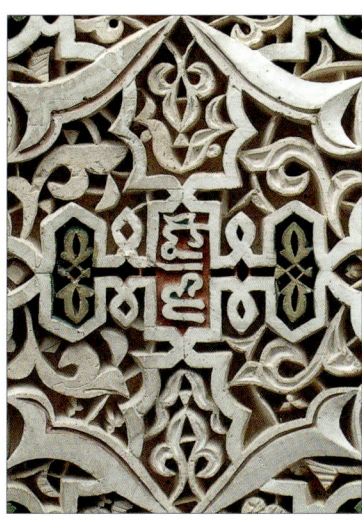

Religiöse Chiffren in Tiznit

Geschichte

Die Anfänge

Seit dem 3. Jahrtausend v. Chr. besiedeln vor allem Vieh züchtende Nomadenstämme den Süden Marokkos, während einige sesshafte Gruppen in künstlerisch wertvollen Felsbildern (etwa bei Oukaimeden im Hohen Atlas, bei Fam el Hisn im Draa-Tal, in Tata oder Kheneg Tafagount bei Akka) ihre Spuren hinterlassen. Am Beginn der Antike wird Marokko für die griechische Mythologie interessant: Als die Griechen im 5. Jh. v. Chr. über die phönizischen Seefahrer von der Existenz Nordafrikas erfahren, beziehen sie das Land in ihr Weltbild ein. Am äußersten Rand der flachen Erdscheibe gelegen, begrenzt von der unendlichen Weite des Ozeans, musste hier, am Ende der mediterranen Welt, der Himmel beginnen. Die „Säulen des Herkules" – der Fels von Gibraltar und der Punto Blanco bei Ceuta – begrenzen den irdischen Raum. Hier, an der Trennlinie zwischen Himmel und Erde, agieren die Götter, Halbgötter und menschlichen Helden der griechischen Sage. Die von Odysseus geschmähte Calypso lauert mit finstren Gedanken vor Ceuta, und der etwas tumbe Riese Atlas traut sich bis heute nicht, den Himmel loszulassen, dessen Gewicht ihm schwer und schwerer auf den Schultern lastet.

Von Phöniziern, Karthagern und Römern

Ab dem 11. Jh. v. Chr. bauen die Phönizier Handelsniederlassungen entlang der Nordküste Afrikas und haben die ersten Kontakte zu den Berbern. Der verwegene karthagische Seefahrer Hanno, Admiral, Geschichtsschreiber, Städtegründer und Kaufmann, umsegelt um 450 v. Chr. ganz Nordafrika und gründet entlang der marokkanischen Atlantikküste die Städte Tanger, Salé und Essaouira. Mit der Besetzung Karthagos gelingt es den Römern, das Gebiet des heutigen Marokko mit Teilen Algeriens 42 n. Chr. zur römischen Provinz *Mauretania Tingitana* zusammenzufügen.

Nach dem Tod des Berberkönigs Juba I. holt Kaiser Augustus 46 v. Chr. dessen kleinen Sohn Juba II. nach Rom. Der wird am Kaiserhof erzogen, 25 v. Chr. vermählt Augustus den inzwischen in allen römisch-hellenistischen Wissenschaften gebildeten Berberspross mit der Kleopatra-Tochter Selene und übergibt ihm als Hochzeitsgeschenk die Verwaltung von Mauretanien. Der junge Berberkönig bringt das ihm anvertraute Reich im Sinne Roms auf Vordermann. Er baut die heruntergekommenen phönizisch-karthagischen Gründungen zu modernen Stützpunkten aus, lässt neue Städte errichten und überzieht den Norden Marokkos mit einem Netz römischer Feldlager, die den wichtigen Transportweg vom Atlantik ins Mittelmeer überwachen. Rund um die festen Lager werden Berber angesiedelt, die zunächst in friedlicher Koexistenz mit den Kolonialherren Handel treiben. Im Süden sichert Juba II. sein Reich durch einen römischen Grenzwall vor den Überfällen der Sahara-Nomaden. Innerhalb weniger Jahre steigt das Königreich Mauretanien zum wichtigen Nachschublager und Spezialitäten-Lieferanten des Weltreichs auf. Getreide, Öl, gesalzene Fische, Elfenbein, Sklaven, Gold und Holz gehen als Tributzahlungen nach Rom. Köstliche mauretanische Fischpaste ist fester Bestandteil auf dem Speiseplan römischer Gourmets, und die besonders gefürchteten afrikanischen Reitersoldaten verstärken die römischen Kohorten an Rhein, Donau und Euphrat.

Ein Vorstoß der Vandalen (429 n. Chr.) über Gibraltar, die sich mit den Berbern verbünden, wird zwar von den Truppen des oströmischen Kaisers Justinian (533 n. Chr.) zurückgeschlagen, der schleichende Untergang des Imperium Romanum und damit der Abzug aus dem Maghreb ist aber unaufhaltsam. Zurück bleiben jedoch erstmals Elemente einer christlich-jüdischen Kultur. Ab Ende des 7. Jh. beginnt die Vorherrschaft der Araber, schwertschwingend und missionierend. Ein Großteil der Berbervölker übernimmt von nun an den Islam als Religion, ohne dabei jedoch die eigenen Kulturen und Gebräuche aufzugeben. Die Araber nennen dieses Gebiet *Al-Maghrib* – den Westen.

Die arabischen Dynastien – der Weg nach „Al Andalous"

Die Aufstände nordafrikanischer Berber gegen die Araber haben Erfolg, auf marokkanischem Boden bilden sich unabhängige kleine Fürstentümer. Das siegreiche Berbergeschlecht der Almoraviden (1062–1147) verlegt die Hauptstadt von Fès nach Marrakesch. Von hier aus werden Eroberungszüge auf das spanische Festland organisiert, das bis zum Ebro (Andalusien) eingenommen wird. Das maurische Spanien sinkt zur Provinz herab, das einstige Nomadengeschlecht der Almoraviden übernimmt Elemente der maurischen Kultur.

Der nun vorherrschende andalusische Einfluss wirkt sich besonders auf geistigem und kulturellem Gebiet aus. Für Kunsthandwerk und Architektur ist es die Geburtsstunde des „maurischen Stils", der sich bis in die Gegenwart überall entfaltet.

Marrakesch erstrahlt in prächtigem Glanz, und der Einfluss der raffinierten, filigranen Architektur der iberischen Mauren erobert den Hof. Doch in der vierten Almoraviden-Generation unter Tachfin Ibn Ali (1142) erlahmt die alte Kraft des Geschlechts vollständig, der Unterhalt des großen Hofs ist ein kostspieliges Vergnügen geworden, das auch durch höhere Steuern nicht weiter finanziert werden kann – den Herrschern wird nachgesagt, dass sie der Wollust und einem ungezügelten Luxusleben frönen.

Dem Almohaden-Herrscher und religiösen Hardliner Ibn Toumert (gest. 1130), von einer mehrjährigen religiösen Reise eben zurückgekehrt, gelingt es, die meisten *Masmouda-Stämme* im Hohen Atlas zum „heiligen Krieg" gegen die gottlosen und dekadenten Almoraviden zu mobilisieren. Von Tinmal, dem Hauptsitz der neuen Bewegung, ziehen die „Bekenner der göttlichen Einheit" unter Ibn Toumerts Schüler und kriegerischem Nachfolger Abd el Moumen plündernd und mordend in die Haouz-Ebene und vertreiben die Almoraviden aus ihren Palästen. 1147 fällt Marrakesch nach mehreren Belagerungen und wird größtenteils zerstört. In den folgenden Jahren kommt der maurische Stil in der Architektur zur vollen Entfaltung.

Abd el Moumen lässt Marrakesch wieder zu einer prachtvollen Königsstadt ausbauen und vereinigt Zug um Zug Marokko mit Algerien, Tunesien, Tripolitanien (Libyen) und „Al Andalous", Andalusien. Unter seinem Enkel Yacoub el Mansour (1184–1199) erreicht das Königreich Marokko die größte Ausdehnung seiner Geschichte. Das Minarett der Koutoubia-Moschee in Marrakesch wird vollendet, Wissenschaften und schöne Künste geben sich in der Almohaden-Hochburg ein Stelldichein.

Doch mit dem Tod el Mansours beginnt der langsame Verfall der Dynastie, der gestrenge Almohaden-Staat verliert seine puritanische Unschuld. Die üppige Lebenslust der Mauren, die vor der spanischen Reconquista (anti-arabische, christliche Widerstandsbewegung der spanischen Fürsten) nach Nordafrika fliehen, besticht auch die Nachfahren der eifernden Heilssucher. Immer aufwendiger werden die Bauten, immer genusssüchtiger und dekadenter die Herrscher. Die Almohaden entfremden sich von den religiösen Idealen Ibn Toumerts derart, dass sich ihre Statthalter in Tunesien und Algerien von ihnen lossagen und sie nicht mehr als Kalifen, als Nachfolger des Propheten Mohammed, anerkennen.

Stammesrebellionen und Familienzwistigkeiten beschleunigen den Untergang: Al Andalous (Andalusien) zerfällt in größere und kleinere Stadtstaaten, die iberischen Muslime flüchten nach Marokko, und 1250 wird Fès von dem aus Marokkos Osten kommenden Stamm der *Meriniden* erobert. Die letzten Almohaden nennen

Eine außerordentliche Festung: Bastion von Essaouira

sich noch Könige und sitzen in Marrakesch fest, doch die Fäden der Macht gehen in neue Hände über: Von Fès aus regiert schon das Meriniden-Geschlecht über einen Großteil des Reichs, 1269 ziehen seine Truppen unter Führung von Abou Youssouf Yacoub in Marrakesch ein. In einem letzten Gemetzel werden die Almohaden 1276 in ihrer Fluchtburg Tinmal niedergemacht – die Geschichte ihrer Dynastie endet dort, wo sie begonnen hatte.

Meriniden, Quattasiden und Invasoren aus Spanien und Portugal

Fès mit der neuen Herrscherstadt Fès el Jedid wird zur Residenzstadt des Meriniden-Reichs, Marokko steigt zur größten und stärksten Militärmacht im arabischen Westen auf. Die Herrscher gewinnen das Volk durch eine großzügige Baupolitik, sie spendieren Moscheen, Spitäler, Fonduks (Herbergen) und vor allem Medresen (Hochschulen) – Fès wird zur religiös-geistigen Metropole des Islam. Nach einigen Thronfolgerwirren gelingt es dem Meriniden Abou Hassan Ali (1331–1351) und seinem Sohn Abou Inan Faris (1351–1358), das verflossene Großimperium der Almohaden für kurze Zeit neu erstrahlen zu lassen.

Doch alle Versuche, Al Andalous zurückzuerobern, schlagen fehl, im Gegenteil: Spanier und Portugiesen setzen sich an den marokkanischen Küsten fest. 1399 zerstören die Spanier im Rahmen einer Strafexpedition Tétouan, 1415 wird Ceuta von den Portugiesen erobert. Bis die Herrschaft der Meriniden zu Ende ist, werden etliche befestigte „Handelsstützpunkte" der europäischen Seemächte mit Gewalt eröffnet und wieder geschlossen.

Abou Inans gewaltsamer Tod 1358 erschüttert das Gebäude der Meriniden-Herrschaft. Inan hinterlässt nur ein paar bartlose Jünglinge, in deren Namen die

Palais de la Bahia in Marrakesch

Quattasiden, Verwandte der Meriniden, als Wesire (oberste Minister) die Zügel der Macht an sich reißen. Erst nach dem Tod des Quattasiden-Statthalters von Salé, Abou Jahia, übernimmt der letzte Merinide Abd el Haqq 1458 die Regierungsgeschäfte – nachdem er alle Vormünder und fast die ganze Verwandtschaft gemeuchelt hat.

Abd el Haqq herrscht sieben Jahre, bis er 1465 einen entscheidenden Fehler macht. Da der Staatssäckel leer ist, stellt er die Besoldung und Steuerfreiheit der im Volk verehrten Marabuts (→ Wissenswertes A–Z) ein und lädt sich den Ruf der Gottlosigkeit aufs Haupt. Während eines Aufstands der Fèser Stadtbevölkerung wird er ermordet, sein Reich zerfällt. Zwar regieren in den nächsten acht Jahrzehnten drei überlebende Quattasiden in Fès, doch sie sind machtlos. In den Bergen herrschen Berberstämme oder religiöse Bruderschaften, die Städte leben ihr eigenes Leben. In endlosen Fehden lässt das städtische Patriziat seine privaten Scharmützel um die Vorherrschaft stellvertretend von kurdischen und andalusischen Söldnern ausfechten, die Macht des Makhzen, des Königs, ist gebrochen, die spanische Reconquista und portugiesische Kriegskaufleute werden immer mächtiger.

Um an der Macht zu bleiben, versuchen die letzten Quattasiden mit Portugal und Spanien zu kooperieren, sogar der deutsche Kaiser wird um Hilfe angefleht. Umsonst. 1492 fällt Granada an die Christen, die sich fortan mehr und mehr auch an den marokkanischen Küsten festsetzen.

Die Saadier: Dreikönigsschlacht und Feldzug nach Timbuktu

Während sich die Quattasiden in Fès noch am Thron festhalten, nützen die aus Arabien eingewanderten *Banu Sa'd*, Abkömmlinge des Propheten Mohammed, die Gunst der Stunde und etablieren im Souss ein unabhängiges Fürstentum mit der Hauptstadt Taroudannt. Bald kontrollieren sie die ergiebigen Handelswege für Gold und Sklaven und kämpfen im Namen Allahs erfolgreich gegen die Portugiesen. Die Banu Sa'd-Sippe erfreut sich großen Zulaufs – unter ihrer Führerschaft werden die Stämme des Südens gewonnen, und einflussreiche Mystiker und Marabuts schließen sich ihrer Sache an. 1521 erobert der Saadier Ahmed el Araj Marrakesch und ruft es zur Hauptstadt aus. Sein Nachfolger Mohammed as Saih (1541–1557) kann 1554 den letzten Quattasiden aus Fès verjagen und den Kalifentitel annehmen, Marrakesch bleibt Königssitz.

Wieder macht sich ein Geschlecht an die Festigung seiner Herrschaft. Schutzmaßnahmen gegen die Reconquista werden vorangetrieben, der Einfall der Türken wird aufgehalten: Durch ein Bündnis ausgerechnet mit Spanien gelingt es, die von Konstantinopel bis Algier hemmungslos regierenden Osmanen im Schach zu halten. Der dritte Feind, Portugal, wird 1578 in der *Dreikönigsschlacht* vernichtend geschlagen. Innenpolitisch gelingt es den Saadiern, die weltlichen Machtgelüste der religiösen Bruderschaften durch eine Söldnertruppe im Zaum zu halten und ein verlässlich funktionierendes Steuersystem zu installieren. Mit Ahmed el Mansour, dem Eroberer, ist der Höhepunkt saadischer Prachtentfaltung erreicht: Der Sieger der Dreikönigsschlacht bricht zum Feldzug in das Königreich Gao auf und erobert Timbuktu. Mit unermesslichen Schätzen und einer schwarzen Elitetruppe kehrt er nach Marrakesch zurück und macht sich an den liebevollen Ausbau seiner Hauptstadt. 25 Jahre Frieden und relativer Wohlstand kehren in Marokko ein.

Die Alaouiten

Nach dem Tod el Mansours 1603 zerfällt das Saadier-Reich nach den üblichen Thronstreitigkeiten in zwei Teile, die von Marrakesch und seit 1610 auch noch von Fès aus regiert werden. Es ist die Zeit politischer Wirren, in der rebellierende Berberstämme, Bruderschaften und autonome Piratenrepubliken die Herrschaft der Saadier außer Kontrolle geraten lassen. Bis 1659 folgt ein saadischer Sultan dem anderen. Marokko ist inzwischen in ein unüberschaubares Gewirr von halb religiösen, halb weltlichen Herrschaftsbereichen, Stammesfürstentümern und Stadtstaaten zerfallen. Ohne nennenswerte Hindernisse und dank geschickter Bündnispolitik übernehmen die *Filalis*, aus dem Tafilalet kommende Alaouiten, die Regierungsgeschäfte. Aus diesem arabischen Stamm, der sich auf die Linie Mohammeds beruft, stammen auch die heutigen Vertreter des marokkanischen Königshauses. Sie wählen das ehrwürdige Fès als Königsstadt, und herrschen seit 1666 über das Land.

Unter dem legendären Herrscher Moulay Ismail (1672–1727) werden bis 1720 fast alle von Portugiesen und Spaniern besetzten Häfen zurückerobert, nur Melilla, Sidi Ifni und Ceuta bleiben in spanischer Hand.

Die internen Konflikte nach Moulay Ismails Tod kann Sidi Mohammed, ein Förderer des Außenhandels und Begründer Essaouiras (1760), kurzzeitig unter Kontrolle halten, sie flammen nach seinem Tod (1792) unter Moulay Silmane aber wieder auf. Auch sein Nachfolger Moulay Abd Rahman (1822–1859) hat kaum Erfolg bei der Schlichtung der Unruhen im Land, Marokko ist quasi unregierbar; seine Strategie der Abschottung gegen die europäischen Mächte stärkt lediglich die Kolonialpolitik Frankreichs und Spaniens: Frankreich erobert Algerien, die von Marokko unterstützten aufständischen Algerier werden brutal niedergeschlagen. Gedemütigt muss Marokko den Friedensvertrag von Tanger unterzeichnen. Frankreich setzt seine wirtschaftlichen Interessen schonungslos durch, Moulay Hassan (1873–1894) hat dem wenig entgegenzusetzen. Frankreichs Pläne, Marokko zu besetzen, werden aber vom starken Spanien zunächst blockiert, das 1880 Tétouan und Sidi Ifni besetzt.

Französisches Protektorat

Mit der Konferenz von Algecira (1906) wird der französische Einfluss auf Marokko besiegelt, nachdem Deutschlands Ambitionen, Bergbaulizenzen für Mannesmann zu bekommen, abgewiesen wurden. Auch die Entsendung des Kanonenbootes „Panther" nach Agadir (1911) ändert daran nichts, Deutschland muss sich als Entschädigung mit Gebieten in Zentralafrika begnügen. Ein mächtiges französisches Expeditionskorps besetzt die Städte Casablanca, Rabat, Safi, Agadir und Essaouira. Im März 1912 wird Marokko zum französischen Protektorat, das Rifgebirge und die Provinz Ifni im Süden Marokkos fallen an Spanien. Für die Marokkaner bedeutet das den Verkauf eines Teils der islamischen Welt an die Christen. Aufstände gegen die Eindringlinge folgen im ganzen Land. Im Ersten Weltkrieg sind die Militärkapazitäten Frankreichs erst einmal anderweitig gebunden, und so dauert die Befriedung ihrer „Schutzzone" über 20 Jahre.

Die Zerstörung der „République Rifienne": Zwar geht die Kolonisierung der Städte und der westlichen Ebene zügig voran, doch in den unwegsamen Berggebieten und im Süden des Landes wird der Widerstand der Bevölkerung erst nach und nach (bis 1934) durch Bomberstaffeln und (in der Presse totgeschwiegenen) massiven Giftgaseinsatz gebrochen. 27.000 französische Legionäre überleben die Militäraktionen nicht, die marokkanischen Toten werden auf etwa 500.000 geschätzt.

Im Norden Marokkos bekommen die Spanier 1920 enorme Probleme. Hier haben sich die Rifkabylen unter ihrem legendären Anführer Abd el Krim zum Widerstand zusammengeschlossen und vernichten 1921 das 20.000 Mann starke spanische Afrikaheer. Mit Ausnahme von Tétouan und den Küstenstädten befindet sich die spanische Zone fünf Jahre in der Hand der Rebellen, die im Februar 1922 die *République Rifienne* unter der Führung von Abd el Krim ausrufen. Nach einem militärischen Triumphzug steht er mit seinen Berbertruppen 1926 plötzlich 20 km vor dem französischen Fès. Erst in dieser heiklen Situation arbeiten die beiden Kolonialmächte zusammen. Unter der „Wucht der eisernen Zivilisation" – Abd el Krim meint den massiven Einsatz von Giftgas und die 250.000 Kolonial-Söldner, die gnadenlos nach dem Prinzip der verbrannten Erde arbeiten – bricht der Widerstand der Rifis noch im gleichen Jahr zusammen.

„No hay muros en la costa" – Von Piraten und Freibeutern

Schon in der Antike sind sie gefürchtet. Phönizische und karthagische Handelsfahrer, römische Konsuln und sogar die wasserscheuen Vandalen wissen, was ihnen droht, wenn die schwarze Flagge der Piraten am Horizont erscheint. Doch erst ab 1610, mit der Vertreibung der Mauren aus Spanien, beginnt die Ära der organisierten Seeräuberei, die das Mittelmeer und die Atlantikküste über mehr als zwei Jahrhunderte zum Tummelplatz islamischer Piraten macht. Der Grund: Hunderttausende von Mauren müssen nach der Niederschlagung des Maurenaufstands Spanien verlassen. Sie fliehen hinüber nach Nordafrika, wo sie von ihren islamischen Glaubensbrüdern zwar freundlich aufgenommen werden, doch infolge ihrer Mittellosigkeit bald in arge Not geraten. Angeheizt von Marabuts, die den Heiligen Krieg predigen, sehen sie in ihrem Hass gegen die Spanier, die jetzt ihre Paläste bewohnen, nur einen Weg – die Piraterie. Es entstehen die großen Seeräuberstädte (Asilah, Larache), die Piratenrepubliken (Rabat/Salé) und die Seeräuberreiche unter osmanischer Hoheit: Algier, Tunis, Tripolis. Fast unangefochten beherrschen sie die Wogen der Meere. Von ihren Schlupfwinkeln ziehen die maurischen Raubschiffe plündernd die schwer zu schützende spanische Küste entlang bis hinauf in die Provence oder nach England. Und sie rauben, was sie finden – neben Gold, Silber und Stoffen auch Menschen, vorzugsweise Christentöchter, mit denen sie die Harems der Herrscher des Morgenlandes beliefern.

Besonders lukrativ entwickelt sich der Menschenhandel, und das Modell der Lösegeldzahlungen funktioniert: Je höher der Rang des Gefangenen, desto größer der Umsatz. Mitte des 17. Jh. wird der Seeraub zum Gewohnheitsrecht und die Piraterie zu einem Akt der Staatshoheit. Denn das hungrige Auge der Sultane fällt bald auf die gefüllten Piratenkassen, an denen sie durch Umsatzprämien beteiligt sind. Das staatlich sanktionierte Korsarentum islamischer Prägung ist geboren, und oft ist der Seeraub die einzige Einkommensquelle der Herrscher. Die schwer anzugreifenden Seeräubernester und die Eifersüchteleien um Einflusssphären verhindern einen gemeinsamen Vergeltungsfeldzug der seefahrenden europäischen Nationen, der dem Spuk ein Ende bereiten könnte. In Mafiamanier kassieren Piraten und Sultane Schutzgelder von Handelsstädten und Nationen. Noch 1825 lässt sich Sultan Abd er Rachman beim Rat der Hansestadt Hamburg in Erinnerung rufen: Sollte das gewünschte Bakschisch noch länger ausbleiben, könne er für die Unversehrtheit der hanseatischen Flotte nicht weiter garantieren.

1829 wird das letzte europäische Schiff (unter österreichischer Flagge) vor Asilah von Piraten gekapert. Die folgende Vergeltungsaktion von Frankreich, Spanien und der heutigen Alpenrepublik beendet die glorreiche Ära des muselmanischen Seeraubs. Den neuen, wendigeren Schiffen und der modernen Waffentechnik sind die Piraten auf Dauer nicht gewachsen. England und Spanien stellen die Tributzahlungen an die marokkanische Krone ein, Frankreich macht sich über das Piratenreich von Algier her (1830). Doch die Furcht vor den islamischen Kaperern hält an – noch 1850 wird in norddeutschen Kirchen für die Errettung deutscher Seeleute aus afrikanischer Gefangenschaft gebetet und Geld gesammelt. Und das spanische Pendant zur deutschen Redewendung „Die Luft ist rein" lautet bis heute: „No hay muros en la costa" – „Keine Mauren an der Küste".

Kolonialpolitik und Intrigen: 1927 stirbt Sultan Moulay Youssef, der 15 Jahre regiert hat, sein Sohn Mohammed V. muss nun die Verträge mit den Franzosen unterzeichnen. Während Frankreichs Legionäre für Ruhe sorgen, geht der Aufbau der kolonial gelenkten Wirtschaft voran. Straßen, Häfen, Eisenbahnen und die Industrialisierung des Bergbaus schaffen erste Ansätze einer Infrastruktur zur besseren Ausbeutung des Landes. Immer mehr französische Siedler *(colons)* kommen, die riesige Ländereien zu Spottpreisen aufkaufen. Sie bringen neue Agrartechniken und Kulturpflanzen mit und vertreiben die Kleinbauern in die Städte. Während die reiche europäische Bevölkerung meist neben den Medinas in gepflegten, neuen Städten wohnt *(villes nouvelles),* leben hinter den mittelalterlichen Mauern der überfüllten Altstädte und in den frisch entstehenden Slums viele unzufriedene Menschen, die auch zur Keimzelle des neuen politischen Widerstands werden.

Nicht mehr vereinzelte Stämme, sondern landesweite Organisationen stehen bald hinter den Unruhen – die Marokkaner entdecken ihr Nationalgefühl. Das *Berberedikt* von 1930 (das durch die Einräumung großzügiger Stammesrechte Berber und Araber entzweien will) und eine wohlberechnete Politik der Verleihung von Privilegien an Kollaborateure wie El Glaoui, den Pascha von Marrakesch, sollen helfen, die französische Herrschaft abzusichern. Die Opposition, die nur für eine gewissenhafte Auslegung des Protektoratsvertrags eintritt, wandert in die Gefängnisse. Bis zur Invasion der US-amerikanischen Truppen im Zweiten Weltkrieg (1942) kontrollieren die Franzosen und ihre marokkanischen Günstlinge den Maghreb. Als marokkanische Soldaten an der Seite der USA und des befreiten Frankreichs gegen die Nazis kämpfen, werden die Stimmen lauter, die nicht nur Reformen, sondern eine Auflösung des Protektorats fordern.

Kampf um Selbstbestimmung: 1947 hält Mohammed V. in Tanger eine historische Rede über das Selbstbestimmungsrecht der Völker, die landesweit auf Beifall stößt. Die nationale Bewegung fasst jetzt in allen Schichten und in (fast) jedem Stamm Fuß. Nach Gesprächen mit dem amerikanischen Präsidenten Roosevelt wird die Unabhängigkeitspartei Istiqlal aus der Taufe gehoben. Doch die Bauern und Stämme wagen vorerst nicht, gegen die Frankreich-freundlichen Scheichs und Landesfürsten aufzubegehren. Erfolgreicher ist die Istiqlal in den Städten, dort gewinnt sie vor allem im fortschrittlichen, national gesinnten Bürgertum Anhänger. Mohammed V. wird zur Symbolfigur der nationalen Unabhängigkeit. Als Wortführer der marokkanischen Interessen widersetzt er sich immer häufiger den Anordnungen des französischen Generalresidenten. Die Franzosen reagieren mit Presseverboten, Masseninhaftierungen, Landesverweisen. 1952 gipfeln die Unruhen in einem Generalstreik. Frankreich mobilisiert all seine marokkanischen Verbündeten – neben dem Pascha von Marrakesch 270 weitere Kaids und Paschas – und schickt den „Sultan der Istiqlal" ins Exil nach Madagaskar.

Die folgenden drei Jahre regiert der von Frankreich eingesetzte Analphabet Ben Arafa, und es herrscht offener Bürgerkrieg. Attentate, Sabotage, Demonstrationen und Angriffe auf französische Siedler wechseln mit französischen Gegenschlägen ab. Der Höhepunkt der blutigen Auseinandersetzungen ist 1955 erreicht. In zwei Tagen sterben in der Gegend von Oued Zem über 1000 französische Siedler unter den Händen des aufgebrachten Mobs einen qualvollen Tod. Todesschwadronen mächtiger Colons und Terroristen im Auftrag Frankreichs ziehen neben der regulären Armee ihrerseits mordend durch Marokko. Doch Kriegsrecht, Einkerkerungen und Todesstrafen bleiben wirkungslos. Internationale Proteste, die Opposition im eigenen Land, der verschärfte marokkanische Guerillakampf und der politische Druck der USA zwingen General de Gaulle Ende 1955 zur Aufgabe.

Im November 1955 darf Mohammed V. aus dem Exil zurückkehren, seine Landsleute bereiten ihm in Rabat einen begeisterten Empfang. Zwei Wochen später ist die erste marokkanische Regierungsmannschaft komplett. Am 2. März 1956 unterschreibt Mohammed V. die Unabhängigkeitserklärung, und Marokko ist nach 44 Jahren wieder ein souveränes Königreich – am 16. Mai ertönt im Radio anstelle der Marseillaise zum ersten Mal die marokkanische Nationalhymne.

Marokko nach 1956

Konflikt um die Westsahara: Außenpolitisch gerät Marokko bald in Konflikt mit Algerien: Beide Staaten stellen Gebietsansprüche auf Mauretanien und große Teile der Sahara. 1970 erkennt Marokko die Islamische Republik Mauretanien offiziell an, fordert aber wenig später das Gebiet des ehemaligen Spanisch-Sahara, das durch Funde großer Phosphatvorkommen für spanische Unternehmen immer interessanter geworden ist. 1975 wird das Gebiet in einem Abkommen zwischen Marokko und Mauretanien verwaltungsmäßig aufgeteilt, wobei die Bodenschätze von beiden Ländern genutzt werden sollen. Marokko gliedert die Sahara-Gebiete nach

Rückkehr Mohammeds V. und Hassans II. aus dem Exil

einem organisierten Volksmarsch, dem *Marche verte*, im Juni 1975 in sein Staatsgebiet ein und fördert die Arbeitsmigration in die Region. Zeitgleich jedoch ruft die Volksfront *Polisario*, die von Algerien und Libyen unterstützt wird, die Demokratische Arabische Republik Sahara, die sogenannte Westsahara, aus. Dieser Konflikt zieht jahrelange blutige Auseinandersetzungen mit den marokkanischen Truppen nach sich. Als Mauretanien 1979 die Republik Sahara anerkennt und sich aus diesen Gebieten zurückzieht, annektiert Marokko auch diesen Teil von Westsahara. An die 100.000 Menschen fliehen aus dem Gebiet in die algerische Wüstenregion Tindouf. Erst Anfang der 1990er Jahre kann durch internationale Vermittlung ein Waffenstillstand ausgehandelt werden. Die für 1997 vereinbarte Volksabstimmung über die Selbstbestimmung der Sahraouis hängt bis heute in der Luft. Eine vom UN-Sicherheitsrat vorgelegte Teilautonomie wird von Spanien und der Polisario abgelehnt, das am 1.5.2009 verlängerte UN-Mandat für ein Referendum lief Ende 2010 aus. Das Schicksal der Flüchtlinge in Algerien führt zu Konfrontationen mit NGOs und Spanien, das politisch wiederum von der fortdauernden Enklave im Norden Marokkos abzulenken versucht.

Demokratisierung: Innenpolitisch hatte sich der autoritäre Regent Hassan II. seit 1961 mit Forderungen nach einer Demokratisierung des Landes und sozialen Unruhen auseinanderzusetzen. Menschenrechtsorganisationen warfen dem marokkanischen König vor, er würde politisch Andersdenkende foltern und ermorden lassen. 1992 tritt eine neue Verfassung in Kraft, die dem Parlament mehr Vollmachten zugesteht, die Führungsrolle des Regenten jedoch unangetastet lässt. Die Wahlen in den 1990er Jahren bringen der konservativen Regierungspartei wiederholt herbe Verluste. 1996 wird ein Zwei-Kammer-Parlament eingeführt, 1997 werden Parlamentsabgeordnete erstmals direkt vom Volk gewählt.

Ein moderner König: Seit Juli 1999 ist Mohammed VI. nach dem Tod seines Vaters Hassan II. Marokkos neuer König. Mohammed VI. leitet weitreichende Reformen ein und gilt vielen als Hoffnungsträger einer Politik, die demokratische Reformen verwirklicht und die große Armut aufzuheben sucht. So gründet er die regierungsunabhängige humanitäre Hilfsorganisation „Mohammed VI." und reist unermüdlich in die entferntesten Regionen Marokkos, um sich über die sozialen und wirtschaftlichen Probleme zu informieren. In einem legendären Times-Interview im Frühjahr 2000 stellt er gar fest „... dass es an der Zeit wäre, dass die Regierung dem Volk diene und nicht wie in der Vergangenheit das Volk der Regierung".

Den Worten folgen Taten: Die 2004 verabschiedete Familienrechtsreform, die Marokko weit von anderen islamischen Ländern abhebt, hebt die Zwangsehe auf, führt ein Klagerecht für Frauen bei Scheidungen ein und verändert das Familienrecht in weiteren Details zugunsten der Frau (→ Die Menschen/Die Familie). Die 2005 gegründete *Initiative Nationale pour le Développement Humain* ist eine groß angelegte Kampagne, die sich die Verbesserung der wirtschaftlichen und sozialen Situation der armen und benachteiligten Bevölkerungsgruppen auf die Fahne geschrieben hat. Über weitere Reformen in Sachen staatlicher Verantwortung, transparenter Wahlen und Pressefreiheit wird in Marokko heute inzwischen bemerkenswert offen diskutiert. Im Rahmen seiner Maßnahmen gegen religiösen Extremismus kündigte König Mohammed VI. auf einer Sitzung des Obersten Theologenrates am 10.10.2008 eine Neustrukturierung des religiösen Sektors mit dem Ziel der Förderung eines gemäßigten sunnitischen Islam an.

Ein Blick auf das Marokko von heute zeigt besonders im fortschrittlichen Casablanca und Marrakesch eine kulturelle Annäherung an Europa, die sich aber auch in den kleineren Städten langsam vollzieht. Verbesserte Einkommen, Komfort, Mode, Massenmedien, Kino, Konsum – das sind heute Gesprächsthemen vieler Marokkaner. Eine Modernisierung des Landes, die seit 2001 einhergeht mit einer expandierenden Wirtschaft und einer wachsenden touristischen Infrastruktur.

Arabische Revolution: Doch trotz aller Fortschritte unter Mohammed VI. – der Ruf nach mehr Demokratie hat auch in Marokko zu Demonstrationen geführt. Viele Menschen fordern Verbesserungen ihrer Lebensbedingungen, weit vorne auf der Agenda stehen dabei der Gesundheitssektor, die Altersversorgung, der Kampf gegen Korruption und ein lasches Arbeitsrecht. Dass Änderungen auf einem friedvollen Weg zu erreichen sind, zeigen die Entwicklungen im Frühjahr 2011: In einer viel beachteten Rede am 9. März 2011 kündigt Mohammed VI. entscheidende Veränderungen der bestehenden Verfassung an. Es geht um eine demokratisch gewählte und vollverantwortliche Regierung, Stärkung der Macht des Parlaments, eine unabhängige Justiz und um Gewaltenteilung. Lesetipp: Tahar Ben Jelloun, Arabischer Frühling, Berlin, 2011.

Zeittafel

680	Erste Eroberung Marokkos durch die Araber, nachdem Phönizier und Karthager, Byzantiner und Römer das Land über Jahrhunderte geprägt hatten
788	Dynastie des Idrissiden: Idriss I. wird in Volubilis zum König ausgerufen – seit diesem Zeitpunkt gilt Marokko als Nation
809	Idriss II. gründet die Stadt Fès
1062–1147	Almoravidische Dynastie
1061–1107	Herrschaft von Youssef Ben Tachfine, der Marrakesch gründet
1147	Almohadische Dynastie
1184–1199	Herrschaft von Yacoub el Mansour, der Rabat zur Hauptstadt macht und Marokko zur größten Ausdehnung verhilft: Algerien, Tunesien, Libyen und Andalusien gehören nun zum Reich. Bau der Koutoubia in Marrakesch und der Giralda in Sevilla
1269	Merinidische Dynastie
1269–1286	Herrschaft von Abou Youssef Yacoub, Bau von Fès el Jedid
1331–1351	Herrschaft von Abou Hassan
1415	Portugal erobert Ceuta
1554	Saadinische Dynastie
1578	Die Dreikönigsschlacht beendet die Vorherrschaft Portugals
1578–1603	Herrschaft von Ahmed el Mansour
1595	Bau der Saaditen-Grabmäler in Marrakesch – heute das letzte Relikt des von Moulay Ismail zerstörten Dar el Badi, des „unvergleichlichen Königspalasts" von El Mansour
1659	Alaouitische Dynastie
1672–1727	Unter Moulay Ismail, dem despotischen Alaouiten-Herrscher, wird Meknès ausgebaut und schwer befestigt. Moulays 150.000 Mann starkes Heer erobert Tanger von den Briten zurück und vertreibt die Piraten aus Rabat und Salé
Ab 1600	Spanier und Malteser bauen Besitzungen im Norden Marokkos aus, das Osmanische Reich kontrolliert den Norden des Maghreb
1760	Sidi Mohammed gründet Essaouira, baut den Hafen von Casablanca aus und fördert den Außenhandel. Wirtschaftliches Chaos und Thronstreitigkeiten werden überwunden
1792	Unter Sidi Mohammeds Nachfolger, Moulay Silmane, flammen Berberaufstände und religiöse Konflikte auf
1822	Moulay Abd Rahman versucht, Marokko gegen den Einfluss der Europäer abzugrenzen
1830	Mit der Eroberung Algeriens durch Frankreich wächst das Interesse Großbritanniens, Spaniens, Frankreichs und Deutschlands an Marokko
1844	Krieg mit Frankreich nach der misslungenen Unterstützung der Aufstände in Algerien. Niederlage der Marokkaner und Frieden von Tanger (1845)

1880	Spanische Besetzung von Tétouan und Sidi Ifni
1894–1908	Auf der Konferenz von Madrid sichern die europäischen Mächte ihre Handelsinteressen ab. Heftige Unruhen destabilisieren das Land unter dem umstrittenen alaouitischen Herrscher Abd el Aziz
1905–1906	Spanien und Frankreich teilen in geheimen Verhandlungen ihre Interessensgebiete in Marokko auf. Kaiser Wilhelm II. besucht Tanger (1905) und fordert die Souveränität des Landes, um deutsche Wirtschaftsinteressen abzusichern. Auf der Konferenz von Algeciras (1906) erklären die europäischen Mächte und die USA Marokko zum wirtschaftlich „offenen Markt"
1911	Die Entsendung des deutschen Kanonenbootes „Panther" nach Agadir kann die Vorherrschaft Frankreichs nicht aufhalten
1912	Marokko wird französisches Protektorat
1927	Mohammed V. besteigt den Thron
1956	Nationale Unabhängigkeit Marokkos
1961	Hassan II. besteigt den Thron
1971	Volksentscheid für die neue Verfassung
1975	Der grüne Volksmarsch „Marche Verte" in die Westsahara
1993	Einweihung der Moschee Hassan II. in Casablanca
1999	Mohammed VI. besteigt den Thron
2000	Der neue König treibt die gesellschaftliche und wirtschaftliche Liberalisierung voran. Erste Vorlagen zum Frauen- und Familienrecht
2001	Verhandlungen zwischen Marokko und der Unabhängigkeitsbewegung der Sahraouis, der Polisario, scheitern, eine Teilautonomie wird als inakzeptabel bezeichnet
	Weltklimaschutzkonferenz in Marrakesch
2002	Spannungen mit Spanien bezüglich der illegalen Einwanderung
	Opposition kritisiert das neue Pressegesetz
2003	In Casablanca tötet ein Anschlag islamischer Extremisten 44 Menschen. Die Drahtzieher werden zwei Monate später verurteilt. Die alten Familiengesetze werden reformiert, die rechtliche Gleichstellung von Mann und Frau wird eingeführt
2004	Ein schweres Erdbeben verwüstet die Stadt Al Hoceima an der Mittelmeerküste
2005	Die ausländischen Investitionen übersteigen 200 Milliarden Euro, besonders im Tourismus geht der Staat zahlreiche neue Projekte an
2006	Ausreichende Niederschläge in weiten Teilen des Landes führen zu einer Rekordernte
2007	Im marokkanischen Abgeordnetenhaus wird die nationalkonservative Istiqlal mit 52 Sitzen die stärkste Partei
2011	Die arabische Revolution erfasst auch Marokko. Demonstrationen zwingen König Mohammed V. zu Zugeständnissen in Sachen Demoktratisierung.

Der Fischfang ist eine wichtige Einkommensquelle

Staat & Wirtschaft

Staat

Marokko ist eine „konstitutionelle, demokratische und soziale Monarchie" (Artikel 1 der Verfassung). Staatsoberhaupt ist der König, der mit Machtfülle ausgestattet ist: Er ist Oberbefehlshaber der Armee, ernennt den Premierminister und das Kabinett, bestimmt den Zeitpunkt der Parlamentswahlen und kann das Parlament auflösen. Die Regierung muss sich gegenüber dem König verantworten. Alle politischen Fragen werden im Ministerrat behandelt, den der König bestimmt und dem er vorsitzt. 1996 wurde ein neues Zweikammer-Parlament gebildet, das sich aus der *Chambre des Représentants* und der *Chambre des Conseillers* zusammensetzt, wobei die 325 Abgeordneten der ersten Kammer für fünf Jahre direkt, die der zweiten Kammer in einem komplizierten Wahlverfahren gewählt werden. Im nächsten Schritt muss der König einen Ministerpräsidenten nominieren, der seinerseits zur Regierungsbildung auf eine Mehrheit im neuen Abgeordnetenhaus angewiesen ist.

Wirtschaft

Das jährliche Pro-Kopf-Einkommen des Durchschnittsmarokkaners lag laut Welthandelsorganisation WTO 2009 bei 2290 US-Dollar. Dabei sind von den 30 Millionen Marokkanern ca. 50 % unter 30 Jahre jung, die Arbeitslosenquote lag 2008 offiziell bei 9,6 %, die Jugendarbeitslosigkeit beträgt in den Städten mindestens 30 %. Der seit 1996 gesetzlich vorgeschriebene Mindestlohn von monatlich 3000 DH (etwa 300 €) wird selten erreicht, weshalb die Menschen besonders in den Städten versuchen, ihr spärliches Einkommen durch Nebenjobs aufzustocken: als mobile Händler, als Küchenbetreiber, als Aufpasser und Ähnliches. Die geschätzte Quote dieser steuerlich nicht erfassbaren Arbeit liegt bei 25 % des Bruttoinlandsprodukts.

Aber auch Beamte, Polizisten und Politiker sind Nebenverdiensten nicht abgeneigt, z. B. in Form kleiner Gefälligkeiten, die sich vergüten lassen ...

Die Landwirtschaft spielt für die Selbstversorgung immer noch eine große Rolle, nur etwa 60 % der agrarischen Fläche werden z. B. für den kommerziellen Anbau von Getreide, Mais, Tomaten, Zuckerrüben, Kartoffeln, Orangen, Zitronen, Mandarinen genutzt. Fast die Hälfte der Bevölkerung lebt von Fischfang und Landwirtschaft, wobei beim Fischfang der Handel vor der Selbstversorgung klar überwiegt.

Dem gegenüber stehen die Forderungen der Weltbank nach einer Liberalisierung der Wirtschaft, um so mehr ausländisches Kapital anzuziehen. Inzwischen schlagen die ausländischen Direktinvestitionen mit jährlich über 2 Milliarden Euro zu Buche. 2004 wurden Güter im Wert von 10 Milliarden US-Dollar exportiert, der Import betrug fast 18 Milliarden US-Dollar. Größter Handelspartner Marokkos ist die EU. Wichtigstes Exportgut ist Phosphat, das u. a aus der Westsahara kommt – als weltweit wichtigster Anbieter fördert Marokko jährlich ca. 25 Mio. t. Doch die Weltmarktpreise für Phosphat fallen, während der steigende Rohölpreis die Außenhandelsbilanz belastet.

Ein weiteres wichtiges Standbein ist die Textilherstellung, die allerdings mit der weitaus billigeren Konkurrenz in China kaum mithalten kann. Die Lebensmittelverarbeitung ist mit 13,5 % am BIP (2006) ein bedeutender Industriesektor. Stark exportorientiert ist hier die Fischerei, beim Export von Sardinenkonserven ist Marokko der weltweit zweitgrößte Anbieter. Bei Gemüse und Zitrusfrüchten ist der große Konkurrent Spanien, das den EU-Binnenmarkt dominiert und die marokkanischen Exporte in die EU behindert. Daneben wird die Erschließung erneuerbarer Energien verstärkt gefördert, auch um die defizitäre Außenhandelsbilanz zu korrigieren (→ Landschaft & Geografie/Klimawandel in Marokko).

Der Tourismus ist nach der Phosphatwirtschaft und den Überweisungen marokkanischer Gastarbeiter mit annähernd 8 % des Bruttoinlandsprodukts inzwischen die drittwichtigste Devisenquelle des Landes. Die Deutschen sind nach den Franzosen und noch vor den Spaniern die wichtigste Besuchergruppe. Besonders Südmarokko verzeichnet im Tourismus seit einigen Jahren kontinuierliche Zuwachsraten, was den marokkanischen Staat ermutigt, touristische Großprojekte zu fördern. Investitionsanreize für nationale und internationale Hotelketten sollen dazu beitragen,

Orangen für ein paar Dirham ...

mit einem Bündel von Maßnahmen (→ Safi/Vision 2010) über 70.000 neue Arbeitsplätze zu schaffen. 2009 verzeichneten die internationalen Flughäfen 12 Millionen Einreisen.

Moderne Hotelarchitektur

Kunst & Kultur

Marokko ist mit Zeugnissen der arabischen und der berberischen (Bau-)Kunst gesegnet. Im Norden des Landes sind die maurischen Städte mit ihren wuchtigen Stadtwällen, orientalischen Wohnvierteln, Brunnen, Märchenpalästen und reich geschmückten Moscheen zu bewundern. Im Süden verzaubert die Lehmarchitektur der Wehrburgen mit ihrer exotischen Stimmung. Einige bedeutende Baudenkmäler werden seit einigen Jahren meist mit internationalen Spendengeldern renoviert, an vielen Zeugnissen maghrebinischer Kultur nagt jedoch der Zahn der Zeit.

Baukunst der Berber

Die vollkommenste Kunstform der Berber ist die Architektur. In ihr spiegeln sich Wohnkultur, Verteidigungsbereitschaft und Landschaftsgestaltung. Die Ursprünge der mächtigen Festungen aus getrocknetem Lehm, Bruchstein und Bambus reichen in uralte Zeiten zurück, dieselben trutzigen Wohnburgen wurden in Kanaan und im Zweistromland gebaut, doch nur im Jemen und in Marokko haben sich die archaischen Wolkenkratzer erhalten – Sinnbilder einer „wie zeitlos verharrenden Welt" (Canetti).

„Castles in the Sand": Unter der arabischen Sammelbezeichnung „Kasbah" werden der Einfachheit halber alle Arten von Lehmburgen zusammengefasst, doch die Berber unterscheiden genau zwischen ihren befestigten Bauten: In Wehrdörfern *(ksar)* wohnen Stämme und Sippen in Familien eng zusammen, in Wehr- und Speicherburgen *(agadir* – der Begriff wird nur südlich des Hohen Atlas verwendet und bezeichnet aus Felssteinen gebaute, mit Lehmputz versehene Burgen) wird gewohnt und werden

Vorräte sicher aufbewahrt, in der Familien- oder Sippenburg *(tighremt)* residieren wohlhabende Clans innerhalb der Dorfgemeinschaft, der sog. Ksar-Gemeinschaft (→ Von Ouarzazate über Tinerhir nach Merzouga/Die Straße der Kasbahs).

Hauptbaumaterial ist der Lehm. Er wird ausgestochen, mit Wasser und Maisstroh vermischt und zu einem Brei verrührt. Die Masse wird in einen unten offenen Verschalungskasten aus Holz gefüllt, der auf dem schon fertigen Mauerwerk bereitsteht. Ist das Lehmgemisch in der Sonne getrocknet, wird der Kasten entfernt. Die langen Knüppel, auf denen er stand, werden aus der Wand gezogen, über das neu erstellte Mauerstück gelegt, der leere Kasten wieder darauf gestellt, um erneut gefüllt zu werden usw. So entstehen die vielen kleinen Rundlöcher in den Lehmwänden, die nur bei repräsentativen Bauten verputzt werden – was auf den ersten Blick als Ornament erscheint, entpuppt sich als bautechnische Notwendigkeit.

Die kleinen Ziegel werden aus demselben Material gefertigt wie ein ganzes Mauerwerk, doch sind sie wesentlich härter. Sie dienen, vor allem in den oberen Stockwerken, der Dekoration der Fassade. Darüber hinaus haben sie eine magische Funktion: Zu geometrischen Mustern angeordnet, die im Sonnenlicht kontrastreich zur Wirkung kommen, sollen sie Unglück und Feinde fernhalten. Nicht so aufwendig wie die Ziegeldekors sind die in den Lehm geritzten Ornamente, deren Muster nach Stamm und Zweck der Magie wechselt. Die Araber bereicherten die geometrischen Formen der Berber, doch hatten sie keinen wesentlichen Einfluss auf das berberische Kunstschaffen.

Die gebräuchlichste Kasbah bzw. Familienburg ist dreistöckig, besitzt einen Eingang, vier Ecktürme – und kilometerweise Zinnen. In einem davon befindet sich die Treppe zu den oberen Stockwerken. Im Erdgeschoss, meist ein einziger großer Raum, sind die Tiere untergebracht, werden Feldgeräte gelagert und Getreide gespeichert. Der erste Stock dient der Aufbewahrung der Vorräte und der Unterbringung des Gesindes, im obersten Stockwerk wohnt die Familie – hier sind die Räume weiß gekalkt und je nach Geldbeutel mit Teppichen, Polstern und Truhen ausgestattet. Stühle sind unbekannt. Die prächtigsten Feudalburgen sind in den Wohngemächern der Herrschaft mit feinem, farbenfrohem Dekor ausgeschmückt – naturfarbenes, bemaltes Zedernholz, Gipsstuck und Mosaiken.

Maurische Baukunst

Zwischen Eroberung und Reconquista: Die Kunst des Islam ist eng mit der Religion verknüpft. Sie verbietet dem künstlerisch Schaffenden figürliche Darstellungen von Mensch und Tier, weil das Abbilden der Geschöpfe Allahs ein lästerlicher Verstoß gegen die Souveränität des Schöpfers sei. Das Bilderverbot, das allerdings erst 200 Jahre nach Mohammed eingeführt wurde, gilt im Prinzip bis heute. Durch den Wegfall der gestaltenden Kunstformen wie Malerei oder Bildhauerei beschränkt sich die islamische Kunst auf Architektur und ornamentales Schmuckwerk. Die Errichtung von Sakralbauten war ein Gebot des Glaubens, und für die Palastbauten beschäftigte die weltliche Oberschicht eigene Baumeister.

Erlernt haben die Araber die Baukunst von Persern, Byzantinern und Römern. Im Verlauf ihrer Eroberungszüge eigneten sie sich die Kunstelemente an, die ihnen und ihrer Religion am meisten entsprachen. Als die Araber auf die Iberische Halbinsel vordrangen, schufen sie in Spanien einen eigenen Stil, der sich im westlichen Islam durchsetzte und den Namen *maurisch* erhielt (maurus, lat. dunkelhäutig;

spielt auf den Gegensatz zum christlichen, „hellhäutigen" Spanien an). Unter den Almoraviden und Almohaden kam diese Kunstform nach Marokko. Die Meriniden und die vor der Reconquista flüchtenden Mauren (→ Geschichte) gaben ihr neue Impulse und brachten sie in Nordafrika zu voller Blüte.

Der „Adel des Bogens": Der maurische Baustil zeichnet sich durch die Vorliebe aus, sich in die Breite auszudehnen und wenig Wert auf die Gestaltung der Fassade zu legen. Nur das aufwendige, reich verzierte Portal bietet einen Vorgeschmack auf die Pracht im Inneren. Spielerisch leicht streben hier die Wände dem Dach entgegen, das scheinbar schwerelos auf ihnen ruht. Der Betrachter verliert sich im wogenden Meer des Dekors, und der Blick fällt zufällig auf ein Hufeisenfenster: Dieses charakteristischste Element der maurischen Baukunst in der Form „einer aufstrebenden Kerzenflamme" verleiht „dem leeren Raum eine besondere Eigenschaft". Und der „Adel des Bogens" ist in der Tat hochkarätig: „Ein solches Werk (der Hufeisenbogen) ist frei von allen menschlichen Zufälligkeiten, und deshalb befriedigt es auch den menschlichen Geist" (Titus Burckhardt). Der Höhepunkt dieser zweidimensionalen Baukunst – das Ausschmücken einer ebenen Fläche – und die wohl größte ureigene Schöpfung islamischer Kunst ist die *Arabeske* (→ Wissenswertes A–Z). Hier ist das Eigenleben des Ornaments auf die Spitze getrieben – das Motiv entwickelt sich aus sich selbst und kehrt ohne Anfang und Ende wieder in sich zurück.

Moschee bei Tafraoute

Das Kalifat von Cordoba: Natürlich spiegelte die maurische Kunst in Marokko, obwohl in ihren Grundelementen immer gleich, die Geschmäcker der verschiedenen Epochen. Während der schlichte, zweckgebundene Stil der asketischen Almoraviden des 11. Jh. sich gegen den verschwenderischen Formenreichtum des maurischen Spanien bewusst absetzte (Mauern und Stadttore von Marrakesch), übernahmen die Almohaden (12. Jh.) die ganze Eleganz und Pracht der arabischen Brüder von Cordoba, jener über 200 Jahre zuvor ausgewanderten Araber, die unter dem legendären Kalifat von Cordoba bis 1030 prächtige Bauten errichtet hatten. Ihre große Leistung war der Moscheenbau – die Moschee von Tinmal, der Hassan-Turm (Rabat), die Koutoubia-Moschee sowie das Agnaou-Tor in Marrakesch sind die bedeutendsten Bauten der Almohaden, die damit als die eigentlichen Begründer der maurischen Kunst in Marokko gelten.

Die Pracht der Meriniden: Das Geschlecht der Meriniden machte kulturgeschichtlich besonders im Medresenbau (→ unten) von sich reden. Ungeachtet der Kosten beschafften sie die gewünschten Materialien und engagierten die besten Künstler der Zeit. Die höheren Angestellten des Baugewerbes wurden fürstlich entlohnt, hatten luxuriöse Privatquartiere und wurden bei ihrer Arbeit mit Musik und Gesang unterhalten. Dafür revanchierten sie sich mit aufwendiger Ornamentalkunst, kunstvollen Aquädukten, dekorativen Brunnen, Fonduks, Bädern und Spitälern.

Mit den Meriniden endet die Blütezeit der maurischen Architektur. Die Saadier machen zwar noch mit einigen prächtigen Bauten (El-Badi-Palast und Saadier-Gräber in Marrakesch) auf sich aufmerksam, doch ebenso wie unter den nachfolgenden Alaouiten werden die klassischen Vorlagen nur noch kopiert oder ins Monumentale gesteigert (etwa die Königsstadt von Moulay Ismail in Meknès).

Moscheen und Medresen

Moscheen sind die Kirchen der Moslems. Doch im Unterschied zu den Gotteshäusern der Christen sind Moscheen keine geweihten Plätze, sie dienen allein der Anbetung Allahs. Zur Gebetszeit steigt der Muezzin (Gebetsausrufer) auf das Minarett (Moscheeturm) und ruft die Gläubigen zum Gebet. Vor der Moschee befinden sich Brunnen oder Wasserhähne, an denen die rituelle Waschung vor dem Gebet stattfindet. Das Innere der Moschee ist so gut wie leer. Teppiche oder Strohmatten bedecken den Boden. Eine Nische in der Wand, der Mihrab, zeigt die Gebetsrichtung nach Mekka an. In der Nähe des Mihrab steht der Minbar, der Predigtstuhl. Am Freitagnachmittag hält der Freitagsprediger auf dem Minbar die Festpredigt.

Die erst 1993 fertiggestellte, 25.000 Menschen fassende Moschee Hassans II. in Rabat ist das größte Projekt in der Baugeschichte des Maghreb.

Vielseitige Medresen: Zu größeren Moscheen gehören Gebäudekomplexe, die die Aufgaben wahrnehmen, die in der Gründerzeit des Islam noch in der Moschee selbst ausgeübt wurden. Früher zählten dazu auch Armenküche und Krankenhaus.

Oft ist der Moschee auch eine Medrese angegliedert. Medresen sind theologische Hochschulen des Islam, aber auch Gästehaus, Schule, Hospital, Bibliothek und Gebetsort in einem. Der Urtyp der Medrese hat ein imposantes Eingangsportal, eine Vorhalle und einen von

Schlafzellen und Unterrichtsräumen umgebenen Innenhof. Zedernholzdecken, Stuck, Fayencen und geometrische Fliesenmuster bilden einen kühlen, morgenländischen Traum. Die ersten Medresen in Marokko wurden im 12. Jh. gegründet. Anstoß war das Bestreben der Herrscher, den im Volk weit verbreiteten und für sie gefährlichen Marabutenkult (→ Wissenswertes A–Z/Marabut) mit den Waffen der höheren Bildung einzudämmen.

Kunsthandwerk

Teppiche: Teppichkauf ist kein einfaches Thema, und wer etwas bessere Qualitäten sucht, wird sich vorher eingehend informieren. Und weil gute Teppiche teuer sind, gibt es rund um den Kauf große Verhandlungen und „Tee-Rituale". Zunächst ist

zwischen gewebten Teppichen (Flachteppiche und Kelims) und geknüpften Teppichen zu unterscheiden. Kelims kommen aus der islamischen Tradition, werden inzwischen aber auch von Berbern in allen Regionen hergestellt. Bei den Berberteppichen (nicht zu verwechseln mit der deutschen Bezeichnung für marokkanische hochflorige Wollteppiche) ist in puncto Knüpfdichte, Farben, Muster und Abschlüsse zu unterscheiden. Die Wolle kommt in der Regel von Schaf oder Ziege.

Fantasievoll sind die vielerorts auf Webstühlen hergestellten *hanbel* aus Wolle, Naturseide oder Viskose. Sie fallen besonders durch ihre vielgestaltige Symbolik auf. Es tauchen architektonisch inspirierte Muster, religiöse Motive, Tierbrandzeichen und vor allem magische Berber-Ornamente, wie Schutz gewährende und Glück bringende Rauten, auf. So sind die Teppiche aus der Chiadma und Rehamna aus der westlichen Haouz-Ebene rot bis gelb und mit Pflanzen- und Tierornamenten, Rauten, Dreiecken und an Sternbilder erinnernden Linien geschmückt. Die Zemmour-Decken aus dem Mittleren Atlas sind an der Vorderseite mit Pailletten verziert, die Stickfäden der Rückseite sind nicht vernäht. Die Teppiche der Region Tazenakht (→ Tazenakht/ Teppichkunst) sind oft mit kräftigem orangefarbenem und gelbem Untergrund gewoben. Die Skala der Farbvariationen, an denen Kenner die Provenienz eines Teppichs erkennen, ist nahezu unbegrenzt.

Natürliche Schafwolle kann weiß, braun oder schwarz sein. Die kostbare Kamelhaarwolle für schwere Berberteppiche, die zum Beispiel südlich von Tafraoute mit

Henna (für Rot-, Grün- und Brauntöne) behandelt wird, ist ursprünglich bräunlich. Blau wird durch in Kalkwasser gelöste Indigoblätter gewonnen, die getrockneten Pigmente werden mit dem dabei entstehenden Indigoweiß getränkt und oxidieren zu Blautönen.

Messing- und Kunstschmiede-Arbeiten: Wie sehr marokkanisches Kunsthandwerk – fantasievoll geschmiedete Gartenmöbel, Tische mit Keramikmosaiken und Lampen in allen erdenklichen Formen – fester Bestandteil vieler europäischer Einrichtungsgeschäfte geworden ist, fällt nach einem Marokko-Besuch spätestens beim Spaziergang durch die heimische Fußgängerzone auf. Ebenso auch die Tatsache, dass hier enorme Handelsspannen verdient werden, weil Arbeitszeit und Material viel weniger als im industrialisierten Norden kosten.

Die harmonischen Formen und qualitativ hochwertigen Objekte werden seit Jahrhunderten in den Medinas hergestellt, wo es eigene Gässchen bzw. Quartiere für die unterschiedlichen Handwerkszweige gibt. Gerade die „neue Medina" in Agadir mit ihren hohen Qualitätskontrollen oder die Museen in Safi, Essaouira und Marrakesch dokumentieren eindrücklich, wie hohe künstlerische Qualität beschaffen ist.

Schmuck: Interessant ist vor allem der Silberschmuck. Goldschmuck ist weniger verbreitet, relativ teuer und trifft selten den europäischen Geschmack. Heute werden in Marokko Ringe, Ketten und Amulette mit einem ganz eigenen Repertoire an Formen und Dekors gefertigt. Traditionell war Schmuck Aussteuer und Prestigeobjekt zugleich. Eine Besonderheit sind Schmuckstücke, die Rauten und gleichschenklige Kreuze zeigen. Berberschmuck zeigt gelegentlich astrologische Konstellationen – er war eine Art Wüstenkompass.

Auf den Märkten wird heute allerdings auch Importware aus Indien angeboten. Die nach traditionellen marokkanischen Vorlagen hergestellten Imitate, die oft zusammen mit typisch indischem Schmuck die Regale füllen, sind daran zu erkennen, dass in Marokko nicht oder kaum erhältliche Schmucksteine (Lapislazuli, Türkis, Granat, Malachit u. a.) verwendet wurden. Sowohl Silber als auch die meist verwendeten Edelsteine kosten die Händler in Marokko deutlich mehr als importierte Ware.

Beim Berberschmuck ist der Silbergehalt kein entscheidendes Kriterium: Silber wird oft – auch traditionell – mit Zink legiert, erhält so eine etwas stumpfe Oberfläche und wird schwerer. Mit viel Aufwand werden besonders die mit Steinen geschmückten Dolche und Gewehre bearbeitet. Ein Alltagsgegenstand dagegen ist die silberne „Hand der Fatima", die böse Geister und Unglück abwehren soll. Der traditionell von männlichen Schmieden hergestellte Schmuck besitzt für die Berber magische Kraft – und die Schmiede ihrerseits magische Kräfte (→ Tiznit/Amulette aus Silber).

Keramik: Marokkanische Keramik ist in den letzten 30 Jahren ein wichtiges Exportgut geworden und kommt vor allem aus Fès, Meknès, Marrakesch und Safi, in Marrakesch gibt es eine große Auswahl an Tischen mit Keramikeinlagen. Wer sich für Keramik interessiert, findet in diesen Städten eine große Auswahl von guter bis sehr guter Qualität. Dabei sind die regionalen Stile leicht zu unterscheiden. Der spielerische Stil des Geschirrs aus Safi unterscheidet sich auch in der Farbgebung von dem geometrischen Stil in vielen Blautönen aus Fès. Die Tonerde aus Safi ist reich an Eisenoxid, das die Festigkeit der gebrannten Arbeiten erhöht.

Islamische Kunst und westliche Malerei

Für viele europäische Künstler war seit *Auguste Delacroix* (1812–1868) die Begegnung mit Marokko ein unvergleichliches Erlebnis. Delacroix reiste 1831/32 nach Marokko und skizzierte, wo er nur konnte. Auf Grundlage dieser Skizzensammlung entstanden viele seiner großen exotischen Ölgemälde mit Leibeigenen, Paschas und Harems. Aber auch die Menschen auf den Märkten und Plätzen skizzierte er mit fotografischem Gedächtnis, um sie später auf die Leinwand zu bannen. Ihn faszinierten das Fremdartige, die unbekannte Kultur und die fremden Bräuche.

Jean Matisse (1869–1954) war derart vom morgenländischen Dekor vereinnahmt, dass er im Atelier für seine Frauenbildnisse ein marokkanisches Interieur aufbaute und seine Modelle mit orientalischen Stoffen einkleidete. Das Ornament und seine Dynamik wurden mit den Jahren immer wichtiger für ihn. Matisse' Besuch in Algerien 1906 war bereits ein erster Sprung in diese andersartige Welt. Die Wintermonate 1911/12 und 1912/13 verbrachte der Künstler in Nordmarokko und fühlte sich tiefer in diese Welt ein, die ihn längst nicht mehr losgelassen hatte.

In der Keramik, in Stuck- und Schnitzarbeiten hatte die islamische Handwerkskunst das nicht-figürliche Dekor zur Perfektion entwickelt. In Paris widmeten sich um das Jahr 1900 Ausstellungen im Musée des Arts décoratifs der islamischen Kultur. Die umfangreiche islamische Sammlung des Louvre wurde von Künstlern und Kunstklassen ebenso gern besucht wie die Räume der arabischen Länder auf der Pariser Weltausstellung. Die „Sprache der Dekoration", wie Matisse sie nannte, sollte, ausgedrückt durch → Arabesken, abstrakte Muster und wenig Inhalte, den geistigen Rhythmus dieser religiösen Kunst erkennen lassen, die sich dem Gebot unterwirft, auf Abbilder des Propheten und von Menschen zu verzichten. Dieser unendliche Formenreichtum floraler Muster und geometrischer Stilisierungen in den Palästen, Medresen und Moscheen waren für die Künstler ein Sinnbild für den Überfluss der Schöpfung.

Musik

Die Musik Marokkos wurde nie aufgezeichnet, sie wird nach Gehör gespielt. Die alten Texte werden mündlich überliefert oder in Liedersammlungen niedergeschrieben, deren berühmteste die von El Haik aus Tétouan ist (11. Jh.). Traditionelle marokkanische Musik erfreut sich in allen Bevölkerungsschichten ungebrochen größter Beliebtheit. Im Überlandbus, in der engen Medinagasse, im Café oder am Strand – überall trällern aus Kassettenrekordern, stationären Radioempfängern und Ghettoblastern für den Europäer eigentümliche Melodien. Doch das geübte Ohr entdeckt hinter den rhythmisch geordneten, gesungenen oder gespielten Klängen stets wiederkehrende und kunstvoll verschlungene Variationen, die in der arabesken Ornamentik der Baukunst ihre Entsprechung haben. Neben der religiösen Musik *(sama)*, die dem Lobpreis Allahs dient, ohne Instrumente auskommt und fünfmal täglich vom Minarett erklingt, gibt es die klassische andalusische Kunstmusik *(ala)*, die arabische Volksmusik, die Gnaoua-Musik (→ Wissenswertes A–Z; Volkstänze; → Essaouira/Die Gnaoua-Musik) und die Musik der Berber.

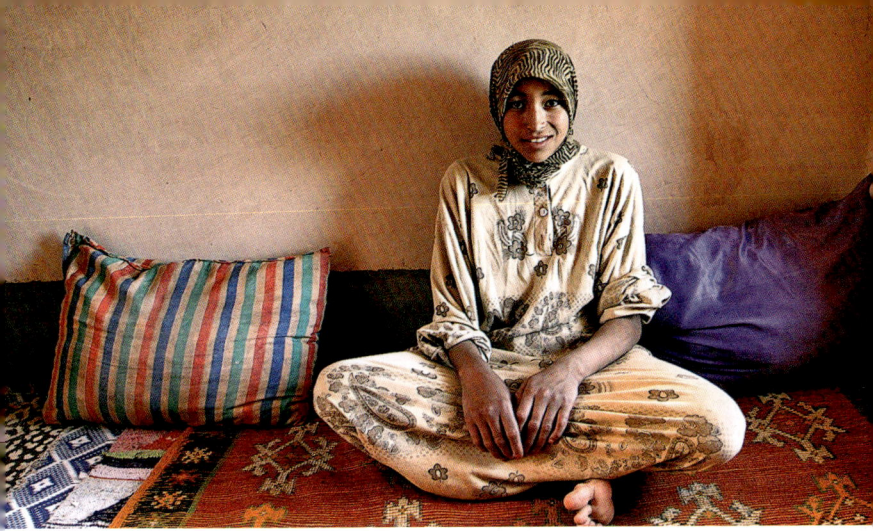

Ländlicher Komfort

Wissenswertes von A bis Z

Apotheken

In allen größeren Städten gibt es sie – ihr Zeichen ist das weiße Kreuz mit grüner Umrandung und der Aufschrift „Pharmacie". In den Großstädten liegen sie meist im Zentrum der Neustadt. Die Apotheken führen auch viele französische, schweizerische und deutsche Medikamente, die in Lizenz hergestellt werden. Die Arzneien sind ohne Rezept erhältlich und billiger als z. B. in Deutschland. Marokkanische Apotheken bieten darüber hinaus auch Artikel aus dem Hygienebereich an, die im Abendland in Drogerien verkauft werden. In den meisten Städten wird ein rotierender Nachtdienst unterhalten.

Arabeske

Die Arabeske ist eine Kombination von „entnaturalisierten", blütenartigen und linearen Gebilden, Wellen und Spiralen, die einen organischen Wuchs bzw. einen vergleichbaren Rhythmus spiegeln. Mit dieser kunstvollen Abstraktion und den Schriftornamenten umgingen die islamischen Künstler das Bilderverbot und schufen neue Inhalte. Das Ornament unterliegt nur seinem Gesetz, nimmt auf seine Struktur keine Rücksicht und wird in großen, geometrisch-abstrakten Mustern von Schriftbändern unterbrochen. Rosetten und Rankengewinde überziehen den Stuck, farbig komponierte Fliesen wechseln mit stilisierten Weinblättern. Neben dem stilisierten Wort „Allah" erscheint oft das Wort „Salam" (Frieden).

Arganöl → Diabat/Arganöl

Armut

Die Armut versteckt sich in Marokko oft hinter der Maske der Idylle. Im Wind raschelnde Palmen, glucksende Bewässerungsrinnen durch Gemüsegärten und eifrige

Eselchen mit ausgebeulten Körben vermitteln das Bild ländlicher Gemütlichkeit, doch dahinter verbirgt sich ein oft mehr als karges Dasein. In und um die Städte wird eine deutlichere Sprache gesprochen: Zahllose Bettler auf den Straßen der Innenstädte, Arbeitslose vor leeren Kaffeehaustischchen und die Slums der Mittellosen machen die herrschende Armut optisch sichtbar. Laut Schätzungen der UN-

Welternährungsorganisation FAO beträgt die Zahl der Arbeitslosen in den Städten etwa 30 %, eine Zahl die vielerorts überschritten wird.

Jeder Tourist wird irgendwie auf diese Armut reagieren: Augen weg und schnell vorbei ist eine Möglichkeit. Etwas geben eine andere. Es soll und darf niemandem vorgeschrieben werden, wie er zu reagieren hat, das muss jeder mit sich abmachen. Almosen sind für die Ärmsten eine Rettung – Bettelkinder sind hingegen Kinder ohne Lebensperspektive.

Baden

Baden für Herren in Badehose ist absolut problemlos. Damen müssen sich darauf einstellen, dass sie auch im züchtigsten Bikini Interesse erregen. Nacktbaden ist für beide Geschlechter verboten, und man sollte nie davon ausgehen, dass ein Strand einsam und abgelegen

Aller Reichtum ist Wasser

ist: Der Orient hat viele, auch verborgene Augen, und was Touristen machen, ist für die Einheimischen (gerade in abgelegenen Gegenden) sehr interessant. Wer völlig nackt ertappt wird, muss mit Gefängnis oder Geldstrafen rechnen.

Bismallah

Dieser Gruß, beim Essen und feierlichen Momenten rezitiert, wird aus dem Koran so übersetzt: „Im Namen des barmherzigen Gottes: Lob sei Gott, dem Herrn der Menschen aller Welt, dem Barmherzigen und Gnädigen, der am Tag des Jüngsten Gerichts regiert. Dir dienen wir und Dich bitten wir um Hilfe! Führe uns auf den Pfad derer, denen Du Hilfe erwiesen hast."

Botschaften und Konsulate

• *Königlich-Marokkanische Botschaften*
In Deutschland: Niederwallstr. 39, D-10117 Berlin. ☎ 030-206124-0, ✆ 206124-20, www.marokko-botschaft.de.
In der Schweiz: Helvetiastr. 42, CH-3005 Bern. ☎ 031-35103-62, ✆ 35103-64.
In Österreich: Opernring 3-5, A-1010 Wien, ☎ 01-586-6650, ✆ 586-7667.
• *Botschaften und Konsulate in Marokko*
Deutsche Botschaft in Rabat, Zankat Mad

nine 7.   ☎ 037-709662,   Notfall-☎ 061-147059, www.rabat.diplo.de.
Deutsches Honorarkonsulat in Agadir, Rue de Madrid 6, Sect. Résidentiel. ☎ 028-84-1025, ✆ 84-0926.
Österreichische Botschaft in Rabat, Zankat Tiddas 2. ☎ 037-76-4003, ✆ 76-5425.
Österreichisches Generalkonsulat in Casablanca, Av. Hassan II Nr. 45, ☎ 02-2266904.
Schweizer Botschaft in Rabat, Square de Berkane. ☎ 037-2680-30, ✆ 2680-40.

Mit dem Fahrrad geht alles

Coopérative Artisanale

Die in allen größeren Städten anzutreffenden handwerklichen Kooperativen – oft auch *Ensemble Artisanal* genannt – sind auf Initiativen der staatlichen Handwerkskommission in den 1980er Jahren zurückzuführen. In dieser Zeit wurde beschlossen, diese Kooperativen besser zu unterstützen, Qualitätskriterien und Festpreise (mit kleinen Nachlässen bei größeren Einkäufen) besser zu kontrollieren und eine hohe Qualität der handwerklichen Arbeit zu gewährleisten. Die Medina in Agadir, das Ensemble Artisanal in Marrakesch und die Kooperativen in Essaouira (für Thuja, Arganöl u. a.) sind Beispiele dafür. Sie sind in der Regel nur bis 19 Uhr geöffnet und sonntags geschlossen.

Fair unterwegs

Kaum eine Tourismusbörse, die heute nicht auf die sozialen und ökologischen Folgen des Reisens hinweist. Dass inzwischen auch die Großen der Branche immer mehr auf diese Aspekte und auf eine faire Bezahlung im Gastgewerbe achten, ist erfreulich. Aber auch der Individualtourismus kann einen Beitrag leisten. Wichtig ist, trotz gelegentlicher Aufdringlichkeit in den Städten, zu verstehen, dass das Reisen in den Augen der Einheimischen ein Privileg ist, das mit Reichtum zu tun hat. Unter den vielen Anregungen, die sich mit dem Thema befassen, hat der Arbeitskreis Tourismus und Entwicklung (www.akte.ch) unter dem Motto „Fair Unterwegs" fünf Faustregeln entwickelt:

Zeit nehmen bedeutet, sich mit der Kultur des Gastlandes zu befassen und sich Zeit zu nehmen zum Erkunden der fremden Lebensweise. Wer bemüht ist, die Gastkultur zu verstehen, gewinnt eine bereichernde Perspektive.

Respekt vor Lebensgrundlagen bedeutet, Landschaft und Natur des Gastlandes nicht als Dekor, sondern als Lebensraum zu erkennen, dem man durch umweltfreundliches Verhalten mit Respekt begegnet.

Faire Preise, Nutzen für Einheimische, Fairer Austausch: Diese drei Forderungen sind eng miteinander verbunden. Wo der Wettbewerb die Preise drückt, möglichst bei lokalen Produzenten, Anbietern oder Veranstaltern direkt einkaufen oder buchen – beispielsweise Dienstleistungen wie den Fremdenführer oder die Unterkunft – und damit die direkte Teilhabe der Bevölkerung am Tourismus unterstützen.

Fantasia – edle Reiterspiele

Die Ursprünge des Reiterspiels sind tief in der Tradition der Beduinen verwurzelt. In der höfischen Gesellschaft des islamischen Mittelalters diente das ritterliche Turnier dazu, dem Publikum die Ästhetik der kriegerischen Reitkunst vorzuführen.

Eine alte Leidenschaft: edle Pferde

Die Spielregeln: 10 bis 20 Reiter sprengen im Galopp zu einer Art Scheinangriff vorwärts, reißen an einer vorher vereinbarten Stelle ihr Pferd scharf zurück und ballern zur Freude aller in die Luft (in alter Zeit warfen sie in diesem Moment fast lautlos ihren Speer), die Zuschauer werden dabei in Staub und Pulverdampf gehüllt. Diese sogenannten Fantasias werden bei religiösen Festen, den Moussems, sowie auf Hochzeiten und Volksfesten veranstaltet. Die bekanntesten Fantasias finden in Marrakesch im Rahmen des Folklorefestivals im Mai/Juni statt.

Wie in anderen islamischen Ländern wird auch in Marokko das Verhältnis zu den Pferden, den „Töchtern des Windes, "besonders gepflegt, zumal der Koran dem Pferd eine große Bedeutung einräumt: „... auf der ganzen Erde sollst Du glücklich sein (...) denn Dir soll die Liebe werden des Herrn der Erde. Fliegen sollst Du ohne Flügel und siegen ohne Schwert." Legendäre Berühmtheit erlangte ein Hengst aus dem Gestüt Moulay Ismails, der als Geschenk 1730 an den Hof Ludwigs XV. kam. Der französische König verschmähte die Gabe, und das edle Tier musste am Montmartre ordinäre Lastkarren ziehen, bis ein britischer Händler das Pferd entdeckte und dem berühmten englischen Züchter Lord Goldophin verkaufte. Der legte mit diesem Hengst einen Grundstein der britischen Vollblutzucht.

Die Kunst der Pferdezucht wird bis in die Gegenwart von vielen Nomadenstämmen weitergeführt. Erlesene Zuchtpferde mit den charakteristischen Merkmalen der arabischstämmigen Berberhengste sind heute in den königlichen Reitclubs zu bewundern, mit etwas Glück auch in versteckten ländlichen Regionen – und natürlich bei den Fantasia-Reiterspielen.

Reisepraktisches

Feiertage

Der Maghreb war das Land der drei Sonntage. Sonntags feiern die Christen, am Sabbat (Samstag) die Juden. Der Freitag ist der Sonntag der Moslems. Er ist der „Tag der Versammlung", der Tag, an dem Adam ins Paradies aufgenommen wurde und Mohammed Einzug in Medina hielt – und der Tag der Auferstehung wird ebenfalls ein Freitag sein. Doch durch die Europäisierung wurde auch in Marokko der Sonntag zum allgemeinen Ruhetag, an dem Läden, Banken und offizielle Stellen geschlossen sind. Traditionsbewusste Moslems – vor allem in abgelegenen Landesteilen – kommen damit noch nicht zurecht, sodass es immer wieder passieren kann, dass am Sonntag Geschäfte geöffnet haben, die zwei Tage zuvor geschlossen waren. Wichtig zu wissen: Der islamische Tag beginnt bei Sonnenuntergang des Vortags; ist also der Donnerstag ein Feiertag, beginnt er am Mittwoch bei Einbruch der Dunkelheit.

An großen religiösen Festtagen sind schon ab Mittag des Vortags alle Läden, Büros und Behörden geschlossen; an staatlichen (weltlichen) Feiertagen dagegen herrscht am Vortag normaler Betrieb.

Staatliche Feiertage

1. Januar: Neujahr

11. Januar: Jahrestag der Unabhängigkeitserklärung

1. Mai: Tag der Arbeit

30. Juli: Fest des Königshauses mit zahlreichen Paraden

14. August: „Allégeance de Oued Eddahab" – das Datum steht für die Reise Hassans II. nach Dakhla (Westsahara) 1981

20. August: „Révolution du Roi et du Peuple" – Tag der Volksunruhen 1953, als Mohammed V. von den Franzosen nach Madagaskar ins Exil geschickt wurde

21. August: Geburtstag von König Mohammed VI. – auch als Fest der Jugend bekannt

6. November: Jahrestag des Grünen Marsches von 1975

18. November: Tag der nationalen Unabhängigkeit; Rückkehr Mohammeds V. aus dem madagassischen Exil 1956

Religiöse Feiertage

Islamische Feiertage haben keinen feststehenden Termin. Der Grund dafür liegt im islamischen Mondkalender, nach dem die Geistlichkeit die Daten der religiösen Feste Jahr für Jahr neu bestimmt. Im Vergleich zu dem in Europa gültigen Gregorianischen Kalender weist der Mondkalender, über das Jahr betrachtet, eine Verkürzung von elf Tagen auf, islamische Feiertage werden jeweils also elf Tage früher gefeiert. Die wenigsten religiösen Feiertage sind auch staatlich festgelegt. Das bedeutet, dass der marokkanische Alltag mit geöffneten Geschäften und Banken den Fremden manchmal nicht ahnen lässt, dass an diesem Tag ein religiöses Fest stattfindet. In Marokko gibt es über die sechs islamischen Hauptfeiertage hinaus eine Unzahl lokaler Heiligenfeste (→ Moussems). Besonders erwähnenswerte islamische Feste sind:

Premier Moharrem: Der „erste Januar" des islamischen Kalenders, doch nicht mit unserem Neujahr identisch. An diesem Tag beginnt das neue islamische Jahr. Das Neujahrsfest wird für uns mit Verspätung – am 11. Tag des neuen Jahres – gefeiert, weil der Mondkalender nur 354 Tage besitzt.

Achoura: Das Neujahrsfest und gleichzeitig der Beginn des Hedjra-Jahres, ab dem der Beginn der diversen Pilgerfahrten ausgerechnet wird. Das Fest wird, vor allem von Kindern, fröhlich und teilweise maskiert begangen.

Ramadan: Der Fastenmonat ist mit der Fastenzeit der Christen vergleichbar, doch wird er vom gläubigen Moslem weitaus strenger eingehalten. 30 Tage lang darf dieser zwischen Sonnenaufgang und Sonnenuntergang nicht essen, trinken, rauchen oder Geschlechtsverkehr haben. Laut Koran beginnt der Fasttag, wenn man „in der Morgendämmerung einen weißen Faden von einem schwarzen unterscheiden kann". Nach Anbruch der Dunkelheit jedoch wird alles Versäumte ausgiebig nachgeholt. Weil auch der Ramadan ein beweglicher Termin im Kalender ist, kommt es vor, dass er mitten in den heißen Sommer fällt, was den Gläubigen dann schon einiges an Disziplin abverlangt.

Selbstverständlich erhält man auch während des Ramadans Speisen in Geschäften und Restaurants, doch können die Öffnungszeiten eingeschränkt sein. Schwangeren, Gebrechlichen und Reisenden stellt der Koran das Fasten übrigens ins eigene Ermessen. Trotzdem sollte man gerade in konservativen Gegenden auf Rücksicht bedacht sein.

Aid es Seghir: Das „Kleine Hammelfest" bildet den Abschluss des Ramadan. Es ist mit dem christlichen „Fastenbrechen" vergleichbar. Das eintägige, fröhlich-ausgelassene Fest feiert die überstandene religiöse Diät mit dem Schlachten eines kleinen Hammels. Weil „Aid es Seghir" auch ein staatlicher Feiertag ist, sind an diesen Tagen Banken und Geschäfte geschlossen.

Aid el Kebir: Das viertägige Fest, das höchste im Islam, ist seiner Bedeutung nach mit dem christlichen Weihnachten vergleichbar. Hintergrund des Opferfestes ist die (auch biblische) Geschichte von Abraham, die sehr anschaulich den Begriff Islam („Ergebung in Gottes Willen") schildert: Gott verlangte von Abraham, ihm das Liebste zu geben, das er besaß, der darauf schweren Herzens bereit war, seinen Lieblingssohn Isaak zu opfern – was der Allmächtige dann gottlob verhinderte ... Anlässlich des Aid el Kebir werden im ganzen Land Hammel, bei höherem sozialem Status auch Rinder und Ochsen geschlachtet. Arme Familien müssen mit einem Huhn vorlieb nehmen. Ein Drittel des Fleisches wird an Freunde, ein Drittel an die Armen verteilt, das letzte Drittel wird in der Familie verspeist. Für viele Familien ist das Opferfest heute noch ein echtes Opfer – sie sparen über Monate, um die Festkosten finanziell zu verkraften.

Mouloud: Der Geburtstag des Propheten Mohammed, und damit einer der wichtigsten Feiertage, wird immer am 12. März des islamischen Kalenders gefeiert. Die Moscheen füllen sich, und überall im Land lässt man den Propheten hochleben. Der Festtag ist auch Anlass für Geburtstagsfeierlichkeiten und viele Prozessionen – die bekannteste ist das Kerzenfest in Salé.

Fotografieren/Filmen

Den Sonnenuntergang am Atlantik oder die güldenen Sanddünen gibt es problemlos, solange Sie keine Einheimischen als belebendes Motiv mit ablichten – erst dann wird es schwierig. Denn die gläubige Bevölkerung lebt nach der Lehre des Propheten, dass wir Ebenbilder Gottes sind und als solche keine Abbilder von uns machen dürfen. Das 21. Jh. hat dieses Gebot zwar längst aufgeweicht, doch in der Landbevölkerung, die einige Jahre hinter dem Videozeitalter lebt, ist immer noch die Meinung verbreitet, die Seele würde beim Ablichten der Person in der Kamera eingesperrt. Angemerkt

Fundamentalismus 59

sei, dass einige Dirhams dieses Glaubens-
gebot oft erschüttern. Wie auch immer:
Porträts sollten immer nur mit ausdrück-
licher Zustimmung gemacht werden.

Foundouks

Auch als Karawanserails bezeichnet,
wurden in diesen architektonisch markanten Häusern einst Waren der Händler aus den Regionen des Landes gelagert und verarbeitet. Außerdem fanden
hier Tiere und Reisende Unterkunft,
meist in den Räumen im ersten Stockwerk. Spannend ist der Blick in diese
Mikrokosmen städtischen Schaffens, die
immer sehr geschäftig wirken.

Frauen unterwegs

Auf der Straße, in Teehäusern und Res-
taurants wird frau gerne angesprochen.
Dabei kann es durchaus sein, dass dieses
Interesse einfach nur auf Neugierde be-

Auch Fotografen brauchen Pausen

ruht, doch oft können sich Männer nur eines vorstellen, was eine allein reisende
Frau wohl sucht. Europäische Reklame und Filme haben viele Vertreter des „starken Geschlechts" zu der falschen Vorstellung verleitet, dass ausländische Frauen
erotische Annäherungen grundsätzlich erwarten. Unpassende Kleidung (kein BH,
anregende T-Shirts, enge Jeans etc.) bekräftigen das Missverständnis, dass allein
reisende Frauen in Sachen Sex unterwegs sind. Daher ist zu empfehlen, keinen
Blickkontakt zu Männern zu suchen und allgemein Distanz zu halten. Am nerven-
schonendsten aber ist vermutlich doch ein männlicher Reisebegleiter.

Fremdenverkehrsämter

• *In Deutschland* **Staatliches Marokkanisches Fremdenverkehrsamt**, 40210 Düsseldorf, Graf-Adolf-Str. 59. ✆ 0211-3705-51, -52,
www.tourismus-in-marokko.de.

• *In Österreich* **Staatliches Marokkanisches Fremdenverkehrsamt**, A-1010 Wien,
Kärtnerring 17, ✆ 01-5125326.

• *In der Schweiz* **Office National Marocain
du Tourisme (ONMT)**, CH-8001 Zürich,
Schiffslände 5, ✆ 01-2527316.

• *In Marokko (Hauptzentrale)* **Office National Marocain du Tourisme (ONMT)**, Rabat-
Agdal, Angle Rue Oued Fès 31. ✆ 037-
681531. www.tourism-in-marocco.com.

• *Weitere Infos* **Deutsch-Marokkanischer
Freundeskreis**, unterstützt den interkultu-
rellen Austausch; Gormannsstr. 11b, 41812
Erkelenz. ✆ 0243-942800,
www.marokko.net.

Fundamentalismus

Marokko wird, wenn überhaupt, ausschließlich von islamischen Fundamentalisten
angegangen. Seine staatliche Grundlage, so ihr Argument, sei nicht Gottes Gesetz,
sondern eine weltliche Verfassung. Islamische Fundamentalisten werden in Marokko allerdings streng kontrolliert, zudem sind ihre Gruppierungen ziemlich zersplit-
tert. Anders als im benachbarten Algerien spielen sie im politischen Leben Marokkos also eine eher geringe Rolle. Die Hoffnungslosigkeit der Armen, die in den

„Bidonvilles", den Blechhüttensiedlungen am Rand der großen Städte, ungeachtet der wirtschaftlichen Entwicklung des Landes ihr Dasein fristen, ist natürlich Wasser auf die Mühlen der extremen Mullahs. So brachte die Untersuchung eines Schweizer Journalisten zutage, dass in den armen Vierteln Casablancas zwischen Armut und Orientierungslosigkeit und der Bereitschaft, fundamentalistische Gruppen zu unterstützen, ein Zusammenhang besteht. Sollte es der Politik gelingen, bessere Lebensbedingungen und Arbeitsplätze für diese Benachteiligten zu schaffen, könnte der Fundamentalismus in den Randvierteln der Millionenstädte seine Funktion als soziales Auffangbecken verlieren.

Geld

Marokkos Währung ist der Dirham (DH). Ein Dirham ist in 100 Centimes unterteilt. Es gibt Münzen zu 5, 10, 20 und 50 Centimes sowie zu 1 und 5 Dirham. Banknoten existieren im Wert von 5, 10, 50, 100 und 200 Dirham. Alle Geldgeschäfte in Dirham sollten in Marokko getätigt werden, denn die Wechselkurse außerhalb der Landesgrenzen sind deutlich ungünstiger. Bis zu 1000 DH können ein- und ausgeführt werden. An den Grenzen gibt es Wechselstuben für den Rücktausch. Da Euros in Marokko durchaus geschätzt sind, können insbesondere größere Einkäufe nach Absprache auch in Euro getätigt werden.

Wechselkurs: 1 Dirham = 0,09 Euro; 1 Euro = 11,27 Dirham (Stand: April 2011)

Gesundheit und Vorsorge

In Südmarokko findet sich ein für Nordeuropäer ungewohntes Klima, das deren Immunsystem belastet. Zu nennen sind hier vor allem die hoch stehende afrikanische Sonne, die scharfen Winde am Meer und in der Wüste sowie ein generell anderes „mikrobakterielles Klima" – drei Faktoren, die die meisten Urlaubskrankheiten in Marokko begünstigen (→ Landschaft & Geografie/Klima und Reisezeit).

Sonne und Hitze: Sonne bringt bekanntlich Wohlbefinden. Dass das gesunde Maß jedoch von der individuellen Konstitution und dem Hauttyp abhängt – Europäer sind weniger und auch weniger starke Sonne gewohnt –, wird oft vernachlässigt. So empfinden es Afrikaner als angenehm, am Strand in greller Sonne mit dicker Wollkleidung herumzulaufen, schützt sie den Körper doch vor Hitze – eine Lösung, die bei Mitteleuropäern freilich Schweißausbrüche hervorruft.

Wer sich bräunen möchte, sollte das in Südmarokko in der ersten Woche maximal 1–2 Stunden am Vormittag (vor 11 Uhr!) und 1–2 Stunden nach 16 Uhr tun. Zu anderen Zeiten begibt man sich besser in den Schatten von überdachten Terrassen oder nach drinnen; ein Sonnenschirm ist im Sommerhalbjahr wegen der intensiven Strahlung kein ausreichender Sonnenschutz. Wer draußen bleibt, sollte gut abdeckende Kleidung und z. B. einen Strohhut, der eine gute Luftzirkulation ermöglicht, tragen. Außerdem ist es wichtig, sich regelmäßig mit Sonnenschutzmittel (UV-Faktor 30–50) einzucremen.

Trinken: In der Wüste muss nicht nur der Flüssigkeitsverlust, sondern auch der Salzverlust bedacht werden. Manche Marokkaner gleichen Kamelen, die morgens und mittags einen Tee trinken und ihren Tagesbedarf damit abgedeckt haben. Für den Europäer dagegen sind in der Wüste zwei Liter Flüssigkeit alle sechs Stunden das absolute Minimum!

Souk in Marrakesch

Kälte, Wind und Klimaanlagen: Marokko hat auch im Winterhalbjahr ein vielerorts angenehmes Klima. Anders aber – besonders in der Wüste – nach Sonnenuntergang. Für diese Zeit ist, auch bei einer Temperatur von 10° C, Vorsicht angebracht. Der scharfe Wind zu Beginn der Dämmerung auf den Hochplateaus Südmarokkos bringt selbst vielen Marokkanern eine Erkältung ein. Und diese wird man hier schwerer los als in unserem Winter. Vorbeugen ist also besser als leiden. Bewährt sind wollene Unterhemden, Wollsocken und atmungsaktives Schuhwerk, das schon mal im Einsatz war. Auch eine Wind-Regen-Jacke, inzwischen ein Erkennungsmerkmal für gut ausgerüstete Nordler, ist unverzichtbar.

Zugluft in Gebäuden, Cafés und Restaurants ist in Afrika Normalität. Auch hier kann ein unbedachter Aufenthalt Ohrenentzündung und Erkältung verursachen. Gleiches gilt für Klimaanlagen, die besser zu meiden sind, da sie den Organismus durcheinanderbringen und den Anpassungsprozess behindern. Vorsicht ist auch beim Baden im kalten Atlantik geboten bzw. beim Wind, der am Strand tobt und sehr schnell Abkühlung unter die feuchte Haut bringt. Wer nasses Zeitungspapier um eine Flasche wickelt und sie in den Wind stellt, kann das testen ...

Mikrobiotisches Klima: Escherichia-Coli-Bakterien sind nur ein bekannter Stamm, der Durchfall und Magenprobleme erzeugt. Das Problem liegt aber bei den vielen Bakterienstämmen, die unserer Magenflora nicht bekannt und daher gewöhnungsbedürftig sind. Diese Stämme leben in Küchen von Luxusrestaurants ebenso wie in Garküchen und suchen sich hier wie dort ihren Weg. Anders gesagt: Wer in seinen Ess- und Trinkgewohnheiten selten fremden Bakterienstämmen ausgesetzt ist, ist anfällig. Um widerstandsfähiger zu werden, sollte man die körperliche Gesamtverfassung unterstützen. Wer den Magen-Darm-Trakt erholen möchte, besorgt sich Enzyme, die auch das Immunsystem stärken. Wer vorsichtig ist, meidet Speiseeis, ungekochte Milchprodukte und Puddings, Mayonnaisen, Salate (außer Marocain-Salat, soweit mit gekochtem bzw. geschältem Gemüse), nicht durchgekochte Eier, Muscheln, Eiswürfel und mit Wasser verlängerte Fruchtsaft-Shakes (nicht frische Fruchtsäfte) und selbstverständlich Leitungswasser. Tee und Kaffeewasser sollte sprudelnd gekocht sein und Fleisch/Fisch immer durchgebraten. Auch Zucker, im Süden heiß geliebt, belastet den Magen-Darm-Trakt. Und last, but not least: Es lohnt in jedem Fall, bei Lebensmitteln (besonders Fisch), die nicht gut riechen oder schmecken, der Intuition zu folgen und nicht weiter zu essen.

Schutzimpfungen: Grundsätzlich ist zwischen einem Urlaub im Hotel mit wenig Kontakt zur Außenwelt und einer Reise in ländliche Regionen mit viel Kontakt zur Außenwelt, einschließlich der lokalen Küche, zu unterscheiden. Im letzten Fall ist es ratsam, sich vor Reiseantritt gegen Hepatitis A und vor allem gegen Kinderlähmung (Polio) impfen zu lassen. Eine Polio-Impfung schützt sieben bis zehn Jahre und ist für Marokko empfehlenswert, da das Polio-Virus dort noch verbreitet ist. Wer mit Kindern verreist, sollte sicher gehen, dass sie gegen Kinderlähmung geimpft sind. Ebenfalls empfehlenswert ist eine Schutzimpfung gegen Tetanus. Tuberkulose und Typhus dagegen sind in Marokko kaum verbreitet.

Literatur zur Selbstdiagnose: David Werner „Wo es keinen Arzt gibt"; Armin Wirth „Erste Hilfe unterwegs effektiv und praxisnah".

Krankenversicherung/Medikamente: Wer in Marokko Krankenversicherungsschutz haben will, braucht eine kurzfristige Auslandskrankenversicherung. Erfahrungsgemäß ist die Hilfe in den Krankenhäusern unbürokratisch und in kleineren Fällen kostenlos. Krankenscheine will hier keiner sehen. (Der Grüne Stern entspricht übrigens unserem Roten Kreuz.) Privatärzte hingegen berechnen ihre Hilfe nach Gebührenordnung und verlangen ein Honorar, das vom Patienten bezahlt und nach Vorlage der Quittung zuhause von der Versicherung zurückerstattet wird.

Grundsätzlich kann man in Marokko alle Arzneien kaufen, egal, ob rezeptpflichtig oder nicht. Viele europäische Pharmakonzerne produzieren ihre Medikamente,

Zahn gefällig?

z. B. Antibiotika, hier bei einheimischen Firmen. Die Medikamente entsprechen in der Zusammensetzung den bekannten Präparaten, tragen oft aber einen anderen Namen und sind im Vergleich zu importierten Tabletten, Salben usw. preiswerter.

Guides

Nachdem in den 90er Jahren das Problem der sogenannten Faux Guides, der (oft aufdringlichen) nicht lizenzierten Führer, unüberschaubar wurde und die Zahl der Touristen ständig sank, tat eine Lösung not. Seitdem zertifiziert ein System mit staatlichen Prüfungen die *accompagnateurs de tourisme* (Reisebegleiter); sie müssen mindestens 23 Jahre alt sein, ein Diplom einer höheren Schule, Universität oder der Hochschule für Tourismus besitzen und zudem mindestens Englisch oder Französisch sprechen. Wer die Prüfungen bestanden hat, erhält einen offiziellen Ausweis. Unterschieden wird zwischen Fremdenführern, die lokal arbeiten, und den erwähnten Reisebegleitern und Bergführern. Letztere müssen Kenntnisse über die Region nachweisen.

Die offiziellen Führer werden in großen Hotels und von den örtlichen Büros des Staatlichen Fremdenverkehrsamts (ONMT) vermittelt und kosten (ohne Trinkgeld) ca. 150–200 DH für einen halben Tag (→ Marrakesch/Arbeiten für Almosen?)

Hände

Die Hand gilt Marokkanern nicht nur als Greifwerkzeug, sondern als religiöses Symbol, das z. B. den bösen Blick abwehren kann. Die Hand kann aber auch beleidigen – die offene Handfläche gegen jemanden zu heben, ist eine Provokation. Das bei Begrüßungen und Gesprächen nicht enden wollende Händeschütteln und Festhalten geht auf einen Ausspruch des Propheten zurück und gilt als feine Sitte: „Wenn zwei Muslime einander treffen und ihre Hände ineinanderlegen, werden ihre Sünden vergeben sein, ehe sie voneinandergehen." Doch gilt das nur für die rechte Hand, mit der begrüßt und gegessen wird; die linke ist unrein.

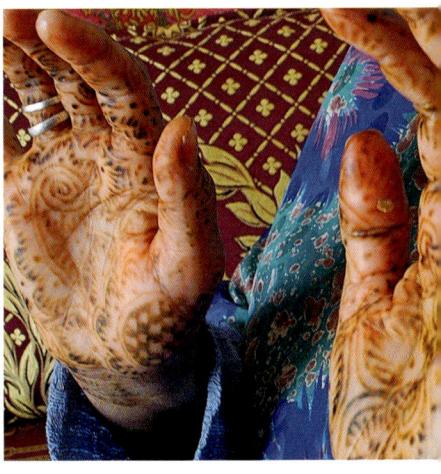

Hamam

Der Hamam ist das Dampfbad der Orientalen. Über den ganzen moslemischen Kulturkreis verbreitet, findet das islamische Reinlichkeitsempfinden im Hamam seine Vollendung. Das Badehaus ist eine wesentliche soziale Einrichtung, Grundpfeiler der Hygiene und nach einem ungeschriebenen Gesetz in jedem Stadtviertel vorgeschrieben. Jeder arabische Marktort besitzt einen Hamam, wo man aufgeweicht, durchgeknetet, abgerubbelt und massiert wird, bis man sich wie neugeboren fühlt. Diese Prozedur dient nicht nur der Sauberkeit, sondern auch der Gesundheit: Massagen regen den Kreislauf an. Die Geschlechter sind dabei natürlich streng getrennt, manchmal haben die Frauen einen eigenen Hamam. Ansonsten gelten separate Öffnungszeiten, wobei die Abendstunden oft den Frauen vorbehalten sind. In Marokko sind Badehäuser seltener als in der Türkei und dem arabischen Osten. Doch egal, wie heruntergekommen ihre Fassade sein kann – im Inneren ist in der Regel auch der älteste Hamam ein Juwel an Sauberkeit.

Jedes Hotel und jeder Riad kennt einen nahe gelegenen Hamam, wobei zu den örtlichen Hamams besonders in Marrakesch mehr und mehr auch teurere Varianten für die Fremden kommen (mit Eintrittspreisen ab 100 DH). In der Regel kostet der Eintritt ohne Anwendungen (Massagen etc.) etwa 20 DH. Hinzu kommen um die 30 DH für die Gommage, bei der die Haut porentief gereinigt wird. Massagen werden oft im Annex des Hamam durchgeführt. Wertgegenstände in der Unterkunft lassen.

Handeln

Wer in eine Preisverhandlung ohne echtes Kaufinteresse „nur so" einsteigt, begeht einen Affront. Sinnvoll ist es, einen für sich interessanten und für den Verkäufer gleichermaßen fairen Preis zu finden, indem man dem Erstgebot des Verkäufers ein Angebot entgegensetzt, das es ermöglicht, sich in der Mitte beim gewünschten Preis zu treffen. Wenn der Händler mit absoluten Fantasiepreisen beginnt, mit einem Lächeln ein Zehntel bieten. Und die Beschimpfungen über sich ergehen lassen. Und ohne schlechtes Gewissen passende Geschichten erzählen, wieder mit einem Lächeln. Nie böse oder sauer werden.

Wer sich lieber an Festpreisen orientiert, kauft in den Centres Artisanaux (z. B. in der Medina in Agadir) oder in Kooperativen, die meistens ebenso auf Festpreisbasis (mit kleineren Preisnachlässen) handeln.

Harem

Das arabische Wort *harim* bezeichnet einen unverletzlichen, unzugänglichen Ort. Ein Harem war der private Wohnbereich bessergestellter Bürger in einer patriarchalen Gesellschaft, in der es durchaus prestigeträchtig war, sich viele Frauen „leisten" zu können. Doch dieser unzugängliche Ort verführerischer Frauen, Stoff zahlloser Männerfantasien, ist nur im orientalischen Herrscherpalast zu finden. Dort sind die Frauengemächer von den Empfangsräumen der Männer durch einen (abschließbaren) Hof getrennt und haben meist einen separaten Eingang. Herrscherin des Harems war die Mutter des Herrschers, die oft mit dessen Lieblingsfrauen einen gnadenlosen Machtkampf führte. Und weil herrschaftliche Harems naturgemäß viel Geld kosten, ruinierten die Aufwendungen für Eunuchen, Zofen, Wachen, Sklaven und Ausstattung nicht selten sogar steinreiche Sultane und Kalifen.

> Literaturtipp: „Der Harem in uns", Fatima Mernissi, Herder-Spektrum, Bd. 4430

Haretin

Sklaven aus Zentralafrika und aus dem Sudan, die als Fronarbeiter in die Oasen und an die Küste gebracht wurden. In Essaouira wurden Sklaven in großem Stil mit Süd- und Nordamerika gehandelt. Auch in Marokko wurden sie für schwere Arbeiten eingesetzt, ihre Nachkommen werden bis heute noch gelegentlich diskriminiert (→ Volkstänze/Gnaoua-Musik, → Essaouira/Gnaoua-Musik).

Reisepraktisches

Haschisch

Die Kultur des Haschischrauchens ist in der arabischen Welt weit verbreitet. Die ersten Raucher waren Mönchsbruderschaften und Derwisch-Orden in Persien. Zweck: die Beförderung eines Zustands mystischer Ekstase. Diesen Zustand wollten bald auch die weltlichen Ekstasefreunde kennenlernen, und das Haschischrauchen erhielt in der arabischen Welt den Stellenwert einer „Kulturdroge" wie der Alkohol im christlichen Kulturkreis.

Hygiene

Eingeweihte sprechen vom afrikanischen Standard und wissen, was gemeint ist. Die Fakten: Wer billig essen will, auf der Straße, auf dem Markt oder in einfachen Lokalen, sollte nicht von blitzblankem Geschirr ausgehen. Das stille Örtchen für danach besteht in billigen Unterkünften, auf Campingplätzen und in Restaurants aus einem Stehklo, das des Öfteren verstopft, verdreckt oder sonstwie unappetitlich ist. Klopapier ist selbst zu besorgen. Waschbecken fließen oft nicht ab und Duschen tröpfeln auch mal lustlos. Die sanitären Anlagen in Billighotels befinden sich auf der Etage, die Gäste bilden sozusagen eine Sanitärgemeinschaft. Warme Duschen kosten dann ca. 10 DH. Bessere Hotels bieten den gewohnten Komfort, der allerdings auch zur Wasserverschwendung anregt. Dabei leiden 55 % der marokkanischen Bevölkerung unter akutem Wassermangel: Entweder steht ihnen nur Wasser minderer Qualität zur Verfügung (vom Trinken wird auch Einheimischen abgeraten) oder sie haben schlicht kaum Wasser.

Information im Internet

Eine kleine Auswahl wichtiger deutschsprachiger (D), französischsprachiger (F) und englischsprachiger (E) Portale:

www.maroc-inedit.com: Kleinteiliger und sozial nachhaltiger Tourismus „Chez habitants", Roadbooks in Off-Regionen (F)

www.visitmorocco.com: Tourismus, Aktuelles und Termine (D)

www.marokko.com: Tourismus, Kultur, Soziales, Politik (D)

www.mondeberbere.com: Portal zur Berberkultur (F)

www.marokkoerleben.de: breit gefächertes deutschsprachiges Portal

www.marokko-ferien.de: deutschsprachiges Portal

www.agadir-ferien.de: Hotels und Riads in Marokko und Agadir (D)

www.afrikatravel.ch: individuelle und kleinteilige Angebote für Biking und Trekking (D)

www.riadomaroc.com: Riads in Marokko (F)

www.marrakech-riads.com: Riads in Marrakesch (F/E)

www.voyageforum.com: großes internationales Travellerforum (F)

www.marokko-per-rad.de: für Biker, die in entlegene Regionen fahren (D)

www.terremaroc.com: Anbieterpool von Riads in Marrakesch (F)

www.marrakech-info.com: Riads und Hotels in Marrakesch (F)

www.essaouiranet.com: Riads und Hotels in Essaouira, Kulturelles (F/D)

www.ouarzazate.com: Hotels in Ouarzazate, Kulturelles (E/F)

www.atlas-activ-tours.de:Trekkinganbieter mit vielseitigem Programm (D)

www.reiseperlen.de: neben Wüstentouren auch Angebote für Eltern mit Kindern

www.supratravel.com: erfahrener Anbieter von Reisen in den Südosten, Tafilalet u. a. (D)

www.oncf.ma: Marokkanische Staatsbahn und Supratours-Busgesellschaft (F)

www.ctm.ma: Busverbindungen des staatlichen Busunternehmens CTM (E/F/Spanisch)

www.projekte-suedmarokko.de: Deutsche Stiftung, die soziale Projekte unterstützt (D)

www.travelmed.de: die digitale Reiseapotheke (D)

www.weltreiseforum.de: Forum Weltreisender zu Reiseländern und wichtigen Themen (D)

Korruption

Käufliche Beamte und Politiker gab es zu allen Zeiten und überall. Der Unterschied zwischen dem europäischen Kulturkreis und dem islamischen ist kurz erklärt: Unsere Staatsdiener dürfen sich erstens nicht erwischen lassen und haben Zusatzeinnahmen zweitens nicht so nötig, da sie von ihrem Gehalt in der Regel gut leben können. Nicht so in Marokko. Als kleiner Beamter hat man zwar einen hohen sozialen Status, aber niedrige Bezüge. Ein Beispiel, das für alle kleineren Beamten und Angestellten im öffentlichen Dienst gilt: Ein kleiner Beamter verdient monatlich ca. 2000 DH, die Miete für seine Zweizimmerwohnung beträgt ca. 1000 DH aufwärts, mit den restlichen 1000 DH muss er seine Familie durchbringen. Das ist unmöglich. Deshalb überwinden diskrete Briefumschläge mit Dirhamscheinen bürokratische Hürden und helfen, Anträge zügiger zu bearbeiten.

Diese Form des Einkommens ist seit Jahrhunderten üblich und war im gesellschaftlichen System vor der Besetzung durch die Kolonialmächte fest verankert. Und auch der moderne marokkanische Staat hält die Bezüge seiner kleineren Mitarbeiter so karg wie damals die Sultane. So bleibt dieses Erbe bestehen, mögen europäische Reisende auch noch so empört sein, dass erst Westzigaretten (für Bagatellanliegen) oder Bargeld den marokkanischen Amtsschimmel auf Trab bringen.

Landkarten

Die Karten „Carte touristique" unterschiedlicher Regionen des Hohen Atlas (Djebel Toubkal, Djebel Saghro, Djebel Siroua, Ait Morrhad u. a.) im Maßstab 1:100.000 sind beim Ministerium des Eaux et Forêts in Rabat erhältlich (www.acfcc.gov.ma, dcart.sdec@acfcc.gov.ma). Eine ausgezeichnete Karte (1:400.000) zur „Straße der Kasbahs" ist im Hotel Tomboctou in Tinerhir und in Tinjdad im Ksar El Khorbat erhältlich (www.rogermimo.com).

Die Karte des Geografen Herbert Popp von der Uni Bayreuth „Kulturtrekking im Hohen Atlas" (1:100.000) ist eine vorbildlich erläuterte Karte mit Unterkünften und Sehenswürdigkeiten der M'Goun-Region von Amtoudi bis zum Tal der Rosen (www.uni-bayreuth.de/departments/stadtgeo/maghreb-studien).

Der Daerr Expeditionsservice (www.daerr.de) hat zunächst mit der Toubkal-Region eine gute Wanderkarte (1:100.000) geschaffen, die deutlich über der Qualität der offiziellen marokkanischen Karten (s. o.) liegt. Zudem sind über den Daerr Expeditionsservice die nicht besonders gut zu lesenden russischen Generalstabskarten erhältlich. (1:100.000). Für viele im Buch besprochenen Regionen gibt es leider keine 1:100.000-Karten.

Empfehlenswert ist die Gesamtkarte von Marokko von Freytag & Berndt (1:900.000) (www.freytagberndt.com), die 2011 überarbeitet erscheint, sowie die im Maßstab 1:1.000.000 erhältliche Karte des „world mapping project" auf reißfestem Papier. In Marokko erhältlich sind die französischen Michelinkarten, auf denen die Höhenprofile leider immer noch nicht gut differenziert sind .

Literatur

Titel ohne ISBN-Nummer sind leicht unter den Namen der Autoren zu finden, spezielle Titel sind u. a. über den Berliner Fachversand für islamische Literatur, den Orient Buch Basar (eine Fundgrube für Bücherfreunde!), erhältlich (www.edition-orient.de).

Al-Azm, Sadik: **Das Unbehagen in der Moderne. Aufklärung im Islam**.

Asad, Muhammad: **Der Weg nach Mekka**. Düsseldorf, Patmos 2009.

Bowles, Paul: **Mohammed Mrabet M'hashish. Geschichten aus Marokko**.

Bowles, Paul: **Die Stunden nach Mitternacht**.

Brandes, Jörg-Dieter: **Geschichte der Berber**.

Crapanzano, Vincent: **Die Hamadsha**. Ethnopsychiatrische Untersuchungen in Marokko.

Clot, André: **Das maurische Spanien. 800 Jahre islamische Hochkultur in Al Andalus**.

Delahousse, Solène: **Le tadelakt, un décor à la chaux**. Ed. Massin ISBN 2-7072-0476-5.

Driss ben Hamed Charhadi: **Ein Leben voller Fallgruben**.

Endreß, Gerhard: **Der Islam. Eine Einführung in seine Geschichte**. München, Beck 1997, ISBN 3-406-42884-3.

Grünert, Angela: **Ramadan. Fasten mit allen Sinnen**.

Hureiki, Jacques: Tuareg. **Heilkunst und spirituelles Gleichgewicht**. Mit CD.

Khan, Vilayat Inayat: **Der Ruf des Derwisch**. Synthesis 2005, ISBN 3-922026-07-9.

Perthes, Volker: **Geheime Gärten. Die neue arabische Welt**.

Rainer, Kurt: **Tasnacht – Teppichkunst und** traditionelles Handwerk der Berber Südmarokkos. ISBN 3-201-01715-9.

Rainer, Kurt: **Marokko mon amour**. Auch als Softcover über www.culture-nad-more.com.

Ramirez, Francis: **Bijoux du Maroc**, ISBN 2-86770-154-6.

Schimmel, Annemarie: **Sufismus. Eine Einführung in die islamische Mystik**. Beck' sche Reihe Bd. 2129, ISBN 3-406-46028-3.

Seguin-Tsouli, Maria: **Marokko-Kochbuch. Das Land und seine Küche – mit 85 Rezepten aus allen Regionen**.

Seeling, Charlotte: **Gärten Marokkos**.

Shah, Idries: **Die Sufis. Botschaft der Derwische, Weisheit der Magier**. Diederichs Gelbe Reihe, Bd. 27, ISBN 3-424-00627-0.

Shah, Omar Ali: **Sufismus für den Alltag**. Diederichs Gelbe Reihe, Bd. 101, ISBN 3-424-00968-7.

Tibi, Bassam: **Der Islam und Deutschland. Muslime in Deutschland**.

Weiss, M. Walter: **Im Labyrinth der Träume und Basare**.

Wilbaux, Quentin: **Marrakech. Le secret des maisons-jardins**. ISBN 2-86770-130-9.

Witteveen, Hendrikus J.: **Universaler Sufismus**. Heilbronn Verlag, 1998, ISBN 3-923000-92-8.

Maghreb

Der Westteil der arabischen Welt auf dem Boden Afrikas heißt *Maghreb*. Der Maghreb ist das klassische Siedlungsgebiet der Berber. Die sogenannten Maghrebstaaten sind Tunesien, Algerien und Marokko. Marokko als westlichstes Land des Maghreb wird von den Arabern *Maghreb el akhsar* genannt – Land im äußersten Westen.

Marabut

Der Marabut ist ein heiliger Mann (selten eine Frau) des Islam. Er hat sich vom weltlichen Leben zurückgezogen und gibt sich Gott im Gebet und Fasten hin. In den Augen des Volkes gilt ein Marabut wegen seines asketischen Lebens als Vermittler bei Allah und wird hoch geschätzt. Besonders im Maghreb ist diese Wertschätzung der Marabuts sehr verbreitet. Im späten Mittelalter gab es dort kaum eine Stadt, einen Stamm oder ein größeres Dorf ohne Marabut, an den sich das Volk in Zeiten der Not wandte, dessen Schiedsspruch es in Konflikten des Alltags annahm und von dem es Hilfe gegen die Obrigkeit erwartete. Oft waren die Marabuts Anstoß zum Entstehen religiöser Bruderschaften, die großen sozialen, politischen und sogar militärischen Einfluss gewannen. Starb oder stirbt ein Marabut, wird seine Grabstätte, meist ein einfacher, weiß getünchter Würfel *(koubba)*, manchmal ein prächtiges Mausoleum, ebenfalls „Marabut" genannt.

Heute ist der Heiligenschein der Marabuts etwas verblasst, doch das Vertrauen in ihre Hilfe hat sich wie andere alte Gebräuche einfacher Frömmigkeit im Volk bewahrt. Zu den Geburts-, Todes- oder Namenstagen der verstorbenen Heiligen werden → Moussems gefeiert, um ihre Wunder wirkende Kraft wird ganzjährig gebetet.

Medien

Presse: Seit der „Demokratisierung" 1977 ist der Vertrieb oppositioneller Zeitungen und Zeitschriften wieder erlaubt. Offiziell gibt es keine Pressezensur, doch der Einfluss königstreuer Kreise und vor allem die per Verfassung sanktionierte, allmächtige Stellung Mohammeds VI. (und früher besonders seines Vaters Hassan II.) sorgten bis vor einigen Jahren für eine weitgehend gleichgeschaltete Berichterstattung. Doch inzwischen besteht große Hoffnung auf den Ausbau einer fortschrittlichen Monarchie. So werden in Tageszeitungen und dem Nachrichtenmagazin „Maroc Hebdo International", dem marokkanischen Pendant des „Spiegel" oder der Tageszeitung „Le Soir", zunehmend auch brisante Themen wie die Westsahara-Frage, sexuelle Emanzipation und Korruption diskutiert. Alle Verlage sitzen in Casablanca, Rabat oder Tanger, die Zeitungssprachen sind Arabisch und Französisch.

Funk und Fernsehen: Die *Radiodiffusion Télévision Marocaine* (RTM) in Rabat unterhält im Auftrag des Informationsministeriums das marokkanische Funk- und Fernsehwesen. Zahlreiche private TV-Sender strahlen Sendungen auf Arabisch, aber auch Französisch und der Berbersprache Tamazight aus. Via Satellit werden im ganzen Land der populäre arabische Kanal Al-Dschasira sowie westliche Programme, mit Vorliebe aus Frankreich, in die Haushalte geholt.

Im Radio finden sich drei Programme auf Arabisch (1. Programm), Französisch (2. Programm) und Berberisch, Spanisch und Englisch im 3. Programm. Zwei lokale Sender in Tanger erweitern das staatliche Ätherangebot: *Radio Meditérranée Internationale* (lokal, arabisch/französisch) und *Voice of America* (überregional, dem US-Konsulat angeschlossen, US-amerikanisch). Die Deutsche Welle ist auf 6075 KHz und 9545 KHz zu empfangen.

DVD: Real Live Soaps sind auch in Marokko der letzte Thrill und laufen überall Tag und Nacht. Dabei kommen 70 % der Mainstream-Filmproduktionen aus Ägypten, ein weiterer Teil aus Indien/Pakistan. Und die Kommunikation in Etablissements mit DVD-Geräten passt sich der Technik an: Die Mattscheibe ist Mittelpunkt des Geschehens, stumm glotzen die Gäste in die Kiste, das Gespräch ist erloschen.

Medina

Die Medinas sind die Altstädte der Städte mit verwinkelter, kaum begreifbarer Gliederung. Auf nichtarabische Betrachter wirken sie unübersichtlich und exotisch, Handel und Handwerk verkaufen nach Branchen (die sich heute auch etwas auflösen). Vom → Souk (Markt) strahlt das enge Gassengewirr mit vielen Sackgassen in die Wohnviertel aus – jedes für sich ummauert, mit einer eige-

In der Medina

nen Moschee, Schule, Bad, öffentlichem Brunnen und Bäcker. Ein eigenes Viertel in der Medina bildet die Mellah, das jüdische Viertel.

Melha ist arabisch und heißt Salz. Für die Araber war es bemerkenswert, dass Juden mit Salz handelten, und so tauften sie das jüdische Ghetto in den Medinas einfach *Mellah*. Die ersten Juden kamen mit phönizischen Seefahrern und Siedlern, weitere folgten mit der Arabisierung des Maghreb. Viele Juden waren angesehene Handwerker, Gold- und Silberschmiede, Bankiers und Großhändler, die oft und erfolgreich Geschäfte zwischen christlichen und muselmanischen Herrschern vermittelten. Die fruchtbare Koexistenz zwischen jüdischer und moslemischer Bevölkerung wurde erst im 16. Jh. mit der Zuweisung in eigene Stadtviertel einer Trennung unterworfen. Seit dem Sechs-Tage-Krieg 1967, in dem Marokko Partei gegen Israel ergriff, verließen viele jüdische Familien das Land, einkommensschwache marokkanische Mieter zogen in die Mellahs, die damit ihren Ghettocharakter nicht verloren, sondern eher verstärkten: Die Mellah ist heute das ärmlichste Viertel in der Medina, der Verfall ist an der Tagesordnung. (→ Die Menschen/Juden und Araber in Marokko)

Moussem

Moussem bezeichnet im arabischen Westen eine Feier zu Ehren des Geburtstags eines Heiligen, die alljährlich an der vermuteten oder tatsächlichen Grabstätte (Marabout) zelebriert wird. Hunderte finden das Jahr über an bestimmten Terminen überall im Land statt. Nach speziellen Gebeten werden für die Nachkommen des Heiligen und/oder die Hüter des Grabmals Opfer dargebracht. Nach dem religiösen Ritual nehmen die Feierlichkeiten den Charakter eines ausgelassenen Volksfests an, mit Tänzen, Gesängen und gelegentlich einem Reiterspiel (→ Fantasia).

Heute haben die großen Moussems vor allem sozialen Charakter: Die Familie trifft sich wieder, man tauscht sich aus, knüpft neue Kontakte, die Dorfgemeinschaft stellt sich nach außen dar und stärkt ihr Gemeinschaftsgefühl. Die genauen Festtage hängen vom Mondkalender ab und sind zu erfragen.

Die wichtigsten Moussems im Süden Marokkos: *Tafraoute*: Mandelblütenfest Ende Februar; *M'Hamid*: Nomadenfestival Mitte März; *El Kelaa M'Gouna*: Rosenfest im Mai; *Essaouira*: Gnaoua-Festival im Juni; *Essaouira Regrara*: April bis Mai; *Guelmim*: Sidi el Ghazi, Kamelfest Anfang Juli; *Taroudannt*: Moussem le 15 août (August); *Imilchil*: Heirats- und Jahrmarkt im September; *Erfoud*: Dattelfest im Oktober.

Nomaden

Nomaden haben keinen festen Wohnsitz. In Marokko gibt es insbesondere im Süden ganzjährig nomadisierende Stämme. Die bekanntesten und äußerlich malerischsten sind die Kamelnomaden der Westsahara, die Reguibate, deren Zahl sich wegen ihres unsteten Lebenswandels schwer ermitteln lässt – zwischen 100.000 und 200.000 sollen es sein. Ihr Leben folgt einem jahreszeitlich bestimmten Rhythmus. Im Winter können die Hirten und Herden frei auf dem „hohen Meer" herumziehen und weit verstreut in der Wüste leben, relativ unbehindert von der sonstigen Abhängigkeit von Wasserstellen. Im Sommer konzentrieren sie sich in der engen Umgebung der Brunnen. Die Hirten, oft monatelang in einem für uns unvorstellbaren Terrain unterwegs und bis zu tausend Kilometer von ihren Herren entfernt, leben ohne jeden Luxus, „leicht bis auf die Kleidung" (Paul Bowles).

Notfall & wichtige Telefonnummern

Polizei: ☏ 190

Feuerwehr: ☏ 150

Gendarmerie Royale: ☏ 177

Touristenpolizei Marrakesch:
☏ 0524-384601

Deutsche Botschaft Rabat: ☏ 0537-709662

Medizinischer Notruf: ☏ 0524-404040

Hilfe bei Krankheit: www.travelmed.de

Deutsches Konsulat Agadir:
☏ 0528-84-1025

Österr. Botschaft Rabat: ☏ 0537-76-4003

Schweizer Botschaft Rabat:
☏ 0537-2680-30

Visa-Telefon bei Verlust: ☏ 0522-437437

Amex-Telefon bei Verlust: ☏ 0522-203552

Konto-Sperrnummer/Deutschland:
☏ 0049-116116

Telefonauskunft (inter)national: ☏ 160 (120)

Öffnungszeiten

Die im Buch genannten, sorgfältig recherchierten Öffnungszeiten sind die offiziell angegebenen; für deren Richtigkeit können wir jedoch keine Gewähr übernehmen.

Banken sind Montag bis Freitag von 8.30 bis 12 Uhr und von 14.30 bis 16.30 Uhr geöffnet, Samstag und Sonntag nur an internationalen Flughäfen und an den Landesgrenzen.

Behörden öffnen wochentags von 8.30 bis 16.30 Uhr, samstags und sonntags ist geschlossen.

Geschäfte: Es gibt kein Ladenschlussgesetz, weshalb die Öffnungszeiten dem Willen der Ladenbetreiber unterworfen sind. Geschäfte, die erst nach 22 Uhr schließen, sind keine Seltenheit und viele haben auch sonntags geöffnet.

Museen: Mit lokalen Abweichungen oft von 9 bis 12 Uhr und von 14 bis 18 Uhr geöffnet. Ein Ruhetag am Montag ist selten.

Post: Wochentags von 8.30 bis 12 Uhr und von 14.30 bis 18.30 Uhr geöffnet, zudem am Samstag von 8.30 bis 12 Uhr.

Touristinformationen: Öffnungszeiten wie die Behörden.

Nomaden

Randonnées

Das französische Wort Randonnée (Wanderung) bezeichnet im Süden Marokkos jegliche Form von abenteuerlicher Exkursion zu Fuß, mit Allradfahrzeug, zu Pferd oder mit dem Motorrad. Eine Randonnée dauert mindestens einige Stunden, ist schweißtreibend und übersteigt die Anstrengungen einer Wanderung deutlich. Infos zu geführten bzw. von professionellen Anbietern veranstalteten Touren: → Reiseagenturen unter Marrakesch, Tinhir, Zagora, Tafraoute und Agadir.

Souk

Der Souk ist der Markt der arabischen Welt. In den Städten ist der Budenkomplex der Händler und Handwerker das Zentrum des öffentlichen Lebens. Nach Branchen streng sortiert, verkaufen sie in den Ladenzeilen der Gassen ihre Waren. Die bekanntesten und größten Souks im Süden finden sich in Marrakesch, Essaouira, Tiznit oder Taroudannt. Neben diesen Dauermärkten gibt es die Wochenmärkte, in Hadra beispielsweise den Sonntagsmarkt.

Der *ländliche Wochenmarkt* ist ein wichtiges Ereignis im gesellschaftlichen Leben der strukturschwachen Landregionen, die den Großteil Marokkos stellen. Neben dem Verkauf der lokalen Produkte sowie spezieller überregionaler Artikel ist der Wochenmarkt eine geschätzte und zuverlässige Börse für Klatsch und Tratsch. Denn neben dem Geschäft spielt die Unterhaltung eine tragende Rolle: Während Eier und Geflügel, Gemüse, Flechtarbeiten und Salz in Blöcken feilgeboten werden, sorgen wandernde Musikanten, Zahnzieher, Wunderheiler und Marktschreier für Kurzweil und Amüsement.

Sprache

Staatssprache ist Marokkanisch, die nordafrikanisch-marokkanische Dialektform des Hocharabischen. Inzwischen sprechen fast alle Berber (Berberinnen etwas weniger) neben ihrem gewohnten Berberdialekt fließend Marokkanisch. So unterschiedlich die drei großen Berber-Stämme sind, so unterschiedlich sind ihre Sprachen. Jeder Stamm spricht seinen eigenen, von den anderen Stämmen stark abweichenden Dialekt, es gibt keine gemeinsame Hochsprache. Der Rif-Berber plaudert in *Tarifit*, Schlöh-Berber unterhalten sich in *Taschelheit*, die Sprache der Beraber ist das *Tamazight*. Bekanntlich wird das Arabische von rechts nach links geschrieben, während die Berber, mit Ausnahme der Tuareg, keine eigene Schrift kennen. Gesetze, Märchen, Lebensweisheiten und uralte Riten überliefern die Berber mündlich von Generation zu Generation.

Die zweite marokkanische Amtssprache ist Französisch, die Sprache der Kolonial-macht bis 1955 (→ Geschichte). Die meisten Formulare und Verkehrsschilder sind zweisprachig, auch Beamte und Angestellte des öffentlichen Dienstes parlieren français. Französisch ist zudem die Sprache des Geschäftsmanns sowie Umgangs-sprache der aufstrebenden Mittel- und Oberschicht. Die Sprache, in der sich Euro-päer und Marokkaner in der Regel unterhalten, ist deshalb Französisch – auch in der letzten Oase findet sich ein des Französischen mächtiger Bewohner. Von all dem einmal abgesehen: Gute Voraussetzungen für eine gelungene Kommunikation sind Höflichkeit, Geduld und unerschütterliche Gelassenheit. Salam aleikum – Friede sei mit Dir!

Stadt

Die ursprüngliche marokkanische Stadt ist die von einer Stadtmauer umgebene → Medina. Feste, für europäische Betrachter ungewöhnliche Einrichtungen sind die → *Mellah* (Judenviertel) und die *Kasbah* (Burgviertel) (→ Kunst & Kultur/Bau-kunst der Berber). Mit der Kolonialisierung entwickelten sich – an die Medina angelehnt oder deutlich von ihr getrennt – die französischen/spanischen Neustädte (ville nouvelle). Die arabische Medina war den Franzosen unheimlich – zu Recht, war sie doch Hort des antikolonialen Widerstands. So bauten die Franzosen eine ihnen gemäße Stadt, übersichtlich, mit rechtwinkligen, breiten Straßen, auf denen Kanonengespanne fahren konnten. Die Verwaltung wurde in die Neustadt verla-gert, das verkehrsintensive Gewerbe siedelte sich ebenfalls dort an. Und wer von der marokkanischen Mittelschicht es sich leisten konnte, zog von der Medina in die Neustadt, zurück blieben die Kleinhändler, Einmannbetriebe und Habenichtse, Landflüchtlinge besetzten den frei gewordenen Wohnraum. So verkamen die Medi-nas mehr und mehr, ganze Viertel verarmten und verslumten bis in die 90er Jahre. Eine Trendwende ist durch die steigenden Investitionen von Hoteliers und Auslän-dern zu verzeichnen, was wiederum das Interesse potenter inländischer Investoren weckt. Marrakesch und Essaouira sind Beispiele dafür, wie in den alten Vierteln neues Leben entstehen kann.

Sufismus

Safá bedeutet, rein sein von Unwissen, Aberglauben, Egoismus und Dogmatismus sowie frei zu sein von menschlichen Begrenzungen wie Rasse oder Nation. Der Sufismus zeigt das andere, das mystische Gesicht des Islam, das uns heute noch recht verborgen ist, obwohl der Sufismus im Islam immer eine große spirituelle Be-deutung hatte. Gott ist im Sufismus das Allumfassende, das einzig Existierende, und jede Schöpfung Gottes ist daher die Manifestation des göttlichen Prinzips. Die-ses Prinzip kann nur unser Herz erkennen. Indem der Suchende, *murid,* jenseits der spröden Religion nach spiritueller Tiefe strebt, nähert er sich der Vereinigung mit dem Geliebten (Gott). Dieser Zustand bedeutet Reinheit und Ganzheit mit der göttlichen Einheit, *tawhid.* Der Sufismus spricht – jenseits aller Vorschriften und Gesetze – die emotionale Sphäre im Menschen an. Besonders die Dichtung und Kunst im Islam verdanken ihre Entfaltung dem Geist der Sufi-Tradition (→ Literatur).

Telefonieren

Zum Telefonieren bieten sich in den Städten die zahlreichen Telefonshops an. Ein Maroc-Telecom- oder Meditel-Chip kostet ca. 50–100 DH inkl. Telefonnummer (00212 plus). Im Zweifelsfall ist es günstiger, SMS zu senden und sich aus Deutschland über eine Billignummer anrufen zu lassen oder zum Internettarif (Computer) über Skype in einem der vielen Cyber-Cafés zu telefonieren.

Die Vorwahlnummern des marokkanischen Telefonnetzes wurden geändert:

alte Vorwahl 044 – neue Vorwahl 0524
alte Vorwahl 048 – neue Vorwahl 0528
alte Vorwahl 055 – neue Vorwahl 0535
bei Handys: plus 6 hinter der Landesvorwahl

Telefonieren von Marokko nach Europa:

Vorwahl nach Deutschland: 0049
Vorwahl in die Schweiz: 0041
Vorwahl nach Österreich: 0043

Telefonieren von Europa nach Marokko:

Von Deutschland, Schweiz, Österreich: 00212
Wie bei uns üblich, entfällt nach der 00212 die Null der Ortsvorwahl.

Weitere wichtige Telefonnummern siehe oben → Notfall.

Transhumanz

Transhumanz ist die wissenschaftliche Bezeichnung für das Dasein der Halbnomaden: Ein Teil der Dorfbevölkerung ist immer rastlos unterwegs – im Sommer auf den Hochweiden des Mittleren und Hohen Atlas, im Winter in den gemäßigten Ebenen und Tälern. Im Auftrag großer, lokaler Herdenbesitzer wandern sie solange ganzjährig umher, bis sie durch eine frische Kraft aus ihrem Dorf ersetzt und in den Heimaturlaub geschickt werden. Die Weideflächen werden zwischen den Stämmen durch komplizierte, ausgewogene Vereinbarungen aufgeteilt, die Verletzung des Weiderechts führte bis vor einigen Jahrzehnten noch zu blutigen Kriegen. Heutzutage werden die Halbnomaden mehr und mehr durch gedungene Hirten ersetzt, die zusammen mit den Herden auf dem Lkw zu ihren Einsatzorten transportiert werden (→ Nomaden).

Trinkgeld

Der orientalische Begriff für Trinkgeld lautet *Bakschisch.* Damit ist nicht nur ein Geldgeschenk für Bettler gemeint, zu dem gläubige Moslems verpflichtet sind, sondern auch die Anerkennung für eine besondere Leistung. Neben Geld eignen sich für kleine Dienste (besonders auf dem Land) auch westliche Zigaretten als Trinkgeld.

In Marokko leben Tausende von Menschen vom Bakschisch für kleine Dienste wie das zusätzliche Bewachen eines Fahrzeugs auf einem amtlich bewachten Parkplatz. In den Statistiken werden sie als „verdeckte Arbeitslose" nicht erfasst – das Trinkgeld sichert ihnen die Existenz.

Einige landesübliche Bakschisch-Tarife: Der Gepäckträger im Hotel trägt das Gepäck für etwa 5 bis 10 DH (je nach Kategorie) – dagegen fasst in Billighotels kein Boy zu. In Restaurants erwartet der Kellner etwa 10 % des endgültigen Rechnungsbetrags (in dem bereits 20 % Steuer enthalten sind). Taxifahrer runden gerne auf, das wachsame Auge des amtlichen Parkwächters ruht kurzzeitig für 2 DH und über Nacht für 5 DH auf Ihrem Fahrzeug. Schuhputzer wienern für 3 DH. Und für kleine, meist von Kindern erwiesene Dienstleistungen (die man vielleicht gar nicht beanspruchen wollte) gibt es trotz Gequengel nur 1 DH.

Verbrechen

Die Zentren der Kriminalität sind Tanger, Tétouan, das Rif, Fès, Marrakesch und Casablanca. Je weiter südlich man kommt, desto ehrlicher werden die Menschen, die Aufdringlichkeit lässt spürbar nach – Ausnahmen ausgenommen. Falls Sie eine Auskunft brauchen, scheuen Sie sich nicht, sich an einen Marokkaner zu wenden, auch wenn dieser sich Ihnen vorher nicht bekannt gemacht hat. Marokkaner sind in der Regel freundliche, zurückhaltende, ausgesprochen hilfsbereite Leute, die Sie von sich aus jedoch kaum ansprechen werden.

Neuralgische Punkte des Diebstahls sind Grenzen, Eisenbahnen, Souks, Campingplätze, Teppichläden eines Onkels und Rauschgifthöhlen. Die Spielarten, wie man um Geld oder Wertgegenstände erleichtert wird, sind orientalisch vielfältig. Wer eine Abteilung seines Denkens der Sicherheit widmet und auf sich und seine Sachen achtet, braucht sich nicht zu fürchten.

Volkstänze

Volkstänze finden meist anlässlich großer Festlichkeiten oder wichtiger Lokalereignisse statt – im Rahmen von Ernte-, Familien-, Heiligen- und neuerdings auch Folklorefesten. Berber/innen tanzen zu den Schlägen der *bendir*, mal einzeln, mal in Gruppen, mal nur die Frauen usw. (→ Moussems).

Eine Auswahl der Tänze:

Ahouach: Ein ausschließlich von Frauen der Schlöh-Berber im Hohen Atlas aufgeführtes Swingvergnügen, bei dem die Frauen um die im Kreis sitzenden und musizierenden Männer tanzen. Männer und Frauen singen sich gegenseitig zu, der Rhythmus wird im Verlauf des Tanzes schneller und schneller.

Ahaidou: Männer und Frauen der Beraber im Mittleren Atlas tanzen im Wechselspiel der Geschlechter oder gemeinsam im Kreis. Den Rhythmus gibt das Tambourin, wahlweise bilden Zweizeiler und längere Gedichte den Gesang.

Ghiata: Dieser Kriegstanz wird nur von Männern bestritten, die zum Takt der Trommeln Kriegslärm, Hufgetrappel oder heisere Schlachtrufe imitieren und dabei Waffenkunststücke darbieten. Einst dienten die Ghiata-Tänze dem Aufheizen vor der Schlacht, heute enden sie meist mit Gewehrgeballere. Verbreitet sind sie vor allem im Rif.

Gnaoua: Extatischer Tanz der Haretin, der stark an brasilianische und karibische Sklaventänze erinnert. Die akrobatischen Tänze der ehemaligen Sklaven aus Westafrika sind ausgesprochen rhythmisch und kämpferisch, mit weit ausscherenden Fußsicheln und Überwürfen (→ Essaouira/Gnaoua-Musik).

Guedra: Der Tanz hat seinen Ursprung im Nomadenleben, das Parkett der Guedra ist das Beduinenzelt. Eine schwarz verschleierte Frau tanzt sich kniend in Ekstase und entledigt sich nach und nach ihrer Schleier. Der Guedra gilt im prüden Marokko als Touristenattraktion.

Zaouia

Mit diesem Begriff bezeichnet man den jeweiligen Sitz einer der zahlreichen religiösen Bruderschaften, die sich als Anhänger eines „heiligen Mannes" (→ Marabut) verstehen. Die Bruderschaften lassen sich am ehesten mit den christlichen Ritterorden vergleichen, die ihr Schwert und ihre Macht für das Christentum einsetzten.

Stammsitz einer Bruderschaft ist meist das Grab des Ordensstifters (marabut oder koubba), aus dem Zaouias bzw. Koranschulen entstehen. Die über das ganze Land verteilten Zaouia-Schulen sind seit je beliebte Pilgerziele.

Zeit

In Marokko vergeht die Zeit nach ihrem eigenen Rhythmus. Rein technisch hinkt sie im Winter der Mitteleuropäischen Zeit (MEZ) eine Stunde hinterher. In der MEZ-Sommerzeit beträgt die Zeitdifferenz sogar minus zwei Stunden.

Zucker

Die Nachteile seines übermäßigen Verzehrs – besonders im Tee und in industriellen Nahrungsmitteln – stoßen in Marokko auf taube Ohren. Weit verbreitet ist die Ansicht, dass Zucker „stark macht". Zur Zeit der Karawanen war Zucker ein begehrtes Handelsgut, das sogar gewichtsgleich gegen italienischen Marmor getauscht wurde. Als Gastgeschenk und Sinnbild für Wohlbefinden wird heute in ländlichen Regionen immer noch ein „Zuckerhut" mitgebracht – eine ein bis zwei Kilogramm schwere, phallusartige Zuckerstange. Demgegenüber unterscheiden sich die besseren Patisserien von den weniger guten durch mäßigen Zuckereinsatz. Übrigens: Wer an Magenverstimmung leidet, sollte Zucker strikt meiden.

Zoll

→ Anreise nach Südmarokko/Einreise

Tee trinken und sich Zeit nehmen

Störche lieben Kasbahs

Kleines Glossar: Arabische & französische Begriffe von A bis Z

Abou – Vater

Agadir – Speicherburg

Agdal – Garten

Ait – Präfix „Sohn von"

Allah – Gott

Almohaden – berberstämmige Muslimgruppe, die sich gegen die herrschenden Almoraviden (1147–1269) erhob

Almoraviden – radikale Muslimgruppe, die im 11. Jh. nach Spanien eindrang

Bab – Stadttor

Babouches – spitze Pantoffeln

Bakschisch – Gefälligkeitszahlung

Balak – Vorsicht!

Baraka – Segen, heilige Kraft

Beduinen – Wüstennomaden

Berber – den Norden Afrikas bewohnender Volksstamm

Bivouac - Zeltlager

Borj – Festungsturm

Brochette – Fleischspieß

Cadi – Richter

Caid – Vorsteher

Calèche – Pferdekutsche

Cascades – Wasserfälle

Corniche – Küstenstraße

Couscous – Gericht aus Weizengrieß

Dayet – See

Dar – Stadthaus

Derb – Straße, Gasse

Djebel – Berg

Douar – Dorf

Erg – Wüste

Fantasia – Reiterspiel

Filali – Bewohner des Tafilalet

Foundouk – Unterkunft, Lager der Händler

Foum – enges Tal

Gada – Hochebene

Gafla – Karawane

Gare routière – Busbahnhof

Ghassoul – Lehmerde

Gite d'Etappe – einfache Bergunterkunft

Guedra – Frauentanz

Das genetische Erbe Zentralafrikas: die Haretin

Hajia – Pilger

Hamam – Dampfbad

Haouz – Ebene bei Marrakesch

Haretin – Abkömmlinge der schwarzstämmigen Sklaven

Harira – Gemüsesuppe

Harissa – scharfe Gewürzpaste

Igherm – Speicherburg

Jellabah – Gewand

Jemaa – Moschee

Kaftan – besticktes Frauenkleid

Khalifa – Nachfolger des Propheten

Karawanserei – ehemals Gasthof

Kasbah – Wohnburg

Kelaa – Festung

Khaima – Nomadenzelt

Koubba – Mausoleum

Koumiat – Krummdolch

Ksar – befestigtes Dorf

Maghreb(staaten) – Marokko, Algerien, Tunesien, Mauretanien, Libyen

Mahdi – Glaubenskrieger

Marabut – Heiligengrab, Heiliger

Medersa – theologische Hochschule

Medina – Altstadt

Mellah – jüdisches Stadtviertel

Meriniden – Herrscherdynastie von 1270–1454

Minarett – Turm einer Moschee

Minbar – Kanzel in einer Moschee

Moulay – Titel eines Adeligen

Moussem – Wallfahrt, Fest für einen lokalen Heiligen

Muezzin – Gebetsausrufer

Omajaden – Kalifendynastie

Oued – Fluss

Piseé – Mauerfüllmaterial aus Lehm und Stroh

Polisario – Befreiungsorganisation der Westsahara

Ramadan – Fastenmonat im muslimischen Jahr

Riad – Stadthaus mit Hof und Garten

Roudani – Bewohner von Taroudannt

Saadier – Herrscherdynastie von 1554–1668

Said – „Glücklicher"

Sidi – Herr

Souk – Markt

Tizi – Bergpass

Tuareg – Bergnomaden der Sahara

Zaouia – Heiligengrab und Wahlfahrtsstätte

Lange Wege zum Todra-Tal

Anreise nach Südmarokko

Einreise- und Zollbestimmungen

Für einen Aufenthalt bis zu drei Monaten wird ein mindestens sechs Monate gültiger Reisepass benötigt. Jugendliche brauchen einen eigenen Reisepass, unter 16-Jährige einen Kinderausweis mit Foto oder einen Eintrag im Pass der Eltern. Fahrräder, Computer, GPS-Geräte oder Surfbretter mussten früher deklariert werden, heute ist das nur noch in Ausnahmenfällen nötig. Verboten ist die Einfuhr von Funkgeräten, pornografischen Zeitschriften und entsprechenden DVDs. Die marokkanische Währung darf offiziell nur bis 1000 DH ein- bzw. ausgeführt werden. Mitgeführt werden dürfen 3 Flaschen Wein oder 1 Liter Wein und 1 Liter Branntwein sowie 200 Zigaretten oder 50 Zigarren oder 400 g Tabak. Ein Einreiseformular wird in der Regel bei der Ankunft verteilt.

Mit dem Flugzeug

Die Flugdauer von Deutschland, der Schweiz und Österreich beträgt vier bis fünf Stunden. Agadir wird von den bekannten Charterlinien angeflogen: Hapagfly, Condor, Atlas Blue, Air Berlin oder LTU. Linienflüge nach Casablanca gibt es bei allen namhaften Airlines. Royal Air Maroc fliegt von Frankfurt und Düsseldorf ebenfalls nach Casablanca.

Preiswerte Flüge bietet Hapagfly ab Hamburg/Stuttgart nach Marrakesch und Agadir, (www.hapagfly.de), Royal Air Maroc von verschiedenen Orten in Deutschland. (www.royalairmaroc.com). Ryanair fliegt nach Marrakesch und Agadir (www.ryanair.com), Air Berlin (www.airberlin.com) und LTU fliegen ab Frankfurt/München nach Agadir (www.ltu.de). Günstige Angebote finden sich bei www.lastminute.com und www.ltur.com. Die Angebote der Low-Budget-Gesellschaften wechseln nach Ferienzeit bzw. Saison, günstige Angebote beginnen teilweise bei. unter 50 € pro Flug. Agadir wird von den bekannten Charterlinien auch mit vielen attraktiven Offerten angeflogen – siehe Webseiten von Hapagfly, Condor, Atlas Blue, Air Berlin oder LTU. Kompensationen für Schadstoffemissionen bietet www.atmosfair.com.

Mit der Fähre

Zu erwähnen sind die Standardverbindungen von den spanischen Fährhäfen Algeciras und Tarifa nach Ceuta bzw. Tanger sowie von Malaga und Almeria nach Melilla bzw. Nador. Von Algeciras nach Tanger dauert die Überfahrt etwa zwei Stunden, von Tarifa geht es noch schneller. Zwei Personen mit Auto zahlen für die Hin- und Rückfahrt von Tarifa nach Tanger etwa ab 150 €. Wer mit Wohnmobil unterwegs ist, zahlt rund 250 €. Inzwischen gibt es auch von Italien (Livorno) und Südfrankreich (u.a. Sete) aus Low-Budget-Angebote.

Detaillierte Infos zu den Fährverbindungen ab Spanien, Italien, Frankreich sowie Preisen: www.grimadi-lines.com, www.cemar.it/dest/faehren_marokko.htm sowie www.directferries.de/marokko.htm. Auf diesen Seiten sind auch Direktbuchungen möglich.

Unterwegs in Südmarokko

Die Angebote der etablierten Autovermieter (Europcar, Hertz u. a.) machen die Kombination von Flug und Mietwagen – Fly & Drive – erschwinglich und ermöglichen es, Südmarokko auch abseits touristischer Wege auf eigene Faust zu erkunden. Die Unterkünfte sind, wenn man nicht gerade im Hochsommer am Meer unterwegs ist, auch gut ohne Reservierung zu bekommen. Wer genug Zeit mitbringt, kann sich natürlich auch geruhsam mit Bus oder Bike fortbewegen.

Mit dem Auto

Wegen der erheblichen Anfahrtsdauer und der Fährpreise rentiert sich ein eigener Wagen nur bei längerem Aufenthalt. Mietwagen bekommt man vor Ort nicht nur in Agadir oder Marrakesch, sondern auch in den kleinen Städten. Zu beachten ist aber der technische Zustand der Fahrzeuge: Sind Ersatzrad und Wagenheber vorhanden, ist ein Ersatzkanister an Bord, wie ist der Zustand der Bremsen, sind die Reifen o. k.? Außerdem sollten Sie darauf achten, ob Sie pro gefahrenem Kilometer zur Kasse gebeten werden, ob die Mehrwertsteuer im Preis enthalten und wie es um den Versicherungsschutz bestellt ist. Wichtig: Nur bei schriftlich ausgehandelter Vollkaskoversicherung, wie sie die internationalen Anbieter in der Regel offerieren, besteht 100 % Versicherungsschutz bei Eigenverschulden, in anderen Fällen muss man selbst in die Börse greifen.

Kreditkarten werden akzeptiert. Ohne Kreditkarte ist mit einer hohen Kaution in bar zu rechnen. Die Mietdauer bezieht sich jeweils auf 24 Std., wobei es bei vielen Anbietern durchaus möglich ist, von Mittag bis Mittag einen Wagen zu leihen. Für einen längeren Verleih ist bei den kleinen Firmen ein Nachlass verhandelbar, bei den großen Firmen ist das seltener der Fall. Dafür kann der Pkw in anderen Städten abgegeben werden.

Generell sind die lokalen Anbieter flexibler als die großen Agenturen. Die Preisunterschiede spiegeln allerdings oft den unterschiedlichen Zustand der Fahrzeuge wider; so kostet ein Renault Clio oder Daica z. B. ab 300 DH pro Tag. Asiatische Kleinwagen ab 250 DH. Kraftstoff ist relativ günstig und kostet zwischen 10 und 14 DH/Liter. Wer im Südosten und in der Westsahara unterwegs ist, sollte auf den Benzinstand achten; in der Regel haben nur Orte mit über 1000 Einwohnern eine Tankstelle. Wer hier sichergehen will, erkundigt sich in den Städten.

Straßennetz: Anders als im Norden des Landes gibt es in Südmarokko keine Autobahnen. Die allesamt gebührenpflichtigen Autobahnen in Nordmarokko bedienen die Strecken Casablanca–Safi, Casablanca–Tanger, Fès–Marrakesch und Agadir–Marrakesh. Ab 2013 auch Essaouira–Marrakesch. Das Straßennetz setzt sich aus Routes Nationales (N), Routes Régionales (R) und Routes Provinciales (P) zusammen. Die Routes Nationales sind meist in gutem Zustand, während es sich bei den Regional- und Provinzstraßen oft um Schlaglochpisten handelt. Auskunft über den Zustand von Straßen gibt leider nicht das bloße Kartenstudium – aktuelle Informationen darüber gibt die nächste Polizeistation.

Im Vergleich zu Nordmarokko finden sich im Süden deutlich mehr Straßen „dritter Ordnung", sprich Pisten, die nur für geländegängige Fahrzeuge passierbar sind. Diese Erfahrung – es sollte nicht gleich mit einer Wüstendurchquerung begonnen werden – erfordert natürlich ein gewisses Know-how und gutes Kartenmaterial. Eine weitere Option ist es, einen zuverlässigen Guide mitzunehmen, je nach Qualifikation ca. 300–400 DH/Tag (→ Marrakesch/Arbeiten für Almosen?). Zudem gibt es Routen und Touren im Off-Bereich, die nur mit gründlicher Vorbereitung befahren werden sollten.

Auf den Straßenkarten sind die Routes Nationales durchaus als solche erkennbar, leider sind jedoch auch viele neue Karten, was die Routes Régionales und Routes Provinciales betrifft, unzuverlässig. So können die Provinciale-Routen auch Pisten sein, die gelegentlich so schlecht sind, dass sie nur mit 4x4-Drive befahrbar sind. Auf der

Gut ausgerüstet für die Pisten des Südens

anderen Seite werden ständig Pisten asphaltiert, die somit Pkw-fähig, aber als solche noch nicht auf den Karten verzeichnet sind. Eine relativ zuverlässige Karte mit derartigen Eintragungen ist die Freytag & Berndt-Straßenkarte (www.freytagberndt.com).

Verkehrsregeln und Fahrverhalten: In Ortschaften sind 40 km/h zulässig, außerhalb 100 km/h, auf Autobahnen 130 km/h. Es besteht Anschnallpflicht und absolutes Alkoholverbot. Vorsicht ist an Ortseingängen und -ausfahrten angebracht: Polizisten kontrollieren hier gelegentlich Fahrzeugpapiere und auch die Geschwindigkeit. Wer tatsächlich einmal zu schnell gefahren ist, sollte lieber versuchen, sich mit Charme herauszureden, anstatt plumpe Bestechungsversuche zu starten. Wenn das Bußgeld unangemessen hoch erscheint (z. B. mehr als 100 € bei mittelschwerer Geschwindigkeitsübertretung), sollte man darauf bestehen, auf die Wache zu fahren. Gleiches betrifft Unfälle, wenn keine Polizei erscheint.

In ländlichen Regionen ist die Landstraße oft auch für Fußgänger, wacklige Eselkarren, Fahrräder und Mopeds (nachts oft unbeleuchtet!) der einzige Verbindungsweg – nachts hier besonders vorsichtig oder am besten gar nicht fahren! Beim Überholen auf schmalen Straßen ist ebenfalls Vorsicht geboten. Die Einhaltung der Ende 2010 eingeführten neuen Straßenverkehrsordnung, die stark an Europa orientiert ist (Gurtpflicht, neue Tempolimits, hohe Strafen bei Trunkenheit), wird von der Polizei aufmerksam überwacht.

In der Stadt wird grundsätzlich, wenn überhaupt, nur nach vorne geschaut – und auch dafür ist bei Eile oder intensiver Unterhaltung nicht viel Zeit. Den ADAC-Hinweis, dass Fußgänger „oft auf unvorhersehbare Weise" reagieren, sollte ernst genommen werden – und auch auf Esel und Kamele ausgeweitet werden. In der Regel sind die Tiere zwar an Verkehr gewöhnt, eine defensive Fahrweise ist dennoch hilfreich.

Mit Sammeltaxi oder Taxi

Sammeltaxis starten in der Nähe der Linienbus-Parkplätze und verkehren auf ähnlichen Linien wie die Busse, sind aber flexibler, was das Anhalten und Entladen betrifft. Zudem verkehren sie vor allem dort, wo keine Busse verkehren (Beispiel Tafilalet), nehmen flexibel neue Fahrgäste auf bzw. halten zum Aussteigen an. Meist sind Sammeltaxis, sofern keine Panne dazwischen kommt, fast so schnell wie private Pkws. Ähnlich wie im Club der Busfahrer gibt es aber auch hier gelegentliches Konkurrenzgebaren („... mein Taxi fährt schneller"), was aus den betagten Läufern flinke Platzhirsche macht. Anders als bei den Bussen richtet sich die Abfahrtszeit allerdings nach der Zahl der verkauften Sitzplätze. Außerdem verfügt das am meisten eingesetzte Mercedes-Diesel-Modell nur über fünf Plätze, es werden aber Karten für 6 Mitfahrer verkauft. Wer mit der Abfahrt nicht lange warten möchte oder mehr Ellbogenfreiheit braucht, kauft deshalb am besten Sitzplätze dazu. In der Regel sind die Sammeltaxis schneller und preiswerter als die Überlandbusse und einen Inch bequemer, die modernen CTM- und Supratours-Busse ausgenommen. Ein ganzes Sammeltaxi für längere Strecken zu mieten ist Verhandlungssache, ebenfalls für individuell bestimmte Abschnitte, dagegen gibt es für Stadtverbindungen Festpreise (ca. 20–40 DH für 100 km, je nach Strecke).

Petit-Taxis dürfen sich nur in der Stadt bewegen, der zuvor ausgehandelte Fahrpreis wird hier von den Mitfahrern geteilt, nachts sind bis zu 50 % Zuschlag fällig. Bei längeren Stadtstrecken lohnt es, mehrere Angebote einzuholen und die Preise zu vergleichen (ab 10 DH für 2 km).

Mit dem Bus

Weil in Südmarokko kein Eisenbahnnetz existiert, werden die Verbindungen mit Überlandbussen der staatlichen Busgesellschaft CTM flächendeckend aufrechterhalten, wobei immer mehr Strecken von privaten Linien übernommen werden. Wer etwas Geduld, Sitzfleisch und Interesse an den Menschen mitbringt, kann sich auf den Busfahrten austauschen, ohne Arabisch zu können, und dabei unmittelbare Eindrücke gewinnen. Das Busfahren mit allen Tücken, Unbequemlichkeiten und unvorhersagbaren Ereignissen ist in Marokko wie auch in anderen afrikanischen Ländern eine Wirklichkeit für sich. Und weil das so ist, gibt es überzeugte „Busüberlandfahrer" und solche, die es nicht sind – oder es waren. Dem günstigen Ticketpreis stehen jedenfalls die genannten Tücken gegenüber. Doch dem Reisenden, der im isolierten Individualtaxi oder geliehenen Pkw reist, ist entgegenzuhalten, ein beachtliches Stück „authentisches" marokkanisches Leben erfahren zu können. Das Reisen mit dem Kollektivtaxi ist dieser Erfahrung am nächsten, das Szenario der Mitfahrer jedoch kleiner und die Dynamik eine andere (siehe oben).

Auf den Busbahnhöfen ist ein Heer von Ticket-Vermittlern unterwegs (ein gewisser wirtschaftlicher Sektor sozusagen), die antreffende Reisende zu den Bussen bzw. Ticketverkäufern geleiten und einige Centimes vom Verkäufer erhalten. Der Fahrpreis erhöht sich dadurch nicht. Es lohnt aber, vorher im Terminal die Abfahrtzeiten (www.ctm.ma) zu vergleichen; Reservierungen für viel befahrene, längere Strecken sollten dabei einen Tag im Voraus gebucht werden. In Sachen Pünktlichkeit liegen die komfortablen CTM-Busse bzw. Supratours auf gleicher Höhe mit der Deutschen Bahn. Es folgen S.A.T.A.S.-Busse und andere Private mit flexiblen Abfahrtszeiten.

Grundsätzlich gibt es kein verbrieftes Recht, zu einer gewissen Zeit am Zielort zu sein. Auch werden viele Privatbusse hoffnungslos überladen, obwohl es verboten ist, Stehplätze zu verkaufen. Die Langstreckenbusse der CTM sind mit Aircondition und nicht zu überhörenden Videogeräten versehen. Für alle Busse gilt: Gepäckstücke kosten immer einige Dirham zusätzlich. CTM hat sogar Billets für die Gepäckstücke eingeführt – ein Vorteil, weil Passagieren ein Gepäckstück klar zugeordnet werden kann. Auf längeren Strecken werden alle 3–5 Stunden Pausen – auch zum Essen – eingelegt. Es ist ratsam, auf diesen Strecken auf Mitreisende bzw. Hupsignale des Busfahrers zu achten, um die Weiterfahrt nicht zu verpassen. Die Fahrtgeschwindigkeit beträgt auf Hauptstrecken 90 km/h, der Preis zwischen 30 und 60 DH pro hundert Kilometer.

Mit der Eisenbahn

Die Hauptstrecken des marokkanischen Eisenbahnnetzes verbinden die Städte im Norden des Landes: Tanger–Casablanca–Rabat–Marrakesch (über Settat) und Casablanca–Meknès–Fès–Oujda–Safi. Das Schienennetz endet in Marrakesch bzw. Safi, ein geplanter Ausbau liegt in den Behördenschubladen. Die bahneigene Bus-Linie Supratours gehört zu den besseren Linien, verkehrt auf den Hauptverkehrsstrecken und wird in Marrakesch auf die Ankunfts-/Abfahrtszeiten der Züge abgestimmt. Zugfahren ist eine angenehme Alternative zum Busfahren, zumal die Züge pünktlich und weniger überladen sind als private Busse. Informationen zu Abfahrtzeiten vor Ort und unter www.oncf.ma.

Mit Fahrrad und Mountainbike

In Marokko ist das Fahrrad zunächst ein billiges Transportmittel, mit dem große Milchkannen, Gemüse, Fisch und Backbleche mal balancierend, mal auch schiebend fortbewegt werden. Auch wurden schon ganze Familien auf einem einzigen Fahrrad gesehen. In Marokko sind Fahrräder meist ältere Arbeitsgefährte, die oft nur rudimentär ausgestattet sind – funktionierende Bremsen, Licht oder Klingel sind Luxus.

In landschaftlich schönen Regionen kann nur in Hotels auf ein mietbares Bike gehofft werden, wobei der Zustand meist zu wünschen übrig lässt. Gute Bedingungen, mit dem Fahrrad auch längere Touren zu machen, gibt es besonders in der Region von Tafraoute und im Souss. Eine Tour über verlassene Straßen zur Zeit der Ginster- oder Mandelblüte im Frühjahr ist ein unvergessliches Erlebnis – die in diesem Buch vorgeschlagenen Routen im Dreieck Agadir–Tiznit–Tafraoute (bzw. Igherm) sind durch eine Vielzahl von Kombinationen erweiterbar, die einen tiefen Blick in diese ländliche Kultur ermöglichen. Wer hingegen in den Sommermonaten reist, muss sich auf die ganz frühen Morgenstunden beschränken. Von Juni bis September ist Südmarokko wegen der Temperaturen jedenfalls nicht als Bike-Destination zu empfehlen.

Wer sein Rad von zu Hause mitbringt (manche Low-Budget-Flieger langen hier kräftig zu!), sollte bedenken, dass lange Touren auf dem Mountainbike sehr unbequem und robuste Tourenräder (dazu mindestens ein Ersatzreifen, Speichen, Ersatzkette, mehrere Schläuche) die bessere Wahl sind. Weil das Fahrrad in Marokko ein weit verbreitetes Fortbewegungsmittel ist, kann man im Fall von Reparaturen auch in kleineren Städten auf Hilfe zählen, in den größeren Städten sowieso (www.bledavelo.net)

Mit dem Pferd

Marokko ist ein Land mit großer Tradition in der Pferdezucht und im Umgang mit Pferden, Pferdetrekking ist daher weit verbreitet. Geritten wird in der Regel auf gut ausgebildeten Berberhengsten, die trittsicher und sehr geländeerfahren sind. Angeboten werden stundenweise Ausritte, Halbtags- und Ganztagstouren. Viele Pferdeliebhaber haben besonders Südmarokko als Reiseland entdeckt und buchen längere Trekkings bzw. Randonnées mit Übernachtung in Zelten. Die Küste Richtung Sidi Kaouki, Cap Tafelney bzw. Cap Rhir sowie das Hinterland von Essaouira gelten als vielseitige und interessanteste Region. Hier kann man über mehrere Tage am Meer reiten, die Etappen lassen sich mit Ausflügen ins Hinterland kombinieren. Auch nördlich von Agadir gibt es gute Möglichkeiten (→ Agadir und Essaouira).

Mit dem Kamel

Kameltrekking ist eine relativ einfache Fortbewegungsart, die keinen körperlichen Einsatz verlangt. Wer Muskelkater hat, kann bei einer längeren Tour den Guides auch mal im Schritttempo zu Fuß folgen. Das Kamel stimmt auf das in Marokko übliche Zeitgefühl ein und vermittelt besonders bei längeren Touren in der Wüste eine ganz eigene Erfahrung. Draußen zu schlafen, am Feuer zu essen und für einige Tage im Rhythmus der Natur zu leben ist ein beeindruckendes Erlebnis. Bekannte Trekking-Regionen sind das Draa-Tal, der Erg Chebbi und Essaouira, wo in Meernähe zwar oft mit Wind, aber – durch den kühlenden Golfstrom bedingt – keineswegs mit sengender Hitze zu rechnen ist. Kamele bzw. Kamelführer finden sich generell außerhalb der Bergregionen, wo bis heute die Mulis zu den wichtigen Transportmitteln zählen.

Trekking

Der Süden Marokkos ist eine sehr vielseitige Trekking-Region. Wer vollkommen abseits gelegene Regionen durchwandert, hat die Chance, nicht nur landschaftlich äußerst reizvolle Gegenden zu entdecken, die auf andere Weise nicht zu erschließen sind. Eine mehrtägige oder mehrwöchige Trekkingtour über Pisten – in Kombination mit Passagen im Kollektivtaxi oder Bus – kann den Blick für andere Lebenswelten schärfen. Mit ein paar Worten Arabisch findet sich unter Umständen auch dort ein Nachtlager, wo bisher kein Besucher hingelangte. Eine Alternative zum Trekking auf eigene Faust ist es, mit von lokalen Agenturen vermittelten Guides eine Tour zu machen. In den Bergen kommen neben der touristisch gut erschlossenen Toubkal-Region die von Talioune erreichbare Region des Jbel Sioura, die Djebel-Saghro-Region, die Region des Anti-Atlas – besonders bei Tafraoute – sowie die Region von Azilal in Frage, um nur einige Möglichkeiten zu nennen.

Bergsteiger aus Europa haben in den letzten Jahren durch ihre Nachfrage im hübschen Ait-Bougmezz-Tal gute Möglichkeiten entstehen lassen. Wer in die hohen Bergregionen des Toubkal möchte, findet über die aufgeführten Vereinigungen lizenzierte Bergwanderführer (etwa in Agouti, El Kelaa M'Gouna, Boumalne, Imlil oder Oukaimeden), die mit Rat und Tat zu Seite stehen. Ein direkter Kontakt zu den Wanderführervereinigungen und zertifizierten Guides ist – im Gegensatz zu organisierten Ausflügen von Agenturen – sogar wünschenswert, zumal in diesem Fall „lokales Wissen" auch angemessen vergütet wird; ein Teil des Geldes geht hier direkt an die Guides. Bedacht werden sollte auch, dass gerade bei von Agenturen vermittelten Trekkingtouren und geführten Wanderungen, die Konkurrenz nicht nur groß ist, sondern Niedrigstpreise immer zu Lasten der lokalen Guides gehen. Diese sind in der Regel das schwächste Glied der Kette und werden meist schlecht bezahlt (→ Marrakesch/Arbeiten für Almosen?). Besitzer von Hotels und Gästehäusern können hier helfen, direkte Kontakte herzustellen. Zudem arbeiten viele lokale Guides mit dem Internet und sprechen oftmals neben Französisch auch Englisch oder Deutsch.

Ein neues, spannendes Konzept für Off-Regionen mit kleinteiligem Tourismus „chez habitants" hat maroc inedit entwickelt. Zum einen sind es individuell geführte Trekkings und Randonees, zum anderen (ähnlich wie die allein zu fahrenden Bike-Roadbooks) gibt es auch hier **Roadbooks**, die alle Informationen und Unterkünfte mit Buchungen für ein Honorar versendet. Die Tour geht dann auf eigene Faust (www.maroc-inedit.com).

Stilvoller Riad in der Medina von Marrakesch

Übernachten

In Marokko gibt es vom 2-Sterne- bis zum 5-Sterne-Hotel eine staatlich geprüfte Klassifizierung. So gehören etwa bei 3 Sternen TV, Zimmertelefon und Minibar zum Standard, bei 4 Sternen sind die Zimmer zudem größer. In Südmarokko haben sich in den letzten Jahren die Hotel-Neueröffnungen der mittleren und oberen Kategorie von Agadir nach Marrakesch verlagert. Hinzu kommen Großprojekte an der Küste, die von multinationalen Hotelketten realisiert werden und dem europäischen 4-Sterne-Standard entsprechen.

Da sich nur ein Teil der marokkanischen Hotels staatlich prüfen lässt und die damit verbundenen Kosten auf sich nimmt, ist es unser Anliegen, attraktive und besondere Angebote auch ohne Klassifizierung zu beschreiben. Denn es gibt viele gute Individual- und Traveller-Unterkünfte, die Komfort und Ausstattung anderen Kriterien unterwerfen und sich daher nicht klassifizieren lassen. Eine fehlende Einordnung in das Sterne-System ist jedenfalls keineswegs ein Indiz für unzureichende Qualität.

Durchschnittliche Doppelzimmer-Preise in klassifizierten Hotels (Untergrenze):

***** 22000 DH

**** 800 DH

*** 500 DH

** 300 DH

Durchschnittliche Preise in nicht klassifizierten Häusern (mindestens 2 Personen):

– Riads ab 600 DH

– Clubhotels ab 700 DH

– Bungalows/Appartements ab 500 DH

– Einfachunterkünfte auf niedrigstem Standard ab 100 DH

– Campingplatzgebühren und Jugendherbergen ab 20 DH

Übernachten – nach Sternchen-Standard oder regionaltypisch?

Wer in Marokko eine angenehme Bleibe sucht, braucht sich nicht an der Sterne-Klassifizierung zu orientieren. Denn vielen Hotels der Mittelklasse geht es nicht darum, internationale Standards mit Pool, Fön und Fernseher zu imitieren, sondern die lokalen Besonderheiten architektonisch weiterzuführen. Kunst und Handwerk waren in Marokko nie getrennt, und die große Zahl künstlerisch ausgefallener Stadthäuser und Dars in den Medinas von Fès, Casablanca oder Marrakesch, seit jeher Kleinode eines intensiven künstlerischen Gestaltungswillens, hat sogar in der Literatur Spuren hinterlassen. Auffallend sind auch die Hotels in ländlichen Regionen wie Sidi Ifni oder Taroudannt, in denen gelegentlich noch der freundliche Geist der 70er Jahre weiterlebt und noch nicht durch aufwendige „Modernisierungsmaßnahmen" verscheucht ist.

Davon abgesehen wird es mit normalem Aufwand auch nicht möglich sein, eine zum Hotel umgebaute Kasbah so umzugestalten, dass damit Ein-, Zwei- oder gar Drei-Sterne-Standard erreicht wird. Man hat also die Wahl zwischen einfachen Häusern mit Zimmern mit Bett und Tisch, aber ohne eigenem Bad, umgeben von uralten, über drei Etagen gebauten Stampflehmwänden, wie in der Auberge Dar el Hiba im Ksar von Tissergate. Oder man wählt eine auf alt getrimmte, gemauerte Kasbah – mit integrierter Kanalisation, geräumigen Zimmern, individuellen Bädern und kunstvollem Tadelakt-Verputz (mit Farbpigmenten gefärbter glatter Kalkverputz). Das Adjektiv „authentisch" trifft in diesem Fall jedoch nicht zu, weil diese Häuser nur das spiegeln, was man sich unter authentischer, lokaler Lebensweise vorstellt. Das „Unbequeme" und „Primitive" wird dabei ausgeblendet und durch fortschrittlichere Lösungen ersetzt.

Viele Unterkünfte vermitteln also eher eine Vorstellung von westlich verstandener orientalischer Lebensweise, von der angenommen wird, das sie den Gästen zusagt. Hinzu kommt, dass eingewanderte Ausländer Hotels und Maisons d'hôtes nach ihrer Vorstellung des Fremden gestalten, unterschiedliche Stile vermischen und gänzlich Neues schaffen. Viele Handwerker vollziehen diesen Sprung mit Leichtigkeit und schaffen mit alten und neuen Materialien, Formen und Farben mitunter faszinierende Unterkünfte. In ländlichen Regionen hingegen, wo die Mittel knapper sind, sorgen Fantasie und Improvisationsvermögen für originelle Lösungen, die Geld nicht unbedingt kaufen kann.

Bei den Berbern zählt eine minimalistische Ausstattung des Wohnbereichs, bei dem die Räume bis auf flache Sitzelemente vollkommen leer bleiben. Bei durchschnittlichen arabischen Haushalten – und es gibt viele Einfachhotels, die so ausschauen – dominieren weiche Möbel und Einrichtungsgegenstände mit blumigem Dekor und bisweilen grellen Farben. Die Ausstattung ist funktional und beschränkt sich auf ein großes Bett, einen Schrank und mit Glück ein Waschbecken. Für Europäer sind aber nicht nur die farblichen Details gewöhnungsbedürftig, bei den Einfachunterkünften kann es auch ein fehlendes Fenster zur Straße sein, was durch ein einziges Fenster zum Patio ersetzt wird, oder ein recht einfaches Badezimmer, das bei aller Sauberkeit fern vom gewohnten heimatlichen Standard ist …

Besonders die Clubanlagen und besseren Hotels entsprechen europäischen Standards und übertreffen diese häufig in puncto handwerklicher und architektonischer Ausstattung. Appartements und zunehmend auch Riads werden von den Marokko-Spezialisten angeboten (→ Weblinks in den Ortskapiteln), während eine steigende Zahl kleiner und preiswerter Hotels sowie familiär geführter Häuser mindestens über E-Mail-Adresse, oft sogar über eine Webseite verfügt und so direkt gebucht werden kann. Bei den günstigen Zimmern findet sich meist ein Waschbecken im Zimmer, Toilette und Dusche sind auf dem Flur; das (oft knappe) Frühstück ist nicht im Übernachtungspreis enthalten. Ab mittlerem Preissegment ist das Frühstück häufig im Zimmerpreis eingeschlossen. Es lohnt sich hier, Preise zu vergleichen und fürs Frühstück evtl. auf nette Cafés auszuweichen.

Zu bedenken ist auch, wie viel Ruhe gesucht wird. Die Medinas mit ihren Riads, Dars und Stadthotels bieten eine unvergessliche orientalische Geräuschkulisse, die für den einen inspirierend, für den anderen nervtötend sein kann. In diesem Fall reichen eigentlich wenige Schritte vom Zentrum, um in einer Nebengasse eine ruhige, geborgene Bleibe zu finden.

Zu guter Letzt sei auf die „spielerische Komponente" bei der Preisgestaltung hingewiesen. Obwohl sich bei den Hotels der Trend, Preistafeln aufzuhängen, weiter durchsetzt, ist, besonders bei längerem Aufenthalt, ein Spielraum vorhanden. Vor allem in der Nebensaison lässt sich ein Nachlass aushandeln – oder ein Frühstück, das eigentlich nicht im Preis enthalten ist.

Reisepraktisches

Hotels und Restaurants in Marokko

Öffnungszeiten: Die meisten Restaurants und Hotels sind sieben Tage in der Woche geöffnet.

Adressen: Die im Buch verzeichneten Adressen haben oft keine Hausnummern: Straßen, besonders in den Medinas, führen keine Hausnummern, und oft haben die Gassen entweder keine oder gar mehrere Namen.

Telefon: Seit den Umstellungen im nationalen Telefonnetz haben viele Teilnehmer nur noch Handy-Telefonnummern. Einfache Restaurants haben kein Telefon.

Internetadressen: Bei der Auswahl der Informationen war es unser Anliegen, wenn möglich Webseiten anzugeben. Eine Kontaktaufnahme auf diesem Wege funktioniert inzwischen recht gut, wenn auch manchmal mit etwas Wartezeit. Da Faxgeräte oft fehlerhaft arbeiten oder gar nicht eingestellt sind, wurde auf Faxnummern verzichtet.

Einzelzimmer: Die meisten Riads und viele einfache Hotels haben nur Doppelzimmer im Angebot. Bei Einzelbelegung lässt sich vor allem in der Vor- und Nebensaison mit etwas Geschick ein Nachlass von bis zu 30 % aushandeln. Drei- und Viersterne-Hotels bzw. die klassifizierten Hotels bieten in der Regel Einzelzimmer zu günstigeren Preisen.

Preisnachlass: Bei längerem Aufenthalt und in der Nebensaison ist bei vielen Hotels ein Rabatt möglich.

Frühstück: Bei Hotels ab dem mittleren Preisbereich ist das Frühstück oft mit eingeschlossen, bei Riads gelegentlich. Nicht selten ist es Verhandlungssache, ob im gezahlten Preis ein Frühstück – das in der Regel ohnehin mager ausfällt – enthalten ist oder nicht.

Essen: Die meisten Hotels und Maisons d'hôtes haben ein Restaurant bzw. eine Küche, um Speisen zuzubereiten. Spezielle Wünsche wie vegetarische Gerichte, Tee ohne Zucker etc. werden meist erfüllt.

Berberomelett

Essen & Trinken

Auch beim Thema „Essen und Trinken" sagen westliche Standards wenig aus. So kennt Marokko keine italienischen Typenbezeichnungen wie Osteria, Enoteca, Trattoria. Ein erkennbarer Unterschied besteht aber zwischen Luxusrestaurants, Restaurants für ausländische Besucher in Hotels und Hotelnähe und solchen, die marokkanische Küche für ein breites, vorwiegend einheimisches Publikum kochen die Billigrestaurants, Straßenküchen und lokalen Fast-Food-Imbisse.

Kulinarische Spuren: Alle Völker, die mit Marokko Handel trieben oder das Land besetzt hielten, haben ihre kulinarischen Spuren hinterlassen, und so wundert es nicht, dass die marokkanische Küche von allerhand bunten und exotischen Einflüssen durchsetzt ist. Von der berberischen Urbevölkerung wurden einfache und rustikale Fleischgerichte mit geschrotetem Weizen übernommen. Die Araber brachten ab dem 9. Jh. aus der feinen Küche Bagdads die neuesten kulinarischen Kicks nach Fès.

Im *Kitab el tabih*, einem kulinarischen Kompendium aus Bagdad, wird unter anderem die Kunst der Soßenzubereitung erläutert, zu der Ingwer, Koriander, Safranblüte und Cumin ebenso gehören wie Kardamom und Muskatnuss. Eine weitere kulinarische Quelle ist Andalusien. Nach der Vertreibung der andalusischen Araber brachten diese Flüchtlinge ihre Mischung aus christlicher, jüdischer und moslemischer Küche nach Tétouan, Fès und Rabat. Fleischgerichte mit gerösteten Mandeln, Rosinen, Pflaumen, Aprikosen, Zitronen, Quitten und Orangen, Zimt und Zucker sowie neuen exotischen Gewürzen kamen auf. Über Algerien – das Land war bis 1830 von den Türken besetzt – gelangten hingegen osmanische Einflüsse nach Marokko. Beispielsweise die Grillgerichte vom Lamm *(meschwi)* oder die Brochettes (Fleischspieße), die mit dem türkischen Kebab verwandt sind.

Kulinarische Höhepunkte: Die marokkanische Lamm-Tajine ist, gut zubereitet, eine einfache und köstliche Spezialität, die die Einflüsse unterschiedlicher Koch-kulturen gut erkennen lässt. Das marinierte Lammfleisch ruht unter einem Bett verschiedener Gemüse und Früchte wie getrockneter Aprikosen oder Pflaumen, umgeben von einer pikanten Gewürzmischung, die durch Honig, Zimt und Pfeffer eine kontrastreiche Note erhält. Je nach Region und Familientradition wird die Tajine auf unzählige Arten zubereitet. Beispielsweise mit Huhn, Lamm, Rind oder Fisch sowie verschiedenen Gemüsen. Daneben gibt es aber auch reine Gemüse-Tajines. Beliebte Zutaten sind in jedem Fall Koriander, Pflaumen, Zitronen, Knob-lauch, Oliven, Rosinen und Honig. Gegart werden die Zutaten in Oliven- oder Arganöl und frisch zubereiteten Gewürzmischungen. Dabei ist das Ergebnis der langen Garzeit auf niedriger Flamme meistens köstlich und keineswegs fett.

Köstliche Gewürzmischungen: Die Soßen werden nach der Auswahl der Gewürze benannt: M'Qualli wird mit Zwiebeln, Safran und Ingwer zubereitet und ist leicht gelblich. Qadra enthält neben diesen Zutaten noch Butter und weißen Pfeffer. Mit Harissa (Paprikamark und Chilli), Kreuzkümmel, Knoblauch und Olivenöl wird M'Hammar zubereitet, während M'Charmel mit den gleichen Zutaten leicht rötlich wird, aber eine Prise Safran und Ingwer enthält.

Auf der Speisekarte erkennt man die verschiedenen Zubereitungsarten daran, dass die Gerichte den Namen dieser Soßen tragen – also Hähnchen M'Hammar, Huhn M'Hammar, Fisch M'Charmel, Süßkartoffeln M'Chermia usw. (weitere marokkani-sche Spezialitäten → unten „Tajine, Couscous & Co.").

Die Souks: Ein Blick auf die Souks, die reichen Märkte, ist ein sinnliches Abenteu-er. Es sind nicht nur die Gewürzstände mit ihren kunstvoll gestalteten ton- und ockerfarbenen Gewürz-Pyramiden. Es ist der Umgang mit Obst und Gemüsen überhaupt. Viele Händler bieten ihre Eigenproduktion von Nüssen, Datteln, Feigen, Oliven und Hülsenfrüchten in vielen Qualitäten an und machen die Wahl gar nicht so einfach. Nicht weit sind die kleinen Garküchen und Restaurants in der Nähe der Märkte, deren Duft Appe-tit macht. Schnell ist ein Kanoun (Holz-kohlegefäß) für eine Tajine – jener be-kannten Ton-Kasserolle mit spitzhaubi-gem Deckel – vorbereitet und eine köst-liche Mahlzeit zubereitet.

Wer sich für Gewürze interessiert, wird im Souk leicht einen Händler finden, der wort- und gestenreich die Gewürz-mischungen erklärt. Die zahlreichen Mischungen werden vor Ort hergestellt. Jedoch sollte man am besten dort kau-fen, wo viel umgesetzt wird, denn nur dort sind die dekorativen Pyramiden an Kurkuma, Paprika und anderen Gewür-zen aus frischen Zutaten gemahlen. Eine Alternative sind Geschäfte, die Gewürze in großen Gläsern aufbewahren.

Köstlichkeiten

Es gibt Fisch- und Fleischgewürzmischungen, kleine und mannigfaltige Zusammenstellungen. So enthält die Mischung „Ras el-Hanout" (auf Deutsch etwa „Haus-Spezialmischung") über 15 verschiedene Gewürze: Muskatnuss und -blüte, Schwarzund Kreuzkümmel, süßen und scharfen Paprika, Zimt, Ingwer, Galgantwurzel, Rosenknospen, Gummiarabikum, Lavendel, Kurkuma, Flügelnuss (Esche), Kardamom, roten, schwarzen und Melegueta-Pfeffer, Koriander – um nur die wichtigsten Zutaten zu nennen.

Eine Tajine braucht Zeit

Weitere Mischungen sind: „M'Hammar", eine Mischung aus Kreuzkümmel und Knoblauch. „M'Charmel" enthält die gleichen Zutaten, wird aber durch eine Prise Safran und Ingwer leicht rötlich. „Ghassoul" ist eine grüne, feine Tonerde für Gesichts- und Körpermasken und besonders gut für das Waschen empfindlicher Haare. „Souak" dient als Weißmacher bzw. Putzcreme für die Zähne. „Kholl" ist ein schwarzbraunes, mineralisches, mit Wasser angemischtes Pigment, das für Lidschatten und Bemalung benutzt wird. Amber wirkt (z. B. in der Seife) beruhigend und hilft gegen Motten. Moschus ist ein Parfümextrakt. Henna verwendet man für aufwendige Bemalungen von Händen und Füßen (→ Taliouine/ Eine Farbe, die Appetit macht: Safran).

... aber erst mal einen Tee: Tee ist nicht nur das marokkanische Lieblingsgetränk, es zu sich zu nehmen ist ein Ritual der Begegnung, des Austausches, des Sich-Zeit-Nehmens. Eine Einladung zum Tee bekundet auch Offenheit und Neugierde für den Fremden. Natürlich ließe sich einwenden, eine Einladung sei nur Ausdruck dafür, etwas verkaufen zu wollen, und sie anzunehmen wäre ein Signal, diesem (kommerziellen) Interesse zu folgen. Doch Unbefangenheit und Offenheit wird hier möglicherweise belohnt, vielleicht sogar mit Gesprächen, an die man sich noch nach Jahren erinnert. Offen für Überraschungen zu sein ist also vielleicht das beste Rezept für eine Begegnung beim Tee ...

Wer der Teebereitung zuschaut, stellt fest, dass hier mit schnellen Handgriffen ein Ritual vollzogen wird. Eine Handvoll grüner Tee wird in das sprudelnde Wasser gegeben, die Kanne geschwenkt und ein Bund frischer Minzblätter hinzugefügt. Nach einigen Minuten werden frisch gebrochene Zuckerstücke hinzugefügt (die großen Zuckerhüte sind übrigens noch heute Gastgeschenke und künden vom Wohlbefinden der Besucher) und einige Gläser ab- und zurück in die Kanne gegossen, um den Inhalt gut zu vermischen. Und weil die Menge der Minzblätter und des zugefügten Zuckers nicht gering ist, sind die letzten Gläser der Kanne besonders kräftig. Weniger romantisch ist allerdings die Tatsache, dass Diabetes ein Problem in Marokko ist – und wer keinen Zucker im Tee mag, sollte dies einfach klar bekunden.

Tajine, Couscous & Co. – Essen als soziales Ereignis

Die Tajine ist das typischste Gericht des Landes und genau betrachtet ein soziales Ereignis, das weit über das Essen hinausweist. Schon das Zusammenkommen am Tisch, wo nicht von einzelnen Tellern, sondern gemeinsam aus der Tajine, dem großen Tongefäß, gegessen wird, ist ein Erlebnis. Hier kommt man sich näher, es entsteht ein Gefühl von Gemeinschaftlichkeit, der „individualisiertes" Essen völlig fremd ist. Mehr noch: Im gemeinsamen Essen zeigt sich das Urprinzip der Gastfreundschaft. Wer unter den extremen Lebensbedingungen etwa in der Wüste nicht am Tisch saß, war ausgestoßen, konnte nicht überleben.

Ein *Couscous* wird als Hauptspeise und unverzichtbarer Bestandteil eines geselligen Essens serviert und der Gast isst – meist mit Mittelfinger, Zeigefinger und Daumen der (rechten) Hand – von dem großen Tablett jenen Teil, der ihm am nächsten ist. Couscous wird über längere Zeit gedämpft, die nicht vorgekochte Variante – hier ist die Körnung entscheidend – braucht mehr Zeit für die Zubereitung. Neben den milden, am meisten servierten Couscous gibt es auch ein süßliches mit Zimt, Butter, Honig und einer Prise Pfeffer sowie ein pikantes, mit Harissa angerichtetes.

Eine Einladung zu einem Festmahl ist eine große Ehre und keineswegs ein kurzes Ritual. Nachdem in einem Gefäß warmes Wasser zum Waschen der Hände mit einem Handtuch gereicht wird, folgt das „bismillah" (im Namen Allahs) und ein kunstvolles Aufstellen der Speisen, Salate, Zutaten und des nach Anis duftenden Brotes.

Unter den Suppen ist die *Harira* zu erwähnen, eine aromatische Suppe auf der Grundlage von Lammbrühe, Linsen, Kichererbsen, Tomaten, Zwiebeln und Kräutern, die besonders in der kalten Jahreszeit gegessen wird. Oder die Griessuppe mit Anis oder die erfrischende Minzsuppe mit Kümmel. *Kefta* – kleine Kugeln aus gerolltem Lammhack – finden sich auch auf vielen Speisekarten sowie *Merguez*, Würstchen aus Lammfleisch. Ein Delikatesse ist *B'stilla*: eine geschmorte Taube in einer Zwiebel-Eier-Mischung mit viel Mandeln im Teig *(Warkha)* knusprig goldgelb gebacken. Eingelegte Zitronen, pikante Gewürze und Oliven kommen in der Hähnchen-Tajine zusammen.

Spezialitäten aus unzähligen Gemüsen sind etwa Auberginen mit Zimt, Bekkula (gedämpfte Malvenblätter), Süßkartoffeln mit Rosinen, das Püree aus Okraschoten, grüner oder bitterer Salat mit Orangen und einer Nuance Orangenblütenwasser oder Zimtdressing, Paprika-Tomaten-Salat, Tomatensalat mit Minze oder die *Chekchuka*, gestampfte Paprika mit Knoblauch, Koriander und Kreuzkümmel zu einer Paste vermengt.

Die Vorräte für das nicht enden wollende Festmahl reichen meistens für weitere Gäste, und es ist schwer, den Gastgeber am Ende des Mahls davon zu überzeugen, wirklich satt zu sein. Der obligatorische Minztee wird meistens nach dem Mahl getrunken. Es folgt dann eine Auswahl von Gebäck – zum Beispiel Sandgebäck mit Zimt, Sesamringe mit Fenchelsamen oder kleine, süße Teighörnchen, „Gazellenfüßchen" *(el ghezal)* genannt, mit einer Füllung von Mandeln oder Pistazien – denn Marokkaner lieben Tee und Gebäck süß wie die Liebe ...

▲ Im Meer der Wüste

Südmarokko – die Region

Skyline in der Dämmerung

Marrakesch: Das Tor zum Süden

Wie keine andere Stadt Marokkos ist die Stadt mit der größten und schönsten Medina des Landes, mit ihren chaotischen Souks und mächtigen Stadtmauern von Legenden und einer Aura der Macht umgeben. An dieser Schnittstelle zwischen Nord und Süd kontrollierten die herrschenden Dynastien seit alters her große Teile des Maghreb.

Marrakesch ist vor allem eine Stadt der Kontraste. Die scheinbar ursprüngliche orientalische Lebensweise, die besonders in der quirligen Dynamik der Medina noch zu erleben ist, zeigt, wie nah Heute und Gestern zusammenliegen. In dieser größten Medina Marokkos mit der legendären Place Djemaa el-Fna und dem unüberschaubaren Labyrinth der Märkte, den Souks, ist Tag und Nacht Neues, Fremdartiges zu entdecken, wird flaniert, gegessen und eingekauft. Doch für die magnetische Anziehungskraft dieser Stadt, dieser unendlichen Traummaschine, ist dies nur ein Grund von vielen.

Den französischen Besatzern erschien dieses „magische Theater aus vielen Logen" derart suspekt und unkontrollierbar, dass über die ersten Jahre ihrer Besatzungszeit die wildesten Erzählungen kursierten und die Verwaltungsbeamten angewiesen wurden, die Medina und besonders die Gegend um den Djemaa el-Fna, den Platz der Gehängten, zu meiden.

Die Geschichte von Marrakesch wurde nicht nur von seinen zahllosen Eroberern und Besatzern beeinflusst, sie wird ständig neu geschrieben. Handwerk und Handel sind bis heute bedeutende Wirtschaftsfaktoren, der Tourismus hat diesen Boom weiter vorangetrieben. Am Rand der Ville Nouvelle, der (französischen) Neustadt, einem von großen Avenues durchzogenen Viertel mit großen Parkanlagen, entsteht weiterer Wohn- und Arbeitsraum in modernster Architektur.

Auf religiösem Gebiet waren es große, heute als Heilige verehrte geistliche Führer, die in der Königsstadt lebten und wirkten. Sagenumwobene Paläste und Riads, prächtige Stadttore, zauberhafte Gärten und einige der wichtigsten Baudenkmäler Marokkos befinden sich in Marrakesch: die berühmte Koutoubia-Moschee, das maurisch inspirierte Palais de la Bahia, die kunstvoll ausgestattete Medersa und eine Reihe namhafter Museen. Es ist daher kein Zufall, dass der Name der Stadt, abgeleitet von Mraksch – dem arabischen Wort für Stadt –, auch für den Namen des Landes herhält. Umgeben von Dattelpalmenplantagen liegt Marrakesch auf 450 m Höhe in der fruchtbaren Haouz-Ebene. Im Frühjahr erscheinen die schneebedeckten Gipfel des etwa 60 km entfernten Hohen Atlas zum Greifen nah.

Geschichte

1062 erobert die Berberdynastie der Almoraviden – eine ursprünglich mauretanische Berber- und Kriegerkaste – Marrakesch und lässt sich dauerhaft nieder, um von hier den Hohen Atlas und die Verbindungswege zwischen Nord und Süd zu kontrollieren. Unter der Herrschaft von Youssef Ben Tachfin und seines Sohnes Ali Ben Youssef (1106–1143) wird Marrakesch zur Hauptstadt des neuen Reiches. Es beginnt eine rege Bautätigkeit, viele islamische Gelehrte kommen in die Stadt. In der Folge gelingt es den religiösen Hardlinern, den Almohaden, Fuß zu fassen, die Herrscher der Almoraviden zu töten und die Stadt bis auf die Stadtmauer zu zerstören. Der Sultan Abd el Moumen lässt mit der neu errichteten Koutoubia-Moschee den Phönix aus der Asche entstehen, und sein Enkel, der legendäre Al Mansur, vermag es wiederum, das geistige Leben neu zu entfachen und zahlreiche Paläste und Bauwerke zu errichten. Zwistigkeiten nach seinem Tod bringen die Fäden der Macht in die Hände der Meriniden, die Fès zu ihrer Hauptstadt erheben, während Marrakesch über zwei Jahrhunderte im Schatten steht. Erst 1524 ist ein neuer Aufschwung unter Ahmad el Aradji, genannt Ahmed al Mansour, möglich. Es entstehen die Saadier-Gräber, der El-Badi-Palast und weitere theologische Hochschulen, sogenannte Medersen. Unter der bis in die Gegenwart herrschenden Alaouiten-Dynastie wird unter anderem der prächtige Bahia-Palast gebaut. Mit viel Geschick wehren sich Moulay Hassan (1873–1894) und sein Sohn Moulay el Aziz gegen den immer stärker werdenden Druck der Kolonialmächte, doch zu Beginn des 20. Jh. gelingt es Frankreich, einen Besatzungsvertrag zu ratifizieren, der dem umstrittenen Pascha von Marrakesch, dem Thami el Glaoui, große Macht zusprach und den Franzosen freie Hand für ihre Kolonialpolitik ließ. Die von ihnen angelegte Ville Nouvelle, die Neustadt, stammt aus dieser Zeit und ist von der französischen Städtebauarchitektur des 19. Jh. inspiriert. Marrakeschs wirtschaftliche Blüte blieb auf Dauer ungebrochen, die Stagnation der Stadt in der ersten Hälfte des 20. Jh. ist längst wieder wettgemacht.

Orientierung

Eine Fahrt über die wichtigste Verkehrsachse der Stadt, die Av. Mohammed V., die von Nordwest nach Südost verläuft, das moderne Gueliz-Viertel mit der Medina verbindet und über die Place du 16 Novembre führt, vermittelt einen Eindruck, wie Altstadt und Neustadt, Heute und Gestern in Verbindung stehen. Der Platz, städtebaulich mit der Pariser Place de l'Étoile vergleichbar, verbindet strahlenförmig die Straßen der Neustadt. Auch eine Rundfahrt mit der Kutsche – Abfahrt nahe des Djemaa el-Fna – etwa Richtung Süden über die Stadttore Bab Jdid zum Bab er Rob, zum Palais Royal oder zu den Agdal-Gärten ermöglicht einen ersten Überblick über den Umfang der Medina: Das mittelalterliche Marrakesch ist auf etwa 12 Kilometer Länge von einer mächtigen, bis zu acht Meter hohen Stadtmauer aus dem frühen 12. Jh. umgeben.

Reisepraktisches

Das Klima in der Stadt ist übers Jahr sehr unterschiedlich, Juli und August sind die Monate, in denen viele Marrakchi Urlaub machen. In diesen Wochen können die heißen Saharawinde das Thermometer auf 50 Grad steigen lassen. Im Januar und Februar fällt das Quecksilber auf 10–15 Grad, die sich durch die Winterwinde jedoch weit kälter anfühlen als in Europa. Dennoch sind im Winterhalbjahr die Tage meist klar, die Sonne wärmt die Straßen auf und erlaubt Sonnenbäder auf windgeschützten Terrassen. In den Frühlings- und Herbstmonaten – also von Februar bis Mai und von September bis Dezember – ist es am angenehmsten, die Stadt zu erkunden. Ein Vorteil der beiden Wintermonate Januar und Februar, ausgenommen die Weihnachtszeit, ist das geringe Besucheraufkommen.

Was die täglichen Besucherströme betrifft, so ist es sinnvoll, sich antizyklisch zu bewegen und vormittags die Souks – auch schon gegen 9 Uhr – und die Museen erst nachmittags zu besuchen. Wer das Palais de la Bahia oder die Saadier-Gräber in Ruhe sehen möchte, kommt unter der Woche eine Stunde vor Schließung. Auch der frühe Sonntag ist wie in europäischen Städten ein idealer Zeitpunkt, Denkmäler, Plätze und Gärten ohne Besuchergedrängel zu erleben. Auch eine Kutschenfahrt durch die Medina zu den Menara- oder Agdal-Gärten ist zu dieser Zeit reizvoll.

Das Verkehrsaufkommen in Marrakesch ist hoch, in Stoßzeiten ist es daher ratsam, auf Nebenstraßen auszuweichen. Der Höhepunkt ist von Freitag bis Sonntag, wenn viele Menschen aus den ländlichen Regionen in die Stadt fahren – besonders von Nachmittag bis in die Nacht herrscht dann in Richtung Zentrum ein ziemliches Verkehrschaos. Doch im Vergleich etwa zu Kairo läuft das Geschehen noch gemächlich ab. Wer ein Auto mietet, sollte trotzdem erst mal auf dem Lande etwas Erfahrung sammeln (→ Unterwegs in Südmarokko/Mit dem Auto).

Nichts geht auf den Straßen von Marrakesch …

*I*nformation/*V*erbindungen (siehe *K*arte *S*. 98/99)

• *PLZ* 40000

• *Information* O.N.M.T., Place Abdelmoumen Ben Ali/Ecke Rue de Yougoslavie. Mo–Sa 9–12 und 14.30–18.30 Uhr. ✆ 0524-436131. Kartenmaterial, Reise- und Hotelauskünfte (keine Reservierungen), Informationen zu Veranstaltungen. Sa/So geschlossen.

Informationen im Internet

www.mararakechpocket.com: Informationen zu allen Events, auch als monatlicher Pocketguide (F)

www.madein-marrakech.com: umfangreiche Informationen (Suchmaschine) zu verschiedenen Unterkünften (F)

www.marrakech-info.com: umfangreiche Informationen zu Unterkünften aller Kategorien, Fahrzeugvermietungen (D)

www.ilove-marrakesh.com: Veranstaltungen, Tipps (F)

(Siehe auch Wissenswertes von A–Z/ Information im Internet)

www.couleurs-marrakech.com: Veranstaltungen, Tipps

• *Aéroport Marrakech* Der Flughafen liegt 6 km südlich vor der Stadt. Die Buslinie 11 verkehrt auf der Hauptstraße 800 m vor dem Flughafen. Ein Shuttle-Bus (20 DH) pendelt alle 30 Min. zwischen Flughafen und Bahnhof (6.30 bis 21 h ab Flughafen; 6.15 bis 21.15 h ab Djemaa el-Fna). Er hält auf seiner Rundtour an 15 Haltestellen. Von der Av. La Menara geht es über den Djemaa el-Fna zum Bab Nkob, Bahnhof, über die Av. Mohammed V. und dann Mohammed VI. wieder zur Av. La Menara.

• *Taxis* kosten bis zu 200 DH (nachts). Mit Verhandlung 150 DH.

Royal Air Maroc, 197 Av. Mohammed V., ✆ 0524-446444, 🖷 446002.

Tipp: Zu den Unterkünften in der Medina kann man sich bis zum **Café France (57)** auf dem Djemaa el-Fna fahren lassen – ab hier ist die Altstadt für Autos tabu. „Karrenmänner" befördern für 10–30 DH das Gepäck weiter; Preis absprechen – vielleicht mit Handschlag? Der Djemaa el-Fna ist ein üblicher Treffpunkt für Gäste, die in Riads oder Hotels in der Medina übernachten

wollen; hier kann man sich von den Besitzern abholen lassen und sich gleich mit dem Gassengewirr etwas vertraut machen. Viele Hotels und Unterkünfte in den nicht befahrbaren Gassen sind vom Café France 10 bis 15 Fußminuten entfernt. Es empfiehlt sich also, mit dem Hotel oder Riad ein nahe liegendes Stadttor oder einen Platz zu vereinbaren, der mit Taxi, Bus oder zu Fuß gut erreichbar ist. Eine Alternative ist ein vom Hotel oder Riad organisierter Abholservice vom Flughafen (bei mehrtägigem Aufenthalt oft kostenlos).

• *Bahn* **Bahnhof**, Av. Hassan II. Verlässliche und gute Auskunft zu den Abfahrtzeiten, Preisen etc. gibt: ✆ 0890203040 (3 DH/Min.), www.oncf.ma.

Nach *Casablanca* (Fahrtzeit ca. 3 Std.) bzw. *Rabat* (Fahrtzeit ca. 4 Std.) und *Tanger* (Fahrtzeit 6–7 Std.) täglich ab 5 Uhr alle zwei Stunden.

Nach *Meknès* (Fahrtzeit 5–5:30 Std.) täglich acht Züge, sechs Züge davon direkt.

• *Bus* **Privat-Busse** starten an der Place el Mourabiten hinter dem Bab Doukkala und fahren in stündlichem Rhythmus in alle Städte im Süden und Norden (auch früher, ohne ihre in der Gare aushängenden Zeiten zu berücksichtigen, wenn die Busse voll sind). Wir empfehlen daher die CTM- und Supratours-Buslinicn (s. u.).

CTM-Busse, Büro an der Gare Routière, Busse starten am Bd. Mohammed Zerkzouni im Gueliz-Viertel. Infos zu aktuellen CTM-Verbindungen. ✆ 0524-448328, www.ctm.co.ma.

Nach *Casablanca* (ca. 20 Busse tägl., auch Nachtbusse, 4 Std.), *El Jadida* (mind. 14-mal tägl., von Casablanca weitere Möglichkeiten, ca. 3.30 Std.), *Ouarzazate* (ca. 4-mal tägl., 5 Std.), *Errachidia* (wie Ouarzazate, dort weitere Verbindungen, 10 Std.), *Fès* (mind. 6-mal tägl., ca. 8 Std.), Rabat (mind. 10-mal tägl., 5 Std., über Casablanca weitere Anschlüsse), *Tanger* (mind. 10-mal tägl., 7 Std., über Casablanca weitere Anschlüsse) und *Agadir* (mind. 6-mal tägl., ca. 4 Std.)

Supratours, Büro ca. 150 m westlich vom Hauptbahnhof an der Av. Hassan II. an der Straße nach Essaouira und Agadir. Tickets sollten bereits am Vortag gebucht werden. ✆ 0524-435525, www.oncf.ma.

Busse u. a. nach *Essaouira* (2–3 Std.), *Agadir* und *Laayoune* (mind. 9 Std.) jeweils 5 bis10-mal tägl., je nach Saison.

Marrakesch

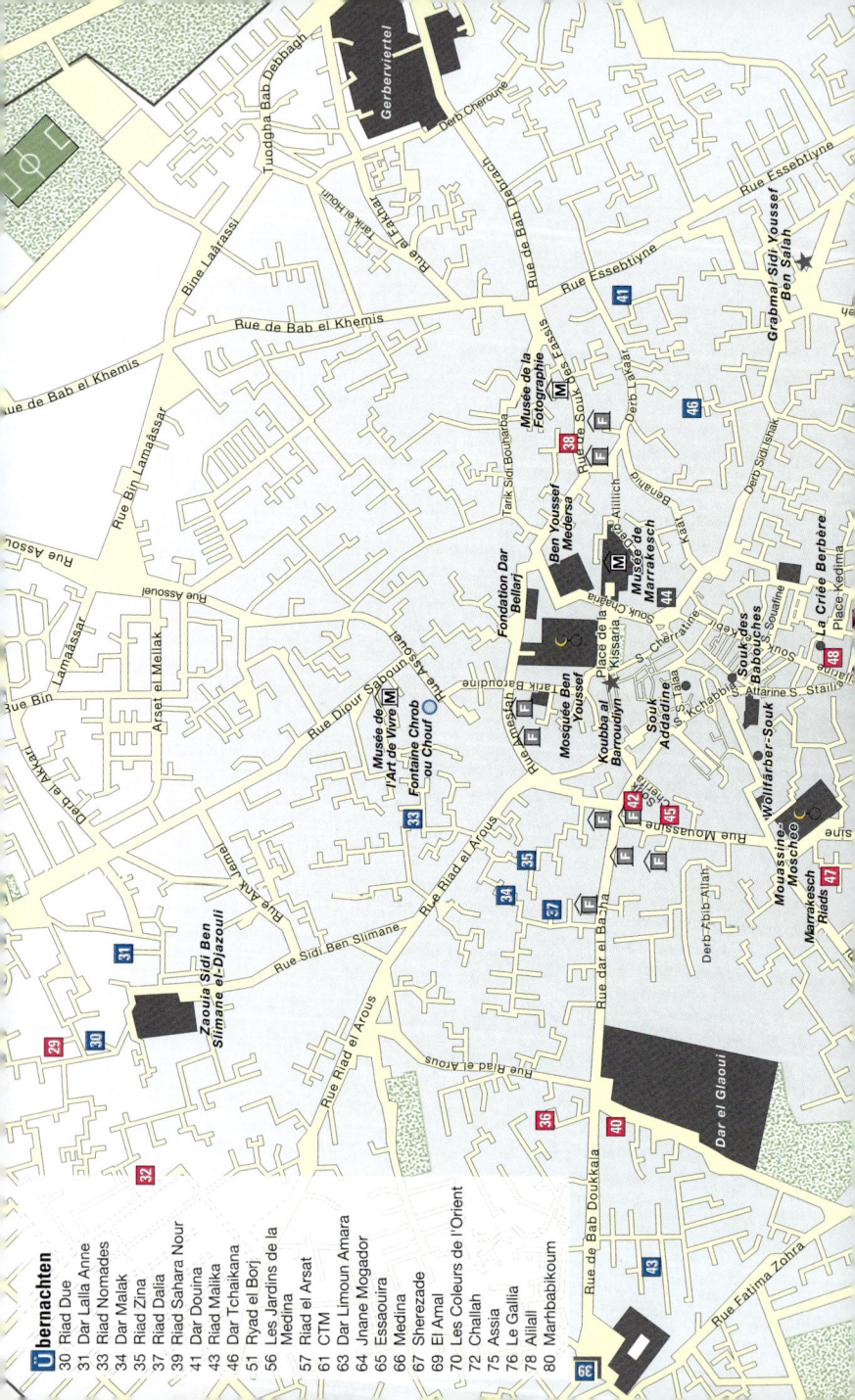

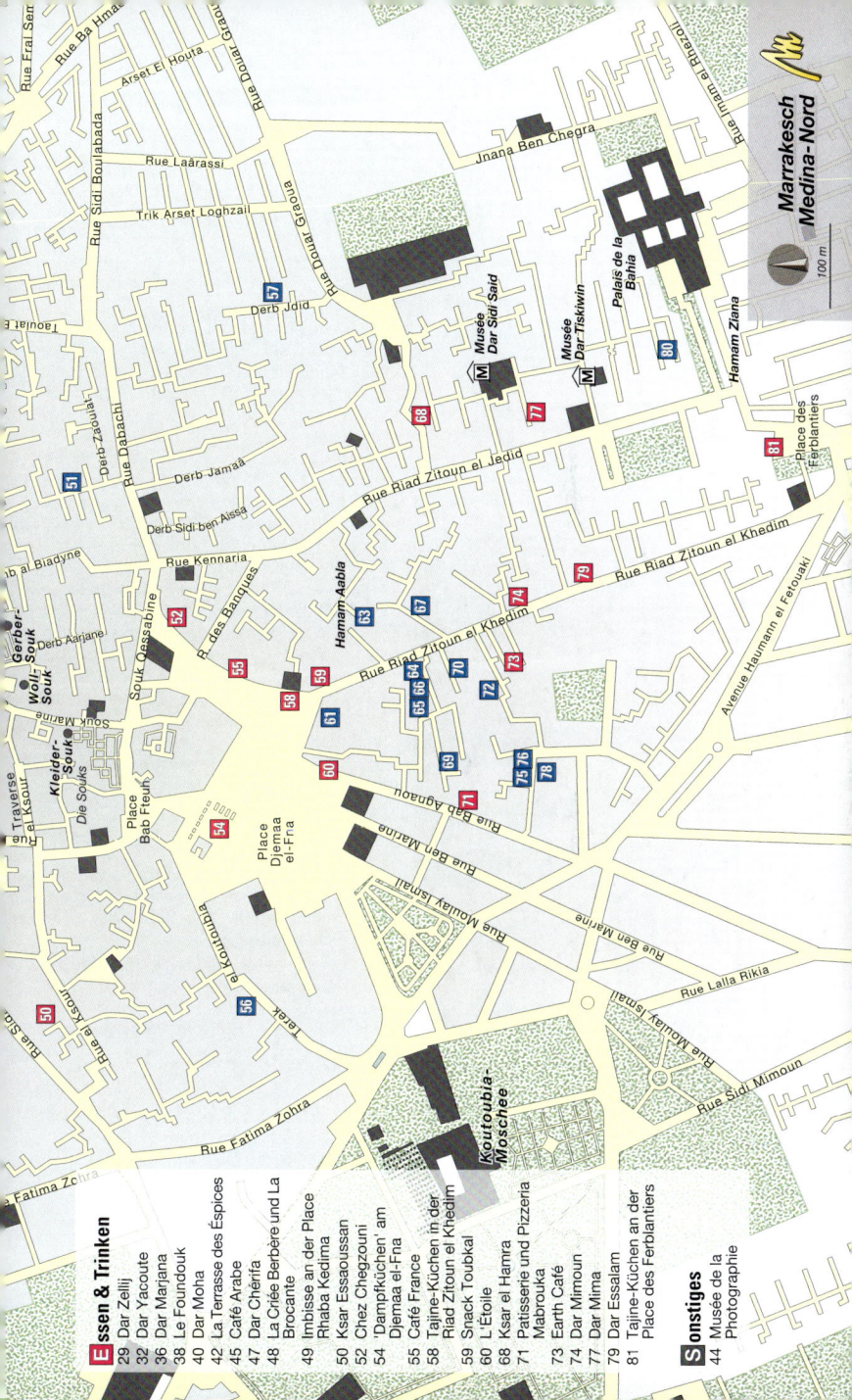

Von Marrakesch nach *Ouarzazate* und *Tinerhir* hat Supratours eine neue Linie eingerichtet, die ebenfalls mit bequemen, modernen Bussen täglich gefahren wird. Abfahrt Marrakesch 15 Uhr, Ouarzazate 20 Uhr, El Kelaa M'Gouna 21.50 Uhr, Boumalne 22.30 Uhr, Tinerhir 23 Uhr. Rückfahrt um 6 Uhr in Tinerhir.

Kollektivtaxis nach Süden (Ourika-Tal, Oukaimeden) starten 1½ km südlich vom Baber-Rob. Abfahrt immer dann, wenn alle Sitzplätze verkauft sind. Tag und Nacht ist zudem ein Heer an Taxis in alle Richtungen abfahrbereit.

Mit der Calèche zum Königspalast

Stadtbusse halten zum größten Teil nahe der Koutoubia-Moschee an der Rue Mohammed V.

Linie Nr. 11 hält nahe des Djemaa el-Fna und fährt zu den Menara-Gärten.

Linie Nr. 1 fährt über die Rue Mohammed V. in das Gueliz-Viertel, verbindet also Medina und Ville Nouvelle.

Linie Nr. 8 fährt über die Rue Hassan II. zum Bahnhof.

• *Taxi* Der nächste Stand vom Djemaa el-Fna ist an der **Place de Foucauld/Ecke Rue Moulay Ismail**. Mittlere Strecken bis 10 Min. Fahrzeit im Zentrum kosten 5–20 DH, zur Palmeraie und außerhalb des Zentrums können bis zu 30 DH anfallen. Nachts ist auch hier mit einem 50 %-Zuschlag zu rechnen. Da die Fahrer ohne Taxameter besser verdienen, wird gern das Einschalten vergessen. Grundsätzlich sollte man den Preis vorher aushandeln. Stände auch am Bab Doukkala, Gare Routière.

• *Pferdekutsche* Es ist eine alte Tradition, mit Pferdekutschen durch die Gassen und die Stadt zu fahren. Die Kutschen starten an der **Place de Foucauld** und fahren zu Festpreisen (Preisliste an der Kutsche). Kurze Fahrten um 50 DH, längere Fahrten 150–200 DH für maximal vier Personen. Von einem Besuch der Souks mit der Kutsche ist abzuraten, weil dort wegen der Fußgänger das Gefährt kaum vorwärtskommt.

• *Parken* Bei der Koutoubia-Moschee befindet sich einer der größten bewachten Parkplätze in der Medina. Es folgen ein Parkplatz am Bab Moussoufa sowie eine Rciho weiterer, gut sichtbarer Parkplätze nahe der Stadttore, etwa Bab Ksiba, beim Paradeplatz und beim Palais des Congrès.

Die Hotels im Hivernage-Viertel verfügen meist über bewachte Parkplätze. Im Gueliz-Viertel kann (unter Berücksichtigung der üblichen Regeln – keine sichtbaren Wertgegenstände im Auto usw.) Tag und Nacht problemlos geparkt werden. Auch viele öffentliche Anlagen und Parks (Jardin Majorelle, Agdal- und Menara-Gärten) bieten bewachte Parkplätze; Gebühren: 1–3 Std. 3–5 DH, ab 5 Std. sowie nachts 5–20 DH.

*D*iverses (siehe *K*arten *S*. 98/99 und 115)

• *Arzt/Krankenhaus* **SOS Medicins**, 400 DH pro Konsultation – keine stationäre Behandlung, nur Soforthilfe vor Ort und ggf. Transport zu einer Klinik nach Wahl. ☎ 0524-404040.

Polyclinique du Sud, 24-Stunden-Service, Marrakeschs beste und teuerste Adresse. ☎ 0524-447999. Rue de Yougoslavie 2.

Klinik Ibn Tofail, 24-Stunden-Service; gute

Reputation und kompetente Ärzte. Rue Ibn-Abdelmalik, ✆ 0524-436353.

• *Apotheke* Im Gueliz-Viertel Apotheke mit Nachtbereitschaft. Rue Khalid ben el Walid, bei der Feuerwehrwache, ✆ 0524-430415.

• *Autoverleih* Neben den etablierten Anbietern (mit Dependancen am Flughafen) gibt es im Zentrum über 300 private Anbieter. Preisbeispiel: Fiat Clio 350 DH/Tag, ein älterer Fiat Uno mindestens 250 DH/Tag. Wer eine Woche oder länger mietet, erhält Rabatt. Mietdauer kann 24-stundenweise vereinbart werden. Als Kaution werden in der Regel Visa-Blancoformulare akzeptiert.

Tigercar, internationaler Anbieter mit Dependance am Flughafen. www.tigercarrental.com.

Lune Car, seriöser und guter Service. Rue de Yougoslavie 111. ✆ 044-447743, www.monmaroc.com.

Najm Car (6/115), großer und zuverlässiger Anbieter. Av. Mohammed V./Ecke Mohammed el Beqal. ✆ 0524-437909, www.najmcar.com.

• *Ballonfahrten* **Ballooning**, mit dem Heißluftballon über die Stadt oder zum Atlas schweben. Rue de Mauretanie/Ecke Av. Mohammed V. ✆ 0524-432843, www.cieldafrique.info.

• *Buchhandlung* **Ghazahi**, zwei Schritte vom Djemaa el-Fna in der Rue Bab Agnaou. Kleines Geschäft mit guter Auswahl; französische Titel können bestellt werden.

Chatr, große Auswahl französischer Titel, einige auch in englischer Sprache. Av. Mohammed V. 19.

• *Guides* Hotels und das Tourismusbüro vermitteln kundige regionale und überregionale Guides. Die Preise bewegen sich zwischen 150/200 DH halbtags und 300/400 DH ganztags.

Joussef Naciri hat sehr gute Englischkenntnisse und ist auch landesweit tätig, ✆ 0661-072440.

Mohamed Bouredda spricht Englisch/Französisch, ✆ 0668-673584.

Maati spricht Deutsch, ✆ 0668-612000.

Mohammed Agouri spricht Französisch/Deutsch, ✆ 0661-186842.

• *Ham(m)am* Jedes Hotel und jedes Riad kennt einen nahe gelegenen Hamam, die „Normalen" kosten ohne Massage wenige Dirham, sind sehr einfach. Bessere verlangen mit „Gommage aus Savon noir" ab ca. 90 DH, und für 30 Min. Massage ab 200 DH.

Hamam Les Couleurs de l'Orient, unser Tipp! Siehe Hotels.

Hamam Rahba, sehr schöne alte Anlage mit kleinen bunten Gläsern in der Kuppel. Beim Apothekersouk. Derb Aarjane 157, Rhaba Lakdima.

Hamam Ziana, edler Hamam mit ausgeklügelter Architektur: Rue Riad Zitoun el Jedid 14, nahe Palais de la Bahia.

Hamam Aabla, kleiner Hamam, netter Service. 5 Min. vom Jemma F. N. Riad Zitoun el Khedim 4.

• *Internet* In allen Stadtvierteln kleine und größere Internetcafés: 15 Minuten ab 3 DH. Meist sind ADSL-Anschlüsse vorhanden. Vom Djemaa el-Fna ist im Süden die Rue Bani Marine mit einer Reihe von Anbietern schnell erreicht.

Jardin Cyber, an der Rue Mohammed V. gegenüber dem Rathaus. Elegantes Internetcafé mit modernstem Rechnern (ADSL) und Videospielen. Täglich 9.30–20 Uhr.

Café Solaris, beim Cinéma Colisée. Ebenfalls gut funktionierender Internetservice und Caféhaus. Bd. Mohammed Zerktouni.

Hotel Ali, kann abends schnell voll sein. Rue Moulay Ismail 78.

• *Polizei* ✆ 190, Touristenpolizei ✆ 0524-384601, Gendarmerie Royale ✆ 177.

Die *Touristenpolizei in Marrakesch* ist sehr hilfsbereit und greift bei kriminellen Handlungen gegenüber Touristen hart durch. Büro an der Place Youssef Ben Tachin, ca. 500 m von der Hauptpost am Djemaa el-Fna über die Rue Moulay Ismail in südlicher Richtung.

Vorsicht ist in der Medina geboten, besonders in stark besuchten Zeiten, wenn viel Gedränge herrscht. Wer die gängigen Sicherheitsregeln beachtet und Wertgegenstände nicht offen herumliegen lässt, wird auch in einfachen Hotels in Marokko keine Probleme haben. Vorsicht geboten ist generell gegenüber zweifelhaften Angeboten oder vorgetäuschten Notfällen (z. B. auf entlegenen Straßen).

• *Post* An der Place du 16 Novembre im Gueliz-Viertel und auf dem Djemaa el-Fna. Mo–Fr 8.30–16 Uhr.

• *Reiseagenturen* **Harmattan (23/115)**, die Agentur des Afrika- und Trekkingspezialisten Marco Bonvicini mit „schlüsselfertigen" und individuell gestaltbaren Angeboten. Drei Schritte von Venezia Ice am Bab Nkob ent-

Marrakesch

fernt, am Beginn Rue Mahjoub Rmza 1. ✆ 0524-449443, www.harmattan.ma.

Omni Tours (14/115, Allroundspezialist mit Angeboten für das ganze Land. Av. Mohammed V. 220. ✆ 0524-421660, www.omni-tours.com.

Menara Tours, schräg gegenüber dem Touristbüro. Anbieter von Tagestouren nach Asni, Ourika, Ait Benhaddou, zur Glaoui-Burg Telouet, zu den Fantasia-Reitspielen in der Palmeraie u. a. Rue Yougoslavie 41. ✆ 0524-446654, www.menara-tours.ma.

Cobratours, sportlicher Allroundspezialist. Bd. Mohammed Zerktouni 43. ✆ 0524-421308, www.cobratours-maroc.com.

Marabout Travel, eine Schweizerin und ihr marokkanischer Mann veranstalten ein vielfältiges Programm, von 4x4-Drive- bis Trekking-Touren. Gäste werden in Marrakesch nur empfangen, kein Büro. ✆ 0524-432241 und 0668-883194, www.maraboutreisen.ch.

Tamsilt Tours, ein weiteres schweizerisch-marokkanisches Team mit breitem Angebot: Touren von 1 bis 3 Wochen in ganz Marokko (ab Flughafen bis zurück zum Flughafen) als Trekking, Radtour, Jeepfahrt

oder Rundreise; entweder in Wüstenregionen, im Anti-Atlas (Saghro, Siroua, Tafraoute etc.), Hochgebirgstouren in allen Regionen des Hohen Atlas (Rundtouren, Gebirgsüberquerung etc.), an der Atlantikküste sowie Touren an der Südseite des Hohen Atlas (Straße der Kasbahs, Ouarzazate, Vallée du Draa ...). Kontakt über Hotel Sherazade (→ Übernachten), oder direkt vor Ort (→ Azilal, Agouti und Ait-Bou-Gomez-Tal). ✆ 0524-343798, www.tamsilt@menara.ma.

• *Supermarkt* **Supermarkt Aswak Assalam (5/115)**, direkt gegenüber der Gare routière, Bd. El Fassi, täglich 8.30–20 Uhr.

Supermarkt Acima, täglich 8.30–22 Uhr. Kreditkarten akzeptiert. Ecke Av. Mohammed V./Mohammed Abdelkarim el Khattabi.

• *Telefonieren* **Auskunft national** ✆ 160. **Auskunft international** ✆ 120.
Zum Telefonieren bieten sich die zahlreichen Telefonshops an. Oder per Chip für das Handy: Maroc Telecom, 20 DH, ab 10, 20, 30 (usw.) DH für den schnell verzehrten Kredit.

• *Zeitungen* Internationale Presse an den zahlreichen Kiosken an der Av. Mohammed V.

Kultur und Festivals (siehe Karte S. 98/99)

• *Kultur* Aktuelle Tipps und Veranstaltungen finden sich in „Le Guide Marrakech" und „Marrakech Pocket" (kostenlos), erhältlich im Zeitschriftenhandel und in Restaurants.

Théâtre Royal, im Gueliz-Viertel. Theater, Ausstellungen und Konzerte. Die Galas des Marrakesch-Filmvestivals finden ebenfalls hier statt. Aktuelle Veranstaltungen in „Le Guide Marrakech". Rue Cadi Ayad/Ecke Av. de France, ✆ 0524-431477.

Cinéma Colisée, im Gueliz-Viertel; moderne Ausstattung, Mainstream-Cinema; Bd. Mohammed Zerktouni, ✆ 0524-448893.

Institut Français de Marrakech, im Gueliz-Viertel. Ausstellungen, Theater und Kinofilme; im nahen Freilufttheater gibt es Veranstaltungen. Route de Targa, Djebel Gueliz. ✆ 0524-446930, www.ifm.ma.

Maison de la Photographie (44), eine „Grand Tour au Maroc en 1926" beschreibt diese Sammlung treffend: Ein authentischer Blick auf das Marokko jener Zeit. Vintage Prints, Raritäten und Erstdrucke. Auf der aussichtsreichen Dachterrasse mit schickem Setting werden kleine Gerichte und Café serviert. Täglich 9.30–19.30. Eintritt 40 DH (auch Kombiticket mit Ecomusée Berbère in Ourika), unter 16 frei.

Dar Chériffa (47), Literaturcafé mit monatlich wechselnden Kunstausstellungen, Literaturabenden und Konzerten in einladendem Ambiente. Unweit der Moschee bzw. Fontaine Mouassine, nicht leicht zu finden, aber der Weg lohnt; siehe auch „Essen & Trinken". Täglich 9–19 Uhr. Derb Cherfa-Lakbir 8. ✆ 0524-426463.

Riad Sahara Nour (39), ein stilvoller Veranstaltungsort in einem historischen Riad unter französischer Regie für Musik, Kunst, Literatur und vielfältige Kurse. Angeboten werden auch komfortable DZ ab 720 DH.
Unser Tipp: Ein Blick auf die Veranstaltungen. Derb Dekkak 118, Bab Doukkala. ✆ 0524-376570, www.riadsaharanour-marrakech.com.

• *Festivals und Moussems* **Festival international du film**, jährlich Anfang Dezember. 0524 www.festival-marrakech.com.

Festival national des arts populaires de Marrakech, ein Höhepunkt für Folkloregruppen aus ganz Marokko, die hier ihr Bestes geben – sozusagen ein marokkanisches Wagner-Festival.
Sehr beliebt bei den Marrakchi sind die meist zwei- bis dreitägigen **Moussems**, meist mit Musikdarstellungen, Fantasias

und Spektakeln, bei denen exzessiv die Nacht durchgefeiert wird – echte Volksfeste! In Moulay Brahim Anfang Februar, in Asni Anfang Juli und in Ourika Anfang August finden diese von den Marrakchi gut be-suchten Feste ebenfalls statt.
Festival de l'art du jardin, im April, www.jardinsdumaroc.com/festival.
Festival de la Magie, im Oktober, www.magiemarrakech.com.

Übernachten/Hotels (siehe Karten S. 98/99 und 115)

● Hivernage- und Grenze zum Gueliz-Viertel

***** **Kempinski Mansour Eddahbi**, mit über 900 Betten nach dem Royal Mirage das zweitgrößte Hotel der Stadt, gebaut und ursprünglich verwaltet von der Kempinski-Kette. Die Anlage ist zum Verlaufen groß. Alle denkbaren Extras. DZ-Promotionen ab 1400 DH. Ecke Av. Moulay el Hassan/Av. Mohammed VI. ✆ 0524-339100, www.hotel-mansoureddahbi.com.

**** **La Renaissance (7/115)**, das kürzlich eröffnete Design-Hotel steht mit seiner minimalistischen Gestaltung auch in der Gunst der Cocktail-Bar-Freunde. Die Bar liegt auf einer luftigen Terrasse an einer der höchsten Aussichtspunkte der Innenstadt. DZ ab 1650 DH. Ecke Bd. Zerkhtouni/Mohamed V. 88. ✆ 0524-337777, www.renaissance-hotel-marrakech.com.

**** **El Andalous (27/115)**, in einer der ruhigsten Straßen im Hivernage-Viertel. Von den oberen Stockwerken nach Osten gute Sicht auf die Medina und bis zum Atlasgebirge. Angenehmer Garten mit Restaurantbetrieb und Pool. DZ inkl. Frühstück 990 DH. Av. du Président Kennedy. ✆ 0524-448226, www.elandalous-marrakech.com.

**** **Tichka Salam (1/115)**, das Vorzeigehotel der Salamgruppe, handwerklich sehr schöne Innenausstattung. DZ ab 1100 DH. Route de Casa Semalaia. ✆ 0524-448710, www.groupesalam.com.

**** **Nassim (9/115)**, recht zentral, angenehmes, kürzlich in den 4-Sterne-Himmel aufgestiegenes Hotel mit Hamam, Fitness-Studio und hübscher Dachterrasse. DZ 920 DH, EZ 750 DH. Av. Mohammed V. 115. ✆ 04-446401, www.hotelnassim.ma.

*** **Akabar (26/115)**, nahe des Hivernage-Viertels. Komfortable Zimmer und guter Service. DZ 500 DH, EZ 320 DH. Av. Echouhada 33. ✆ 0524-437799, www.hotelakabar.ma.

Eingänge zu verborgenen Hotels

Marrakesch

*** Imilchil (24/115), komfortables und freundliches Hotel. Kleiner Pool und Solarium. Guter Service. DZ 520 DH, FZ 400 DH. Av. Echouhada 44., ℡ 0524-447653, Hotel_imilchil@hotmail.com.

Janin El Harti (26/115), Hotel in toller Lage am Jardin El Harti mit großer Panoramaterrasse plus kleinem Pool. DZ (zum Park hin wählen!) ab 500 DH, EZ 350 DH inkl. Frühstück. Rue Cadi Ayad 30, ℡ 0524-448800.

• *Medina und Norden der Innenstadt*
**** Les Jardins de la Medina (56), ein klassisches Luxushotel mit edler Ausstattung, großem Garten und Pool (Spa), etwas versteckt nahe der Koutoubia. DZ ab 1900 DH. Das Hauptrestaurant hat einen sehr guten Ruf, exzellenter Service. Loungebars im Kolonialstil. Av. Mohammed VI. Palais des Congrès. ℡ 0524-381858, www.lesjardinsdelamedina.com.

*** Ibis (22/115), wenige Schritte vom Bahnhof ganz im Stil der internationalen Kette. Funktionelle Zimmer; nach hinten etwas ruhiger. DZ 650 DH, EZ 590 DH inkl. Frühstück. Av. Hassan II. ℡ 0524-435929-32, www.ibis.com.

** Sherazade (67), nur fünf Fußminuten vom Djemaa el-Fna – eine kleine Oase der Ruhe; kleines und feines Riad-Hotel unter deutsch-marokkanischer Regie von Sabina und Ahmed Benchaira. Von der großen Dachterrasse schöne Aussicht. Ausflüge und Trekkingtouren in den Hohen Atlas werden in Zusammenarbeit mit Beatrice Buschor aus Agouti organisiert. Frühstücksbuffet auf der Terrasse (50 DH). Unterschiedlichste DZ zwischen 270 und 700 DH (Reservierung!). Rue de la Recette 13. ℡ 0524-429305, www.hotelsherazade.com.

** Le Gallia (76), bei französischen Touristen sehr beliebtes Hotel (Baujahr 1929) mit grüner Dachterrasse und komfortablen Zimmern. DZ inkl. Frühstück 500 DH (Reservierung!). Rue de la Recette 30, ℡ 0524-445913.

Jnane Mogador (64), am Anfang der Riad Zitoun el Khedim, aber doch ruhig gelegen. Kürzlich renoviertes Hotel im Riadstil. Große Zimmer mit Bad ab 480 DH. Riad Zitoun el Khedim 116, ℡ 0524-426324, www.jnanemogador.com.

Les Couleurs de l'Orient (70), nette Travellerunterkunft mit altem Hamam, Massageräumen und Wohlfühl-Touch. Das schöne, helle Riad ist mit viel Fantasie gestaltet. Angenehme DZ ab 450 DH, Reservierung nötig. Riad Zitoun el Khedim 22, ℡ 0524-426513, www.couleursdelorient.net. Unser Tipp!

• *Südliche Medina* Erreichbar über den Djemaa el-Fna und die zentrale Rue Riad Zitoun el Khedim oder die Rue Bab de Agnaou.

Assia (75), schön eingerichtetes, ruhiges Hotel mit Dachterrasse. DZ mit Bad 380 DH. Rue de la Recette 32. ℡ 0524-391285, www.hotel-assia-marrakech.com.

Alilall (78), originelles, von Travellern frequentiertes, einfaches Riad-Hotel mit einigen künstlerischen Details und einer schönen Dachterrasse. Im oberen Stockwerk angenehme, helle Zimmer. DZ ab 120 DH, bei längerem Aufenthalt Rabatt. Rue de la Recette 14. ℡ 0524-383882.

Challah (72), sauberes und ruhiges Hotel im Kolonialstil mit Orangenbäumen im Innenhof. Einfache DZ mit (ohne) Fenster zum Patio und ohne Bad ab 130 DH. Abends werden im Patio Kerzen aufgestellt.Riad Zitoun el Khedim, Derb Skaya 14. ℡ 075-187697.

Aday, sauberes und ruhiges Hotel. Einfache DZ ohne Bad ab 100 DH. Früher konnte für 25 DH auf der Dachterrasse geschlafen werden. Nahe Riad Zitoun el Khedim, Derb Sidi Bouloukate 11, ℡ 0524-441920. In unmittelbarer Nähe befindet sich das vegetarische Restaurant „Earth Café".

Essaouira (65), eine weitere Low-Budget-Adresse. Von der schönen Terrasse (leider kann dort nicht mehr übernachtet werden) weiter Blick über die Medina. Einfache DZ ohne Bad ab 100 DH. Wenn das Hotel gut gebucht ist, kosten die Zimmer gelegentlich mehr. Nahe Riad Zitoun el Khedim, Derb Sidi Bouloukate 51, ℡ 0524-443805.

El Amal (69), ebenfalls eine Low-Budget-Adresse. Schöne Terrasse zum Entspannen (dort kann auch übernachtet werden), Traveller tauschen sich hier aus. Einfache DZ ohne Bad 120 DH. Nahe Riad Zitoun el Khedim, Derb Sidi Bouloukate 3. ℡ 0524-445043.

Medina (66), gehört ebenfalls den Besitzern der obigen Low-Budget-Hotels. Einfache DZ ohne Bad ab 100 DH. Riad Zitoun el Khedim, Derb Sidi Bouloukate 1. ℡ 0524-442997.

CTM (61), direkt am Djemaa el-Fna mit Dachterrasse. Billig, einfach, funktional. Zimmer zum Innenhof etwas ruhiger. DZ mit/ohne Bad 300 DH, 4er 600 DH, Parkplatz 20 DH. Djemaa el-Fna/Ecke Rue Rias Zitoun. ℡ 0524-442325, www.hotel-ctm.com.

Hotel Zahia (3/115), mit schönem Garten und Pool. Angenehme DZ mit Frühstück ab 377 DH. Av. El Khattabi. ℡ 0524-446244, www.hotelzahia.com.

*Ü*bernachten/*R*iads, *D*ars und *L*andhäuser (siehe *K*arten *S.* 98/99, 115, 125)

Unsere Auswahl an Dars und Riads in der Medina ist angesichts des ständig wachsenden Angebots übersichtlich gehalten. Ein Blick ins Internet dokumentiert den starken Trend, in der Medina eine private Unterkunft zu finden. Ein virtueller Ausflug zu den Riads bietet für jeden Geschmack eine Variante. Dabei zieht die Untergrenze von 600 DH für ein Doppelzimmer weiter nach oben, die Zahl der preisgünstigen Riads wird kleiner. Der größere Teil der Riads verlangt pro Nacht über 900 DH im DZ, für Unterkünfte in den extravaganten Villen in der Palmeraie (etwa 4 km entfernt im Norden der Stadt) muss man noch einiges mehr hinlegen. Die abschließend beschriebenen Landhäuser sind daher auch eine Alternative für alle, die sich nicht ausschließlich auf die Stadt einlassen und weniger als in der Palmeraie ausgeben wollen und stattdessen ein ländliches Ambiente schätzen und in Tagesausflügen sowohl städtische als auch ländliche Gegenden kennen lernen möchten. Es empfiehlt sich, zeitig zu reservieren.

Marrakesch

Wohnen mit Wohlgefühl – Maisons d'hôtes, Dars und Riads

Gästehäuser, Stadthäuser mit Innenhöfen und Stadthäuser mit begrünten Innenhöfen – so etwa lassen sich diese drei fremd erscheinenden Begriffe übersetzen. Maisons d'hôtes wären eigentlich auch die Dars und Riads, da auch sie sich ja vom Hotelbetrieb absetzen möchten. Die Gäste sollen sich wie zu Hause fühlen, und so lässt sich hier statt des oft unpersönlichen Ambientes in den Hotels eine Atmosphäre der Nähe erfahren. Hier kann der Lebensrhythmus der fremden Umgebung hautnah mitgelebt werden.

Viele Dars sind ein Inbild schlichter Eleganz, das die oftmals spröde, fensterlose Außenfassade nicht erahnen lässt. Sparsame Eingriffe, betonte Details, harmonische Farbgebung und ausgewählte Baumaterialien schaffen ein Ambiente, das Ruhe ausstrahlt und weitergibt. Kleine Brunnen unterstützen diesen Effekt – und sorgen für Luftaustausch und Frische in den heißen Sommermonaten, wenn am frühen Nachmittag für einige Stunden das öffentliche Leben still steht.

Heute spiegeln viele dieser Stadthäuser den gestalterischen Reichtum und das Können der Künstler und Baumeister des alten Marrakesch wider. Handwerkliche und schöpferische Fertigkeiten gingen damals Hand in Hand. Es war die reine Fülle von kostbaren Materialen, seltenen Stoffen, edlen Hölzern, Fayence-Fliesen, Mosaiken, Applikationen, Schmiedearbeiten und Verputztechniken wie das Tadelakt; dabei lässt ein Blick in die alten herrschaftlichen Häuser die Pracht der Vergangenheit nur erahnen.

Mehr als ein halbes Jahrhundert waren viele Stadthäuser in der Medina von Marrakesch vergessen. Das änderte sich in den 80er Jahren. Seit den ersten Restaurierungen und der Vermessung der Medina durch den Architekten Quentin Wilbaux hat sich hier viel getan. Wilbaux hatte damals in diesem schier unermesslichen Gewirr der Gassen erstmals Vermessungen im großen Stil vorgenommen. Inzwischen ist dieses einzigartige architektonische Erbe auf die Liste des UNESCO-Welterbe gerückt, und viele zugewanderte Marokkaner und Ausländer haben hier Stadthäuser erworben und wiederhergestellt.

● *In der Medina* **Riad Zina (35)**, in diesem weitläufigen Riad treffen mächtige Kakteen im Hof auf originelles 70er-Jahre-Mobiliar. Eine herrliche Dachterrasse und das angenehme Flair der Räume strahlen viel Ruhe aus. Die künstlerischen Ideen der deutschen Besitzerin bilden das i-Tüpfelchen. DZ ab 1100 DH. Rue Riad Laarouss, Derb Assbane 38. ✆ 0524-385242, www.riadzina-marrakech.com.

Dar Malak (34), mit Blick in einen wuchernden Zaubergarten, gut dazupassend Tadelakt-Deko in weichen Tönen. Éric, der französische Besitzer, ist ein ausgezeichneter Kenner der Kulturszene der Stadt. Dachterrasse, DZ ab 825 DH. Rue Riad Laarouss, Derb Assbane 20. ℡ 0524-385806 www.darmalak.com.

Riad Sahara Nour (39), siehe „Kultur".

Riad el Arsat (57), ein Riad aus vergangenen Tagen und in dieser Größe wahrscheinlich einzigartig. Ein 1600 m² großer, von Vögeln bewohnter Garten, den eine Veranda mit Säulenflucht mit dem Haus verbindet. Ein großer Saal mit altem Mobiliar, Fotografien und Erinnerungsstücken der 60er Jahre unter Stuckfriesen und einer bemalten Zedernholzdecke. Großzügige Räume mit großen Bädern und schönen Details, auch im Nebengebäude. Von der Dachterrasse Blick bis zum Königspalast. Große DZ ab 1800 DH. Derb Chema, Arset Loughzail 10. ℡ 0524-387567, www.riad-elarsat-marrakech.com.

Riad mit Dachterrasse

Riad Due (30), nördlich der Moschee el Mouassine; architektonisch elegantes und farblich sehr harmonisches Ambiente mit großer Terrasse und Panoramablick, Hamam und Massageraum. Kleine Auswahl an marokkanischen und italienischen Gerichten. DZ ab 1400 DH. Rue Riad Laarouss, Derb Chentouf 2. ℡ 0524-387629, www.uovo.com. Die Inhaber betreiben weitere exklusive Riads, siehe Webseite.

Marhbabikoum (80), familiär geführtes Gästehaus mit viel Charme. Besitzerin Véronique möchte besonders Familien mit Kindern ein gastfreundliches Haus bieten. Kleine Dachterrasse. Palais de la Bahia und das Museum Dar Sidi Said sind wenige Gehminuten entfernt. DZ ab 660 DH. Derb Ihabib Imagni 43. ℡ 0524-375204, www.marhbabikoum.com.

Ryad el Borj (51), Mitte des 19. Jh. diente der Turm dieses Riads dem berüchtigten Pascha el Glaoui als Kontrollpunkt – der Blick über die Medina ist heute so eindrücklich wie damals. DZ ab 950 DH. Derb Moulay Abdelkader. ℡ 0524-391223, siehe unten Terremaroc.

Riad Dalia (37), von dem Miniaturmaler Mohamed El Mramer individuell gestaltetes Haus très marocaine. 5 DZ für 600 DH. Auf der Dachterrasse werden köstliche Mahlzeiten serviert. Derb Tizegarine 40, Dar El Bacha. ℡ 0524-442196, www.riaddalia.com.

Riad Nomades (33), jung gebliebenes Riad mit großer Dachterrasse. Alain Pascal geht es um die Kultur der Nomaden. DZ ab 600 DH. Dazu bietet Bonnassieux zwei weitere Häuser an, die er stilvoll renoviert hat. Derb Chentouf 56, Rue Riad Laarouss. ℡ 0524-384723, www.riad-nomades.com.

Dar Tchaikana (46), eine von den belgischen Besitzern mit afrikanischen und marokkanischen Sammlerstücken gestaltetes Dar mit schöner Terrasse und geräumigen Zimmern. DZ ab 1100 DH. Derb el Ferrane Azbest 25. ℡ 0524-385150, www.tchaikana.com.

Riad Malika (43), im 20er-Jahre-Dekor gestaltetes Riad. Die neuen französischen Besitzer haben Carré-Fußböden und andere Details sorgfältig renoviert und mit Accessoires aus dieser Zeit ausgestattet. Große Zimmer mit Tadelakt-Verputz. Über den Pool im Patio lässt sich allerdings streiten. DZ ab 1200 DH. Arset Aouzal 29 (von der Dar el Bacha über die Rue Bab Doukkala). ℡ 0524-385451, www.riadmalika.com.

Dar Douina (41), nahe der Ben Youssef Medersa. Kleines Dar mit drei Gästezimmern und einer Suite, mit Blick auf einen schönen Patio mit uralten Orangenbäumen. DZ ab 900 DH. Derb Lalla-Azouna 1. ✆ 0524-377065, www.dardouina.com.

Dar Lalla Anne (31), im Sidi-Ben-Slimane-Viertel. In dezenten Farben gestaltete Tadelakt-Räumlichkeiten. DZ und Räume sind nicht sehr groß, aber angenehm. DZ ab 750 DH. Derb Sidi Messaoud 42. ✆ 0524-378534, www.darlalla.com.

Dar Pangal (84/125), kleines, originell eingerichtetes Dar in der Nähe der Agdal-Gärten. Der chilenische Besitzer, ein Innenarchitekt, hat das Restaurant „Dar Moha" eingerichtet und seinen gestalterischen Ideen freien Lauf gelassen. Farblich harmonische DZ ab 800 DH. Derb Chtouka 132 (Rue de la Kasbah). ✆ 0524-30.

Dar Limoun Amara (63), kleines Dar mit schönem Interieur. DZ ab 750 DH. Derb Ben Amrane 20, nahe der Riad Zitoun el Khedim. ✆ 0524-381809, www.darlimounamara.com.

• *Außerhalb von Marrakesch*   **La Ferme**, Lac Takerkoust, über die Route d'Amizmiz (ca. 39 km). Kleines Landhaus aus Stampflehmmauern mit schönen Terrassen. DZ ab 600 DH. ✆ 0524-24329955.

Le Relais du Lac, direkt am Lac Takerkoust gelegene neue Villa. Es gibt Kajaks und Tretboote. Großzügige Anlage mit hübschen Terrassen. ✆ 0524-484943, www.relaisdulacmarrakech.com.

Dar Zarraba, auf dem Land Richtung Ourika gelegenes Dar mit prächtigem Garten und großem, von Olivenhainen umgebenem Pool. Die mit Tadelakt-Verputz gestalteten Appartements (ab 600 DH) im Garten sind sehr geräumig. Schöne DZ. Loc. Tassoultant, Route d'Ourika, nach ca. 13 km vom Zentrum hinter einem Kanal links abbiegen. ✆ 068-999235, www.zarraba.com. Unser Tipp!

Le Bled, ebenfalls an der Route nach Ourika gelegene Unterkunft mit großem Bio-Gemüseanbau; im Sommer wird in dem fantastischen Garten im Berberzelt gegessen. Der Besitzer Moha Fedal ist viel gereist und ein unterhaltsamer Gastgeber. Das bekannte Restaurant „Dar Moha" wird von ihm geführt. DZ inkl. HP 1200 DH. Douar Coucou Taeltant, 5 km vom Zentrum an der Route d'Ourika, nahe den Poteriers Berber. ✆ 061-401056, www.lebled-marrakech.com.

Sel d'Ailleurs, in Imangha, kurz vor Ourigane, 59 km von Marrakesch.→ Asni.

www.darelsouk.com

www.jnaneallia.com

www.dar-housnia.com

www.dar-hanane.com

www.riadmaroc.com

www.riadenija.com

www.noir-d-ivoire.com

www.riad-bayti.com

www.riad-alnour.com

www.terrasse-des-oliviers.com

www.dardoukkala.com

www.angelriad.com

www.riad-chamali.com

www.riadalsima.com

www.riadmadani.com

www.riaddarsbihi.com

www.riad-mounia.com

www.riadlesyeuxbleus.com

• *Agenturen für Riads*   **Marrakech Riads**, eines der ältesten Riads (→ Essen & Trinken/Cafés, Café Dar Chérrifa) ist der Sitz der Agentur Marrakech Riads, die nur fünf Riads vermietet. Bei den von Abdellatif Ait Ben Abdallah ausgewählten Objekten handelt es sich um feine, sorgfältig renovierte Häuser. Bei Buchung von mehr als drei Nächten werden die Gäste vom Flughafen abgeholt. Das Spektrum reicht vom Dar Sara Srira mit drei Zimmern und Hamam (3 Laternen, DZ ab 550 DH) bis zum weitläufigen Riad Baraka Karam mit Pool und großen Räumen (5 Laternen, DZ ab 880 DH). Dar Derb Chorfa Labkir Mouassine 8. ✆ 0524-426463, www.marrakech-riads.net.

Terremaroc, während die oben genannten Agenturen ihre geprüften Häuser zentral vermarkten, handelt es sich bei Terremaroc um einen Zusammenschluss, der die Häuser vom Besitzer direkt an die Gäste vermittelt. Jedes Haus hat eine eigene Webseite und kann individuell angeschrieben und gebucht werden. Das relativ große Angebot ist übersichtlich gestaltet, alle Informationen können direkt von den Vermietern, etwa per E-Mail, abgerufen werden. Rue Sourya. ✆ 0524-448216, www.terremaroc.com.

Eine Auswahl weiterer Riads im Internet, die in der Medina liegen und dem gehobenen Preisniveau zuzurechnen sind (DZ ab 800 DH):

Marrakesch

Historisches Restaurant

Essen & Trinken (siehe Karten S. 98/99. 115 und 125)

Grüße aus tausendundeiner Nacht. Wer in Marrakesch Essen geht, kann hier die schönsten Seiten einer alten Gastkultur erleben. Die Restaurants in fantasievollem Ambiente werben mit außergewöhnlichen Leistungen und Service um die Gunst des Gastes. In der Stadt finden sich sehr ausgefallene und stimmungsvolle Dars, die oft schon seit vielen Jahren als Restaurant existieren. Die ersten acht Restaurants befinden sich in historischen Dars. Es soll Genießer geben, die nur wegen dieser Restaurants in die Stadt pilgern. Oft findet sich zum Entspannen auch eine schattige Terrasse, auf der man die heiße Mittagszeit auf angenehme Weise überstehen kann.

Wenn nicht anders beschrieben, liegen die Restaurants in der Medina.

●*Gehobene Restaurants* **Dar Zellij (29)**, nahe der Moschee Sidi Ben Slimane. Eines der schönsten Riads (17. Jh.), ausgestattet in sparsamer Eleganz. Abends erklingt bei festlicher Beleuchtung andalusische Lautenmusik. Feinste marokkanische (Nouvelle) Cuisine. Originell arrangierte Vorspeisenteller, feine Aromen bei den Hauptspeisen, köstliche Desserts. Menü mittags um 350, abends etwas teurer. Reservierung! Kaasour Sidi ben Slimane 1. ✆ 0524-382627, www.darzellij.com.

Dar Moha (40), ein französischer Modeschöpfer versah diesen Dar mit einigen raffinierten Details, für die kulinarischen Akzente sorgt der Besitzer Moha, der auch in Madrid erfolgreich ist. Von Marokkanern sehr geschätzt und gut besucht. Feinste Vorspeisen, stimmungsvolles Ambiente. Menü ab 460 DH. Dar el Bacha 81. ✆ 0524-386400, www.darmoha.ma.

Dar Marjana (36), einige Schritte vom Dar el Bacha. Stilvolles altes Dar aus dem 18. Jh. mit großem Patio. Ebenfalls mit musikalischer Untermalung und sehr zuvorkommendem Service. Man hat die Wahl zwischen zwei sehr reichhaltigen 7-Gänge-Menüs. 660 DH/Person, inkl. Aperitif und Wein. Reservierung! ✆ 0524-385110.

Dar Essalam (79), ein Dar-Klassiker in prachtvollen Räumlichkeiten aus dem 18. Jh., die es schon Hitchcock angetan hatten. Von dieser Begegnung in „The man who knew too much" lebt der Ort bis heute. Es lohnt, die Räume mit fast musealem Flair genauer anzuschauen. Menü 200–350 DH. Wein ab 120 DH. Rue Riad Zitoun el Khedim. ✆ 0524-443520, www.daressalam.com.

Dar Yacoute (32), gehobenes Preisniveau in edlem Ambiente. Aperitif auf der Dachterrasse, drinnen wird in mehreren kleinen Räume gespeist. Gnaoua- und Jazz-Musik. Reservierung! Menü ab 700 DH. Rue Sidi Ahmed Soussi 79. ✆ 0524-382929.

Ksar Essaoussan (50), ein weiteres Pracht-Riad, gespeist wird im Patio und in intimen Räumen. Tägl. drei Menüs 350–550 DH, inkl. Aperitif/Wein. Von Süden kommend in einer Seitenstraße der hinteren Rue des Ksour. ✆ 0524-440632.

Dar Mimoun (74), elegantes Ambiente in einem ehemaligen Riad des Glaoui-Pascha. Feine Speisen, gute Menüauswahl, freundlicher Service. Gutes Preis-Leistungs-Verhältnis. Menü ab 200 DH. Kein Alkohol. Gut auch zum Frühstücken. Riad Zitoun el Khedim 1, ✆ 0524-443348.

Dar Mima (77), kleines und stilles Dar mit feinen Gerichten à la carte. Menü ab 150 DH. In einer Seitenstraße rechter Hand am oberen Ende der Riad Zitoun el Jedid, derb Zaouia el Kadira. Ca. 15 Min. zu Fuß vom Djemaa el-Fna. ✆ 0524-385252.

Ksar el Hamra (68), originelles Dar mit reichhaltigen Gerichten à la carte. Menü ca. 250 DH. Vom Djemaa el-Fna in der fünften Seitengasse der Riad Zitoun el Jedid linker Hand, Richtung Palais de la Bahia. Derb Jedida Salam 14, ✆ 0524-427607.

Kaoua (2/115), neues Bistro mit vegetarischen Gerichten und Zutaten aus biologischem Anbau, direkt beim Jardin Majorelle. Gute Mittagsküche (siehe Tipp im Abschnitt Jardin Majorelle). Rue Majorelle 33.

Les Jardins de Gueliz (21/115), sehr ansprechender wechselnder Mittagstisch und frische Gerichte zu guten Preisen. Mittags Antipasti-Buffet. Mit Terrasse direkt am Jardin du Harti. ✆ 0524-422122.

Le Foundouk (38), einige Schritte vom Musée de Marrakech. Elegantes Dar, köstliche Auswahl an frischen Speisen zur Mittagszeit, abends bis 24 Uhr. Gerichte ab 150 DH. Gute marokkanische Weine. Rue Souk al Fassi 55.

Yellow Sub (20/115), Gueliz-Viertel; originelles Restaurant mit Bar im 70er-Jahre-Stil mit tadelloser Karte und guten Desserts. Menü ca. 250 DH. Av. Hassan II. 82. ✆ 072-569864, www.yellowsub-marrakech.com.

Kosybar (82/125), von der Dachterrasse des Fisch-Restaurants überblickt man die Place des Ferblantiers und kann die Störche auf dem Palais el Badi beobachten. Menü ab 150 DH. Place des Ferblantiers 47. ✆ 0524-380324.

La Terrasse des Épices (42), nettes Ambiente und fantastische Dachterrasse. Mittags eine Tajine mit Vor- und Nachspeise zu 100 DH, auch gute Pasta und Gemüsegerichte, alles sehr frisch! Feine Desserts. Souk Cherifia 15, Sidi Abdelaziz. ✆ 0524-375904.

Rabyah (17/115), frische und preiswerte Gerichte auf der Terrasse und daher bei den Marrakchi beliebt. Am besten gegrillter Fisch! Ecke Av. My Rachid/ Rue Mauretania. Danach gegenüber in die Saftbar Winnoo oder die Szenekneipen in der Rue Mauretania.

Grand Café de la Poste (16/115), schönes Café mit Kolonialtouch; tolles Frühstück, Restaurant mit internationaler Küche. Ecke Bd. El Mansour Edd./Av. Imam Malik.

● *Einfache Restaurants/Garküchen* Wenn nicht anders vermerkt, ebenfalls in der Medina; auch in den vielen einfachen Restaurants lässt sich gut speisen. Wer Tajines mag, findet dort ein großes Angebot dieser marokkanischen Hauptmahlzeit. Die Tajines werden mit viel Gemüse – oder auch ganz ohne Fleisch – in unendlichen Varianten gekocht, meist ist ein wenig Hammelfleisch dabei. Oft ist eine Auswahl gegen 12.30 Uhr fertig, und wer spezielle Wünsche für die Zubereitung hat, bestellt bereits gegen 11 Uhr.

Tajine mit Pflaumen

Marrakesch

Kechmara (12/115), guter Mittagstisch und feine Salate zu guten Preisen. Menü 200 DH. Rue de la Liberté, hinter dem Ancien Marché de Gueliz, südlich der Rue Liberté.

La Criée Berbère (48) und **La Brocante**, preiswerte und gute Tajines. Zwei kleine Restaurants mit Lokalkolorit. Menü 150 DH. Darb el Arbi.

Tatfi (18/115), im Gueliz-Viertel; Pizzeria und Restaurant mit schönem Garten nahe der Av. Mohammed V. Holzofenpizza zu passablen Preisen. Av. Moulay Rachid 81, ✆ 0524-423566.

Café d'Escale (13/115), gegenüber vom Tourismusbüro. Terrasse. Einfache und gute Küche, zur Mittagszeit gut besucht. Menü 150 DH. Rue Mohammed V./Ecke Rue Mauretania.

„Dampfküchen" am Djemaa el-Fna (54), annähernd 50 „mobile" Restaurants befinden sich auf dem Platz, und Auge und Nase mögen entscheiden, was und wo gegessen wird. Empfehlenswert ist es, vorher die Windrichtung zu studieren, um nicht im Grillrauch der Nachbarküche zu sitzen. Auch einer der zahlreichen knatternden Generatoren für die Beleuchtung ist keine optimale Nachbarschaft. Inzwischen gibt es überall Preistafeln, für unschlagbare 50–80 DH kann man sich satt essen.

Imbisse an der Place Rhaba Kedima (49), auf der kleinen Place des Épices gibt es preiswerte und gute Tajines. Und, nicht zu übersehen, auf drei Etagen das sympathische junge **Café des Épices** mit guten Snacks und dem „Gewürzkaffee". Kunst- und Fotoausstellungen. Wi-Fi.

Tajine-Küchen in der Riad Zitoun el Khedim (58), die zahlreichen kleinen Tajine-Küchen im Verlauf dieser Straße bieten nicht weniger Lokalkolorit als der Rhaba-Kedima-Platz. Gespeist wird bei weit geöffneten Türen mit Blick auf die belebte Straße. Auch hier liegen die Preise für eine große Tajine selten über 50 DH.

Earth Café (73), die erste rein vegetarische Küche der Medina. Tapas in vielen Varianten, reichhaltige Salate und Fruchtsäfte in allen Farben. Hippe Farben auch im Interieur. Derb Zawak 2, Riad Zitoun el Khedim.

Tajine-Küchen an der Place des Ferblantiers (81), zwei Tajine-Küchen mit jeweils 10 bis 15 auf dem Holzfeuer gekochten Tajines werden für die Schmiede und Besucher zur Mittagszeit gekocht.

Nid 'Cigogne (85/125), nahe den Saadier-Gräbern in der Rue de Kasbah. Traditionelle Küche, Brochettes und Tajines ab 80 DH. Von der schönen Terrasse, die angeblich ein „Storchennest" war, fantastischer Blick auf die Gräber und die Moschee. Place des Tombeaux Saadiens 60.

Café-Restaurant el Badi (83/125), mit Dachterrasse und prächtigem Panoramablick auf das Palais el Badi und die von Störchen bevölkerten hohen Mauern. Menü ab 200 DH.

Viele Restaurants mit Ambiente

Marrakeschs Kunstszene belebt sich

In der nächsten (westlichen) Querstraße von der Place des Ferblantiers.

Snack Toubkal (59), mit prächtigem Ausblick von der Terrasse. Das Essen ist einfach und gut, die Preise für Tajines und Couscous stimmen. Gerichte ab 60 DH. Vom Djemaa el-Fna zu Beginn der Riad Zitoun el Khedim.

L'Étoile (60), gut besuchter Treffpunkt marokkanischer Pärchen. Menü 100 DH, Brochette oder Couscous 60 DH. Am Wochenende schnell voll. Oberhalb der Buchhandlung Ghazali, Rue Bab Agnaou.

Patisserie und Pizzeria Mabrouka (71), passable Pizzen für 30–40 DH, Pastagerichte 40–60 DH. Abends viel Betrieb, aber meist schneller Service. Weiter oberhalb vom L'Étoile (an der Kreuzung).

• *Cafés und Patisserien* Die meisten unten beschriebenen Cafés liegen, wenn nicht anders vermerkt, in der Medina. Hier lässt sich auch gut und zu moderaten Preisen zu Mittag essen. Dagegen ist es bei den Patisserien sinnvoll, vorher bereits gut gegessen zu haben und über eine gute Zuckerresistenz zu verfügen.

Dar Chériffa (47), das wohl älteste und zugängliche Dar aus saadischer Zeit, unweit der Moschee bzw. Fontaine Mouassine. Dieses besondere Literaturcafé organisiert unterschiedlichste Veranstaltungen in Sachen Kunst und Literatur, gelegentlich werden Autorenfilme gezeigt. Es gibt auch eine kleine Bibliothek. Kleine Speisekarte mit wechselnden Mittagsgerichten, frische Säfte und eine Auswahl verschiedener Tees. Täglich 9–19 Uhr. Derb Cherfa-Lakbir 8. ☎ 0524-426463.

Café Arabe (45), nahe der Moschee Mouassine; neuer Riad-Stil mit minimalistischen Elementen in einem alten Riad. Fantasievolle Küche „für das Auge". Auf der großen Terrasse zauberhafter Blick über die Medina. Menüs um 200 DH. Rue Mouassine 184.

Café France (55), am Djemaa el-Fna. Das Café ist eine Institution. Zum Schauen ist die Dachterrasse sehr zu empfehlen. Das Essen ist überteuert und nicht aufregend. Vor oder im Café kann man sich mit den Riad-Besitzern verabreden, die hier ihre frisch angekommenen Gäste abholen.

Chez Chegzouni (52), am Djemaa el-Fna. Gute Tajines, angemessene Preise, Couscous 50 DH.

Café le Siroua (8/115), im Gueliz-Viertel; bis in die Nacht geöffnetes Café beim Cinéma Colisée. Gute Milchkaffees, Fruchtsäfte und Mandelgazellen. Bvd. Mohammed Zerktouni.

Café d'Orsay (15/115), im Gueliz-Viertel; Frühstück ab 7 Uhr, gute Eiskarte. An der Ecke Av. Mohammed V./Rue Ibn Habous.

Saveurs d'Orient (4/115), bekannte und gute Patisserie. Av. Abdelkrim el Khattabi 31.

Patisserie Belkabir (10/115), im Gueliz-Viertel; alteingesessene und weithin gelobte Patisserie mit traumhafter Auswahl. Rue de la Liberté 48.

Al Jawada (11/115), im Gueliz-Viertel; schon die Auslage der Patisserie ist ein Gedicht; beste Mandelgazellen und alle erdenklichen Variationen aus Mandelmus; dazu Pastilla de Pigeon und weitere raffinierte aus Blätterteig geformte Süßspeisen. Rue de la Liberté 11 sowie in der Dependance an der Av. Mohammed V. 84.

Safran e Canelle (19/115), im Gueliz-Viertel; beliebter Treffpunkt und bekanntes Restaurant mit Bar im I. Stock. Bis in die Nacht geöffnet. Av. Hassan II.

Venezia Ice, im Gueliz-Viertel, gleich außerhalb der Medina; vielbesuchter Treffpunkt im Sommer. Av. Mohammed V. 279.

Dino Gelati, beste Eis-Auswahl und Patisserie. Ecke Bd. Mohammed V./Rue Sebou.

Nachtleben (siehe Karte S. 115)

Marrakesch ist mittlerweile eine Domäne der Nachtschwärmer; aktuelle Hinweise u. a. in den Zeitschriften „Couleurs Marrakech" und „Le Guide Marrakech".

Jad Mahal (28/115), sehr elegante Bar mit weitläufigem Lounge-Ambiente; gelegentlich Livekonzerte. ✆ 0524-436984, www.jad-mahal.com.

La Pacha, im westlichen Hivernage-Viertel; legendäre, internationale Mega-Diskothek mit Chill-out-Corner, Pool, diversen Bars und dem Design-Restaurant Le Chrystal von Alain Ducasse. Nicht vor 23.30 Uhr. Mo–Mi Eintritt frei, Do 100 DH, Fr–So 150 DH. Av. Mohammed VI., im Hotel-Komplex Aguedal. ✆ 0524-388409, www.pachamarrakech.com.

Montechristo, im Gueliz-Viertel; hippe Lounge-Bar mit Disco und Restaurant auf drei Etagen. Am Wochenende schön voll. Rue Ibn Aicha 20, ✆ 0524-439031.

Afric'n Chic, im Gueliz-Viertel; topgestylte Bar und Disco, regelmäßig Livemusik. Für den kleinen Hunger gibt's Tapas und Fischgerichte. Schnell verraucht. Rue Oum Errabia 6, ✆ 0524-431424.

Paradise, in Hivernage; Bar und Disco im edlen Kempinski Mansour Eddahbi. Je nach DJ gute Lounge-Musik. Während der Woche dünn besiedelt. Eintritt 200 DH. ✆ 0524-448222.

Comptoir Darna (25/115), in Hivernage. Umfassendes Veranstaltungsprogramm ab 20 Uhr. Im EG (überteuertes) Restaurant und Garten, oben Lounge. Av. Echouhada 37. ✆ 0524-437702, www.comptoirdarna.com.

Bo-Zin, außerhalb an der Route Ourika, 3,5 km vom Zentrum; großzügige Anlage mit Restaurant, Disco und großem Garten. Hotspot der lokalen Modeszene. Shuttle-Service ins Zentrum. ✆ 0524-388012.

Casino de Marrakech, das Casino mit Liveshows, Spielautomaten etc. befindet sich innerhalb der weitläufigen Anlage Es Saadi Gardens, einem 8-Hektar-Park mit dem Hotel Es Saadi, mehreren Villen, Restaurants, Pools und Spa-Bereichen. www.casinodemarrakech.com.

Casino La Mamounia, Ecke Av. Bab Jdid/ Av. de la Menara, im gleichnamigen Nobel-Hotel. www.mamounia.com.

Patio zum Verweilen

Die Koutoubia ist von den Dächern der Medina gut zu sehen

Sehenswertes

An erster Stelle steht natürlich die als UNESCO-Weltkulturerbe anerkannte Medina mit über 440.000 von insgesamt etwa 1,1 Millionen Einwohnern der Stadt. Zum Erkunden gibt es zwei Möglichkeiten: Mit dem Finger auf der Karte zu den gesuchten Souks laufen. Oder mehr auf die Menschen, Händler und Geschäfte zu achten und sich ein wenig von der einzigartigen Dynamik dieses Viertels treiben zu lassen. Denn auch ein systematisches Vorgehen garantiert nicht, nicht verloren zu gehen – was aber keineswegs schlimm wäre. Die Frage nach der Richtung zum „Gimmeffna" kann jeder beantworten, und der stärkere Strom in den großen Gassen führt meist in die Richtung des Djemaa el-Fna. Wer gern ein Bad in der Menge nehmen möchte, flaniert am besten am Wochenende auf den Hauptachsen der Medina – dann ist es hier brechend voll. Und auch die Erfahrung, das Viertel zu unterschiedlichen Tageszeiten zu erkunden, hinterlässt bleibende Eindrücke. Déjà-vu-Gefühle gibt es hier in zahllosen Varianten.

Mit ihrer Vielzahl kleiner und kleinster Handwerks-Ateliers und natürlich den Souks ist die Medina ein wahres Einkaufsparadies. Und bald staunt man, wie viele Einrichtungsgegenstände in heimischen Gefilden aus diesem Umkreis kommen. Neben den Souks kann man in den großen Straßen der Medina schnell die Geschäfte der unterschiedlichen Metiers ausmachen. Schmuck- und Antiquitätenläden etwa im Mouassine-Viertel bzw. in der Rue dar el Bacha und am Rande der Mellah bei den Bijoutiers. Auch an der Rue Bab Doukkala, die in die Rue Dar el Bacha mündet, reihen sich viele derartige Geschäfte.Beim Bummeln sollte man aber darauf gefasst sein, dass ein suchender Blick von vielen, vielen Händlern und selbst ernannten Guides als Aufforderung, ihr Wissen und ihre Waren zu preisen, interpretiert wird.

Mit zwei PS um die Stadtmauer

Die „Tour des remparts", die Fahrt entlang einiger Abschnitte der etwa 12 Kilometer langen Stadtmauer, ist mit der Calèche, der Pferdekutsche, eine abwechslungsreiche Reise. Von den Almoraviden ab dem 12. Jh. gebaut und von Saadiern und Almohaden erweitert und verstärkt, gehört die bis zu zwei Meter dicke und acht Meter hohe Mauer aus Stampflehm zu den Wahrzeichen von Marrakesch. Und je nach Tageszeit ändert sie ihr Gesicht, bei Sonnenuntergang erstrahlen ihre Stadttore im Westen – Bab el Jedid, Bab Agnaou, Bab er Rob, Bab Ksiba – in glühenden Rottönen. Aber auch frühmorgens, besonders sonntags, wenn die Stadt noch schläft, sind einige hübsche Teilstrecken entlang der Stadtmauer mit Ross und Kutscher ein Erlebnis:

Besonders angenehm ist dann die frische Luft der Parkanlagen bei einer Fahrt über die Av. de la Menara zu den Menara-Gärten. Oder zum Palais Royal und dann – ebenfalls etwa 2 km – durch die Agdal-Gärten. Auch die Route vom Bab Agnaou vorbei an der Place des Ferblantiers zum Bab Ghemat oder über das Bab Laksour zur Zaouia Sidi Ben Slimane und vom Bab el Arset an der Stadtmauer zurück zur Place Foucauld ist empfehlenswert. Weitere Vorschläge mit Festpreisen finden sich an den Kutschen (ca. 100 DH/Std.). Startpunkt der Calèches ist die Place Foucauld beim Djemaa el-Fna.

In der südlichen Medina geht es besonders in der Rue Riad Zitoun el Khedim und der Rue Riad Zitoun el Jedid sehr bunt zu – hier sind die kleinsten Händler vertreten. Die Rue Riad Zitoun el Jedid führt in südlicher Richtung zu wichtigen Sights der Stadt: zum Dar Sidi Said, zum Musée Tiskiouine, zum Palais de la Bahia bzw. zur Place des Ferblantiers und schließlich zum Palais el Badi.

Eine der längsten Achsen der Medina verbindet das Stadttor Bab Ghemat in nördlicher Richtung mit dem Bab el Kehmis: Hier, an der Rue Ba Hmad und am Bab el Khemis findet sich besonders südöstlich des Gerber-Viertels eine touristisch wenig besuchte Ecke.

Ville Nouvelle – die Neustadt

Gueliz-Viertel

Das neue Marrakesch entstand während der französischen Besatzungszeit und ist städtebaulich von der französischen Architektur des 19. Jh. inspiriert. Die Avenue Mohammed V. verbindet als zentrale, 3 km lange Achse den Djemaa el-Fna mit der Neustadt und verbindet über die Place du 16 Novembre weitere Viertel, etwa das Lazahia-Viertel mit dem berühmten Jardin Majorelle. Durchzogen von langen, von Palmen und Jacarandabäumen gesäumten Alleen führen alle Wege zur zentralen Place du 16 Novembre. Hier, im Zentrum von Gueliz, ist heute alles geboten, was europäische Besucher gewohnt sind: moderne Geschäfte, Banken, internationale Label …

Das moderne Marrakesch verändert sich ungebremst: Elegante Cafés, internationale Restaurants und Hotels aller Couleur, Luxusboutiquen und Global Player lassen es immer weiter über den Innenstadtbereich der 90er Jahre hinauswachsen. Gerade wurde der architektonisch ultramoderne Bahnhof eröffnet, während am Boulevard Mohammed VI. die elegantesten Häuser der Stadt entstehen.

Übernachten

1 Tichka Salam
3 Hotel Zahia
9 La Renaissance
9 Nassim
22 Ibis
24 Imilchil
26 Akabar/Janin El Harti
27 El Andalous

Essen & Trinken

2 Kaoua
12 Kechmara
13 Café d'Escale
16 Café de la Poste
17 Rabyah
17 Tatfi
19 Safran e Canelle
20 Yellow Sub
21 Les Jardins de Gueliz

Cafés

4 Saveurs d'Orient
8 Café le Siroua
10 Patisserie Belkabir
11 Al Jawada
15 Café d'Orsay
25 Comptoir Darna

Nachtleben & Clubs

7 La Renaissance
20 Yellow Sub
25 Comptoir Darna
28 Jad Mahal

Sonstiges

5 Supermarkt Aswak
6 Najm Car
14 Omni Tours
23 Agentur Harmattan

Marrakesch - Ville Nouvelle

200 m

Jardin Majorelle

Der gefeierte **Jardin Majorelle** im Lazahia-Viertel ist heute der bekannteste Garten der Stadt – und immer noch ein ruhender Pol im geschäftigen Gueliz-Viertel. Der französische Dekorateur und Künstler Jacques Majorelle (1883–1962) hatte in den 20er Jahren das architektonisch ausgefallene Haus mit großem Garten anlegen lassen, um hier seine Tuberkulose zu heilen und eine große Sammlung an Pflanzen zusammengetragen. Der Garten mit tropischer und subtropischer Flora, mit Teichanlagen, Mauern und Bambushainen ist eine Augenweide. Faszinierend hebt sich das leuchtende Blütenmeer der Bougainvilleen, Geranien und anderer Blumen von den oxydblauen Mauern ab. Da es hier nie Wasserprobleme gab, verwilderte der Garten nach dem Tod von Majorelle zu einer grünen Oase. In den 70er Jahren erwarb Yves Saint Laurent das Anwesen und machte nach weiteren zwei Jahrzehnten und ausgiebiger Sammlertätigkeit seine Schätze im ehemaligen Atelier des Künstlers, einige Räume und den weiter ausgebauten Garten der Öffentlichkeit zugänglich. In der Sammlung „Musée d'Art Islamique" des berühmten, in Algerien geborenenDesigners sind u. a. sakrale Werke, Keramikobjekte, Möbel und Teppiche zu sehen, in einem anderen Raum Bilderarbeiten von Majorelle (Extrabillet für 15 DH).

April bis Sept. Di–So 8–18 Uhr, Okt. bis Nov. nur bis 17.30 Uhr, Dez. bis März bis 17 Uhr. Mo geschlossen. Eintritt 30 DH. Querstraße der Rue Yakoub el Mansour. Zu erreichen von der Place de la Liberté über die Rue Khalid ben el Oualid. Vom Djemaa el-Fna mit Bus Nr. 4.

> Im Konzeptstore **33 Rue Majorelle** beim Jardin stellen über 30 Künstler und freche Designer aus, was die kreativen Musen der Stadt ihnen zuflüstern. Wie in den fabrikartigen Ausstellungsräumen des ebenfalls sehenswerten **Sidi Ghanem** (s. u.) geht es um Design, allerdings treten hier Mode, kleinteilige Ideen und schicke Accessoires gegenüber größeren Objekten in den Vordergrund. Zur Erfrischung gibt es beste Säfte und kleine Gerichte (auch vegetarisch) in der **Bar Kaoua**. www.33ruemajorelle.com. **Unser Tipp!**

Souk Bab el Khemis und Sidi Ghanem

Der recht **bunte Markt** außerhalb des **Stadttors Bab el Khemis** mit Flohmarkt und Lebensmitteln hat dem zum Bauplatz geratenen Marché Central den Rang abgelaufen. Das steigende Interesse der Marrakchi an diesem Markt hat aber auch die Preise nach oben getrieben. Ausgang nördliche Medina, Bab el Khemis.

Junge marokkanische bzw. französische Kreative haben sich im Industriequartier **Sidi Ghanem** vereinigt und geben Einblick in ihr Wirken: dekorative Objekte, Keramik, Glas, Leder, Geschmiedetes, Lampen, Textilien, Öle, Kerzen und Accessoires, die im Trend liegen. Mit dem Bus N15 vom Djemaa el-Fna über die Route de Safi. Wochentags von ca. 9–18 Uhr.

Centre Artisanal

Das Centre bzw. **Ensemble Artisanal** befindet sich schräg gegenüber dem Cyber-Park an der Ecke Rue el Adala/Avenue Mohammed V. Zahlreiche Handwerker fertigen hier ihre Produkte und erlauben so einen umfassenden Einblick in die unterschiedlichsten Handwerkstraditionen. Es wird quasi zu Festpreisen verkauft, die Qualität der Produkte ist relativ hoch, und der Blick der Vertreter der staatlichen Chambre Artisanal auf den Markt ist besonders genau, zumal er bei offiziellen Besuchen auch Vorzeigecharakter hat.

Hivernage

Im südlich der Place de la Liberté angrenzenden, als Residenzviertel geplanten Hivernage-Viertel entstanden in den 30er Jahren prächtige Art-déco-Villen und Parkanlagen. Heute sind die damals angelegten Gärten zugewachsen, die besten Hotels der Stadt haben sich in den grünen, ruhigen Straßen angesiedelt. Das Residenzviertel mit seinen zahlreichen luxuriösen Hotels erstreckt sich südlich der Av. Mohammed V. bzw. des Parc des Sports und der Place du 16 Novembre. Die südlich an das Viertel angrenzende Avenue de la Menara bildet die Achse zu den Menara-Gärten.

Arbeiten für Almosen? Ein Guide erzählt

In Marokko als Führer zu arbeiten, ist keine einfache Aufgabe. Zum einen ist es sehr schwierig, die Ausbildung zu finanzieren, denn seit kurzem sind für den Beruf des Guides ein Universitätsabschluss in einer Fremdsprache und ein staatliches Examen Pflicht. Und dabei ist keineswegs sicher, einen Arbeitsplatz zu bekommen! Viele Marokko-Besucher kennen die großen wirtschaftlichen und sozialen Probleme in unserem Land nicht und vergessen, dass ein lizenzierter Guide *(guide de tourisme)*, ein Reisebegleiter *(accompagnateur)* oder Bergführer *(guide de montagnes)* dem Besucher nicht nur die Städte mit ihrem architektonischen und kulturellen Reichtum und die Schönheit des Landes zeigen, sondern auch dazu beitragen kann, die gesellschaftliche Wirklichkeit Marokkos besser zu verstehen.

Guide in Tinerhir

Als vom Staat lizenzierte Führer stehen wir in Konkurrenz zu dem großen Heer von „fake guides" bzw. Helfern, die sich ebenso anbieten, durch die Stadt zu führen. Für viele dieser arbeitslosen „Helfer" ist die Kommission der Händler die einzige Einkommensquelle, um ihre Familien zu ernähren. Auf der anderen Seite hat die oft aufdringliche Art dieser Guides zu scharfen Kontrollen der Regierung geführt, die sich seit den 80er Jahren dazu gezwungen sieht, hart durchzugreifen, um das Image des Landes zu schützen. Seit 2006 beträgt der staatlich festgelegte Mindesttarif für einen offiziellen Führer 300 DH (halbtags 150 DH).

Doch der starke Wettbewerb hat auch unter den offiziellen Guides – in Marrakesch arbeiten über 200 – dazu geführt, dass europäische Veranstalter die staatlichen Tarife bei einer saisonalen Beschäftigung weit unterlaufen und das Trinkgeld – wie etwa in den USA – immer wichtiger wird. Dies und die nicht gerade stabile touristische Nachfrage hat die Folge, dass unser Beruf ein alles andere als sicheres Einkommen bietet. Auch im Namen meiner Kollegen hoffe ich, unseren Gästen viel von der außerordentlichen Wirklichkeit Marokkos vermitteln zu können.

Youssef Naciri, Accompagnateur de tourisme, Marrakesch

Die nördliche Medina

Als Ausgangspunkt für eine Besichtigung der nördlichen Altstadt bieten sich der Platz Djemaa el-Fna oder das nördliche Stadttor, das Bab Doukkala, an. Hinter dem Stadttor führt die Rue Fatima Zohra nach 300 m nahe der Bab-Doukkala-Moschee in die Rue Bab Doukkala zum Dar-el-Glaoui-Palast. Von hier sind auch die Sanktuarien der Stadtheiligen und die Ben Youssef Medersa einfach zu erreichen.

Djemaa el-Fna

Der **frühere Gerichtsplatz** hat eine sagenumwobene Geschichte. Einst wurden hier die Köpfe der Hingerichteten zur Schau gestellt. Mitte des 19. Jh. ereignete sich eine gewaltige Explosion, bei der ein Munitionslager in die Luft flog und heftige Verwüstungen anrichtete. Zusammen mit der Medina gehört der Djemaa el-Fna inzwischen zum UNESCO-Welterbe und dient heute Musikanten, Gauklern, Akrobaten, Schlangenbeschwörern, Wahrsagern, Wunderdoktoren, Zahnziehern und Spaßmachern als riesige „Freiluftarena". Damit steht der Platz ganz in der Tradition der letzten zweihundert Jahre, wo er saharischen Nomaden, Reisenden, Soldaten und Bewohnern als Treffpunkt diente. Während das morgendliche Szenario noch einigermaßen gemächlich vonstatten geht, dampft und brodelt der Platz mit Einbruch der Dunkelheit zur Höchstform auf. Wem dieses unbändige Chaos – besonders an Wochenendabenden – zu viel ist, kann in den angrenzenden Cafés Zuflucht suchen, das Schauspiel von den Dachterrassen beobachten und der Beobachtung von Paul Bowles nachsinnen, Marrakesch sei ohne diesen Platz eine ganz normale marokkanische Stadt …

La Mamounia

Ist Marrakesch, wie oft behauptet, eine Stadt der harten Gegensätze, so ist das wenige Schritte vom Djemaa el-Fna entfernte **Luxusdomizil der 20er Jahre** mit seinem prächtigen Palmengarten eine Oase der Ruhe in der Nachbarschaft des rumorenden Platzes. An die Besucher, die nur hierher kommen, um einen Tee zu trinken, hat sich das Personal längst gewöhnt, und wer den Kleidercode des altehrwürdigen Prachthotels respektiert, kann den Ort mit seiner ausgefallenen Gartenarchitektur genauer kennen lernen. Über Preise wird in dem Fünf-Sterne-Etablissement natürlich nicht gesprochen, mehrere Restaurants bieten seit der Wiedereröffnung 2010 im Garten unterschiedliche Spezialitäten an. Wer nur virtuell vorbeischauen möchte: www.mamounia.com.

Koutoubia

Das weithin sichtbare Minarett der **Koutoubia-Moschee** mit den Jardins de la Koutoubia an der Rue Houman el Fetouaki ließ Yacoub el-Mansour (→ Geschichte) um 1190 erbauen. Mit dem angrenzenden Djemaa el-Fna zählt es zu den Wahrzeichen von Marrakesch und ist im Gegensatz zu anderen Denkmälern der Stadt leicht zu finden. Das Minarett gilt als besonderes Zeugnis des maurischen Stils der almohadischen Epoche, der sich beispielsweise in den typischen Fenstergalerien zeigt, und ist im Grundriss (12,80 m im Quadrat) mit einer zahlenmystisch überprüfbaren Formel gestaltet. Das von „Kutubiyyin" abgeleitete Wort heißt Buchhändler, und von denen soll es an diesem Ort im 16. Jh., der zweiten kulturellen Blütezeit der Stadt, viele gegeben haben. Die 88 Meter breite, an der Stelle eines ersten Vor-

Patio in Grün

gängerbaus errichtete Moschee entstand 1157 unter Mitwirkung besonders talen-
tierter maurischer Künstler und Handwerker und soll 25.000 Gläubigen Raum bieten. Das 77 m hohe Minarett krönt eine acht Meter hohe Spitze, die vier vergoldete
Kupferkugeln trägt. Als „Moschee des Goldapfels" bekannt, sieht eine Legende in
den Kugeln der Laterne den verarbeiteten Goldschmuck der Frau des Erbauers.

Die Souks

Der Übersichtsplan bietet ein Verzeichnis der Souks, die sich vom Djemaa el-Fna in
einem auf den ersten Blick unüberschaubaren Gassengewirr bis zur Moschee Ben
Youssef hinziehen. Beispielsweise kann man von der Rue Souk Smarine in die Rue
Souk Attarine oder die Rue Souk el Kebir laufen. Das nördliche Ende markiert die
Rue Amesfah. Bei den Marktständen gleich zu Beginn der Souks an der östlichen
Seite des Djemaa el-Fna und dem **Kleider-Souk Smarine** ist die Spreu vom Weizen
zu trennen: Inzwischen gibt es dort viel chinesische Billigware. Wer weiter in nörd-
licher Richtung bzw. Musée de Marrakech läuft, findet rechter Hand den **Woll-
Souk,** den Schafshäute- bzw. **Gerber-Souk,** dann den **Gewürz- und Kräutersouk**
und den **Apotheken-Souk,** kurz vor der Place Rhaba Kedima. Die **Place Kedima** –
bis 1912 Handelsplatz für Sklaven aus Schwarzafrika – ist von einigen weiteren
Souks umgeben: dem Teppich-Souk (nördlich) und dem Gemüse-Souk (östlich).
Weiter an der Rue Souk el Kebir („Große Marktstraße") folgen Lederartikel, Kleider
und Schmuck. Rechter Hand, oberhalb des Zrabia-Souk (Teppiche) befindet sich
ein dunkler Durchgang, genannt **„La Criée Berbère":** Alte Männer versteigerten
hier Teppiche und Dschellabahs (Wollumhänge).

Wer jetzt zurück zur Abzweigung der Rue Souk Attarine läuft, stößt rechter Hand
auf den **Souk des Babouches** (Schuhe) und den **Souk Addadine** (Eisenschmiede).
In der gegenüber liegenden Rue Sidi et Yamani befindet sich der **Wollfärber-Souk.**

Marrakesch

Farben, Gerüche, Schreie: Der Souk

Die üblichste Form des marokkanischen Souk *(suq)* ist der einmal wöchentlich stattfindende Markt. Der tägliche Souk ist städtische Natur und hat – wie allerorten zu beobachten – inzwischen immer mehr importierte Waren im Angebot. Besonders in vielen ländlichen Regionen – hier ist zwischen lokalen und regionalen Märkten zu unterscheiden – ist der Souk *das* soziale Ereignis. Auf dem Marktgebiet sind die Händler räumlich nach Waren und Gewerben geteilt. Nach der alten Ordnung befanden sich im Zentrum die „reinen Gewerbe" wie Stoffhändler, Lebensmittelhändler, am Rand dagegen die „unreinen Gewerbe" wie Metzger, Schmiede, Lederhändler. Alle sind sozusagen Teilnehmer an dem Schauspiel, das auch in nördlichen Gefilden als Markt bezeichnet wird. Hier sind die anzutreffenden Darsteller allerdings vielfältiger: Geschichtenerzähler, Schlangenbeschwörer, Zahnhändler (!) und Zahnzieher, Barden, Geldleiher, Prostituierte, Trödelhändler, Schuhputzer, Liebesdrogenhändler und viele andere. Besonders in abgelegenen ländlichen Regionen ist der Souk eine wichtige Plattform für den Austausch ländlicher Produkte und importierter Waren. Durchaus üblich sind hier noch Tauschgeschäfte zwischen Leistungen und Gütern, und die Redewendung „Käufer, denk an den Tag, an dem du verkaufen wirst" erinnert daran, sich gegenseitig fair zu behandeln. Der *suwawaq*, der Händler, versucht dabei, durch geschickte, vorteilhafte Angebote seine Stammkunden zu halten. Der Käufer wiederum vergleicht erst die Preise, um dann nach intensivem Feilschen letztlich die Ware bei seinem bevorzugten Stammverkäufer zu erwerben. Ziel des Verkäufers ist es naturgemäß, das Kaufverhalten seines Stammkunden zu steuern. Bei Fremden versucht er, die soziale Stellung des Käufers zu erkennen, um ihm zu zeigen, welche Waren die Käufer seines Standes kaufen. Groß ist die Sorge um den Frieden auf dem Markt: Der *amin* (Schlichter innerhalb eines Gewerbes) und der *muhtaseb* (Marktinspektor) sind bemüht, den Markttag als „Tag des Respekts und der Ehre" friedvoll zu gestalten, und sogar verfeindete Familien vereinbaren, an diesem Tag Frieden zu halten.

Souk Attarine: Kräuter, Naturheilmittel, Öle und Gewürze

Kräuter, Tees, heilende und aromatische Gewürze und Tinkturen spielen in der traditionellen Berbermedizin eine große Rolle, und bis heute vertrauen viele Marokkaner auf die alten Rezepte. Auf dem mit Schilfmatten vor der Sonne geschützten **Gewürz-Souk**, dem Souk Attarine (auch Souk Quessabine genannt), finden sich Dutzende kleiner Anbieter, die neben Gewürzen Kräutermischungen für Tees, traditionelle Naturheilmittel und mineralische bzw. pflanzliche Tinkturen anbieten. Wer nach speziellen Informationen und Qualitäten sucht, wird auch im Gueliz-Viertel und in vielen Geschäften der Medina fündig.
Rue Souk Attarine

Gerberviertel

Wer noch nie ein marokkanisches Gerberviertel gesehen und einen empfindlichen Geruchssinn hat, sollte seine Erwartungen nicht zu hoch schrauben. Der penetrante Geruch der Gerbsäure ist schon einige Straßen vorher zu spüren, im Inneren des

Viertels ist er kaum erträglich. In den von Mauern umgebenen Anlagen der **Gerbereien** befinden sich Dutzende von Becken, in denen Kamel-, Ziegen- und Rinderhäute verarbeitet werden. Doch das Gros der marokkanischen Produktion wird bereits seit Jahrzehnten industriell gegerbt, während die kleinen Gerbereien in Marrakesch und im Norden des Landes nach jahrhundertealten Verfahren arbeiten.

Von der Ben Youssef Medersa sind es ca. 10 Fußminuten über die Rue Bab Debagh zum unweit der Moschee am Bab Debagh gelegenen Gerberviertel. Beim Besuch einer Gerberei ist ein Spende erwünscht.

Ben Youssef Medersa

Diese ehemalige **Koran-Lehrschule** zählt mit ihrer Größe, ihren Proportionen und ihrer prachtvollen Ausstattung zu den schönsten Gebäuden der Stadt und vielleicht sogar des ganzen Landes. Über 500 Schülern soll die 1700 m² große Anlage Platz geboten haben, der Schulbetrieb – unterrichtet wurden Theologie und Recht – wurde erst 1960 eingestellt. Abou el Hassan ließ die Schule Mitte des 14. Jh. bauen, ihr jetziges Erscheinungsbild erhielt sie 1564 durch den Saadier-Sultan Moulay el Abdallah. Der Bau ist wie andere merinidische Medersen Ausdruck der Verehrung Gottes und schmückt sich, mit christlichen Klöstern vergleichbar, mit einer außerordentlichen Architektur. Für die beteiligten Künstler war es eine große Ehre, am Bau beteiligt zu sein. Das große Bronze-Eingangstor ist ein Meisterwerk seiner Zeit, die Fayence-Mosaiken, Täfelungen aus Zedernholz, Stuck-Dekor und Säulen wurden mit großer Sorgfalt gefertigt. Besonders vom Innenhof mit seinen kostbaren Marmorfußböden und genau proportionierten Wasserbecken (einschließlich ausgefeilter Wasserüberlaufregulierung) ist die Anlage gut zu überblicken. Klösterlichen Kreuzgängen ähnlich, sind die Längsseiten von Galerien gesäumt, die die meditative Atmosphäre der Merderse unterstreichen.

Tägl. 9–18 Uhr, April bis Sept. bis 19 Uhr, Eintritt 50 DH. Im Kombiticket mit Koubba al Barroudiyn und Musée de Marrakech 60 DH. Rue Souk Chaaria.

Mosquée Ben Youssef

Die unter dem gleichnamigen Almoraviden-Sultan gebaute **Ben-Youssef-Moschee** geht auf die Anfänge des 12. Jh. zurück, wurde aber im 16. und 19. Jh. stark umgestaltet, sodass bis auf die Grundmauern und das 40 m hohe Minarett aus Kalkstein keine Bausubstanz aus der Anfangszeit mehr erhalten ist.

Place de la Kissaria. Die Moschee kann nicht besichtigt werden.

Zaouia Sidi bel Abbès

Der saadische Sultan Abou Faris stiftete dieses **Sanktuarium am Bab Taghzout** dem großen Heiligen Sidi bel Abbès (1130–1205) mit dem Wunsch, von seiner Epilepsie befreit zu werden. Ein Sprichwort sagt, es sei Bel Abbès zu verdanken, dass selbst Blinde in dieser Stadt satt würden. In seinem Namen verteilen bis heute die Pilger Gaben an die Armen und Blinden – die Zaouia ist ihr wichtigstes Wallfahrtziel in Marrakesch.

Die Zaouia befindet sich am Bab Taghzout und ist leicht an ihrer monumentalen Eingangsfassade zu erkennen. Das Sanktuarium kann nicht besichtigt werden.

Fontaine Chrob ou Chouf

Chrob ou Chouf – „Trinke du und bewundere mich" – lockt eine Inschrift auf der Innenseite dieses Brunnens, und das ist durchaus nicht nur poetisch gemeint. Die **Fontaine Chrob ou Chouf** wurde zur Zeit des Sultans Ahmed el Mansour (1578–

Marrakesch

1603) gebaut, ihr prächtiges, von Stalaktitenbögen überwölbtes Vordach schützt die heiligen Koransuren, die gut sichtbar in Zedernholzpanele geschnitzt sind.

Der Brunnen an der Rue Assouel ist von der Ben-Youssef-Moschee über die Rue Baroudienne zu erreichen.

Zaouia Sidi Ben Slimane el-Djazouli

Das prächtige **Mausoleum** aus der Zeit der Saadier (1554–1667) ist nach Sidi Ben Slimane el-Djazouli benannt, dem Begründer einer einflussreichen Sufi-Schule in Marrakesch. Sein Ruhm geht auf die Zeit der quattasidischen Dynastie zurück, als seine Anhänger große Teile der Stadtbevölkerung ausmachten und Sidi Ben Slimane das Volk im heiligen Krieg gegen Portugal vereinte.

Über die Rue Riad el Arous bis an das Ende der Rue Sidi Ben Slimane fahren. Das Mausoleum kann nicht besichtigt werden.

Der Pilgerweg der sieben Heiligen

Dass Marrakesch für gläubige Moslems eine heilige Stadt ist, ist wenig bekannt. Diese sprechen davon, „die sieben Männer zu besuchen", wenn sie sich nach Marrakesch aufmachen – ein Pilgerweg, der bis heute von Südosten nach Westen abgelaufen wird. Den Pilgern ist dabei die hier genannte Reihenfolge der Gräber der Heiligen, die zwischen dem 12. bis 16. Jh. gelebt haben, streng vorgeschrieben. Fünf der zu besuchenden heiligen Gräber befinden sich in der Medina. Der Weg beginnt am **Grabmal (Marabut) des Sidi Youssef Ben Ali,** des Heiligen der Leprakranken. Der zweite Marabut ist **Cadi Ayad,** einem scharfsinnigen und von den Autoritäten gefürchteten Theologen, gewidmet und befindet sich zwischen dem Bab Aylen und dem Bab ed Debbagh. Das dritte Heiligtum liegt im Norden der Medina: Die **Zaouia Sidi bel Abbès** ist Sidi bel Abbès es Sebti gewidmet, der den Armen und Bedürftigen zur Seite stand und bis heute sehr populär ist. Das vierte erinnert an Sidi Ben Slimane el Djazouli, den gefeierten Kämpfer gegen die christlichen Kreuzzüge im 16. Jh., der als ein direkter Nachkomme des Propheten gilt und der Begründer des marokkanischen Sufi-Ordens ist – sein Marabut befindet sich nahe der **Rue Bab Taghzout.** Der fünfte Heilige ist Abdelaziz et Tebba, Schüler von Sidi Ben Slimane, sein Marabut steht unweit der **Rue Mouassine.** Der sechste Heilige ist Sidi Abdallah el Ghezouani, auch Moulay el Ksour genannt, sein Marabut findet sich beim **Bab Fteuh.** Sidi Abdallah soll vorausgesagt haben, dass Marrakesch erneut der Königssitz vor Fès sein würde. Der siebte Heilige schließlich, Sidi Abt er Rhaman es Soheili, verhalf durch seine vermittelnde Arbeit zwischen unterschiedlichen Lehren der islamischen Lehre zu hohem Ansehen. Sein Marabut liegt nahe vom **Bab Agnaou.**

Die heiligen Gräber bzw. Marabuts können nur von außen besichtigt werden.

Dar el Glaoui (Dar el Bacha)

Das vom Marabut des Sidi Ben Slimane sowie von allen höheren Terrassen gut sichtbare im maurischen Stil erbaute **Palais Dar el Glaoui** ist wegen der hohen Mauern aus der Nähe nicht einsehbar. Auf dem Höhepunkt seiner Macht zelebrierte der berühmt-berüchtigte Glaoui-Pascha Thami Ben Mohammed hier in den

20er Jahren prunkvolle Feste, auf denen natürlich besonders die Franzosen hofiert wurden (→ Geschichte).

Ein neues Museum in der Anlage wird voraussichtlich 2013 eröffnet. Rue Dar el Bacha.

Musée de l´Art de Vivre

Dieses edle Riad eines marokkanischen Parfüm-Magnaten vermittelt einen Blick auf das vornehme Marrakesch gegen Ende des 19. Jh. Geplant sind Ausstellungen zu dekorativen Künsten und zur Textilkultur.

Tägl. 9–18 Uhr, Winter bis 17 Uhr. Eintritt 30 DH. ✆ 0524-378373, www.museemedina. com. Derb Chérif 2, Diour Saboune.

Musée de Marrakech

Das **Dar M'Nebhi** mit seinem wunderschönen geschmiedeten Kupferlüster im riesigen überdachten Innenhof (eine architektonische Lösung des 20. Jh., die unabhängig von den Jahreszeiten Ausstellungen möglich macht) wurde Ende des 19. Jh. für Sultan Moulay Mehdi Hassan gebaut und ist ein interessantes Beispiel der „neomaurischen" Bauweise. Von einer gesichtslosen Außenfassade

Eilig durch die Medina

umgeben, gelangt der Besucher in den prächtigen Innenhof, von dem die Gemächer und Wirtschaftsräume abgehen. Erst im Inneren erschließt sich die Dimension der weitläufigen Anlage, die heute als Volkskunde-Museum genutzt wird und auf zwei Etagen kostbare traditionelle Teppiche und Schmuck ausstellt. Hübsch anzusehen sind auch die Sammlungen von alten Münzen, handgeschriebenen Koranen, alten Mosaik-Fayencen sowie Türen traditioneller Berberhäuser. In einigen Räumen und im Hamam des Palastes zeigt die Omar-Ben-Jelloun-Stiftung wechselnde Kunstausstellungen. Eine schöne Bücherei mit vielfältiger Literatur über Marokko und ein Café mit Terrasse laden zum Schmökern und Verweilen ein.

Tägl. 9–18.00 Uhr, April bis Sept. bis 19 Uhr, Eintritt 40 DH. Im Kombiticket mit Ben Youssef Medersa und Koubba al Barroudiyn 60 DH. Place de la Kissaria. Tipp: Es finden hier auch Konzerte und Events statt. www.museedemarrakech.ma.

Fondation Dar Bellarj

Nur wenige Schritte vom Musée de Marrakech befindet sich das **Dar Bellarj,** eine kleine Stiftung, die sich zum Ziel gesetzt hat, Marokkos künstlerische Traditionen zu beleben, zu erhalten und zu dokumentieren. Jährlich wechselnde Ausstellungen widmen sich jeweils einer speziellen handwerklichen Tradition, die auf vielfältige Weise präsentiert und aufgearbeitet wird. So sind zum Thema Kalligrafie Intensivkurse geplant (200 DH im Monat).

Tägl. 9–18 Uhr, Eintritt 15 DH. ✆ 0524-444555, dar_bellarj@hotmail.com, www.esavmarrakech. com. Rue Amesfah/Toualat Lakhdar.

Koubba al Barroudiyn

Ebenfalls in unmittelbarer Nähe des Musée de Marrakech steht der kleine und **älteste Marabut** der Stadt aus der Zeit der almoravidischen Dynastie (12. Jh.). Bis zu seiner Wiederentdeckung 1948 war das Denkmal über Jahrhunderte unter meterhohem Erdreich verschüttet und wurde deshalb nicht wie die anderen almoravidischen Bauten zerstört. Der wohlgeformte kleine Kubus wird von der noch im Original erhaltenen Kuppel überwölbt.

Tägl. 9–18 Uhr, Eintritt 40 DH. Im Kombiticket mit Ben Youssef Medersa und Musée de Marrakech 60 DH. Place de la Kissaria.

Mouassine-Moschee

Markantes Kennzeichen der von einem einfachen Minarett überragten Moschee im **Mouassine-Viertel** ist die hübsche Brunnenanlage am Eingang – mit drei Brunnen für Tiere und einem Brunnen für die Bewohner.

Die Moschee ist nicht zu besichtigen. Rue Mouassine – von der Rue Souk Attarine über die Rue Sidi el Yumami.

Die südliche Medina

Per Pedes bietet es sich an, die südliche Medina vom Bab Agnaou aus zu erkunden – besonders im Bereich des **Bahia-Palasts** und der ehemaligen Mellah, dem **jüdischen Viertel**, ist es ein weitaus ruhigeres Viertel. Nur wenige Schritte sind es vom quirligen Bab Agnaou zu den **Saadier-Gräbern**, und bereits das **Palais el Badi** ist wie eine kleine Oase der Stille. Von diesem Palast gelangt man zur Place des Ferblantiers, dem **Platz der Schmiede**, von dem in nördlicher Richtung in wenigen Minuten das Palais de la Bahia und nochmals einige hundert Meter weiter auf der Rue Riad Zitoun el Jedid das Dar Sidi Said, das marokkanische **Volkskunstmuseum**, in einer Seitenstraße folgen. Ein kleines, leicht übersehbares Schild weist rechter Hand – in der Mitte der beiden Paläste – auf das kleine **Privatmuseum Dar Tiskiwin.**

Statt vom **Bab Agnaou** aus kann man alternativ auch von den **Agdal-Gärten** zum Vorplatz des **Palais Royal**, dem Grand Méchouar, laufen und von dort vorbei an der Moschee Derb el Badi zur Place des Ferblantiers bzw. zum Palais el Badi.

Bab Agnaou

Das von den Almohaden im 11. Jh. gebaute Bab (→ Karte), das älteste Stadttor von Marrakesch, diente ursprünglich als Eingang zur Almohaden-Kasbah an seiner Westseite, die später bis auf die angrenzende Moschee zerstört wurde. Das Tor mit einem Durchgang in Hufeisenform ist von mehreren Bogenreliefs und Pilastern gegliedert, die dem massiven Bau etwas die Schwere nehmen.

Südlich der Place de Foucauld.

Tombeaux Saadiens

Die **Saadier-Gräber** befinden sich in zwei Mausoleen, die als königliche Nekropole dienten. Beigesetzt wurden hier Mohammed ech Cheikh (1557), sein Sohn und der Erbauer der Anlage Moulay Abdallah (1574) sowie Moulay Ahmed el Mansour (1602). Moulay Ismail, bis 1727 berüchtigter Führer der nachfolgenden Alaouiten-Dynastie und von großem Hass auf die Saaditen-Sultane besessen, ließ den Haupteingang der Nekropole zumauern. Trotzdem wurde der ermordete Alaouiten-Sultan Moulay el Yazid (1792) über einen geheimen Zugang beigesetzt.

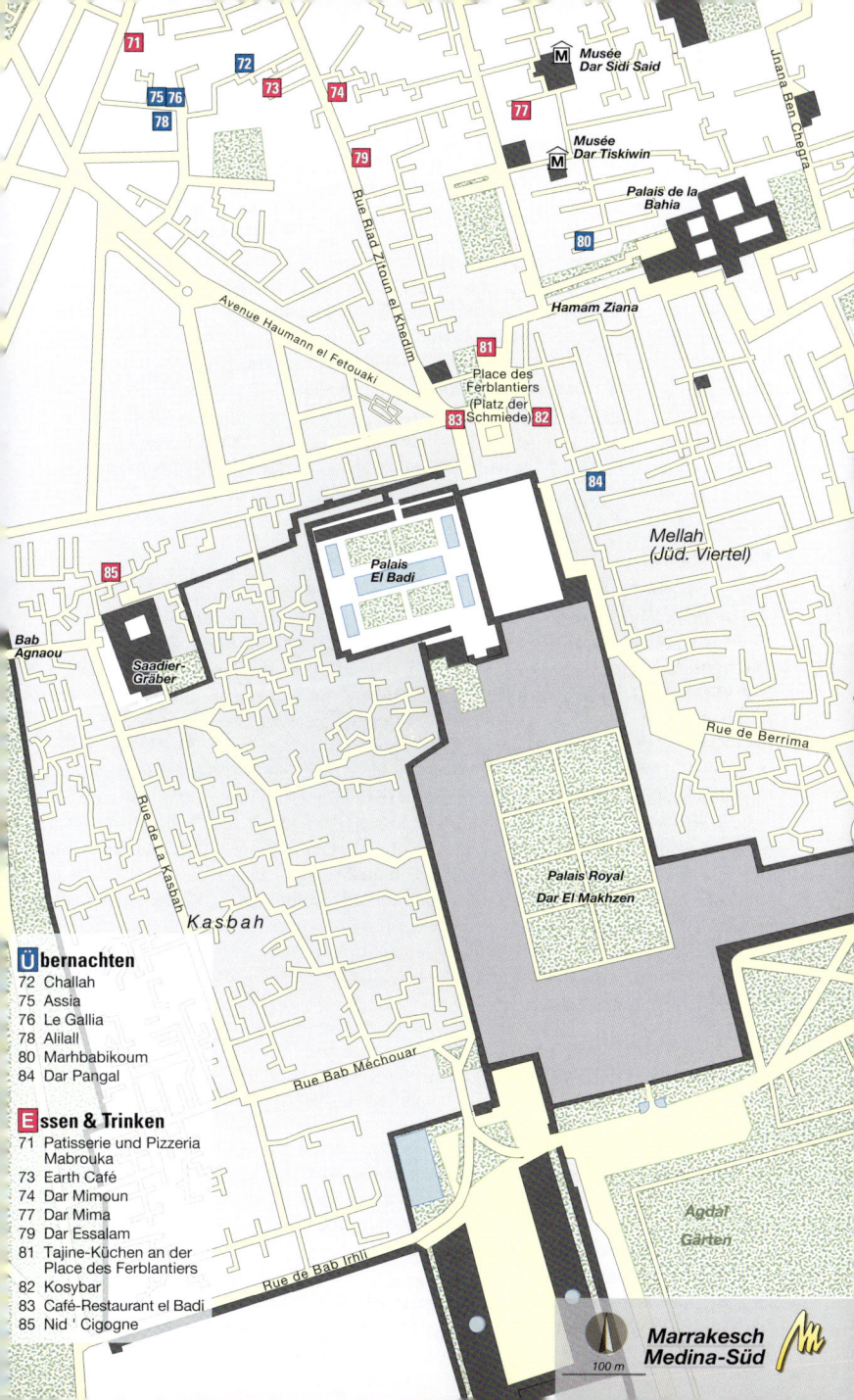

Musée
Dar Sidi Said

Musée
Dar Tiskiwin

Palais de la
Bahia

Hamam Ziana

Place des
Ferblantiers
(Platz der
Schmiede)

Mellah
(Jüd. Viertel)

Palais
El Badi

Bab
Agnaou

Saadier-
Gräber

Rue de Berrima

Kasbah

Palais Royal
Dar El Makhzen

Rue de La Kasbah

Rue Riad Zitoun el Khedim

Jnana Ben Chegra

Avenue Haumann el Fetouaki

Rue Bab Méchouar

Rue de Bab Irhli

Agdal
Gärten

Ü bernachten

72 Challah
75 Assia
76 Le Gallia
78 Alilall
80 Marhbabikoum
84 Dar Pangal

E ssen & Trinken

71 Patisserie und Pizzeria
    Mabrouka
73 Earth Café
74 Dar Mimoun
77 Dar Mima
79 Dar Essalam
81 Tajine-Küchen an der
    Place des Ferblantiers
82 Kosybar
83 Café-Restaurant el Badi
85 Nid ' Cigogne

Marrakesch
Medina-Süd

100 m

Im ersten Mausoleum befinden sich die Salle du Mihrab (Saal der Gebetsnische), die Salle des douze colonnes (Saal der zwölf Säulen) und die Salle des trois niches (Saal der drei Nischen). Leichter Lichteinfall unterstreicht die weichen Weiß- und Ockertöne in der Salle du Mihrab, die durch Säulen in drei Schiffe unterteilt ist. Die dekorative Ordnung, feinste Fayencemosaiken, Schriftkacheln mit Widmungen, Stuckarbeiten mit Gitter- und Arabeskenmotiven, gefolgt von den Zedernholzschnitzereien im Dachstuhl sind in allen Räumen auffallend, die Säulen aus weißem Carrara-Marmor von wohlgeformter Proportion. Auch der „Saal der zwölf Säulen" zeigt diese Harmonie durch die Aufteilung der Säulen, die in der Mitte des Raumes ein Quadrat bilden. Die Stalaktitenbögen lenken den Blick auf eine prächtig bemalte Zedernholzdecke. Der „Saal der drei Nischen" ist nach ähnlichem Muster gestaltet; die Dächer sind mit grün lasierten Ziegeln gedeckt.

Das zweite Mausoleum steht auf der anderen Seite des Gartens und ist mit der Kasbah-Moschee verbunden. Hier findet sich das Grab der Mutter von Ahmed el Mansour, Lalla Messaouda. Weitere Grabmäler aus der Familie der Saadier-Dynastie – über 100 weitere Gräber – liegen über das Gelände verstreut.

Tägl. 8.30–12 und 14.30–18 Uhr, Eintritt 10 DH. Bab Agnaou, südlich der Place de Foucauld.

Palais el Badi

Die von Störchen bewachten Ruinen des **Palais el Badi** sind die Überreste einer einstmals mächtigen Anlage, die der saadische Sultan Ahmed el Mansour bauen ließ. Er finanzierte mit dem aus Timbuktu geraubten Gold (der sagenumwobene Ort hatte immense Goldvorkommen) das unendlich lange dauernde Bauvorhaben (1578–1608). El Badi bedeutet „unvergleichbar", und in unvergleichbarer Pracht und Schönheit – Goldverzierungen, Zellij-Kacheln, riesige Stuckornamente, Marmor- und Intarsienarbeiten sowie Zedernholzschnitzereien im Überfluss – sollte dieser Palast zum Ruhm des Sultans erstrahlen. Doch schon einige Jahre nach Ahmed el Mansours Tod 1603 – der Palast war noch nicht fertiggestellt – wurde die Anlage von Moulay Ismail als Steinbruch genutzt, der damit auch hier seinem Hass gegen die Saadier freien Lauf ließ. Auf dem 18 Hektar großen Gelände befanden sich in den Bereichen um die Wasserbecken großzügige Pavillons mit verheißungsvollen Namen und prunkvollen Säulenhallen. Die Weite und Großzügigkeit dieser erstaunlichen Anlage lässt sich besonders am späten Nachmittag genießen, also außerhalb der gut frequentierten Besuchszeiten am Vormittag.

Tägl. 8.30–12 und 14.30–18 Uhr, Eintritt 10 DH. Bab Berrima, über die Place des Ferblantiers. (Für die Minbar der Moschee zusätzlich 10 DH.)

Palais de la Bahia

Gebaut wurde der **Palast** um 1880 von Sidi Mohammed Ben Abd und seinem Sohn Ba Ahmed, in der Folgezeit residierten hier der Alaouiten-Sultan Moulay Abd el Aziz (1894–1908), der „Frankreich-Kollaborateur" Pascha el Glaoui und zeitweise auch die französische Kolonialverwaltung bzw. der französische Generalresident. Die sehenswerte Anlage, die nach sieben Jahren Bauzeit fertiggestellt wurde, zählt zu den markantesten Bauwerken im maurisch-andalusischen Stil und ist ohne Zweifel die am besten erhaltene Anlage in Marokko in dieser Größe. Das Palais de la Bahia ist ein Beispiel für die Pracht eines orientalischen Fürstenpalasts Ende des 19. Jh. Der Rundgang durch die Anlage mit ihren zahlreichen Empfangssälen, Privatgemächern und blühenden Innenhöfen ist eindrücklich. Die schönsten Räume des Palasts, etwa das in üppigem Dekor gehaltene „Zimmer der Favoritin"

Sitzgelegenheiten

(womit die erste Wahl im Harem des Erbauers gemeint war), öffnen sich zum hintersten Hof. Die heute kahlen Gipswände waren mit kostbaren Textilien behängt, die Decken mit prachtvollem Dekor geschmückt. Leider lässt sich die Pracht der Räume auch hier nur erahnen – nur kurz nach Ba Ahmeds Tod ließ Moulay Abd el Aziz die Schätze davontragen.

Den mit weißem Carrara-Marmor ausgelegten 50 mal 25 Meter großen „Grande Cour" – der Marmor wurde von genuesischen Seefahrern nach Marokko geschifft und gewichtsgleich gegen kostbaren Zucker getauscht – umgibt eine wohlproportionierte Galerie; es lohnt, hier einige Zeit zu verweilen, um die einzigartige Harmonie der Proportionen – auch hier kommen die Gesetze der Zahlenmystik zur Anwendung – zu erfassen.

Der nächste Hof ist deutlich kleiner und mit einem hübschen Garten versehen – hier wachsen wieder Orangenbäume, Jasminhecken, Zedern und Bananenstauden. Im Osten und Westen liegen die reich ausgestatteten repräsentativen Räume. Ein weiterer großer Saal ist die 20 mal acht Meter große Salle du Conseil, in der die Künstler ihr ganzes Repertoire an Kunstfertigkeit zeigten: Stucco-Ornamente, holzgeschnitzte Decken und Geschosse, Glasmosaiken, fantasievolle Fliesen und Fayencen. Der große Bahia-Garten im Osten der Anlage ist leider nicht zugänglich. Wer die vielen Besuchergruppen umgehen möchte, kommt etwa eine Stunde vor Ende der Öffnungszeiten.

Tägl. 8.45–11.45 und 14.45–17.45 Uhr, Eintritt 10 DH. Von der Place des Ferblantiers Richtung Rue Riad Zitoun el Jedid. Am südlichen Ende dieser Straße befindet sich die 100 m lange Zufahrt zum Palais de la Bahia.

Maison Tiskiwin

Die völkerkundliche Sammlung für dieses sehenswerte kleine private **Museum** hat der holländische Kaufmann, spanische Verwalter in Marokko und Afrikakundler Bert Flint seit den 50er Jahren zusammengetragen. Sein besonderes Augenmerk galt den zentralafrikanischen Völkern. Flints ausgedehnte Reisen, die mit großformatigen Fotos aus den 60er und 70er Jahren dokumentiert sind, führten ihn bis nach Mali, Burkina Faso und Niger. Die Moschee von Djenne in Niger besuchte Flint bereits zu einer Zeit, als dieses einzigartige Bauwerk noch gänzlich unbekannt war; zudem studierte er wenig bekannte Stämme wie die Somrhai im Mali des 16. Jh. Die gut präsentierte Ausstellung – es gibt ein Begleitheft in verschiedenen Sprachen – umfasst seltene und kostbare Teppiche, Stoffe, Haushaltsgegenstände, Keramik, Schmuck und ausgefallene Accessoires aus Mali, Burkina Faso, Niger sowie von Berber- und Nomadenstämmen. Unser Tipp!

Tägl. 9.30–12.30 und 15.30–17.30 Uhr (15–18 Uhr im Sommer), Eintritt 20 DH. ✆ 0524-389192. Rue de la Bahia 8.

Versteckte Terrassen in der Medina

Dar Sidi Said

Diese reiche Sammlung an außerordentlich schönen marokkanischen Kunstobjekten und ausgefallenem Kunsthandwerk ist die größte Sammlung der Stadt. Der von dem Minister Said B. Mousse bewohnte **Palast** wurde wie der Bahia-Palast Ende des 19. Jh. gebaut und bestens restauriert. Das aus Spanien stammende Brunnenbecken aus Marmor zeigt – ungewöhnlich – florale Motive und Tierdarstellungen, wie sie auf christlichen Taufbecken zu sehen sind, und ignoriert damit das islamische Verbot, Lebewesen figürlich darzustellen. Ein besonders harmonischer Patio findet sich im Inneren der Anlage, in den angrenzenden Räumen sind Schmiedearbeiten, Berberschmuck, Stickereien und kostbare Waffen zu sehen – oder auch alte Küchengegenstände wie Mörser, Karaffen und Messer aus dem Souss und dem Hohen Atlas. Die Teppichsammlung im ersten und zweiten Stock ist, mit Schautafeln erläutert, nach Regionen gegliedert; u. a. werden alte Chichaoua- und Ouzguita-Teppiche gezeigt sowie hübsche alte Keramik aus Safi und Amizmiz.

9–12.30 und 15–18 Uhr. Di, Sa und Feiertage geschlossen. Eintritt 20 DH. Der Beschilderung an der Rue Riad Zitoun el Jedid 200 m nördlich der Abzweigung zum Palais de la Bahia folgen. Rue Riad Zitoun el Jedid.

Place des Ferblantiers

Der kleine „Platz der Blechschmiede" bietet eine beträchtliche Auswahl an Lampen, Schmiedearbeiten, Tischen und Stühlen – die Preise richten sich nicht zuletzt nach der Erscheinung der Kaufinteressierten ... Der Platz eignet sich gut für eine Pause, es gibt einige Cafés und einen lokalen „Schnellimbiss" mit guten Tajines. Meist ist ein gutes Dutzend Tajines gegen 13 Uhr fertig, um gleich von den hier arbeitenden Schmieden verzehrt zu werden. Unmittelbar an die Place des Ferblantiers schließt im Osten die Mellah mit den Schmuck-Souks an, in der einst nur die jüdischen Silber- und Goldschmiede lebten und arbeiteten.

An der südlichen Schnittstelle von Rue Riad Zitoun el Jedid, Rue Riad Zitoun el Khedim und Av. Haumann el Fetouaki.

Dar el Makhzen (Palais Royal)

Viel lässt sich über dieses mächtige **Palais** nicht sagen – es ist der Öffentlichkeit verschlossen, denn hier residiert Seine Majestät der König Mohammed VI. höchstselbst, wenn er denn in Marrakesch weilt. Der vorgebaute Paradeplatz, Méchouar, lässt die Größe des Palais Royal nur erahnen.

Zu erreichen über den westlichen Bab Irhli oder den östlich gelegenen Bab Hmar. Reizvoll ist auch ein Spaziergang von der Bab Agnaou über die Rue Méchouar zum Grand Méchouar. Von hier gelangt man auch gut über das südliche Tor des Platzes, das Bab el Aghdar, zu den Agdal-Gärten (→ Außerhalb der Medina).

Außerhalb der Medina

Die schönen Gärten in und um Marrakesch spiegeln in vieler Hinsicht die islamische Gartentradition, die den Garten als irdisches Abbild des himmlischen Paradieses betrachtet. Doch interessanterweise wollen die Pflanzen in der letzten Gartenschöpfung der Gegenwart, dem Jardin Cyber an der Av. Mohammed V., nicht so recht anschlagen. Ganz anders dagegen in der riesigen, etwa 4 km entfernten Palmeraie im Norden der Stadt, die sich bis zum 12 km entfernten Oued Tensift ausdehnt und nur mit Taxi oder eigenem Fahrzeug zu erreichen ist.

Menara-Gärten

Die heute mit Olivenhainen und Fruchtbäumen bepflanzten **Menara-Gärten** wurden unter den Almohaden im 12. Jh. als Sultansgarten angelegt und im 19. Jh. vom Sultan Ibn Abd el Rahman weiter ausgebaut. Der von ihm hinzugefügte kleine Pavillon am Südrand des großen Wasserbeckens verleiht der Anlage ihr i-Tüpfelchen – der Ort strahlt besonders in den frühen Morgenstunden und am Abend eine Stimmung aus, die unvergesslich ist. Angeblich war der Pavillon ein Treffpunkt für Rendezvous des Sultans. Eine touristische Attraktion der Moderne sind die heute angebotenen Festessen unter freiem Himmel mit Musik, Tanz und Wasserspielen (Mi und Sa, ab 250 DH).

Tägl. von Sonnenaufgang (im Sommer ab 7 Uhr) bis Sonnenuntergang. Der Besuch des Pavillons kostet 10 DH. Av. de la Menara, ca. 2 km vom Bab el Jedid. Bus Nr. 11 (Abfahrt Koutoubia).

Agdal-Gärten

Die **Agdal-Gärten** sind ein weiteres Beispiel der marokkanischen Gartenbaukunst, die angeblich auf die Tradition der andalusischen Prachtgärten zurückgeht. Sie sind in geometrischem Grundriss gestaltete Nutzgärten mit Orangenbaum- und Olivenhainen, mit Rebstöcken und vielen weiteren „lieblichen" Pflanzen. Die Agdal-Gärten wurden wie die Menara-Gärten von den Almohaden angelegt, allerdings sind sie viel größer als letztere und verfügen ebenfalls über ein Wasserreservoir –

die zahlreichen Graskarpfen in dem großen Becken lassen sich tatsächlich füttern. Leider ist die Anlage nicht sehr gepflegt, doch bleibt zu hoffen, dass der wachsende Besucherstrom eine Verbesserung bewirkt.

Uneinheitliche Öffnungszeiten, Fr und So jedoch immer geöffnet. Der nicht leicht zu findende Eingang (keine Beschilderung) liegt an der Achse des Königspalasts, ca. 2 km südlich von ihm entfernt. Die nach Süden an dem ockerfarbenem Militärareal verlaufende Straße vom Bab el Aghdar führt auf den Eingang zu; siehe auch Palais Royal. Zugang bei der Ölmühle (Trinkgeld erwünscht).

Ausflüge in die Umgebung

La Palmeraie   → Karte S. 133

Der nach Norden bis zum 12 km entfernten Oued Tensift verlaufende 13.000 Hektar große Palmengürtel mit über 100.000 Palmen war bis ins 20. Jh. ein bedeutender Wirtschaftsfaktor der Stadt, der sorgsam gepflegt wurde (→ Tinerhir/„Flussoasen sind verletzliche Ökosysteme"). Durch anhaltende Trockenperioden und die Zerstörung des Bewässerungssystems zur Zeit der Berberaufstände (→ Geschichte) wurde der einst prächtigen Palmeraie sprichwörtlich das Wasser abgegraben. Inzwischen haben hier einige Luxusressorts, Countryclubs und übergroße Villen Quartier bezogen. Das alte unterirdische Bewässerungssystem, das „Khettara", wird derzeit wieder instand gesetzt und soll an einigen Stellen zugänglich gemacht werden.
An der N 9 ca. 4 km Richtung Casablanca.

Route d'Amizmiz – Tameslouht – Lac Takerkoust   → Karte S. 137

Die Region südlich von Marrakesch ist von einer weichen Hügellandschaft geprägt, das Atlasgebirge erscheint zum Greifen nah. Der seit einigen Jahren wieder besser mit Wasser versorgte Takerkoust-Stausee (35 km südlich von Marrakesch) ist zum Schwimmen geeignet und entwickelt sich mehr und mehr zum Wochenendziel der Marrakchi.

Die oben beschriebenen Unterkünfte und „Landhäuser" außerhalb der Stadt sind in max. 90 Minuten mit dem Auto auf der Route du Tizi-n-Test/Asni bzw. Route d'Amizmiz zu erreichen.

Écomusée Berbère und Botanischer Garten in Ourika

Das Écomusée Berbère ist ein interessanter Ort, in dem Objekte und Fotos zur Berberkultur gezeigt werden. In der Nachbarschaft befinden sich eine Töpferei und Salzminen, auch einige Wanderwege beginnen hier. Das Museum vermittelt zudem einfache DZ (100 DH). Der Botanische Garten in Tnine-Ourika mit einer Sammlung von Wild- und Heilpflanzen ist ab April sehenswert, wenn alles in Blüte steht. Aromaöle aus eigener Herstellung und Berberprodukte.

Écomusée Berbère: Tägl. 9.30 Uhr bis 19 Uhr. Eintritt 40 DH (Doppelbillet mit Maison de la Photographie auch 40 DH). Vallée de l'Ourika, hinter Tnine-Ourika, 37 km südlich von Marrakesch, Village Tafza. ✆ 0524-385721, www.ecomuseeberbere.com.
Botanischer Garten: Tägl., im Winter bis 18 Uhr, im Sommer bis 19 Uhr. Eintritt 15 DH. Vallée de l'Ourika bis Tnine-Ourika, 34 km südlich von Marrakesch, dann linker Hand ca. 3 km Piste, ausgeschildert. www.nectarome.com.

Souks in der Region
Montag in Tnine-Ourika, Dienstag in Amizmiz, Donnerstag in Ouriga-ne, Freitag in Tameslouht, Samstag in Asni.

Bergregionen im Hohen Atlas

Die von Marrakesch östlich und südlich gelegenen Bergregionen des Hohen Atlas bieten vielfältige Möglichkeiten: Ausflüge zu den mächtigen Ouzoud-Wasserfällen, Wandern in abgelegenen idyllischen Tälern, spektakuläre Bergwanderungen zum Gipfel des höchsten Berges Nordafrikas, dem Djebel Toubkal, Trekking in der gut erschlossenen Region um Imlil oder mehrtägige Touren von Agouti in das M'Goun-Tal. Viele abseits der Hauptstraßen liegende Berberdörfer lassen erkennen, dass es in den Bergregionen oberhalb der Haouz-Ebene um Marrakesch immer noch traditionell organisierte ländliche Gemeinschaften gibt, in denen die Zeit stehen geblieben scheint. Anders die anfangs erwähnten Ziele: Sie erfreuen sich in den letzten Jahren wachsenden Zuspruchs, bieten eine sich langsam entwickelnde touristische Infrastruktur – und Erholung vom schnellen Puls der Stadt.

Sowohl für Ein- bzw. Mehrtagesausflüge eignen sich Ouzoud, Azilal, das Ait-Bou-Gomez-Tal, Oukaimeden, Asni und Imlil. Für Ausflüge und Wanderungen im Toubkal-Nationalpark sollte man mindestens zwei Nächte einplanen. Viele Agenturen in Marrakesch bieten in dieser Gegend geführte, aber einfache Kurzwanderungen mit kombinierter Übernachtung. Wer anspruchsvolle Bergtouren gehen will, sollte sich direkt in Imlil an das Büro der Bergwanderführer wenden. Der Ort ist mit dem Bus (in Marrakesch ab Bab-Doukkala) bis nach Asni (ca. 2 Stunden) und von dort in 30 Min. mit dem Kollektivtaxi zu erreichen. Die ganze Strecke lässt sich aber auch mit dem Kollektivtaxi von der Station Charige-el-bgare (1½ km südlich vom Bab-er-Robb) bis nach Imlil zurücklegen.

Von Marrakesch auf der N 8 über Tamelelt nach Nordosten

Ouzoud-Tal

Das romantische Tal mit verlassen wirkenden kleinen Dörfern und alten Lehmburgen ist 150 Kilometer von Marrakesch entfernt. Die 110 m hohen Ouzoud-Wasserfälle werden als die höchsten des Landes gepriesen.

Üppige Vegetation umgibt das kostbare Nass, ein kräftiges Gurgeln kündigt das Naturschauspiel an (von El-Kelaa des Sraghna Abzweigung nach 66 km). Gern von marokkanischen Familien an Wochenenden und im Sommer besucht, sollte man einen Abstecher hierher besser auf den frühen Morgen oder in die Abendstunden legen – dann ist das Naturschauspiel wirklich zu genießen. Zum Glück haben die Behörden inzwischen das planlose Parken eingeschränkt, weite Teile des Areals sind nur noch zu Fuß zu erreichen. Etwas unberührtere Natur und einige Naturbecken zum Schwimmen finden sich am weiteren Verlauf des Weges am rechten Flussufer. Zudem kann man auch die Ölmühlen in der Oliveraie d'Immouzzer (ausgeschildert) besichtigen. Die meisten Hotels verfügen über Guides, die auch längere Trekking-Touren anbieten.

• *Übernachten/Essen & Trinken*   **Camping Immouzzer**, vom Parkplatz ausgeschildert. Kleiner Platz in einem Olivenhain; auch einige Zimmer (100 DH); im eigenen Zelt 35 DH/Person, Berberzelt 160 DH. ✆ 0671-973196.

Camping Le Panard, vom Parkplatz ausgeschildert, hinter Camping Immouzzer. Gute und preiswerte Küche, die auch von Einheimischen geschätzt wird. Übernachtungsmöglichkeit in zwei kleinen Zimmern ohne Bad (120 DH), im hübschen Berberzelt (40 DH) oder im eigenen Zelt (20 DH). ✆ 0668-615697.

Chellal, am Weg vom Parkplatz zum Wasserfall. Sehr gut besuchtes Restaurant mit angenehmer Terrasse, reichhaltige, frische Gerichte. Saubere Zimmer ohne Bad 700 DH inkl. Frühstück. ✆ 0523-429180.

Hotel Riad Cascades, vom Parkplatz ca. 100 m, ausgeschildert. Elegantes Ambiente, fantastische Terrasse und nicht ganz preiswerte, aber komfortable DZ 700 DH inkl. HP. ✆ 0523-459658, www.ouzoud.com.

Restaurant Relais de Titre, am Parkplatz. Einfache Kost, freundlicher und schneller Service.

Trekking bei Ouzoud und Imi n'Ifri (Demnate)

Am Hotel Riad Cascades beginnt ein Pfad mit dem Schild „Tanagmelt". Die etwa 90-minütige, leichte Wanderung nach **Tanagmelt** lohnt den Weg auch wegen der dort zu bewundernden Moschee aus dem 9. Jh. In gleicher Entfernung liegen die Grotten von **Jamaa Qaraouiyyine,** der Weg dorthin führt an der Schlucht von El-Abid vorbei.

Zur **Quelle des Ouzoud-Flusses** folgt man der Straße Richtung Azilal für 2 km und nimmt die erste Piste linker Hand, die zum Fluss führt. In südwestlicher Richtung vom Ort Ouzoud liegt etwa 60 km entfernt das Städtchen **Demnate** mit einem ursprünglich wirkenden Ambiente und gut erhaltener Stadtmauer. An der Kreuzung vor Demnate Richtung Ait Tamlil (beim Haus der Administration Forêt) geht es zum **Pont Naturel von Imi n'Ifri,** einem schönen Ort, an dem das Wasser eine bizarre Steinformation geschaffen hat. Unterhalb des Pont Naturel liegt am Fluss ein kleines Paradies mit Wasserschildkröten, Lurchen und vielen Vögeln. Von der nahen **Auberge Imi n'Ifri** (gleich hinter der Brücke) ist eine Wanderung bzw. eine Au-

Umgebung von Marrakesch – Nordosten

20 km

tofahrt auf der kürzlich asphaltierten Straße zu den **Dinosaurierfußabdrücken,** dem Site d'Iwareden, möglich (ausgeschildert, Kinder weisen den Weg).

● *Übernachten* **Café Restaurant Auberge Imi n'Ifri**, sympathischer, von Nouredine und Hanna aus Finnland geführtes Haus (ausgeschildert). Reichhaltiges Menü ab 70 DH. Bei Nouredines Familie kann übernachtet werden (50 DH/Pers). ✆ 0666-954991.

Chez Thami, Gite d'Etape, beschildert hinter dem Pont Naturel von Imi n'Ifri. Einfache und sympathische Unterkunft des Wanderführers Thami. Guter Ausgangspunkt für zahlreiche Touren. ✆ 0524-456473.

Azilal, Agouti und Ait-Bou-Gomez-Tal

Vom etwa 40 km östlich von Ouzoud entfernten Azilal, ein Zentrum für Trekking und Bergwanderungen in den Hohen Atlas, ist das in dem reizvollen Hochtal auf 1850 m gelegene Agouti über eine landschaftlich reizvolle Strecke zu erreichen. Das hübsche Dorf ist Ausgangspunkt für zahlreiche Touren. Ökologische Gesinnung und Naturschutz gehören hier tatsächlich zum Alltag seit langer Zeit.

Da das Ait-Bou-Gomez-Tal häufig von Wanderern besucht wird, gibt es hier viele Einfachunterkünfte. Das hübsche Tal war bis in die 70er Jahre von der Außenwelt nahezu abgeschlossen, und der Beiname *Vallée heureuse* (Tal der Glücklichen) ist durchaus nicht übertrieben. Eine der schönsten Wanderungen im Hohen Atlas verläuft von Agouti vorbei an der Quelle des M'Goun-Flusses und unter dem Gipfel des M'Goun entlang nach Bou-Taghrar (→ unten „Im Schatten des M'Goun").

*I*nformation/*Ü*bernachten

● *Information* Herbert Popp hat mit seinem marokkanischen Kollegen Ait Hamza in monatelanger Recherche eine Kulturkarte „Kultur-Trekking im Zentralen Hohen Atlas" mit präzisen Angaben zu Pfaden, Dörfern und Übernachtungsmöglichkeiten gestaltet. Zu bestellen unter:
maghreb-studien@uni-bayreuth.de.
Delegation Tourisme, Karten, verlässliche

Auskünfte und Tourenvorschläge. Es gibt französisch-, englisch- und deutschsprachige Führer. Av. Mohammed V. ✆ 023-458722, dtazilal@menara.ma.
● *Übernachten in Azilal und Agouti* **Auberge Filou**, die Berghütte am Beginn des Ait-Bou-Gomez-Tals Richtung Agouti gehört der Schweizerin Beatrice Buschor, ihrem marokkanischen Partner Lahoucine Oulkadi

Im Schatten des M'Goun – eine Wanderung über den Hohen Atlas

Die einst so gefürchtete raue Piste von der Provinzhauptstadt Azilal nach Tabannt ist längst Geschichte. Heute sind die gut 70 Kilometer durchgehend asphaltiert. Tabannt, der auf 1850 Metern gelegene Hauptort im fruchtbaren Tal des Ait Bou Gomez, hat in den letzten Jahren als Ausgangsort für Berg- und Trekkingtouren in die umliegenden Berge des zentralen Hohen Atlas zunehmend an Bedeutung gewonnen. Dieser bescheidene touristische Aufschwung verhilft vielen der Einheimischen, zumeist Kleinbauern, zu einem willkommenen Nebenverdienst. Das lässt hoffen, dass die Abwanderung aus den Hochtälern des zentralen Atlas zumindest gestoppt wird.

Durch die fruchtbare Talsohle queren wir zum Fuß des 3770 Meter hohen Ouaoulzat. Mohamed, unser *muletier,* der Maultierführer, nimmt den Saumpfad, der zum 2910 Meter hohen Pass führt. Wir wählen den direkten Anstieg. Vor uns liegen etwa 15 Kilometer Fußmarsch und gut 900 Höhenmeter. Wir lassen das immergrüne Hochtal von Ait Bou Gomez hinter uns und gewinnen in gleichmäßigem Rhythmus rasch an Höhe. Die Passhöhe des Ait-Imi erreichen wir um die Mittagszeit, und der Ausblick, der sich uns bietet, ist schlicht überwältigend. Vor uns der schneebedeckte M'Goun, mit seinen 4071 Metern der zweithöchste Berg Nordafrikas, und eine Vielzahl an Dreitausendern. Tief unten im Tal ein staubiges Flussbett und von Wind und Erosion bizarr geformte Felstürme. Nach Osten hin verliert sich der Blick in den endlosen Weiten des zerklüfteten Gebirges. Kein befahrbarer Weg führt in dieses Tal. Keine Anzeichen von Zivilisation, so weit das Auge reicht. Nach einer kurzen Rast geht es zunächst auf einem steilen Pfad bergab. Beinahe ehrfurchtsvoll bewege ich mich durch diese archaische Landschaft. Dem staubigen Flussbett entlang, einer Biegung der anderen folgend, marschieren wir in der flirrenden Hitze. Einzige Anzeichen von Leben sind flinke Geckos und Maultierkot. Und irgendwann Menschen vor geduckten Stampflehmbauten und in den umliegenden terrassierten Feldern. Eine Symphonie aus erdfarbenen Tönen, durchwirkt mit feinem Grün, Gespinste aus Büschen und Blumen, dominiert von Gelb und Blau. Kinder, scheu, aber neugierig aus sicherer Distanz, mustern uns fragend aus wachen Augen. Wir erreichen den Fluss. Ein gleißender Pfad durch Gerstenfelder und Oleanderbüsche. Wir folgen dem Asif M'Goun flussaufwärts, um zum Quellgebiet zu gelangen. Bei einer uralten Kasbah, die einer von Kinderhand geschaffenen eingefallenen Sandburg gleicht, queren wir den Fluss und steigen auf in ein kleines Hochtal, wo sich im Schatten des M'Goun eine kleine Schutzhütte verbirgt. Zu unserer Enttäuschung finden wir die Hütte verschlossen. Mohamed versorgt sein Muli. Im Windschutz des Refuge richten wir unser Biwak ein. Es erwartet uns eine bitterkalte Nacht auf 2300 Metern ...

Die Atlas-Traverse führt von Tabannt über den Tizi-n-Ait Imi durch die Schluchten des Asif M'Goun nach Bou-Taghrar. Die ca. 4- bis 5-tägige Wanderung (abhängig vom Wasserstand des M'Goun, denn der Fluss ist streckenweise der Weg) fordert neben Kondition vor allem die Sinne! Beste Zeit für diese Unternehmung sind die Monate Mai bis September.

Ernst H. R. Büttner

und seiner Familie. Das Paar organisiert von der Auberge ein breites Tourenprogramm (auch mit pistenerprobten 4x4-Jeeps) zum Hohen Atlas, in die Arous-Schlucht, nach Ait Bouelli mit gut erhaltenen frühzeitlichen Felszeichnungen und zu weiteren Schluchten der Region. Gute Verpflegung, bei mehrtägigen Ausflügen mit Mulis wird in Zelten übernachtet. Die Angebote können auch direkt von Deutschland oder der Schweiz aus gebucht werden. DZ inkl. Frühstück 340 DH, Übernachtung im Gruppenraum 50 DH, reichhaltiges Abendessen 60 DH. ℡ 0672-709957 und 0661-084587 (mobil), tamsilt@menara.ma.

Hotel Dades, am Ortseingang von Azilal (von Ouzoud bzw. Demnate kommend). Freundliche Familienunterkunft. DZ inkl. Frühstück 100 DH. ℡ 0523-458245.

Ecolodge Dar Itrane, im Örtchen Imelghas. Einfache Eleganz in alten Berbermauern. Hamam, klasse Dachterrasse. Reservierung und Einweisung nötig. 350 DH/Person im DZ mit HP. Reichhaltiges Abendessen, logistische Tipps. ℡ 0523-459312, www.dar-itrane.com

Kasbah Timdaf, ein massives Steinhaus, das im Inneren sehr behaglich ist. 3km nördlich von Demnate. DZ 660 DH. ℡ 0523-507178.

Von Marrakesch auf der P 2017 nach Südosten

Ourika-Tal und Setti Fatma

Das fruchtbare Ourika-Tal ist eine grüne Oase mit angenehmen Temperaturen im Sommer. Leicht verständlich, dass Setti Fatma (1500 m) für die Marrakschis ein beliebtes Ausflugsziel ist. Wochenenden und Sommermonate können den Naturgenuss deshalb etwas beeinträchtigen.

Die Strecke kann von Marrakesch mit dem Kollektivtaxi von der Station Charige-elbgare (1½ km südlich vom Bab-er-Robb) auf der P 2017 zurückgelegt werden (ca. 20 DH). Nach dem Örtchen Dar Caid Ouriki verläuft die Strecke bald nahe am Fluss, in den von der Bergseite her kleine Nebenflüsse münden und die Straße an einigen Stellen „überlaufen". Nach insgesamt rund 60 km ist Setti Fatma erreicht. Eine Wanderung nach Setti Fatma kann man bereits 7 km vor dem Ort, dem Fluss folgend, beginnen – die üppige Vegetation im Flusstal und das Bergpanorama kann man auf diesem Weg besser erfahren. Vom Ort aus, der durch die nahen (kleinen) Wasserfälle „Sept Cascades" bekannt wurde, ist eine etwas anspruchsvollere Wanderung von vier Stunden zu den Wasserfällen möglich: Der erste der sieben Wasserfälle (ca. 200 m entfernt) ist leicht auf der anderen Flussseite zu erreichen. Zu den anderen kaum besuchten, aber durchaus sehenswerten Wasserfällen sollte man einen Führer nehmen (ca. 4–5 Std., Führung ca. 50 DH/Stunde, ganzer Tag 300–400 DH).

In Setti Fatma gibt es einige Cafés und Restaurants mit aussichtsreichen Terrassen. Der Marabut von Lalla Fattma – Namensgeber des Orts – ist ein bescheidenes Heiligengrab, das über dem Fluss thront und leicht an seinem grünen Ziegeldach zu erkennen ist. Im August findet hier ein viel besuchter Moussem statt.

• *Information* **Bergwanderführer-Büro in Ourika**, ca. 100 m hinter dem Taxistand rechter Hand. Wenn die nichtoffiziellen Guides am Parkplatz behaupten, es gebe kein Büro, einfach nach Abderrahin Mandili, dem Leiter, fragen. ☏ 0668-562340, abdoumandili@yahoo.fr.

• *Übernachten* **La Perle d'Ourika**, in Ourika kleines und angenehmes Hotel mit gutem Ausblick, DZ mit Dusche ab 450 DH. ☏ 0524-485295, www.laperledourika.com.

Auberge Tafoukt, kurz hinter La Perle. Einige Zimmer ab 100 DH. Küche etwas langsam. Aziz, einer der Besitzer, bietet geführte Touren an. ☏ 0668-328369.

• *Sehenswertes* **Jardin Bioaromatique d'Ourika**, in Tnine l'Ourika (→ Ausflüge Marrakesch bzw. Écomusée Berbère). Besonders zwischen März und Juni blühen viele der aromatisch duftenden Heilkräuter, die hier zu Ölen und Tinkturen verarbeitet werden. Ein hübscher Ort, die Produkte allerdings etwas teuer. Menü ca. 200 DH, Picknick möglich. Eintritt 15 DH.

• *Fest* **Moussem** im August, zu dem einst besonders die Frauen aus der Region pilgerten, um für Fruchtbarkeit zu beten, heute vor allem ein Marktereignis für die Städter.

Wanderung nach Tadrazit und Boisger

Von Setti Fatma nach Tadrazit: Vom südlichen Ortsausgang von Setti Fatma führt der schöne Weg am Fluss entlang mit Blick auf den Marabut und Nussbaumplantagen nach ca. 30 Min. Gehzeit rechts zum Berg hoch. Nach weiteren 45 Min. bietet sich bereits ein schöner Panoramablick auf die umgebende Gebirgskette und das Tal. Bald folgt eine allradfähige Abzweigung linker Hand zum 7 km entfernten malerischen Örtchen Tadrazit.

Von Setti Fatma nach Boisger: Der Weg nach Boisger ist mit dem Weg nach Tadrazit zunächst identisch. An der letzten oben erwähnten Abzweigung jedoch nicht links, sondern nach rechts gehen; dann ist in etwa 40 Min. die erste Terrasse des Berges erreicht. An einer weiteren Abzweigung folgt rechts ein grober Schotterweg, auf dem bald zwei Lehmhäuser folgen, die man rechts liegen lässt. Hinter dem zweiten Haus folgt ein breiterer Weg, auf den nach rechts eingebogen wird; der Weg führt zu der von Berbern bewohnten Ortschaft Boisger. Von hier führt der von den Einheimischen benutzte Maultierpfad nach Boisger in ca. einer Stunde in das 500 m tiefer gelegene Setti Fatma zurück zum Ausgangspunkt.

Oukaimeden

Vom Ourika-Tal kommend, endet nach 30 weiteren kurvenreichen Kilometern (75 km von Marrakesch) die Straße in Marokkos größtem Wintersportort auf 2650 Metern Höhe.

In Oukaimeden befindet sich auf einer ca. 300 ha großen Fläche die höchste Skistation des Landes (bis 3270 m!) mit Tele-Skiliften und unterschiedlichen Pistengraden. Bergerprobte Wanderer laufen die schöne Strecke von hier nach **Imlil** mit einem Bergwanderführer – man sollte allerdings nicht vor Ende April starten, weil Schnee oder Schneeschmelze stark behindern können. Die Lifte sind in der Regel von Mitte Dezember bis Mitte April geöffnet. In den letzten Jahren wurden die Lifte weiter ausgebaut, an Winterwochenenden trifft sich hier die marokkanische und französische Elite zum Skilaufen – oder zumindest zum Après Ski. Ein großer, drei Tage dauernder Moussem Anfang August ist das wichtigste Ereignis des Jahres.

Umgebung von Marrakesch – Süden

20 km

• *Anfahrt* Die Straße hinter Dar Caid Ouriki führt hinter dem Ort Arhbalou rechts über 30 km teilweise steil und eng nach Oukaimeden. Oukaimeden ist nur mit eigenem Pkw oder Kollektivtaxi erreichbar. In Marrakesch starten die Taxis von der Station Charige-el-bgare (1½ km südlich vom Bab-er-Robb). Fahrt ca. 100 DH.

Von Marrakesch kann man auch über die R 203 und die Abzweigung in Tahanaoute und den Tizi-n-Tagtaout-Pass nach Oukaimeden fahren.

• *Übernachten* **Refuge du Club Alpin Français,** von der Busstation aus rechter Hand; auch für Nichtmitglieder. Mit ca. 50 Betten in alpiner Romantik. Im Winter ca. 100 DH, im Sommer ca. 110 DH/Person. ☎ 0524-319036, www.cafmaroc.co.ma.

Chez Juju, hinter dem Club Alpine. Hotel mit guter Küche und fantastischer Terrasse. DZ ab 650 DH. ☎ 0524-319005.

Von Marrakesch auf der R 203 nach Süden

Tahanaoute, Asni, Imlil und Djebel Toubkal (4167 m)

Die Region von Asni bietet sich gut für Tagesausflüge von Marrakesch an. Im Vergleich zu Oukaimeden hat Imlil ein großes Angebot an Unterkunften, die fur einen mehrtägigen Aufenthalt gut geeignet sind, und auch der Toubkal-Nationalpark ist von Imlil aus zu erreichen. Es gibt ein weites Netz von Wanderwegen, qualifizierte Guides und vor allem unvergessliche Panoramablicke.

Tolle Panoramen bietet auch die 5 km nördlich von Asni gelegene Straße über den Pilgerort **Moulay-Brahim** nach **Lac Takerkoust**. Das Bergdorf **Imlil** (ca. 17 km entfernt) bietet zahlreiche Einfachunterkünfte, auch der *Club Alpin Français* zählt hier zu den Anbietern. Zwei weitere Unterkünfte gibt es in Tzaghart und Tachdirt, jeweils eine Vier-Stunden-Wanderung von Imlil entfernt. Das Hochtal von Tzaghart lohnt wegen der kleinen Berberdörfer den Besuch – Wanderkondition vorausgesetzt. Wer sich beim Wandern lieber auf professionelle Begleitung verlässt, kann im Büro der *Guides de Montagne* beim großen Parkplatz in Imlil vorbeischauen. Dort wird man über mögliche Touren informiert und kann sich an einen der rund 50 Bergwanderführer wenden, die hier ihre Dienste anbieten. Alle leisten gute Arbeit und kennen sich in dem großen Gebiet um den Viertausender Djebel Toubkal bestens aus.

Ackerland ist kostbar

Der **Djebel Toubkal,** Nordafrikas höchster Berg, ist von Imlil über die Toubkal-Berghütte (3200 m) an einem Tag gut zu erreichen. Von der Terrasse der Berghütte ist der Blick auf das Toubkal-Massiv und den Djebel Siroua großartig.

Für das sehr schön gelegene Hotel *Kasbah Toubkal* hinter Imlil (ausgeschildert) wurde so viel Werbung gemacht, dass die englischen Inhaber die Übernachtungs- und Restaurantpreise in den letzten Jahren verdoppelt haben (DZ 2600 DH). Wer sich einen Eindruck machen möchte, kommt auf einen Kaffee vorbei. Möglicherweise ist auch der Nachbar Richard Branson (www.virgin.com/kasbah) an der Route d'Imlil für die hohen Preise dieser Kasbah mitverantwortlich. Er schafft es tatsächlich, für die Übernachtung auf seiner Kasbah Tamadot 4800 DH zu kassieren.

● *Information* **Guides de Montagne** in der Ortsmitte von Imlil (beim Parkplatz): S. Lautner empfiehlt Hassan Lemniai. lemniai@yahoo, ✆ 050233276 (siehe auch Maison d'hôtes Ait Souka).

● *Übernachten* **Villa de l'Atlas**, im Zentrum von Asni. Freundliches kleines Dar mit vier Zimmern und zwei Bädern. Eine hervorragende traditionelle Küche. An der Straße nach Imlil. 400 DH. ✆ 0524-484855.

Auberge Lepiney, oberhalb von Asni, Unterkunft der Brüder Bouredda, beide qualifizierte Mountain Guides. Mohamed 0668-673584, Lachen 0668-764325, www.toubkal-mountains.com.

Maison d'hôtes Ait Souka, neues Haus am Ortsausgang (nach 1 km beschildert), geführt von dem zertifizierten Bergführer Ah-med, der seinen Freunden nun auch panoramareiche DZ (400 DH mit HP für 2 Personen) bietet. ✆ 0524-485605, www.randoneeaumaroc.com.

Hotel Restaurant Soleil, in Imlil, beim Parkplatz; hier gibt's Sonnenfreuden auf der Terrasse mit schöner Aussicht. Ordentliche Küche. Funktionales Haus mit guten Preisen. DZ 300 DH, HP für Zimmer mit Bad 500 DH. ✆ 0524-485622.

Refuge CAF, außerhalb des Ortes, Info bei den Bergwanderführern; hier gibt es sogar heiße Duschen! In zwei Sälen kann für 50 DH genächtigt werden. ✆ 0524-319036.

Camping Chez Omar le Rouge in Armed, ca. eine Stunde zu Fuß (siehe Wanderungen); auch hier werden Touren organisiert. ✆ 0524-485750.

In **Tahanaoute**, 32 km von Marrakesch entfernt, bietet die Galerie **Al Maqam**, ✆ 0524-484871, in einer modernen Villa einen fantastischen Einblick in die moderne Kunst: anspruchsvolle Austellungen, dazu Café und Terrasse. Kurz vor Tahanaoute (27 km von Marrakesch) befindet sich das kreative Schneideratelier von Achmed und Delphine Pierrette: Ysengrin, ✆ 070-803510. Unser Tipp!

Wanderungen von Imlil

Ein ausgeschilderter, einfacher Weg führt von Imlil Richtung Süden nach **Aremd** (ca. 1 Std.), einem kleinen Ort am Eingang des Toubkal-Nationalparks (Gepäck kann evtl. mit Eseln transportiert werden). Von Aremd kann man in 1–2 Stunden bis zum nahe gelegenen **Marabut von Sidi-Chamarouch** wandern (dort auch einfache Zimmer, die allerdings meist von Pilgern genutzt werden).

Von den diversen angebotenen Touren (Kartenmaterial im Büro der Guides de Montagne) ist der Weg zum **Hochtal von Tachdirt** mit schönen Berberdörfern sehr eindrucksvoll (ca. 4 Std. ab Imlil). Hier kann man auf der auf 2400 m gelegenen, von Berggipfeln umgebenen CAF-Berghütte (es gibt noch eine weitere, im Sommer besetzte Gite d'Etappe) die alpine Stille genießen oder mit Guide auf schmalen Pfaden nach Oukaimeden weitere 4–5 Std. wandern. Dieser Weg erfordert Trittsicherheit, belohnt aber mit einer spektakulären Sicht. Das grandiose **Toubkal-Massiv-Refugium** des CAF auf 3200 m mit Aussicht auf vier Viertausender ist von der CAF-Berghütte in 4 bis 5 Stunden zu erreichen (mit Guide). Und bis zum **Tazaghart-Plateau** sind es zwei Tage anspruchsvoller Wanderung (mit Guide).

• *Hinweis* Schon in Asni und auch in Imlil werden geführte Wanderungen angeboten. Besser wendet man sich jedoch direkt an das oben genannte Büro der Bergwanderführer (→ Information). Die Guides sind ausgebildete Kenner der Region und passen ihre Touren auf die individuelle Kondition und Erfahrung an.

Von Asni über Ouirgane nach Taroudannt

→ Karte S. 137

Die Panoramaroute von Asni nach Südwest über Ouirgane (R 203) nach Taroudannt (N 10) zählt zu den Traumstraßen Marokkos. Trotz des geringen Verkehrs ist auf dieser kurvenreichen und oft unübersichtlichen Strecke jedoch Vorsicht geboten.

Von den beiden empfehlenswerten Passüberquerungen von Marrakesch aus ist die etwa fünfstündige Tour nach Taroudannt sicherlich die vielseitigere Bergstraße (→ „Von Marrakesch nach Telouet und Ait Benhaddou"). Im Winter ist der Tizi-n-Test-Pass wegen plötzlicher Regen- oder Schneeschauer allerdings gelegentlich gesperrt. Doch ab Mitte Februar ist es sehr reizvoll, den Pass als Klimascheide zu erleben: Während es zwischen Asni und dem Tizi-n-Test deutlich frischer ist und noch schneien kann, ist in der fruchtbaren Ebene des Oued Souss die Orangen- und Mandarinenernte in vollem Gang und die Mandelblüte schon weit vorangeschritten. Im Sommer ist das Klima im Anti-Atlas, insbesondere in Taroudannt, verträglicher. Das ca. 60 km von Marrakesch entfernte **Ouirgane** ist touristisch bereits etwas erschlossen, seitdem hier französische Kolonialbeamte Erholung suchten. Und da hier kein Wassermangel herrscht, findet sich entlang des Oued-N'Fiss-Flusses eine üppige Vegetation – entlang der Täler schlängeln sich die Bänder grün leuchtender Flussoasen, die für kleinflächige Landwirtschaft genutzt werden. Immer wieder finden sich Ortschaften, deren Häuser aus Naturstein und Lehm sich farblich der Umgebung anpassen. Wie gut es die Natur hier meint, zeigt der alte, große Garten der Roseraie in Ouirgane. Lohnenswert ist ein Abstecher nach Ijoukak am Oued Agoundis und der Kasbah der Goundafa mit schönen Bergpfaden.

Bergregionen im Hohen Atlas

Moschee von Tin Mal

Auf dem von zwei Kasbahs flankierten Weg nach Tin Mal wird es langsam karger – von hier konnte der Zugang zum Pass hervorragend kontrolliert werden. 45 km südlich von Ouirgane folgt dann in exponierter Lage die geschichtsreiche Moschee Tin Mal. Hierher zogen sich die Almohaden zurück, nachdem ihr von den Almoraviden verfolgte Begründer Ibn Tumart hier in den Bergen um das Jahr 1120 Schutz fand. Nach Tumarts Tod führte sein Schüler Abd el Moumen den Sturm auf Marra-

kesch an und ließ sich nach weiteren Eroberungen in Andalusien in Marrakesch zum Kalifen ernennen. Seinen Sultansschatz lagerte er hier an unbekannter Stelle ein und ließ Mitte des 12. Jh. die große Moschee errichten, die sich an der Architektur der Giralda in Sevilla orientiert.

Tin Mal ist eine der wenigen Moscheen des Landes, zu der Christen Zugang haben. Die kunsthistorisch außergewöhnliche Anlage ohne Dach (Grundriss, Bögen, palmettenverzierte Kapitele und noch erhaltene Wandbemalung) geht dank der sorgfältigen Renovierungsarbeiten durch den Stuttgarter Architekten Christian Iwert seit Mitte der 90er Jahre einer gesicherten Zukunft entgegen, nachdem der Zerfall noch in den 80er Jahren fast nicht aufzuhalten schien. Von 9–20 Uhr kann die Anlage besichtigt werden, wenn sich kleine Gruppen zusammenfinden (10 DH Eintritt). Der Verwalter wohnt unterhalb der Moschee.

Tizi-n-Test-Pass

Nach weiteren 30 km ab Tin Mal ist der oft sturmumtoste Tizi-n-Test-Pass (2100 m) erreicht. Hier gibt es ein Café, Mineralienhändler und einen kleinen Campingplatz. Oberhalb des am Pass gelegenen Hotels Belle Vue sind mehrstündige Wanderungen möglich, und wer nur das fantastische Panorama ins Souss-Tal genießen will, kann vom Hotel den Blick über die rund 1500 m (!) tiefer gelegene Talebene schweifen lassen.

Die Empfehlung an Wohnmobil- und nicht schwindelfreie Fahrer, diese Strecke mit Vorsicht zu befahren, sollte man ernst nehmen, zumal marokkanische Truck- und Busfahrer unbeirrbar ihren Platz auf der eher wenig befahrenen Strecke einfordern

● *Übernachten* Die Unterkünfte liegen in Ouirgane, Asni, Ijoukak und am Pass.

Chez Momoll, etwas aufwendiger als der

Vorgänger sieht Momos neue Auberge aus. Netter Service, gutes Essen, edle Zimmer. DZ inkl. HP 750 DH. Nahe Ouirgane, kurz vor dem Ort ausgeschildert. ✆ 0524-485704, www.aubergemomo.com.

Sel d'Ailleurs, in Imangha, kurz vor Ouirgane (Km 59 von Marrakesch) ausgeschildert; sehr stilvolles Haus mit weitem Garten, Pool und Gemüseanbau. Reichhaltige Gerichte mit frischen Zutaten, in der kalten Zeit am Kamin serviert. DZ inkl. HP ab 750 DH. ✆ 0524-485461, www.seldailleursmaroc.com. Unser Tipp!

Chez Housseine, gastfreundliches Haus, etwas abseits hinter Ijoukak, mitten in einer atemberaubenden Landschaft. ✆ 0668-253421, www.tigmmi-ntmazirte.com.

La Belle Vue, Café und Hotel-Restaurant am Tizi-n-Test-Pass mit überwältigendem Blick auf die Flussebene vor Taroudannt und zum unendlich weit entfernten Horizont. Einfache DZ inkl. HP 200 DH. ✆ 0524-446724.

Weiterfahrt vom Tizi-n-Test-Pass

Die Straße vom Tizi-n-Test (R 203) mündet hinter Taroudannt in die N 10 Agadir–Ouarzazate. Nach ca. 25 km vom Pass ist die Abzweigung nach Ouarzazate erreicht, von hier folgt nach ca. 55 km auf der von Zitrusplantagen umgebenen N 10 Taroudannt.

Von der Abzweigung Kasbah Freja, 3 km östlich von Taroudannt: Eine kürzlich erneuerte, spektakuläre Bergstraße führt hinter der Piste nach Ait-Yazza über Oualkadi nach Igherm und auf einer schönen und wenig befahrenen Strecke nach Tafraoute.

„Makin Muschkil!" – „Kein Problem!"

Wer hilft mir bei der Suche? „Makin Muschkil" – „Kein Problem!" Ob in Dorf oder Stadt – stets finde ich jemanden, der sich für mich zuständig fühlt. Es ist nun einmal Sitte in Marokko, einen Fremden nicht sich selbst zu überlassen. Zum Leidwesen all der Touristen, die jeden Versuch der Kontaktaufnahme als Belästigung empfinden. Beschwerden von Reiseunternehmen haben dazu geführt, Kontakte von Marokkanern und Touristen zu reglementieren. Fremde führen darf nur, wer sich mit der begehrten Metallplakette als offizieller Guide ausweisen kann. Ich habe mich gleichwohl gern an die „inoffiziellen" Stadtführer gehalten. Wenngleich es nicht immer leicht fällt, unter den vielen, die ihre Dienste anbieten, den Richtigen auszuwählen und sich über den Preis zu einigen. Einem kurzweiligen Tag steht dann aber nichts mehr im Wege. Selbst Unmögliches wird hier in kürzester Zeit erledigt. In einer Großstadt jemanden finden, von dem man nur den Namen kennt? Makin Muschkil! Den besten Teppichladen am Ort auftun? Nichts leichter als das, ganz zufällig ist der Onkel unseres Guides Besitzer des Ladens. Kulturhistorische Kommentare? Werden aus Wissen, Legende und Vermutung frisch zusammengerührt und brühwarm zum Besten gegeben. Und dann kann es natürlich sein, dass mit einer abenteuerlichen Geschichte das Angebot zum Kauf irgendeines ganz besonderen, ja einmaligen Schnäppchens eingefädelt wird. Oder unser Freund – das ist er inzwischen geworden – schmückt seinen Lebenslauf so aus, dass sich am Ende der Fremde als rettender Engel in ausweisloser Situation fühlen darf … Not macht eben erfinderisch. Doch bei aller gebotenen Vorsicht: Misstrauen verhindert oft echte Begegnungen und kränkt aufrichtige und gastfreundliche Menschen. Und das sind die meisten, die mir in Marokko begegnet sind.

Gert Becker

Bergregionen im Hohen Atlas

Taroudannt

Die alte Hauptstadt der Souss-Ebene glänzt durch ihre fantastische Lage vor der Kulisse der weit bis ins Frühjahr mit Schnee bedeckten Gipfel des Hohen Atlas. Lebensquell der Stadt ist die Landwirtschaft, die auf den umliegenden fruchtbaren Feldern, den üppigen Gemüsegärten, Olivenhainen und Zitrusfruchtplantagen in großem Stil betrieben wird. Stolz präsentiert man den Reichtum an frischem Obst und Gemüse in den vielen Geschäften und auf den Souks. Darüber hinaus blühen Kunsthandwerk und das Geschäft mit dem Berberschmuck. Und mit ein paar schönen Unterkünften kann die geschäftige 70.000-Einwohner-Stadt auch noch aufwarten, deren Zentrum eine acht Meter hohe Stampflehmmauer mit fünf Stadttoren schützt.

Die von den Meriniden Ende des 14. Jh. zerstörte Stadt wurde von den Saadiern unter Mohammed Ash-Shaykh Anfang des 16. Jh. zur Hauptstadt gemacht, der eine Reihe prächtiger Bauten entstehen ließ. 1554 wurde Ash-Shaykh Sultan und amtierte deshalb bis 1557 in Marrakesch. Taroudannt aber blieb ein wichtiges Handelszentrum der Karawanen in die Südsahara, und besonders unter Ahmed el Mansour (1578–1603) wurde hier mit Silber, Gold und Sklaven gehandelt. Die Sklaven wurden insbesondere in der Landwirtschaft eingesetzt, große Plantagen für Zuckerrohr, Baumwolle, Reis und Indigo entstanden. In dieser Zeit war Taroudannt nach Marrakesch die größte und reichste Stadt des Landes.

Im 19. Jh. war Taroudannt durch interne Machtkämpfe wirtschaftlich ruiniert, später wurde die Stadt zur Hochburg widerständischer Rebellen, die nach der Unterzeichnung des französischen Protektoratsvertrags ihren Anführer El Hiba zum Sultan ausriefen. Diesem gelang es 1912 sogar, Marrakesch für einen Monat zu erobern. Doch 1913 wurde Taroudannt endgültig von den Franzosen besetzt. Erst nach dem Ende des Protektorats 1956 kam die Stadt durch Landwirtschaft und Tourismus wieder zu bescheidenem Wohlstand.

Diverses

● *Information*   Sachkundige Auskünfte, zum Teil auch in Englisch, in den besseren Hotels.

● *Verbindungen*   **Gare Routière** außerhalb der Medina beim Bab Zorgane; hier starten auch die Kollektivtaxis und Busse. Ca. 10 Busse tägl. (private Linien und CTM) nach Agadir bzw. Marrakesch (Taroudannt liegt auf der alten Südroute dieser Strecke). 2- bis 5-mal tägl. nach Taliouine, Ouarzazate und Tata.

Auto: Der mit Entwicklungsgeldern gebaute „Chirac Highway" (Gebühr) nach Agadir verbindet die Städte in gut einer Stunde.

● *Einkaufen*   In der **Maison d'Argan (7)**, am Ende eines Durchgangs gegenüber vom Hotel Taroudannt, gibt es hochqualitative Gewürze und Heilmittel. Auch die Herstellung des Arganöls kann man hier beobachten und zahlreiche mit Arganöl, Safran

oder Orangenblüten hergestellte Cremes erwerben.

Nördlich vom Bab el Khemis findet der **Sonntagssouk** und nahe Bab Zorgane täglich ein **Obst- und Gemüsemarkt** statt.

G.I.E Argan Taroudant, eine „wirkliche" Kooperative, die ECOCERT-geprüftes Arganöl regionaler Anbieter vertreibt. Neben den Büros der Maroc Telecom.

Aladin Treasure, ein bizarres Geschäft auf dem nördlichen Souk (Bloc B, Nr. 31) in einer ehemaligen Synagoge (!), angefüllt mit Antiquitäten.

Patisserie El Widad (10), zwischen Place Assaragh und Place Talmoklate, linker Hand. Ein Blick in das nett dekorierte Fenster lässt das Wasser im Mund zusammenlaufen. Die besten Mandelhörnchen weit und breit.

Übernachten
1 Palais Salam
3 Saadien
4 Riad Maryam
5 La Place
6 Les Amis
8 Tiout
9 Taroudannt
11 El Warda
12 Dar Dzahra
14 Auberge Tigmmi
16 Riad El Aissi

Sonstiges
7 Maison d'Argan

Essen & Trinken
1 Palais Salam
2 Chez Nada
5 La Place
15 Vala

Cafés
10 Patisserie El Widad
13 Café Chwareg

* Agadir* 13 14 15 16

Taroudannt

200 m

Übernachten/Essen & Trinken

• *Übernachten* **Palais Salam (1)**, traditionsreiches und elegantes Luxushotel mit Kolonialzeit-Charme. Schönes Ambiente mit hundertjährigen Palmen im wuchernden Garten und Pool mit Blick auf die Stadtmauer. DZ ab 650 DH. Es lohnt, vor Ort die Zimmer zu vergleichen. Bd. Taroudannt. ✆ 0528-852501.

Dar Dzahra (12), stilvolles, ruhig gelegenes Riad, kürzlich eröffnet. Der Besitzer Ives widmet sich intensiv der Geschichte der Agadire in der Region. Auch die Roadbooks zur Stadt bieten tolle Vorschläge. Elegante DZ ab 550 DH. Pool, grosse Terrasse, Wifi. Im Herzen der Medina, 300m vom Place Assarag. ✆ 0528-851085, www.dzahra.com. Unser Tipp!

Taroudannt (9), betagtes Stadthotel mit Bar/Café im großen bepflanzten Patio. Die Plakate im Korridor und viele Details des Interieurs stammen aus den 30er Jahren. Auf eine Zeitreise kann man sich auch im Restaurant machen, in dem aber nicht alle Speisen überzeugen. Die Zimmer verzichten auf Neuzeit-Standard (zum Innenhof kann es Fr/ Sa laut sein), DZ 200 DH, Dreierzimmer 300 DH. Place Assaragh. ✆ 0528-852416.

Hotel Tiout (8), ruhig gelegenes Hotel innerhalb der Stadtmauer. Hamam und Internetcafé. Schöne DZ mit Balkon DZ 340 DH, EZ 240 DH, Wifi, jeweils inkl. Frühstück. Av. Sidi Mohammed. ✆ 0528-850341, www.hoteltiout.com.

Saadien (3), an stark befahrener Straße nördlich des Souks, aber leicht nach hinten versetzt – Zimmer nach hinten etwas weniger laut. Die gute Patisserie des Hauses versöhnt, auch das Restaurant mit originellen Kellnern. Dachterrasse mit schönem Blick auf die Medina. Kleiner Pool. DZ ab 280 DH. Bordj Oumansour. ✆ 0528-852589.

El Warda (11), einfaches Hotel mit Lokalkolorit; abends kann man auf dem Videoscreen des Cafés mit den Ragazzi Filme ansehen. Von der mit Rosen geschmückten Dachterrasse Blick auf die Place. Preiswerte DZ, ohne Bad 70 DH. Place Talmoklate. ✆ 0528-852763.

La Place (5), mit Restaurant und Terrasse direkt an der Place Assaragh. Die größeren Zimmer in der zweiten Etage wählen. DZ ohne Bad 60 DH. ✆ 0528-852683.

Riad Maryam (4), schönes Riad mit gepflegtem Garten. Habib und seine Familie kümmern sich rührend um die Gäste. DZ ohne Bad ab 600 DH inkl. Frühstück. Bab Targhount 140. ✆ 0666-127285, www.riadmaryam.com.

● *Essen & Trinken* **Palais Salam (1)**, elegantes Restaurant mit allen denkbaren lokalen Spezialitäten und Weinkarte. Alternative: auf einen Tee in den üppigen Garten! Bd. Taroudannt.

Chez Nada (2), Spezialität des Hauses ist die fantastische Pastilla (in Blätterteig gebackener Auflauf), die man am besten vorbestellen sollte. Auch die Gemüse und Tajines sind vorzüglich. Schöne Terrasse. Rue Ferk-Lahbab, ✆ 0528-851726.

Vala (15), Restaurant an der Route d'Agadir, ca. 1800 m vom Zentrum. Vorzügliche frische Gerichte und Pastilla. Durchgehend offen bis 2 Uhr. Av. Hassan II, ✆ 0528-850249.

● *Außerhalb* **Maison d'hôtes Les Amis (6)**, kleines, freundliches Gästehaus; die Besitzer stehen mit allerhand Tipps und Vorschlägen zur Seite. DZ inkl. gutem Frühstück 160 DH. Im Sidi-Belkass-Viertel. ✆ 0667-601686.

Riad El Aissi (16), von Agadir kommend ca. 3 km vor der Stadt (ausgeschildert), inmitten einer schönen Oliven- u. Orangenplantage; individuelle, geschmackvolle DZ. 400–600 DH inkl. sehr gutem Frühstück auf einem Landsitz der 20er Jahre. Tägl. wechselnde Menüs, Gegrilltes, Tajines. ✆ 0528-550255, www.riadelaissi.com. Unser Tipp!

Auberge Tigmmi (14), in der 1000 ha großen, 30 km südöstlich der Stadt gelegenen Palmeraie de Tioute (Quartier Douar Amaner) → unten. Großzügige Anlage mit sparsamer Eleganz und einer der besten Küchen der Region. Bleibt nur zu hoffen, dass der Ort sein freundlich-familiäres Ambiente beibehält. Reservierung empfohlen. DZ inkl. Frühstück 315 DH, HP 580 DH. ✆ 0528-850555.

Café Chwareg (13), Café und Restaurant. Im Sommer lässt es sich im hübschen Garten mit Berberzelt gut aushalten – in der Palmeraie weht eine leichte Brise. Das Essen ist einfach, die Gerichte sind frisch zubereitet. Palmeraie de Tioute → unten.

Sehenswertes

Vom Bab el Kasbah führen belebte Ladenstraßen quer durch das Zentrum zum Bab Targhount, der Verkehr zwängt sich allerdings über ein kompliziertes Einbahnstraßensystem durch die alte Medina, so dass es ratsam ist, das Fahrzeug außerhalb der Stadtmauer beim Bab el Kasbah oder dem Bab Zorgane zu parken. In der Medina lohnt ein Spaziergang von der **Place Assaragh** über die Avenue Zaran Richtung Kasbah und dann über die Avenue Sidi Mohammed zur **Place Talmoklate**. Auch außerhalb der Stadtmauer bietet die angrenzende großzügige, neuere Stadtarchitektur (frühes 20. Jh.) zwischen Bab Zorgane, Avenue Mohammed V. und der weiten Avenue Hassan II. einiges an Sehenswertem – der Blick öffnet sich auf die durchaus gelungenen neuen Stadtviertel, weite Alleen und hübsche neue Parkanlagen, die mit der alten Stadt harmonieren.

Wer die fast 8 km lange, von fünf markanten alten und einigen neuen Toren unterbrochene Medina-Mauer ganz umrunden möchte, kann am **Palais Salam** eine Pferdekutsche nehmen (ca. 100 DH). Der **Souk el Had** am Sonntag/Donnerstag nördlich von Bab el Khemis ist ein sehr lohnenswerter Markt mit guten Preisen (etwa 2 km von der Place Assaragh). Von der belebten Place Assaragh mit ihren

Cafés lässt sich das Treiben schön beobachten. Die (Araber-)**Souks** östlich der Place Assaragh bieten Lederartikel, Teppiche, Gewürze und Geschmiedetes in guter Qualität, der **Kräutersouk** im östlichen Bereich zählt zu den besten des Landes. Auf der Place Talmoklate gibt es einige Buden mit ausgezeichnetem Orangen- und Pampelmusensaft. Südlich dieser Buden geht es zu einem urtümlichen **Berbermarkt.** An den Markt schließt sich ein Gebrauchsmarkt mit buntem Schnickschnackverkauf an. Geruchsunempfindliche können die **Gerbereien** beim Bab Targhount besuchen.

Etwa 2 km außerhalb in Richtung Amskroud liegt das legendäre Gazelle d'Or. Die als teuerstes Hotel Marokkos geltende Unterkunft in einer 100 ha großen Orangerie wurde u. a. vom französischen Ex-Präsidenten Jaques Chirac als Feriendomizil genutzt.

Ausflug ab Taroudannt

Palmeraie de Tioute: Die ca. 1000 ha große Palmeraie liegt etwa 30 km südöstlich von Taroudannt (Richtung Ouarzazate, nach 8 km in Ait Yzza rechts Richtung Freija/Igherm fahren, nach weiteren 10 km der Beschilderung nach „Tioute" folgen); Verbindungen mit Kollektivtaxi vom Bab Zorgane. Die Palmeraie de Tioute ist noch weitgehend bewirtschaftet und hat die Trockenperioden der letzten Jahre anscheinend gut überstanden. Lokale Guides geben Informationen beispielsweise zu den Grundlagen des Bewässerungssystems und führen durch die Palmeraie zum Ksar und zu den umliegenden Kasbahs. Von den erhöhten Orten hat man einen schönen Blick auf die Gegend. Auf einer Rundtour mit Auto oder Taxi kann man auch die Kasbahs Freyer und Tioute besuchen.

Ebenso sehenswert ist die **Coopérative Taitmatine d'huile d'argan** am Ortseingang von Tioute. Dieses angeblich vom Fürstentum Monaco finanzierte Projekt beschäftigt viele Frauen des Ortes. Sämtliche Arbeitsschritte bei der Verarbeitung des Arganöls können hier verfolgt werden.

Coopérative Taitmatine d'huile d'argan, Tioute. Tägl. 8.30–18.30 Uhr.

Weiterfahrt ab Taroudannt

Taroudannt ist verkehrstechnisch sehr gut erschlossen. Insbesondere die neue Schnellstraße zum Flughafen in Ait Melloul führt in weniger als einer Stunde zur Umgehungsstraße von Agadir. Nach Marrakesch über den Tizi-n-Test-Pass sollte man im Pkw mit 4 bis 5 Stunden, im Bus mit ca. 6 Stunden rechnen.

Bergregionen im Hohen Atlas

Von Marrakesch nach Telouet und Ait Benhaddou → Karte S. 137

Nach Südosten über den Tizi-n-Tichka-Pass nach Ouarzazate (N 9)

Außerordentliche geologische Formationen und bauliche Meisterleistungen machen diese Panoramastrecke zu einem Highlight. Wenn sie denn befahrbar ist. Wie sehr hier immer noch gegen die Tücken der Natur gekämpft wird, zeigen etliche Umleitungen, die von Unwettern abgetragene Straßenabschnitte umgehen.

Die ca. 200 km lange Tour über den Hohen Atlas kann man mit dem Bus in fünf Stunden und mit dem Pkw in 3–4 Stunden zurücklegen. Allerdings gibt's hier mehr Verkehr als am nordöstlichen Hohen-Atlas-Pass bzw. am Tizi-n-Test. Die breite, gut ausgebaute N 9 führt nach ca. 110 km auf den Col des Paturages (2260 m). Bei klarem Wetter bietet sich bei der Auffahrt eine gute Sicht auf Marrakesch und die zurückliegenden Täler des Oued Tensift und des Oued Zat. Die Farbskala des Gesteins, das sich auch an vielen Häusern der Region zeigt, reicht von rotstichigen Grauwerten über Altrosa bis hin zu Schwarzgrün. Eine große Zahl von Mineralien- und Fossilienhändlern bietet entlang der Strecke ihre Schätze feil. Der Wettbewerb unter den Händlern ist groß, mit viel Fantasie und den bunt gefärbten Kristallen werben sie um die Aufmerksamkeit der Reisenden.

Etwa 5 km nach der Passhöhe des Col des Paturages folgt die Abzweigung nach Telouet und Ait Benhaddou (ausgeschildert). Kenner der Region bevorzugen diese wenig befahrene, inzwischen asphaltierten Nebenstrecke nach Ouarzazate.

Telouet

Noch keine hundert Jahre ist die Kasbah von Telouet alt, doch schon dem Verfall preisgegeben. Für den Erhalt der Stammburg des ungeliebten, einst reichsten und mächtigsten Glaoui-Pascha stellt der Staat keine Mittel zur Verfügung.

El-Hadj tham el-Mezouari el-Glaoui ist der Name des Glaoui-Paschas, der einst mächtiger war als der Sultan – ein Name, der vielen Marokkanern bis heute das Lächeln gefrieren lässt. Denn El-Glaouis Bruder, Moulay Hafid, unterzeichnete 1912 den Protektoratsvertrag mit Frankreich, und El-Glaoui selbst war ein durchtriebener Taktiker, der es verstand, zwischen den Parteien zu lavieren, um sich eigene (Macht-)Vorteile zu verschaffen. Zeitweise kontrollierte er die gesamten südlichen Berberstämme, hatte das Steuermonopol auf den Getreidehandel sowie Beteiligungen an den von den Franzosen betriebenen Eisenerzminen. Bis 1953 stand El-Glaoui den Franzosen zu Diensten, als Mohammed V. aus dem Exil zurückgeholt und zum König inthronisiert wurde. Noch kurz zuvor war El-Glaouis Versuch gescheitert, die marokkanische Nationalbewegung zu schwächen und mit einer riesigen Berber-Armee – mit Krummdolch und veralteten Waffen – seine Macht und die der Franzosen zu sichern. Ein berühmtes Foto zeigt ihn beim Kniefall gegenüber dem neuen Souverän König Mohammed V., der ihn nichtsdestotrotz enteignete, dann aber begnadigte und nach Frankreich verbannte, wo El-Glaoui 1956 starb. Ein Besuch der im maurischen Stil erbauten Burg aus Stampflehm mit hohen Türen im

UNESCO-Weltkulturerbe Ait Benhaddou

Empfangssaal, mit Fayence-Mosaiken und üppig dekorierten Zedernholzdecken vermittelt ein Bild von der Pracht, die hier einstmals herrschte. Dazu gibt es herrliche Ausblicke auf das Gipfelpanorama des Hohen Atlas.

Etwa 5 km hinter dem Tizi-n-Tichka-Pass Richtung Ouarzazate (N 9) folgt eine Abzweigung, die nach Telouet führt. Diese inzwischen bis Ait Benhaddou asphaltierte Strecke ist immer noch wenig befahren.

• *Übernachten* **Gîte de Lac**, von der Place du Souk ca. 600 m linker Hand; Einfachunterkunft von Bergführer Mohammed Bennouri, der Ausflüge mit viel Berber-Esprit organisiert! DZ 100 DH. ☏ 0524-890722.

Chez Afoulki, geräumige Unterkunft mit guter Küche in toller Lage; auf den schönen Terrassen wird Yoga angeboten. DZ mit HP 200 DH/Person. Place du Marché. ☏ 0524-891314.

Chez Ahmed Boukhas, direkt bei der Glaoui-Kasbah; der Inhaber kennt alle geschichtlichen Daten der Glaoui-Kultur. DZ mit Bad 300, HP 200 DH. 0524-890717, www.telouet.com. Unser Tipp!

Ait Benhaddou

Ein Ksar aus Tausendundeiner Nacht, das, betrachtet man die hier gedrehten Monumentalfilme wie „Lawrence von Arabien", „Sodom und Gomorrha" oder Scorceses „Die letzte Versuchung Jesu", beinahe etwas Unwirkliches hat. Fast scheint es, als wäre dieses Ksar nur eine moderne Kopie …

Am besten überprüft man das in den Abendstunden. Dann ist es hier ruhig, und das Ksar, ein an den Fels gebautes, von einer Stadtmauer eingefasstes Labyrinth ineinander verschachtelter Häuser, Gassen und sechs Festungsspeicher (Tighremts), umgibt eine ganz besondere Atmosphäre. Ob mit Guide oder allein: Es ist ein Erlebnis, sich in den schmalen Gassen zu verlaufen und ein Gefühl für die Vergangenheit zu bekommen. In der *Maison Berbère* und der *Maison traditionelle* (beide geöffnet von etwa 9 Uhr bis Sonnenuntergang) kann man sich althergebrachte Einrichtungen und Gebrauchsgegenstände anschauen, etwa die massiven Holztüren mit Ornamenten und hölzernen Zackenschlössern. Einige Häuser sind noch bewohnt, und ihre Besitzer erzählen jedem, der etwas Muße mitbringt, mehr über das Leben in alten Zeiten.

Seit einigen Jahren werden im UNESCO-Weltkulturerbe Ait Benhaddou Erhaltungsarbeiten durchgeführt, manche davon auf Initiative der Filmindustrie (falls weiter gedreht wird, werden wohl noch mehr Mittel fließen). So ließ Orson Welles für „Sodom und Gomorrha" das große Eingangstor neu fertigen und zentnerweise tiefrote Farbe auf die Mauern bringen.

Nur 6 km nördlich von Ksar Ait Benhaddou (Piste nach Tizi-n Tichka) steht die ebenfalls sehenswerte **Kasbah Tamdaght.** Seit Jahren von einem Team entspannter Störche bewacht, gibt es zudem noch einen Wächter, der das Tor für neugierige Touristen aufschließt. Von Tamdaght sind es gut 40 km nach **Telouet,** die neu asphaltierte Straße bietet viel zu entdecken. Einzigartige Landschaftliche Highlights und einfache Unterkünfte findet man in den kleinen Berberörtchen Angelz, Tizmak, Tiguerte Ait Faress

• *Verbindungen* Die Abzweigung nach Ait Benhaddou liegt ca. 22 km westlich an der Strecke Marrakesch–Ouarzazate. In Tabourath (Abzweigung nach Ait Benhaddou) halten die Busse von Süden. Die Strecke Tabourath – Telouet – Tizi-n-Tichka lohnt immer noch für Trekking/Biking. Auch abgeschiedene Dörfer und Pfade lassen sich gut von den oben genannten Örtchen entdecken.

• *Übernachten* **Kasbah du Jardin**, am Weg nach Telouet, 15 Fußmin. zum Ksar. Schönes Setting, ausgezeichnete DZ ab 200 DH. HP 400 DH. Pool. ✆ 0524-888019. www.kasbahdujardin.com.

Defat Kasbah, 2 km südlich von Tamdaght; sehr schönes, einfaches Haus mit traditioneller Einrichtung und ebenso einfachen, aber frischen Speisen. DZ ab 100 DH. ✆ 0524-886485. www.defatkasbah.com.

Kasbah Ellouze, in Tamdaght, ausgeschildert (5 km von Ait Benhaddou); komfortabel und luxuriös gestaltet, die Nacht im DZ mit HP 940 DH. ✆ 0524-890459. www.kasbahellouze.com.

Auberge des Cigognes, gleich neben der Kasbah Tamdaght (5 km von Ait Benhaddou). Freundlicher Ort, Traveller können evtl. auf Abdelaziz' Terrasse übernachten und sich die Geschichten des Ait-Benhaddou-Stammes erzählen lassen. DZ mit HP 500 DH.

Ouarzazate → Karte S.150/151

Gigantische Filmproduktionen seit den 1960er Jahren bis in die Gegenwart haben der Hauptstadt der Region einen soliden wirtschaftlichen Aufschwung beschert.

1928 von den Franzosen am Schnittpunkt der Fernstraßen nach Osten gegründet, hat sich Ouarzazate zu einer modernen 60.000-Einwohner-Stadt mit breiten Avenues, Hotels, Kultur- und Kongresszentrum sowie Flughafen entwickelt. Der seit den 70er Jahren geförderte Tourismus ließ bis in die Gegenwart eine Vielzahl von Hotels entstehen, die internationalen Hotelketten vom Club Med bis zu Kenzi sind hier vertreten. Über mehrere Kilometer zieht sich die Hauptverkehrsstraße, die Avenue Mohammed V., parallel zum Oued Ouarzazate durch die Stadt. Von den Terrassen vieler Häuser bietet sich ein grandioser Ausblick auf die umgebenden, bis weit ins Jahr schneebedeckten Atlas-Massive. Und über der Stadt, auf dem letzten, fast 1200 m hohen Plateau vor der Wüste, flimmert in der Morgen- und Abenddämmerung des Winterhalbjahrs gelegentlich ein intensives violett-stichiges Licht.

Diverses

• *Information* **Délégation du Tourisme**, direkt an der Ecke Av. Hassan II./Av. Mohammed V. Vermittelt auch Tourguides. 8.30–16.30 Uhr, im Sommer 7.30–15 Uhr. ✆ 0524-882485, www.province-ouarzazate.com.

• *Verbindungen* CTM-Busse an der Av. Mohammed V., bei der Post. Stündlich **Busse** der privaten Linien nach Marrakesch (ca. 5 Std.), tägl. 2–3 CTM-Busse. Gare Routière Privée ganz im Westen der Av. Mohammed V. Stündlich Verbindung nach Bou-

malne und Tinerhir. Nach Zagora mehrmals täglich, nach Agadir 4-mal tägl. **Kollektivtaxis** starten an der Place El-Mouahiddine.
Flughafen, 3 km vom Zentrum entfernt im Norden der Stadt. Flüge nach und von Paris und Casablanca. ✆ 0524-882383.

• *Internet* Mehrere Cafés in der Av. Mohammed V. in Höhe Av. Mohammed VI.

• *Post* Am Beginn der Av. Mohammed V., schräg gegenüber dem Touristbüro.

Touren/Randonnées (siehe Karte S. 150/151)

Ouarzazate bietet sich als Ausgangspunkt für Touren in das Draa-Tal und zur Straße der Kasbahs bis nach Merzouga an. Zahlreiche Veranstalter sind an der großen Hauptstraße vertreten. Ein Verzeichnis der zugelassenen Büros ist in der Délégation du Tourisme erhältlich. Weitere Infos zu Events u. Ä. in der Region erfragen.

• *Reiseagenturen* **Daya Travels (20)**, Av. Mohammed V., auch Fahrradverleih. ✆ 0524-887707, www.dayatravels.com.
Ksour Voyages (10), großer Anbieter, der mit namhaften Reiseunternehmen zusammenarbeitet. Place 3 Mars, ✆ 0524-882840, www.ksour-voyages.com.
Désert et Montagne Maroc, französischer Anbieter mit langjähriger Erfahrung, zudem mit einer marokkanischen Wanderführerin verheiratet. Kasbah Dar Daif. ✆ 0524-854949, www.desert-montagne.ma.
Cherg Expéditions (13), verfügt auch über eine Basis hinter M'Hamid, wo die Exkursionen starten. Place El-Mouahiddine, ✆ 0524–887908; aktuelles Programm unter www.cherg.com.
Désert Évasion (9), kleinerer, dennoch professioneller Veranstalter. Place 3 Mars, ✆ 0524-888682.

Iriqui Excursions (11), breites Programm von Kameltouren bis 4x4. Startpunkt ist eine Basis mit komfortablen Nomadenzelten (und biologischem Gemüseanbau) südlich von M'Hamid. Gleich hinter der Place 3 Mars. ✆ 0524-885799, www.iriqui.com.

• *Führer* **Hassan Abdelouajid** arbeitet für unterschiedliche Veranstalter der Region, kann aber auch individuell für Trekking (Bivouac) und Touren mit dem 4x4 zu den Dünen von Chegaga gebucht werden. Hassan Abdelouajid, ✆ 0661-871676, hassan-abdelouajid@gmx.fr.

• *Souks* Lohnenswert ist ein Blick auf den Sonntagssouk, im Quartier Industrielle; der Samstagssouk in Tabounte, der Freitagssouk am Gare Routière und den Dienstagssouk am Sidi Daoud.

Einkaufen (siehe Karte S. 150/151)

Fossilien aus der Wüste und aus dem Osten des Landes sind eine Besonderheit, in Ouarzazate werden sie verkauft. Die mit großen Lastwagen herbeigekarrten dunklen Ammonitenplatten (Schnecken, Tintenfischgehäuse, Muscheln) sind manchmal tischgroß und werden hier geschliffen und weiterverarbeitet. Ausgesprochen groß ist die Vielfalt an kriechendem und fleuchendem Getier, das hier vor Millionen von Jahren auf dem Meeresgrund lebte.

Die große Nachfrage von Touristen und Filmcrews hat auch das handwerkliche Angebot wachsen lassen. Auf dem täglichen Markt westlich der Place El-Mouahiddine (Teppiche, Kunsthandwerk, Kleider, Gebrauchswaren) sollte geduldig gehandelt werden – die Preise hier sind üborteuert. Der Dienstags-Souk am **Sidi Daoud** ist günstiger, ebenfalls der Freitags-Souk Richtung Place du 3 Mars am **Douar Chems** – hier finden sich auch einige **Reiseagenturen**. Das **Centre Artisanal** gegenüber der Kasbah de Taourirt bietet Handwerksprodukte in hoher Qualität, es ist der offizielle „Vorzeigemarkt" der Region.

Bergregionen im Hohen Atlas

La Pierre Fossilisée (5), Großhandlung und Atelier in der Av. Mohammed V., Tassoumaate. Omar Drissi vermittelt Interessierten die Details. Es wird auch zuverlässig ins Ausland geliefert. ✆ 0524-886831, www.marbrefossile.com.

Centre Artisanal, schräg gegenüber der Kasbah Taourirt. Teppiche vor allem von den im Hochland lebenden Ouzquita-Berbern (sonntags geschlossen).

Centre Horizon Artisanat (4), Rue de la Victoire. Ein unterstützenswertes Projekt einer italienischen Entwicklungshelferin, die für junge Behinderte den Verkauf ihrer Produkte organisiert. Tägl. 9–19 Uhr.

Übernachten

Es gibt eine Reihe von Vier-Sterne-Hotels, die besonders für die Crews der Filmproduktionen und Reisegruppen gebaut wurden und ab 700 DH aufwärts für das DZ zu haben sind; wir beschränken uns unten auf (meist) günstigere Adressen.

*** Les Jardins de Ouarzazate (22), in Tabount. Von einigen Zimmern weiter Blick auf die Stadt. Einrichtung im Neo-Kasbahstil. Hübscher Garten, Pool. DZ ab 600 DH. ✆ 0524-854200, www.lesjardinsdeouarzazate.com.

*** Hotel Oscar (7), in den Atlas-Filmstudios im Norden. In den Korridoren und im Restaurant kann man Filmgeschichte auf Fotos betrachten. DZ mit AC ab 600 DH. ✆ 0524-882212.

*** Villa Kerdabo (2), kleine Maison d'hôtes mit 10 geräumigen Zimmern. Pool in einem hübschen Garten, gute Küche. AC, Wifi. DZ ab 840 DH. Bd. Sidi-Bennaceur. ✆ 0524-887727, www.villakerdabo.com.

Kasbah Dar Daif (21), wohlige alte Kasbah unter franz. Leitung hinter der Kasbah Cigogne mit Fernblick auf die Stadt. Kochkurse, Bikes, Hamam. DZ mit HP (obligatorisch) zu 1250 DH. ✆ 0524-854947, www.dardaif.ma.

*** Perle du Sud (17), Hotel, Restaurant und Bar mit Livemusik. Zimmer zum Innenhof recht ruhig, die im oberen Geschoss zur Straße haben dafür eine schöne Aussicht. Komfortable DZ mit AC/TV ab 500 DH. Pool, Wifi, Nightbar. Av. Mohammed V. ✆ 0524-888644, www.hotelperledusud.com.

Palmeraie (3), großzügige Clubanlage mit Bungalows, großem Pool und viel Grün, auf dem sich die Kinder austoben können. DZ inkl. Frühstück 550 DH. Av. Al Maghrib Al Arabi, ✆ 0524-887292.

La Vallée (25), mit Terrasse und Blick auf die Palmeraie; Pool. Neo-Kasbah, die sich mit freundlichen Preisen an marokkanische Familien wendet. DZ mit Bad 250 DH, kleinere Zimmer 120 DH. Av. Hassan II., an der südlichen Seite des Oued Ouarzazate. ✆ 0524-854034, www.hotellavalleemaroc.com.

Hotel Nadia (24), angenehmes Setting und geräumige Zimmer mit AC zu guten Preisen, dazu kleiner Garten mit Pool. DZ inkl. Frühstück 280 DH. Av. Hassan II., gegenüber La Vallée. ✆ 05240524-854940, www.hotelnadiazt.com.

Hotel La Gazelle (8), von außen unattraktiver Zweckbau, von innen besser. Pool und hübscher Garten im Innenhof. Gute Parkmöglichkeit. DZ 160 DH. Av. Mohammed V. ✆ 0524-882151.

Hotel Amlal (19), kürzlich renoviertes, ruhiges Hotel nahe der Rue Marché mit Dachterrasse und guter Küche. Kleine Zimmer mit TV/AC ab 250 DH. ✆ 0524-884030, www.hotelamlal.com.

Hotel Zaghro (23), einige enge Zimmer ohne Bad ab 120 DH, die besseren DZ 250 DH. Großer Parkplatz und kleines Schwimmbad. Av. Mohammed V. 335. ✆ 0524-854135, www.hotel-zaghro.com.

Villa Ty-Douar (6), kürzlich eröffnet, in Nachbarschaft der Studios im Norden; DZ inkl. Frühstück 450 DH. ✆ 0524-887507.

Essen & Trinken

Patisserie Habous (12), die Patisserie Nummer eins bei den Ouarzazati. Auch Pizza, Kaffee und Tee. Av. El Mouahiddine 22.

Chez Dimitri (18), ältestes Restaurant in Ouarzazate (1928) mit Bar. Originelle Einrichtung. Essen gut und teuer. Oder stattdessen ein Aperitif auf der Terrasse? Av. Mohammed V. 22. ✆ 05240524-887346. Unser Tipp!

Restaurant Erraha ((16), gut besucht, bei Windstille sehr angenehme Terrasse; feine Menüs um 100 DH. Av. El Mouahiddine 11.

La Halte (15), Preise und Qualität stimmen, auch französische Küche. Av. El Mouahiddine.

Obelix (14), im Filmstudio-Deko-Stil. In der Bar im 1. Stock zeigen sich die Lokalmatadoren. Av. Moulay Rachid.

Afoulki (1), Café und Restaurant, beliebt bei Youngstern und Familien. Preiswert. Av. Al Maghrib Al Arabi.

Douyra, Café und Restaurant mit feinen Gerichten, 100 m neben der Kasbah Taourirt, stilvoll eingerichtet, Aussichtsterrasse. (C.Rapold, Bern)

Sehenswertes

Kasbah Taourirt: Nachdem der verhasste Glaoui-Pascha ins Exil gegangen war, verfiel die Kasbah, wurde aber auf Initiative der Filmindustrie, die sie oft als Drehort nutze, sorgsam renoviert. Ein Übriges taten UNESCO-Mittel, die für die dringendsten Arbeiten zur Verfügung gestellt

Ein nobles Haus in der Kasbah von Taourirt

wurden. Ein Rundgang durch das Etagenlabyrinth der verschachtelten Anlage vermittelt, wie hier gelebt wurde. Interessant ist der kleine **Souk an der Rue de Marché**. Auch das gegenüber der Kasbah Taourirt liegende **Ensemble Artisanal** (mit Filmmuseum) und die **Coopérative Artisanale des Tapis** an der Place Mohammed V. bieten qualitativ gutes Handwerk zu Festpreisen. Das geplante Volkskundemuseum ist noch nicht geöffnet.

Östlich der Stadt befindet sich der mächtige **El-Mansour-Stausee**, in den von Osten der Dades mündet und nach Süden der Draa weiterfließt. Die grüne und gut bewirtschaftete **Fint-Oase** liegt westlich in Richtung Tiffoultoute: Nach der Brücke von Tabounte am südlichen Stadtausgang bei der Tankstelle rechts abbiegen und nach weiteren 3 km, bis auf der linken Seite ein Schild mit dem Hinweis auf die Piste folgt, links abbiegen. Von dort nochmals 15 Autominuten auf

der sich etwas verschlechternden, aber immer noch erkennbaren Piste, bis ein großer Parkplatz am Rand der Oase erreicht ist.

Etwa 20 km westlich der Stadt liegt der Ort **Tabourahte** (Strecke nach Ait Benhaddou), wo man im **Desert Mineraux** seltene Steine in toller Qualität kaufen kann. Der Besitzer des kleinen Geschäfts, Hassan, gibt gern Auskunft über die Region.

Unser Tipp: In der von hier ca. 5 km entfernten Ortschaft **Zaouit Sidi Ahmed** scheint die Zeit stehengeblieben zu sein – das Leben folgt ganz dem Rhythmus der Oasenwirtschaft. Eine fantasievolle Unterkunft bietet Quassel El Omari in den alten Gemäuern seiner Familie der Ait Zineb (HP 200 DH/Person). Interessierte können vom ihm viel über die kulturelle und wirtschaftliche Entwicklung der Region erfahren (Mitglied im Netzwerk Maroc „Chez Habitants"). ✆ 0667-597569, zaouitsidiahmed@gmail.com. Gäste werden auch abgeholt in Tabourahte.

Der Filmhimmel über Ouarzazate

Der Himmel über der Wüste ist unermesslich weit, der Filmhimmel über Marokko ebenfalls. Denn längst wissen die großen Produzenten, dass Kinoträume hier preiswert und gut realisiert werden können – die Wüstensonne, die für perfekte Ausleuchtung sorgt, bekommt man ebenso gratis wie atemberaubende, kontrastreiche Landschaften, und die Miete für das zauberhafte Setting in den Kasbahs der Draa-Region reißt auch keine großen Lücken ins Budget. Hinzu kommt ein Heer an markant aussehenden Statisten, das man schnell zusammenrufen kann.

Der Faszination des Fremdartigen und Orientalischen waren bereits die Brüder Lumière unterlegen, als sie 1898 den Stummfilm „Der marokkanische Reiter" produzierten. Wie sehr das Publikum in den folgenden Jahrzehnten nach weiteren orientalischen Fantasien verlangte, zeigt die erfolgreiche Studioproduktion „Marokko" (1930) von Josef von Sternberg. Dieser in den Hollywood-Studios gedrehte Streifen mit Gary Cooper und Marlene Dietrich wurde bald die Ausnahme, zumal die Regisseure der Genuss lockte, direkt in Marokko zu arbeiten. Das verstand auch Orson Welles, der sich von 1949 bis 1952 ganze drei Jahre Zeit ließ, um sein Epos „Othello" zu verwirklichen – unter anderem gedreht auf der Sqala von Essaouira. Oliver Stone, fasziniert von Orson Welles' Arbeit, verschlug es ebenfalls über längere Zeit nach Marokko. Für seinen Film „Alexander der Große" (2003) zog es ihn in die Studios nach Ouarzazate und Essaouira, wo er ein riesiges Heer von Statisten über mehrere Monate in Atem hielt und gigantische Architekturen nachbaute. Gerade ein Jahr zuvor hatte Ridley Scott einen nicht weniger aufwendigen Film beendet, für den er die Heilige Stadt Jerusalem in den Atlas-Filmstudios nachbauen ließ: „Die Kreuzfahrer".

Atlas-Filmstudios (von Ouarzazate 5 km nördlich Richtung Marrakesch, kurz hinter Tamssint), tägl. 9–18 Uhr, Eintritt 50 DH. Die Studios geben einen faszinierenden Einblick in die Filmgeschichte von den Anfangszeiten bis in die Gegenwart. Das Gleiche gilt für das Filmmuseum am Ensemble Artisanal, gegenüber der Kasbah Taourirt, Eintritt 30 DH.

Blick von der Kasbah Caid

Wanderung zur Kasbah Tiffoultoute/Kasbah Tameslah

Kasbah Tiffoultoute: Die im Tal des Ouarzazate-Flusses gelegene Kasbah ist in einer leichten zwei- bis dreistündigen Wanderung zu erreichen; besonders im Frühjahr, wenn die Mandelblüte die parzellierten Felder mit Farbtupfern schmückt, ist die Wanderung ein Erlebnis, zumal die Wege zwischen den Feldern belaufen werden können. Die Kasbah, in der bis in die 50er Jahre ein Gesandter des Glaoui-Paschas residierte, bietet einen fantastischen Rundblick auf Ouarzazate, das Atlasgebirge und das etwa 1 km breite Flusstal, das nach Süden von der parallel verlaufenden Straße nach Tiffoultoute begrenzt wird. Übrigens diente auch die Kasbah Tiffoultoute als Drehort für „Lawrence von Arabien", „Jesus von Nazareth" und Scorseses „Die letzte Versuchung Christi".

Im nahen Restaurant unterhalb der Kasbah befindet sich eine einfache Küche. Der Besitzer bekochte hier angeblich alle möglichen Filmstars, an die signierte Fotografien erinnern. Vor der Kasbah Tiffoultoute warten Taxis, mit denen man nach Ouarzazate zurückfahren kann.

Kasbah Tameslah (auch Kasbah Cigogne, Storchen-Kasbah, genannt): Sie liegt in entgegengesetzter Richtung (beim Hotel La Vallée links ab) ca. 4 km entfernt im Tal des Oued Ouarzazate und ist auch mit Pkw oder Taxi erreichbar. Zusammen mit der kleinen Ortschaft im Hintergrund bietet sie ein recht archaisches Bild. Störche haben sich auf den Mauerabbrüchen Nester gebaut und finden sich ab dem Frühjahr hier ein. Um den Bauzustand der Festung ist es allerdings nicht gut bestellt.

Weiterfahrt von Ouarzazate

Von Ouarzazate aus gibt es die Möglichkeit, das Draa-Tal und die Dades-Region bis nach Merzouga jeweils mit Hin- und Rückfahrt zu erkunden – oder als ausgedehnte Rundtour über die Strecke Tansikht–Nekob–Tazzarine–Alnif–Rissani (bzw. Merzouga) zum Tafilalet und über Tinerhir nach Ouarzazate zurückzufahren. Eine dritte Möglichkeit ist, die Strecke von Zagora bzw. M'Hamid nach Merzouga zu fahren (→ M'Hamid/Ausflüge, S. 165), eine Wüstenpiste, die allerdings nur mit 4x4-Fahrzeug machbar ist. Diese Option lässt sich auch mit einer Übernachtung in der Wüste kombinieren, Veranstalter in Tinerhir, Zagora und M'Hamid vermitteln entsprechende Angebote.

Von Ouarzazate durchs Draa-Tal nach Zagora und M'Hamid

Prächtige Kasbahs am Rand ausgedehnter Palmenoasen – eine Fahrt durch das Draa-Tal bietet viele Attraktionen. Die von der jahrelangen Trockenheit stark angegriffenen Dattelpalmenoasen, die sich von Agdz bis nach M'Hamid ziehen, erhielten im Winter 2005/06 ausreichend Niederschläge, und so finden sich heute überall frische Triebe an den anscheinend schon verdorrten Palmen.

Wer dieser touristisch inzwischen bestens erschlossenen Route folgt, kann die 250 km nach M'Hamid auf guter Asphaltstraße (N 9) bequem an einem Vormittag zurücklegen. Die Alternative ist – ein 4x4-Fahrzeug vorausgesetzt –, sich zwischen Agdz und Zagora auf der nördlichen Uferseite des Draa deutlich langsamer fortzubewegen und einen Zeitsprung in die Vergangenheit zu machen (→ Verbindungen ab Agdz). Zahlreiche zunächst unbewohnt scheinende Dörfer und Kasbahs finden sich an dieser Seite des Draa. Vergleichbar mit den Kasbahs im Dades-Tal, wurden viele der mächtigen Familienburgen am Rand der Oasengärten für die Statthalter der Glaoui seit Ende des 19. Jh. gebaut – so konnten sie die Region hervorragend kontrollieren. Nachdem viele dieser fragilen Stampflehm-Gebilde dem Verfall preisgegeben waren, scheint sich heute das Blatt ein wenig zu ihren Gunsten zu wenden (→ Agdz/„Leben in einer Kasbah").

Viele Clans erkennen heute den Wert eines derartigen Besitzes für die touristische Nutzung. Sie renovieren das Anwesen, erwirtschaften z. B. durch Vermietung an Ausländer ein Einkommen und schaffen so auch Arbeitsplätze. Angesichts billiger Handwerker und Arbeiter, guter Einnahmen und Unterstützung durch ausländische Investoren oder Entwicklungsorganisationen wie der deutschen Gesellschaft für Technische Zusammenarbeit (GTZ) können sogar schwarze Zahlen geschrieben werden. Natürlich haben auch die großen Filmproduktionen zum Erfolg beigetragen. So verwandelte sich die Kasbah Tamnougalt für Bertoluccis Filmstreifen „Himmel über der Wüste" in ein Fort der Fremdenlegion, während das umliegende Ksar ein perfektes Setting abgab, mit Hunderten von Statisten, die hier mit den Stars über Wochen zusammenarbeiteten.

Agdz

Agdz diente der französischen Garnison aufgrund seiner strategischen Lage und der Nähe zu Ouarzazate als Standort. Ein Besuch lässt diese Bedeutung schnell erkennen.

Die kleine Marktstadt am Fuß des 1530 m hohen Djebel Kissane mit ihrem von Arkaden umgebenen Marktplatz ist vor allem an Donnerstagen einen Besuch wert. An diesem Tag zieht der große Souk die Händler aus den entferntesten Ortschaften

Dades- und Draa-Tal

an diesen typischen Gebrauchsgüter-Markt. Von der Ortsmitte bietet sich ein prächtiger Panoramablick auf das Draa-Tal, von den umgebenden Kasbahs sieht man auf das satte Grün der Palmenoase.

Von Wind und extremen Temperaturschwankungen angenagt, haben die alten Festungen heute dringend eine Renovierung nötig. Der immense Aufwand dafür kann in der Kasbah La Palmeraie hautnah nachvollzogen werden (→ „Leben in einer Kasbah"). Agdz ist als Zwischenstation im Draa-Tal auch deshalb einen Stopp wert, zumal Ort und Umgebung wenig vom Tourismus geprägt sind.

Ebenfalls einen Ausflug wert ist das 4 km südlich gelegene Ksar **Tamnougalt** (→ Wanderung nach Tamnougalt): Es ist bewohnt, gut erhalten und präsentiert sich als ein wahres Labyrinth mit tunnelartigen Passagen zum Verlaufen.

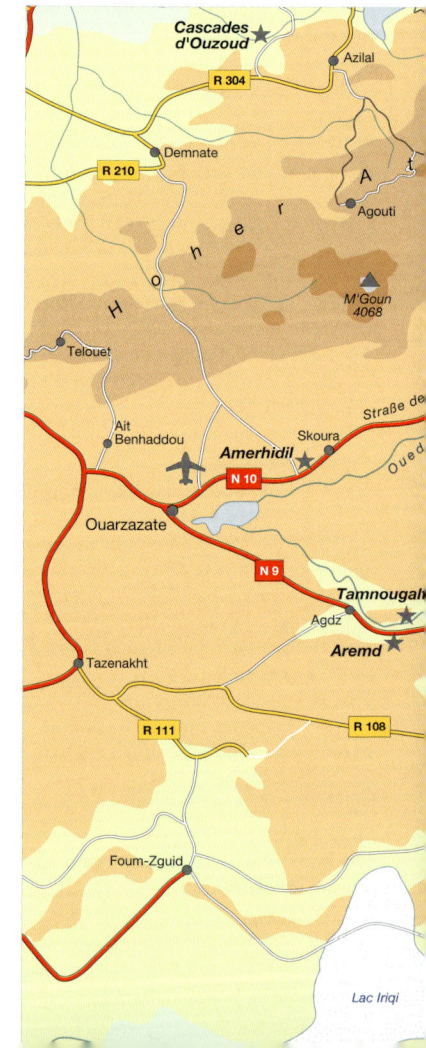

• *Information* In Agdz; Auskünfte zur Region in der Kasbah La Palmeraie und im Hotel Kissane.

• *Verbindungen* Busse von der Grande Place stündlich nach Zagora und Ouarzazate; auch die Kollektivtaxis starten hier.

• *Fest* Großes Dattelfest Ende Oktober.

• *Übernachten/Essen & Trinken* **Kasbah La Palmeraie (Caid Ali)**, in Agdz; Campingplatz und Maison d'hôtes in einer der ausgefallensten Kasbahs der Gegend. Die mächtige Kasbah ist dank der Zusammenarbeit zwischen Manfred Fahnert und dem Besitzerpaar Gaelle und Aziz zu einem Kleinod wiederbelebter Lehmarchitektur geworden; beherbergt werden hier inzwischen alljährlich Architekturstudenten und Interessierte (→ „Leben in einer Kasbah"). Zum Innenhof der Kasbah gibt es eine Reihe hübscher, sparsam eingerichteter DZ für 220 DH. Der unter schattigen Palmen gelegene Campingplatz kostet 50 DH, inkl. Auto/Zelt. ✆ 05240524-843640, www.casbah-caidali.net.

Hotel Kissane, in Agdz, zentral gelegen; ruhigere Zimmer zum Innenhof. Pool, Bar und Restaurant mit Lokalkolorit. DZ ohne Bad 300 DH, Dreier 310 DH, mittelmäßiges Menü 65 DH. Av. Mohammed V. ✆ 0524-843044, kissanehotel@yahoo.fr.

Kasbah Tabhirte, in Tamnougalt. Grosse Zimmer, Panoramaterasse DZ 600 DH. ✆ 0524-843317.

Riad Tabhirte, nach ökolog. Kriterien geführt. Schöne Atmosphäre, fantasievolles Ambiente. Evelyne und Hussein bieten Kurse zum lokalen Handwerk, regionale Küche, Ausflüge in die Region und eine „Berberwoche". Sie engagieren sich in der lokalen Kultur und Entwicklung und ermöglichen Interessierten einen tiefen Einblick in diese Region heute. DZ ab 360 DH, Menu 90

DH. ✆ 0668-680047, www.riadtabhirte.com.
Kasbah Timdirt im 15 km südl. gelegenenm
Ksar, auch von Hussein, auch sehr schön,
www.kasbahtimidarte.com

Jardin du Tamnougalt, schönes Panorama.
Einfache und gute Zimmer (250 DH) und
Restaurant, direkt in der Kasbah von Tamnougalt. Nach Ismael fragen. DZ 250 DH.
✆ 0524-843614.

Wanderung nach Tamnougalt

Die Wanderung (ca. 2 Std. einfache Wegstrecke) beginnt in Agdz kurz vor der Kasbah La Palmeraie und führt nach Osten in Richtung Djebel Kissane, dem Hausberg
des Ortes. Nach ca. 30 Min. über parzellierte Oasengärten erreicht man das breite,
trockene Ufer des Oued Draa. Auf der anderen Flussseite sind es noch 500 m bis

Zwischen Dades- und Draa-Tal

zur ersten, östlich des Oued gelegenen Ortschaft mit zerfallener Kasbah. Weiter in südlicher Richtung ist nach etwa 1500 m die große und erhöht gelegene **Kasbah Taourirt** sichtbar. Sie liegt kurz vor Tamnougalt und kann ebenfalls besucht werden. Die Piste windet sich, vorbei an der Kasbah Taouirt, für ca. weitere 1½ km südöstlich in Richtung Tamnougalt. Die **Kasbah Tamnougalt** selbst ist erst im Ort erkennbar, da sie auf der entgegengesetzten Seite des Ortes steht.

Da das Dörfchen seit der Kinoproduktion Bertoluccis auf Besucher eingerichtet ist, finden sich schnell „mehrsprachige Instruktoren", lokale Guides, für eine Führung. Das Gassenlabyrinth – leider sind viele Häuser unterhalb der Kasbah schlecht erhalten – lässt sich aber auch ohne Guide leicht erkunden. Eintritt in die Kasbah ca. 10 DH.

Verbindungen ab Agdz

Die Region südöstlich von Agdz besitzt einige außerordentliche Kasbahs. Die nordöstlich des Draa-Flusses verlaufende Piste führt von der Abzweigung der N 9 nach Tazzarine (31 km südlich von Agdz) über das Flusstal des Draa und beginnt rechter Hand (Schild Taaklit). Mit entsprechendem Zeitpolster und vorzugsweise mit einem 4x4-Fahrzeug (die Piste ist streckenweise mit großen Schlaglöchern übersät) führt der Weg in fünf bis sechs Stunden nach Zagora.

Von Agdz gibt es auch eine gute Straßenverbindung (R 108) nach Tazenakht/Taroudannt. Zudem beginnt im nahen Tansikht die ca. 220 km lange asphaltierte Route Nekob–Tazzarine–Alnif–Rissani (Merzouga), die auch mit Kollektivtaxis und privaten Bussen befahren wird.

Wenig frequentiert ist die von der R 108 abzweigende Piste Nekob–Boumalne (ca. 110 km) bzw. Nekob–Tinerhir (ca. 130 km). Diese reizvolle Strecke über den Tizin-Tazazert-Pass (2200 m) bzw. das Djebel-Saghro-Gebirge ist aber nur für geländegängige Fahrzeuge befahrbar. In Nekob, 34 km von Tansikht, gibt es eine große Anzahl von Kasbahs, die teilweise leer und zugänglich sind, einige verfallene Kasbahs lassen immer noch die frühere Pracht erahnen. Die Piste über den Tizi-n-Tazazert durch eine Basalt-Steinwüste ist spektakulär. Gelegentlich sind Zelte und Ziegenherden der Nomaden, Nachfahren der Ait-Atta-Berber, zu sehen, die hier außerhalb der Wintermonate ein halbnomadisches Leben führen (→ Wissenswertes A–Z/Transhumanz). Von Nekob nach Boumalne oder auch nach Tinerhir über Iknioun sollte man einen ganzen Tag einplanen (→ Boumalne, S. 171; Djebel Saghro, S. 174).

● *Übernachten* **Auberge Enakhil**, in Nekob, am Ortsausgang Richtung Rissani. Terrasse mit fantastischem Panoramablick. Ordentliche Zimmer ab 150 DH, Gerichte ab 50 DH. ✆ 0524-839719.
Kasbah Baha Baha, im Zentrum von Nekob. Der sehr engagierte Inhaber besitzt eine große Sammlung von Textilien bzw. prähistorischen Fundstücken und ist ein großer Kenner der Region. Im Patio der Kasbah ein Garten, die Zimmer zu 410 DH. Übernachten auch im Berberzelt möglich (210 DH/2 Personen). ✆ 0524-839763, www.kasbahbahabaha.com.

Leben in einer Kasbah – das Projekt „Lehmexpress"

In den alten Lehmburgen zu Gast zu sein bedeutet, einer alten, gewachsenen Kultur zu begegnen. Wir hören Stimmen aus den Gassen, spielende Kinder, in Gespräche versunkene Menschen, in Djelabbas gehüllte Berber begegnen uns auf den Plätzen und Gassen, herzlich lächelnd, mal verhalten grüßend, mal überaus freundlich. Bei einem Tee oder Essen finden wir uns wieder. Auf dem Boden sitzend, scheue, doch neugierige Blicke der Menschen um uns, wachen wir irgendwann auf, ein leckeres Essen im Magen …

Aufenthalte in den alten Kasbahs sind wie eine Reise in eine vergangene Zeit. Die gewaltigen Burgen und Städte üben einen gänzlich unbekannten Einfluss auf unsere Empfindungswelt aus, stellen Fragen an uns selbst. Sind es die Wege in die Gassen und die Häuser aus Lehm, die unser Inneres öffnen und uns berühren? Was bewegt uns so tief, wenn wir still aus den archaisch anmutenden Ksars oder Kasbahs kommen?

Was zuerst auffällt, ist das weiche und helle Baumaterial, der Lehm und die verschachtelte Bauweise. Die Gassen sind anders als alles, was wir kennen, eng, unübersichtlich wie ein Labyrinth und trotzdem irgendwie geordnet. Genauso eng drängen sich die Wohnhäuser des Ksars aneinander. Hier ein Raum, ein Innenhof, dort ein enges Treppenhaus. Verwinkelt, nicht einsehbar, aber nie abweisend.

Auffallend auch die Einfachheit der Bauweise. Wände, Fußböden sind aus Lehmerde. Deckenkonstruktionen aus Palmholz und Schilfrohr. Türen, Fenster aus Holz und Metall. In reichen Häusern Gips an den Wänden, einfach und gekonnt verziert mit Stuckatur und Malereien. Überall finden wir einfache geometrische Muster, gemalt, in die Oberfläche geritzt. Zinnen und Fenster, die Anordnung der Grundrisse wirkt auf den Geist beruhigend. Hier finde ich meinen Raum, geschützt gegen das Außen, im Schoß der Familie, der Sippe, des Stammes. Schutz gegen die unerbittliche Sonne und die starken Winde. Erfrischende Kühle in den Häusern, angenehm nach der brennenden Hitze. Wohltuend für die Augen, kühlend für die Haut.

Betrachten wir eine dieser erdfarbenen Lehmburgen von außen, fällt die Verschmelzung mit der Umgebung auf. Harmonisch die Eingliederung in die Landschaft, zu den umliegenden Bergen und Hügeln, die wie gemalt wirken. Keine Gegensätze, sondern ein Ganzes.

Manfred Fahnert

Manfred Fahnert ist Initiator des Projektes „Lehmexpress" in der Kasbah La Palmeraie in Agdz bei Zagora. Jedes Jahr ab Ende Februar werden hier zwei Gruppen (Studenten und Berufstätige) mit der Lehmarchitektur der Berber vertraut gemacht, die dann auch in praktischen Einsätzen bei der Renovierung der alten Kasbah von Agdz mitwirken. Wer sich darüber informieren, Kontakt aufnehmen, das Projekt wirtschaftlich oder fachlich unterstützen oder auch für eine der Gruppen anmelden will: www.lehmexpress.de.

Zagora

Von Norden kommend, ist schon ein paar Kilometer vor Zagora der Blick auf die weite Palmenoase längs des Draa-Tals überwältigend. Einst wurden in dem bedeutenden Marktort handwerkliche Produkte und Werkzeug gegen Wolle, Teppiche, Häute und Vieh der Nomaden getauscht. Die bis heute in der Umgebung gefertigten Töpferwaren sind von hoher Qualität.

Seit alters her eine wichtige Karawanenstation, später Stützpunkt der französischen, dann der marokkanischen Truppen, ist Zagora im 21. Jh. auf 37.000 Einwohner gewachsen und heute das blühende Verwaltungszentrum der Provinz. An den Mythos der Karawanenstation erinnert man hier immer noch gern, und so wurde das legendäre, schon arg ramponierte Schild „Tombouctou 52 jours" („52 Tage nach Timbuktu") durch ein neues ersetzt. Die Zahl der inzwischen auch für den inländischen Tourismus geschaffenen Hotels ist in den letzten Jahren besonders durch Pauschalangebote gewachsen, die Guides eifern um die Gunst der Besucher.

Waren die meisten Hotels früher in der Innenstadt ansässig, liegen die interessanteren Unterkünfte heute in der Palmeraie bzw. hinter der Brücke nach M'Hamid. Wer zwischen Zagora oder M'Hamid als Ausgangspunkt für eine Wanderung oder Tour schwankt, sollte bedenken, dass in Zagora die Auswahl an kompetenten Veranstaltern, Autovermietungen, Guides und auch Unterkünften deutlich größer ist, während sich in M'Hamid die Kamele „gute Nacht" sagen.

Die „Geschäftskleidung" vieler Zagori ist immer noch der blaue Gandora, der knöchellange Baumwollumhang, den sie von ihren mauretanischen Nachbarn aus der Wüste übernommen haben. Außerhalb der Arbeitszeit muss man sich aber nicht wundern, wenn die Guides und Verkäufer inzwischen lieber westliche Kleidung tragen. Ein Hauch Nostalgie umgibt dagegen noch immer die älteren Männer, die zu besseren Anlässen (etwa auf dem sehenswerten Souk am Mittwoch und Sonntag) stolz ihren blitzenden Krummdolch tragen.

Sehenswertes in Zagora und Umgebung

Die Innenstadt lässt sich entlang der Hauptachse des Boulevard Mohammed V. gut erkunden. Hier findet sich unter den Kolonnaden, die besonders im Sommerhalbjahr Schutz vor der brennenden Sonne bieten, eine Reihe von Geschäften. Schatten bieten auch die weiten Oasengärten, in denen man angenehm spazieren gehen kann – oder man erkundet das weite Netz der Wege mit dem Bike. Der wenig touristische **Souk am Mittwoch** und **Sonntag** (Av. Mohammed V. 4B) bietet einen Einblick in das Leben der Lokalbevölkerung. Der **Tagessouk** befindet sich hinter dem Stadttor. Einen schönen Panoramablick über die gesamte Oase bietet der fast 1000 m hohe **Djebel Zagora,** zu dem vom östlichen Draa-Ufer ein Weg hinaufführt. Von der alten Festung der Almoraviden sind nur noch Reste erhalten.

Einen Besuch wert ist auch das **Musée des Arts et Traditions de la Vallée du Draa** in Tissergate (8 km vor Zagora), ein relativ neues Museum, das vom ländlichen Leben am Draa, von den Menschen und vom Handwerk erzählt – in der tadellos renovierten Kasbah sind schöne Gebrauchsgegenstände, Tongeschirr, Schmuck und andere Schätze zu sehen (tägl. 8–20 Uhr, Eintritt 20 DH).

Die **Koranschule Zaouia Naciri** im Ordenshaus von Tamegroute (Place du Centre, ca. 20 km südöstlich von Zagora), einst eine weit über die Region bekannte Einrichtung, kann ebenfalls besucht werden (bitte mit Fingerspitzengefühl und ohne Fotoapparat): Kranke und Gebrechliche suchen hier im Innenhof das Grab des Heiligen Sidi H'Mmid Ben Nassir auf, um ihre Gebete an ihn zu richten. In der kleinen Bibliothek sind kostbare, auf Gazellenhaut geschriebene Koran-Handschriften aus dem 13. Jh. zu sehen, darüber hinaus gibt es einen kleinen Verkaufsstand der angegliederten Handwerkskooperative, die hier ihre Produkte anbietet (tägl. variabel geöffnet, lange Mittagspause).

Diverses

- *Information* Ein Tourismusbüro ist in Planung. Kompetente Auskünfte gibt es u. a. bei der Agentur **Caravane du Sud (11)** (→ unten).
- *Verbindungen* **CTM-Busstation** in der Av. Mohammed V., gegenüber der Post. Verbindungen nach Ouarzazate, Agdz, Casablanca, M'Hamid, Agadir und Erfoud (über Tazzarine, Rissani). Die Busse des **Gare Routière Privée** bzw. Kollektivtaxis starten weiter nördlich an der Av. Mohammed V.
- *Bäckerei* **Patisserie Sable d'Or (5)**, Av. Mohammed V.
- *Post* Av. Mohammed V.
- *Reise-/Trekking-Agenturen* **Caravane du Sud (11)**, zuverlässiger Anbieter von Touren mit 4x4 und Kamelen. Großes, auch individuell abgestimmtes Angebot, passable Preise: Eine Exkursion mit Landrover, Chauffeur, Zelt und Frühstück kostet für zwei Personen 2500 DH/Tag. In Amezrou, 1 km südlich von Zagora. ✆ 0524-847569, www.caravanedusud.com.

Sahara Adventure (6), preislich vergleichbar mit Caravane du Sud. Das Sahara-Team arbeitet aber eher mit kleineren Gruppen. Bei der Gendarmerie. ✆ 0524-847026, www.saharaaventure.com.

Biosahara Exploration, Wüstentouren und

Kameltrekking mit Schwerpunkt Fauna/Flora. Rue Hay el Massira. ✆ 05240-847352, www.biosahara.com.

Caravane de Patience, deutsch-marokkanische Agentur, die Touren auch von Berlin aus organisiert. Kontakt nur per Telefon. ✆ 062-152918, www.wuestentrekking.de.

Übernachten/Essen & Trinken

- *Übernachten in Zagora* **La Fibule du Drâa (12)**, am Ortsende vor der Kreuzung nach M'Hamid, am Ufer des Oued Draa. Das Hotel mit hübschem Garten ist eine Institution. Angenehme Zimmer mit Blick in den Palmenhain. Leider wird gelegentlich

das Restaurant, manchmal auch das gesamte Hotel von lauten Gruppen heimgesucht. DZ mit AC inkl. Frühstück ab 400 DH. Menü ab 80 DH. ✆ 0524-847318, www.zagora-desert.com.

Riad Lamane (13), großzügiges und ele-

Ouarzazate 1 2
BUS
Gare Routière

Sonstiges
6 Sahara Adventure
11 Caravane du Sud

Cafés
5 Patisserie Sable d'Or (T)

Übernachten
1 Sauvage Noble
2 Kasbah Dar El-Hiba
3 La Rose des Sables
4 Kasbah Tifawte
7 Kasbah Sirocco
8 Chez Ali
9 Villa Zagora
10 Hotel Zagour
12 La Fibule du Drâa
13 Riad Lamane
14 Camping d'Amezrou
15 Jnane-Dar
16 Sahara Sky Observatory

Souk

Avenue Mohammed V
Avenue Hassan II
Erfoud (Piste)

BUS
CTM-Busse

Oued Drâa
Palmeraie

Erfoud, M'Hamid 15 16

Zagora

100 m

gantes Ambiente mitten in der Palmeraie mit Park, Pool und interessanter Bibliothek des in Deutschland praktizierenden Psychologen und Besitzers. Im riesigen mit Henna bemalten Nomadenzelt kann gegessen und entspannt werden. Die fantasievolle Inneneinrichtung erinnert an die Parkhotels Tanzanias. Stilvolle Appartements 1500 DH, DZ ab 900 DH. Das Riad arbeitet mit der Agence Caravane du Sud zusammen. Zu erreichen über die Piste linker Hand, gleich hinter dem Hotel Fibule du Drâa. ✆ 0524-848388, www.riadlamane.com.

Villa Zagora (9), sehr schöne und individuell gestaltete Maison d'hôtes mit komfortablen Zimmern und marokkanischer Kunst der Gegenwart. Terrasse mit Blick auf die Palmeraie. Ausgezeichnete Küche. DZ ab 560 DH, im Zelt 200 DH/Person. Nördlich der Draa-Brücke. ✆ 0524-846093, www.mavillaausahara.com.

Kasbah Sirocco (7), etwas größeres Hotel, ebenfalls in der Palmeraie. Großzügiger Garten und großer, von Palmen umgebener Pool, gut zum Verschnaufen nach einem Wüstentrekking. Wifi. DZ mit AC inkl. Frühstück ab 600 DH, Menü ab 70 DH. Av. Allal Ben Abdellah. ✆ 0524-846125, www.kasbahsirocco.com.

Kasbah Tifawte (4), der Besitzer Ahassain el Khardali ist ein guter Kenner der lokalen Geschichte. Zimmer (und Säle) im geschmackvollen arabischen Gegenwartsdesign. DZ inkl. HP 800 DH. Hay el Mansour Dahbi, ✆ 0524-848843.

La Rose des Sables (3), funktionell und preiswert, freundlicher Service; das angegliederte Restaurant ist Austauschbörse der Traveller. Zimmer mit und ohne Dusche ab 80 DH. Av. Allal Ben Abdellah, ✆ 0524-847274.

Chez Ali (8), kleines und sympathisches Traveller-Hotel mit schönem Garten. Das Restaurant bietet seit Jahren ausgezeichnete Küche mit wenigen, aber frisch zubereiteten Speisen. DZ inkl. Frühstück ab 160 DH. Av. Atlas Zaouit el Baraka, ✆ 0524-846258.

Hotel Zagour (10), schräg gegenüber vom Sirocco. Funktioneller Neubau mit ordentlichen, sauberen Zimmern zu guten Preisen; DZ inkl. Frühstück ab 260 DH. Nördlich der Draa-Brücke. ✆ 0524-846178.

Camping d'Amezrou (14), Richtung Amezrou gelegener Platz (in der Palmeraie), ca. 1 km südlich von Zagora. Von den Campingplätzen der Stadt die schönste Lage. Sanitäranlagen in Ordnung. Preise für Zagora noch passabel: zwei Pers. inkl. Zelt 30 DH. ✆ 0524-847419.

● *Essen & Trinken in Zagora* In allen oben genannten Hotels kann mittags und abends gegessen werden. Preise und Leistungen entsprechen in der Regel dem Ho-

Versteckte Hotels in der Palmeraie von Zagora

telstandard. Bei Chez Ali, Fibule du Drâa, Riad Lamane (Alkoholausschank) und im Rose des Sables gibt es marokkanische und internationale Küche, dazu regen Austausch von Trekkern, Travellern und Wüstenfans. In der Stadt gibt es in der Nähe des Markts zahlreiche kleine günstige Restaurants und Garküchen.

● *Außerhalb* 8 km nördlich von Zagora befindet sich das **Ksar von Tissergate** mit attraktiven Unterkünften und Wandermöglichkeiten.

Kasbah Dar El-Hiba (2), sorgfältig umgebaute Kasbah, das Ambiente wirkt recht authentisch. Durch die Lehmmauern gedämpfte Geräusche in sparsam eingerichteten Zimmern. DZ ab 240 DH. ✆ 0661-610648, www.darelhiba.on.ma.

Dar Ziwana, ebenfalls im Lehmbau-Ambiente, mit Terrasse auf mehreren Ebenen, Restaurant. DZ ab 330 DH. ✆ 0671-519055, 0524-847061, www.kasbah-ziwana.com.

Sauvage Noble (1), vom Verein Renard Bleu Touareg bzw. Azalay gebautes Hotel in Tissergate. Der Verein (www.azalay.de) fördert Sozialprojekte. Hotel und Trekking-programm sind auf eine anspruchsvolle Klientel abgestimmt. Komfortable Zimmer und Badezimmer mit glattem, gefärbtem Kalkverputz (Tadelakt). DZ inkl. Frühstück ab 620 DH, Mittags- oder Abendmenü 95 DH. Vor dem Ksar Tissergate rechter Hand. ✆ 0524-838078, www.sauvage-noble.org.

Jnane-Dar (15), gegenüber der Koranschule in Tamegroute (Ortsmitte), 20 km südöstlich von Zagora; schöne, einladende Gartenanlage mit oktogonalem Pavillon im Zentrum (Wifi). Wer auf die schönen DZ (ab 200 DH) verzichtet, kann im Nomadenzelt auf der Terrasse schlafen (50 DH). Ausgezeichnetes Essen. Abdessadek und Doris veranstalten auch Wanderungen. ✆ 0524-848622, www.jnanedar.ch. Unser Tipp!

Sahara Sky Observatory (16), in Tamegroute; ausgeschildert. Ein Ort für Sternegucker vom deutschen Sternegucker Fritz Koring. Wer den Nachthimmel entdecken will, wird in die edlen Teleskope eingewiesen, sollte er nicht da sein. Weitläufiges Ambiente, Hamam und Spa. DZ ab 540 DH. ✆ 0524-848562, www.saharasky.com.

Kameltouren und Randonnées ab Zagora

Eine Kameltour oder Randonnée mit 4x4-Fahrzeugen von Zagora (oder von M'Hamid, sollte aber besser in Zagora organisiert werden) kann fast auf jeden zeitlichen (und finanziellen) Spielraum abgestimmt werden. Bei kurzen Ausritten bzw. Randonnées ist zu bedenken, dass es die Abend- und Morgenstunden sind, die eine besondere Atmosphäre ausstrahlen. Und auch eine Nacht unter dem klaren Wüstenhimmel ist ein unvergessliches Erlebnis!

Eine längere Tour nach Merzouga (250 km), zum Djebel Bani oder nach Foum-Zguid (140 km) mit der Option, weiter nach Tazenakht oder Tata zu fahren, bedeutet Wüste pur, was aber auch einer gewissen Vorbereitung bedarf. Bei längeren Touren empfiehlt es sich, rechtzeitig mit einem der obigen Anbieter die Planung per E-Mail zu organisieren. Berücksichtigt werden sollte auch, dass das Wüstenklima starken Temperaturschwankungen unterliegt und der feine Sand auch ohne Sturm bis in die letzten Taschen eindringt; zudem kann der Motor schnell erhitzen. Für ausreichenden Sonnen- und Kopfschutz sowie genügend Flüssigkeit ist unbedingt zu sorgen. Und vor allem sollte mit dem eigenen Fahrzeug nur mit langjähriger Erfahrung und mindestens einem Begleitfahrzeug gefahren werden, besser jedoch in der Gruppe mit Guide. Wichtig: Die letzten Tankstellen befinden sich in Zagora; später gibt es Diesel nur noch aus Fässern.

Wanderungen ab Zagora

Zur Palmeraie und zur Ortschaft **Amezrou** (ca. 1 km südlich) hinter dem Fibule du Drâa kann man in etwa einer Stunde laufen. Amezrou mit seinem noch gut funktionierenden Bewässerungssystem und der Weg dorthin sind besonders reizvoll in den frühen Morgenstunden und zur Dämmerung. Auch der Hausberg der Stadt, der

Dades- und Draa-Tal

Djebel Zagora, ist zu Fuß auf Ziegenpfaden zu erreichen (ca. 1 Std.). Startpunkt ist das Hotel Zagour (nach der Draa-Brücke links). Die Aussicht auf Stadt, Draa-Tal und Palmeraie ist fantastisch.

Wer am Draa-Fluss Gefallen gefunden hat und eine längere Wanderung (oder Kamel-tour) von hier nach **Tamegroute** mit seinen sehenswerten Töpferwaren machen will (eine Alternative zu den teureren Trekking- und 4x4-Drive-Angeboten), kann die etwa 18 km durch die Palmeraie direkt am Draa entlanglaufen oder biken und evtl. mit Taxi oder Bus zurückfahren. Diese Tour beginnt man am besten in Amezrou. Von Tamegroute führt ein Weg weiter zu den **Dünen von Tinfou** (ca. 7 km).

Weiterfahrt nach M'Hamid

An der Strecke nach M'Hamid (110 km ab Zagora) folgt nach 80 km **Oulad Driss** mit einem ansprechenden Ortsbild und einigen Unterkünften. Eine weitere Möglichkeit in Richtung Süden ist die Piste nach Foum-Zguid, von dort kann man Tata/Bou-Izarkab erreichen (ab Tata reguläre Straße). Der Straßenzustand ist allerdings schlecht, es gibt immer noch Baustellen, obwohl die Strecke angeblich seit 2004 fertig ist ... Lastwagen und Marktzubringer fahren die 120 km nach Tata/Bou-Izarkab in ca. fünf Stunden. Letztere sind an den Markttagen (Mittwoch und Sonntag) gegen ein Trinkgeld eine gute Alternative zu Off-Road-Qualen im eigenen Fahrzeug.

Auberge Kasbah Touareg, ca. 1 km hinter dem Ort Oulad Driss (Schild). Sehr hübsche Unterkunft mit dem Charme einer alten Kasbah. Garten, kleine Sammlung von Ge-brauchsgegenständen und eigener Ha-mam. Gute Berberküche. DZ 140 DH. Über-nachtung auch im Berberzelt möglich. ✆ 0524-848678.

M'Hamid

Endstation Wüste. Der Mythos der Karawanen ist erloschen, und weil bis auf die Einfälle von Touristen und Off-Roadern, die diesem Mythos hier immer noch (vergeblich) nachjagen, kaum etwas passiert, ist M'Hamid nicht sehr attraktiv.

Wer von hier noch vor einigen Jahren in die Wüste startete, war gut beraten, be-reits einen Guide dabei zu haben, um nicht überhöhte Preise zahlen zu müssen. Durch mehrere neue Anbieter und warnende Hinweise von „Geschädigten" hat sich diese Situation etwas verbessert. Die von hier geführten Tagestouren mit Ka-melen kosten inzwischen ab 500 DH für zwei Personen (oder mit Übernachtung von Nachmittag bis Mittag des folgenden Tages).

Militärisch hat der in den 30er Jahren am Ortsrand errichtete französische Militär-stützpunkt immer noch Bedeutung, gelegentlich gibt es Übungseinsätze der ma-rokkanischen Truppen. Stationiert sind die Soldaten in einem großen Wüstenfort, das besser nicht fotografiert werden sollte.

● *Information* Am besten in den Hotels. Ab-delkhalek Benalia von **Sahara Services** beim Restaurant Dunes d'Or ist ein verläss-licher Anbieter von Aktivitäten, Workshops (von Kochen bis Arabisch) oder Randon-nées und gibt kompetent Auskunft. ✆ 0661-776766, www.saharaservices.info.
● *Events/Souk* Ein **Nomadenfestival** rund um die Kultur der zahlreichen Nomaden-stämme zieht Mitte März Musiker aus ganz Marokko und dem „grand sud" an. Info bei Sahara Services. Event der Woche: **Mon-tagssouk**!
● *Verbindungen* Weil M'Hamid am Ende der asphaltierten Straße liegt und selten von regulären Bussen angefahren wird, ist das Kollektivtaxi das wichtigste Fortbewe-gungsmittel. Frühmorgens wird Richtung Ouarzazate gestartet. Man kann sich auch nach Mitfahrgelegenheiten umschauen, da die wenigen Autos die Asphaltstraße Rich-tung Zagora nehmen. Schlepper sollten

freundlich, aber bestimmt zurückgewiesen werden (→ A–Z „Nerven").

● *Übernachten* **Jnan Lilou**, elegantes Setting im Neo-Kasbahstil mit Pool, Garten und schönen Terrassen sowie einer ausgezeichneten Küche. 4 Appartments ab 1040 DH. HP ab 715 DH. Kurz vor Mhamid (beschildert). ✆ 0671-517477, www.jnanlilou.com.

Hotel Kasbah Azalay, elegantes Hotel und großzügig-luxuriöse Anlage im Kasbahstil mit Pool; auch Tourenangebote. DZ inkl. Frühstück 955 DH, HP 1310 DH. ✆ 0524-848096, www.azalay.com.

Hotel Iriqiu, vom zentralen Platz rechter Hand. Günstigste Bleibe im Ort, schnell ausgebucht, da nur 4 Zimmer. Nette Dachterrasse. DZ 150 DH. ✆ 0524-848023.

Camping Hamada Du Draa, hübscher, in einem Palmengarten gelegener Platz. Fantasievolle Lehmarchitektur und Terrassen. Pool und Restaurant im Freien. DZ 660 DH, Berberzelt 440 DH, Zelt 60 DH, Caravanplatz 70 DH. Vor dem Ortseingang nach Süden, ausgeschildert. ✆ 0524-848086, www.hamada-sahara.com.

Ausflüge bzw. Weiterfahrt ab M'Hamid (nur mit 4x4-Fahrzeug)

Tagesausflugsziele im Norden von M'Hamid sind die **Dünen L'Erg Lehoudi** (13 km nördlich), der **Lac Iriqui** und die **Source Sacre** (beide auf der Piste nach Norden, Richtung Chegaga), die Zaouia Abd er Rahman (ebenfalls an der Nordpiste), der **Lac Dayet Chegaga** bzw. die faszinierenden, 40 km langen **Dünen von Chegaga**, etwa 60 km nördlich von M'Hamid. Zu diesen Zielen sollte jedoch nur mit einem ortskundigen Fahrer gefahren werden, da die Spuren der Pisten ständig verwehen. Alternative: mit eigener wüstenfähiger Ausstattung und GPS mit genauen Koordinaten.

Weitere Wüstenpisten mit hohem Schwierigkeitsgrad führen von M'Hamid nach **Foum-Zguid** südlich des Djebel Bani vorbei an den grandiosen Dünen von Erg M'Hazil. Die nördlichere Piste ist besser erkennbar, da sie mehr befahren wird. Aber auch hier sollte nur mit einem Ortskundigen gefahren werden.

Wüstenfans schwärmen von der 300-km-Tour nach Merzouga (über den Djebel Zireg), die von kundigen Fahrern an einem Tag zu bewältigen ist. Ohne ausgezeichnete Ortskenntnisse ist es jedoch unmöglich, die Route zu finden. Diese Tour ist auch deshalb interessant, weil sie eine **Rundtour von/bis nach Ouarzazate** möglich macht (geteerte Alternative führt über Tazzarine) und kein Ort an den zwei Hauptstrecken von Ouarzazate nach M'Hamid und Merzouga zweimal durchfahren wird (weitere Vorschläge → Zagora/Randonnées).

Ksar am Draa

Am Oued Dades

Von Ouarzazate über Tinerhir nach Merzouga

→ Karte S. 156/157

Die Route nach Boumalne entlang des Dades-Tals durchquert eine Hochebene mit 1000 bis 1500 m Meereshöhe und 15 bis 35 km Breite. Nach Norden wird die Ebene vom Hohen Atlas begrenzt, nach Süden vom Djebel-Saghro-Gebirgszug.

Während die Strecke entlang des Oued Dades bis kurz vor Boumalne, wo sich der Fluss von Norden durch eine Felspforte nach Westen in das Atlasgebirge wendet, ausgesprochen fruchtbar ist (Getreide- und Gemüsefelder sowie riesige Mandelbaumhaine), beginnt weiter Richtung Tinerhir eine recht flache Steinwüste, die sich zunächst von der Flussoase des Oued Todra sowie des Oued Gheris und Oued Ziz geologisch erneut verändert. Der Todra-Fluss mündet in den Gheris, und langsam öffnet sich das durch zunehmende Niederschläge wieder fruchtbarere Tafilalet zwischen Erfoud und Rissani, Marokkos größtes Oasengebiet. Diese Region ist damit sehr abwechslungsreich und gilt nicht nur wegen der zahlreichen Kasbahs als eine der schönsten in Südmarokko.

Tipp: Wer die in Ouarzazate beschriebenen Lichtfärbungen während der Dämmerung schätzt, kann mit dem ersten Licht eines klaren Tages von Ouarzazate in Richtung Skoura aufbrechen, während die ersten Sonnenstrahlen auf den Hohen Atlas treffen. Die extrem klare Luft auf diesem Hochplateau lässt das Atlasgebirge zum Greifen nah erscheinen, die Landschaft scheint in das kalte Licht der Morgendämmerung geradezu „eingefroren".

Skoura

Die über 50 Quadratkilometer große Dattelpalmenoase von Skoura war seit Jahrhunderten die Grundlage für den bis heute blühenden Ort, den einige mächtige historische Kasbahs bewachen.

Die Einwohner von Skoura sind arabischstämmig und Nachfahren der Ait-Imegran; angeblich wurde der Ort von Moulay Ismail im 18. Jh. gegründet. Ein sehenswerter Montags-Souk und lebhaftes Treiben im Zentrum machen Skoura auch heute noch interessant, vor allem aber lockt die Palmeraie, die zu Fuß oder mit dem Bike erkundet werden kann (→ Wanderung zur Kasbah Ait Abou). In Toundoute unterhalb der ca. 20 km entfernten Gebirgszüge – eine gute Tagestour über holprige Pisten – werden derzeit Dinosaurierfunde in einem Museum untergebracht.

Am nördlichen Ortseingang (von Ouarzazate kommend ca. 1 km vor Skoura) liegt leicht erhöht die **Kasbah Ben Moro**, von der aus die alte **Kasbah Amerhidil** gut sichtbar und in wenigen Minuten erreicht ist. Der Pächter, ein Spanier, setzte sie bereits vor Jahren instand und baute sie zu einem exklusiven Hotel um. Nebenan befindet sich die seit Jahren unvollendete Unterkunft der Familie Ben Moro. Noch ganz in die landwirtschaftliche Produktion eingebunden ist die nicht leicht zu findende **Kasbah Ait Abou,** in der ebenfalls übernachtet werden kann (→ Wanderung unten). Weitere Kasbahs der Palmeraie in westlicher Richtung lohnen, entdeckt zu werden.

Die berühmte und dennoch wenig besuchte **Kasbah von Amerhidil** aus dem 12. Jh. befindet sich am Westufer des Oued Hajjaj. Die Anlage, die die alten 50-Dirham-Scheine zierte, diente als Filmkulisse für „Lawrence von Arabien" und wird seit einigen Jahren mit UNESCO-Mitteln restauriert. Den Besucher erwarten viele mit Ornamenten versehene Türme und Mauern und ein endloses Gewirr an Räumen; in einem der Räume sind alte Werkzeuge und Tongeschirr ausgestellt.

• *Information* Auskünfte im Café Atlas oder in den genannten Unterkünften.Ihre Gite d'Étappe (→ unten) ist von der Straße her ausgeschildert.

• *Verbindungen* Busse vom Gare Routière an der Hauptstraße. Kollektivtaxis auch an der Place Centrale.

• *Übernachten/Essen & Trinken* **Kasbah Ben Moro**, hier kann man in luxuriösem Ambiente übernachten. DZ ab 1000 DH. Am nördlichen Ortseingang linker Hand. ✆ 0524-852116, www.hotelbenmoro.com.

Les Jardins de Skoura, ein tolles architektonisches Ensemble mit Berberzelten und Pool. Ab 880 DH. Piste hinter Ait Ben Moro (beschildert). ✆ 0524-8584230524.

Chez Talout, der Blick auf die ganze Palmeraie: ein unvergessliches Panorama! Dafür 2,5 km Piste ca. 8 km westlich von Skoura fahren (beschildert). Gute Küche. DZ 500 DH. www.talout.com, ✆ 0524-852666.

Gite d'Etappe Chez Slimani, kurz vor Skoura (beschildert). Freundliche und angenehme Unterkunft. Gute Küche, Tipps zur Region! DZ inkl. HP 240 DH/Person. ✆ 0524-852272.

Kasbah Ait Abou, wer diese nicht leicht zu findende Kasbah aufsucht (Wegbeschreibung → Wanderung zur Kasbah Ait Abou), kommt in eine touristisch kaum erschlossene, sehr reizvolle Gegend. Hinter dem Flussbett des Draa dem weißen Pfeil an den Weggabelungen folgen. Es wird Oliven- und Dattelanbau betrieben, die Landwirtschaft scheint hier immer noch Vorrang zu haben. M'hamed Mafhoun bietet Randonnées mit dem Fahrrad oder zu Pferd an. DZ inkl. HP 440 DH. ✆ 0524-852234, mobil ✆ 066-251119. Unser Tipp!

Sawadi, in Lehmverputz gestaltete, exklusiv ausgestattete Bungalows am äußersten Rand der Palmeraie mit Pool und kleinem Restaurant, unweit der Kasbah Ait Abou (von Ait Abou aus die erste Straße links, dann rechter Hand). DZ 715 DH, inkl. HP 1250 DH. ✆ 0524-852341.

Restaurant La Kasbah, an der Straße im Ortszentrum von Skoura; preiswerte Gerichte. Der Ziegenkäse der Kooperative von Skoura ist inzwischen ein Markenzeichen des Restaurants.

Café Atlas, Café und Restaurant an der Grande Place, mit Blick auf das Zentrum; lebhaftes Ambiente, mittelmäßige Küche, passable Preise.

Dades- und Draa-Tal

Die Straße der Kasbahs

Schon als die französischen Besatzer die damals nur als Pisten vorhandenen Verbindungen im Draa-Tal durchquerten, wurde kräftig an dem Mythos der Stammesfürsten und ihrer Kasbahs gearbeitet, und fortan sprach man von der „Straße der Kasbahs". Sagenumwobene Stammesvorsteher, Caids, weilten in den damals noch intakten und raffiniert gestalteten Anlagen. Diese archaisch anmutenden Lehmburgen haben sich in den letzten Jahrzehnten zu Anziehungspunkten des Marokko-Tourismus entwickelt. Ehemals handelte es sich bei den Kasbahs um befestigte Bauten der Stammesfürsten, die gelegentlich auch Teil von größeren befestigten Anlagen, den Ksour (Plural v. Ksar), sind. Diese ebenfalls aus Stampflehm gebauten Ksour – wie etwa Ait Benhaddou – boten im vorsaharischen Raum der Ackerbau betreibenden Bevölkerung Schutz gegen nomadisierende Gruppen.

Da nicht nur in der Draa-Region viele Kasbahs mit dem mächtigen Glaoui-Pascha (1878–1956) verbunden waren, waren die meisten der von riesigen Dattelpalmenoasen umgebenen Lehmburgen bis zu seiner Verbannung bzw. seinem Tod bewohnt – ein gewachsenes Gefüge, das einer großen Bevölkerung Einkommen und Sicherheit gab. Das änderte sich schlagartig ab Mitte der 1950er Jahre. Nun wurden vom Königshaus unter Mohammed V. (und später seinem Sohn Hassan II.) nur noch die Familienkasbahs geduldet, die sich zuvor als königstreu erwiesen hatten. Die ehemals Pascha-treuen Kräfte dagegen wurden verfolgt und viele ihrer Kasbahs wurden planmäßig zerstört. Dieser Prozess der Zerstörung, aber auch des natürlichen Zerfalls kehrte sich allmählich erst seit den 80er Jahren durch den aufkommenden Tourismus um. Die wachsende Zahl restaurierter Kasbahs an den beiden Streckenabschnitten von Ouarzazate nach Rissani sowie von Ouarzazate nach Zagora verdankt also nicht zuletzt dem Tourismus sein heutiges Bild.

Nicht nur als Festung und Getreidespeicher sind die Kasbahs, die sich vom Grundriss her auf das römische Castrum beziehen, gut durchdacht und funktional. Die dicken Mauern speichern Wärme für die Nacht und halten die Außenwärme am Tag ab. Luftschächte, Fenster und Öffnungen sorgen für Belüftung, komfortable Veranden auf dem Dachgeschoss bieten luftige Wohnzimmer unter freiem Himmel. Die Mauern werden mit Holzverschalungen gebaut, in die Lehmerde mit Strohhäcksel eingestampft wird. Die fertigen Lehmquader werden aneinandergesetzt und die nächsthöhere Reihe auf die untere, bereits fertige, geschichtet. Der Fußboden einer Etage besteht aus Holzstämmen und geraden Stöcken, mit einem Palmengeflecht und Lehm darüber. Die Dächer werden sorgfältig verputzt, damit der Regen gut ablaufen kann. Obwohl es mit dem Lehm-Strohhäcksel-Gemisch gelingt, Rissbildung durch Spannungen zu verhindern, müssen die Kasbahs ständig gepflegt und repariert werden, da sie sowohl durch Trockenheit wie auch Niederschläge angegriffen werden. So erklärt es sich, dass verlassene Kasbahs schon nach wenigen Jahrzehnten verfallen.

In den feuchten und höheren Regionen – etwa oberhalb von Tafraoute in Tasguent und im Anti-Atlas – nennt man sie *Agadir(e)*. Hier überwiegt die Steinbauweise. In den unterschiedlichen Bauweisen der Wehranlagen zeigt sich damit auch die jahrhundertelange Anpassung der Menschen an die ökologischen und klimatischen Bedingungen der Region.

Herstellung einer Stampflehmmauer

Wanderung durch die Palmeraie zur Kasbah Ait Abou

Startpunkt der Wanderung ist das Zentrum von Skoura. Von hier sind auf der asphaltierten Straße entlang der Geschäftszeile ca. 900 m zu laufen, bis eine Straße links mit dem Hinweisschild „Kasbah Sawadi" und „Ait Abou" folgt. Auf dieser Straße erscheint nach ca. 4 km linker Hand eine Schule, hinter der ein Abzweig zum breiten Bett eines Nebenflusses des Draa folgt. Nach dem Flussbett windet sich die Piste durch Oliven- und Palmenanpflanzungen, ein weißer Pfeil an den Weggabelungen führt zur alten Kasbah Ait Abou, die von der genannten Schule aus nach ca. 3½ km erreicht ist.

El Kelaa M'Gouna

Der auf fast 1500 m Höhe an der Mündung des Oued M'Goun in den Dades-Fluss gelegene Ort ist heute ein geschäftiges Zentrum der Region. Vom Hügel der einst mächtigen Glaoui-Kasbah bietet sich ein schöner Blick über das M'Goun-Tal und das 10.000 Einwohner zählende El Kelaa M'Gouna.

Sehenswert in El Kelaa M'Gouna ist die **Mellah,** das ehemalige jüdische Viertel der Stadt. (Auch Tourbist und weitere Ortschaften im Tal wurden „Mellah" genannt, sie waren jüdische Siedlungen → unten/Ausflüge).

Die Kunstschmiederei wird hier seit alters her mit Perfektion betrieben, die **Kooperative Azlag** am Ortsausgang nach Boumalne vermittelt heute noch einen Eindruck von dieser Tradition. Dort arbeiten ca. dreißig Schmiede. Auf dem sehr schönen ländlichen Souk kommen viele Bauern der Region zusammen, die hier, je nach Jahreszeit, ihre Produkte feilbieten. Das **Fest der Rosen** findet an einem Wochenende Anfang Mai statt. Die **Kasbah Mirna** an der Straße nach Tourbist erzählt vom Gestern der Region, sie ist noch bewohnt wie auch die Kasbah de Glaoui (7 km Richtung Boumalne).

Wie andere Ortschaften lebt auch El Kelaa M'Gouna vom Mythos des **Vallée des Roses** (Tal der Rosen), und besonders zur Zeit der Rosenblüte von Mitte April bis Juni kommen viele Besucher. Dann werden enorme Mengen an Rosenblättern für das kostbare Parfümextrakt verarbeitet; wenn man bedenkt, dass für einen Liter Rosenöl eine Tonne Blütenblätter benötigt werden, bleibt freilich die Frage, wo die dafür nötigen Anpflanzungen in El Kelaa sind. Sicher ist jedenfalls, dass das Mikroklima die Rosen hier besonders gut gedeihen lässt. Kurz hinter dem **Ortszentrum** befinden sich an der Hauptstraße nach Boumalne alte **Rosenölpressen,** in denen das Öl extrahiert wird.

• *Information*   Das **Büro der Bergwanderführer (4)** ("Guides et accompagnateurs de montagne") befindet sich rechter Hand in einer Seitenstraße am nördlichen Ortseingang. www.mohamed-berbere.com. Ein **Internetcafé** befindet sich oberhalb der Straße nach Tourbist.

• *Verbindungen*   Busse und Kollektivtaxis Richtung Erfoud und Ouarzazate, Haltestelle am nördlichen Ortseingang.

• *Übernachten*   Zum Übernachten empfiehlt sich neben El Kelaa M'Gouna auch Bou-Taghrar im Tal der Rosen (→ S. 174) oder Boumalne (→ S. 171) mit größerer und deutlich besserer Auswahl an Hotels.

Les Jardins M'Goun (1), 8 km Richtung Tourbist, dann beschildert zum Dorf Azrou, umgeben von weiten Ackerfeldern; der Inhaber, Lahcen, ist Kenner der Region und spricht fünf Sprachen. Rachid ist Chef der bonne cuisine. Tolle Terrasse, DZ ab 300 DH,

HP 200DH/Person. ✆ 0661-685662, www.jardinsmgoun.blogspot.com.
Hotel Rosa Damaskina (5), da von den vielen günstigen Hotels an der Hauptstraße keines zu empfehlen ist, bleibt diese Unterkunft mit wenigen Zimmern und schöner Terrasse. DZ ab 150 DH ohne Bad. Von Ouarzazate kommend 6 km vor dem Ort. ✆ 0524-836913.
Kasbah Itran (2), ca. 3 km Richtung Tourbist. Schönes Setting! Von der Terrasse prächtige Sicht über die Gegend. Mit Esprit geführt, viele Links nach Mali. Große DZ inkl. HP ab 350 DH/Person. ✆ 0524-837103, www.kasbahitran.com. Unser Tipp!
Camping Ksar Kaissar (3), Teil eines etwas unbehaglich wirkenden touristischen Ensembles mit Pool, der gegen Eintritt benutzt werden kann. 60 DH/2 Pers. Richtung Norden linker Hand. ✆ 0524-836776, www.ksarkaissar.com.

Ausflüge ab El Kelaa M'Gouna

Tourbist und **Bou-Taghrar** im Tal der Rosen mit Beispielen der Lehmarchitektur sind die attraktivsten Ziele von El Kelaa M'Gouna aus. Die Straße bzw. Piste wird nach Tourbist (ca. 18 km vom Ortszentrum) mit zunehmender Entfernung schlechter und schmaler, ist aber mit etwas Akrobatik mit dem Pkw zu bewältigen. Und der Weg lohnt. Einige prächtige Kasbahs liegen auf den Anhöhen des fruchtbaren Tals. Auch im weiteren Verlauf nach Bou-Taghrar (ca. 35 km von El Kelaa M'Gouna) folgen entlang des Flusses immer wieder kleine Ortschaften. Besonders von den gelegentlich knietief zu überquerenden Nebenflüssen werden viele Felder bewässert.

Bou-Taghrar: Der 35 km von El Kelaa entfernte und auch von Boumalne (18 km) über Ait Youl erreichbare Ort ist Startpunkt und Endpunkt für eine Wanderung in den Hohen Atlas nach Agouti (→Agouti/Ait-Bou-Gomez-Tal, S. 133). Das Hotel des Bergwanderführers El Houssaine Azabi (Hotel Chez el Houssaine Azabi, S. 175) kann auch als Ausgangsort genutzt werden (→ Boumalne/Wanderungen).

Die alternative Verbindung von Ait Youl nach Bou-Taghrar (→ Boumalne/Wanderungen) ist schlecht, aber vorsichtig mit einem Pkw befahrbar (→ Boumalne/Ausflüge von Boumalne in die Dades-Schlucht).

Tipp: Eine Rundtour führt von Bou-Taghrar über eine Piste in das östlich gelegene Toundoute, und von dort wieder nach Skoura (ca. 110 km). Eine mehrtägige Herausforderung für Trekker und Biker bietet die ab Assermo asphaltierte, aber wenig befahrene Strecke (westl. des M'Goun) nach Toufrine (übernachten bei Omar, ✆ 0666-993401) über den Tiz-n-Outfi (2150 m) und den Tiz-n-Fedherate (2210 m) nach Demnate. Einfache Unterkünfte gibt es auch in Toundoute (privat) und Demnate (→ Demnate).

Boumalne

Während das Ortsbild am nördlichen Eingang der kleinen Stadt recht unspektakulär erscheint, findet sich kurz hinter der Ortsmitte ein weiter Ausblick in eine Tallandschaft nach Süden, die vom oberen Stadtteil aus geradezu spektakulär ist. Besonders für Wanderungen und Ausflüge in die nahe Dades-Schlucht ist Boumalne ein guter Ausgangspunkt.

Das panoramareiche 14.000-Einwohner-Städtchen am Rand des kargen Plateaus nach Tinerhir ist im Norden vom Hohen Atlas begrenzt, in dem der Dades-Fluss entspringt. Nach Süden erhebt sich der Djebel Saghro mit dem Tizi-n-Tazazert-Pass (2250 m), über den die Straße nach Nekob und weiter zum Draa-Tal nach Tansikht führt.

Boumalne ist neben El Kelaa M'Gouna das kulturelle und geografische Zentrum der Dades-Region. Die Stadt wirkt allerdings viel ruhiger und übersichtlicher als El Kelaa, auch das architektonische Bild der Häuser an der Hauptstraße mit einigen schönen Arkadengängen ist geschlossener. Ein belebter Souk gegenüber dem Hotel Adrar sorgt mittwochs für Abwechslung.

Information/Verbindungen

● *Information/Internetcafé* Auskünfte in den Hotels Bougafer, Kasbah de Dades und Soleil. Ein Internetcafé befindet sich an der Place Centrale.

● *Verbindungen* Kollektivtaxis und Busse halten 150 m südlich der Moschee an der Hauptstraße.

Übernachten/Essen & Trinken

• *In Boumalne* **Hotel la Kasbah de Dades Chems**, an der Route de Tinerhir, oberhalb des Ortes. Mittelklassehotel in originellem 70er-Jahre-Dekor; freundlicher Service. Aziz Moubarik organisiert seit vielen Jahren Trekking- und Kajak-Touren sowie Randonnées. Das Restaurant ist auch auf Gruppen eingestellt und bietet gute Lokalküche. DZ 280 DH. Av. Mohamed V. ✆ 0524-830041, www.kasbahdedades.com.

Kasbah Tizzariouine, aufwendig renovierte Kasbah (mit Pool) in Panoramalage; hinter der Kasbah de Dades rechts ab. Einige in den Fels geschlagene „Höhlenzimmer" für 450 DH, DZ 700 DH. ✆ 0524-830690, www.kasbahtizzariouine.com.

Auberge du Soleil, am Ortsausgang nach Westen in panoramareicher Lage. Mit großem Platz für Camper (2 Pers. inkl. Zelt 30 DH). Große DZ ab 360 DH. Der Besitzer Mustafa Najim ist Bergführer und bietet eine Auswahl an Touren an. ✆ 0524-830163.

Buogafer, Travellerhotel mit Lokalkolorit im Zentrum, Restaurant mit Terrasse. Gute Preise, funktional und sauber. DZ 60 DH. ✆ 0524-831307, mustapha_da@yahoo.fr.

• *An der Dades-Schlucht, von Boumalne in nördlicher Richtung* **Restaurant Al Manader**, kurz vor dem Hotel Kasbah de Dades (s. o.). Gute Gerichte zu passablen Preisen. Menü ab 80 DH.

Auberge Jesus & Mondiale, 8 km von Boumalne an der Straße zur Dades-Schlucht; eine kleine Pension, die ein Herz für Jesus, Ziegen und Studenten hat. Freundlicher Service. Saubere und angenehme DZ für 80 DH. ✆ 0524-831566. Unser Low-Budget-Tipp!

Auberge Miguirne, schöne und einfache Gîte d'Étape, 13 km von Boumalne entfernt; der freundliche Besitzer gibt Tipps und bemüht sich um seine Gäste. Wifi. DZ ohne Bad ab 110 DH, mit Bad ab 150 DH.

✆ 0524-831888.

Hotel Kasbah Ait-Arbi, eine Ortschaft hinter der Auberge Miguirne, 18 km von Boumalne; kleine, sympathische Unterkunft mit zwei tollen Terrassen und Panoramablick auf den Oued Dades. DZ mit Bad 120 DH. ✆ 0524-831723. Tipp: Wanderung von hier in die Schlucht von Sidi Boubkar (2 Std.)

Auberge Gorges du Dades, 22 km von Boumalne, gute und traditionsreiche Adresse am Dades. Das Hotel hat 30 Zimmer, teilweise mit schöner Aussicht, teilweise mit Bad. DZ ab 400 DH. Auch gut ausgestatteter Platz für Camper. Eseltrekking-Touren im Angebot. ✆ 0524-830153.

Chez Pierre, ca. 25 km von Boumalne; in das Felsmassiv gebaute exklusive Anlage mit traditionellen Akzenten und schönen Terrassen; helle Räume mit sparsamer Einrichtung. Pool. Gutes Essen. Trekkingtouren mit 4x4 oder Kamelen. DZ inkl. HP 1200 DH (ohne HP 650 DH). ✆ 0524-830267, chezpierre@menara.ma.

La Gazelle du Dades, 27 km von Boumalne in hübscher Lage mit Zimmern zum Fluss. Traveller können im Nomadenzelt oder im eigenen Zelt am Fluss schlafen. DZ 260 DH. ✆ 0524-831753. **Auberge Tissadrine**, kleines Hotel einige Schritte nördlich vom La Gazelle; originelle Zimmer zu 340 DH mit HP. Die Terrasse liegt fast am Wasser des Dades. ✆ 0524-831745.

Berbère de la Montagne, 34 km von Boumalne; von den Brüdern Ibrahim und Mohammed fantasievoll gestaltetes Hotel am Ende der Dades-Schlucht. Der Blick von der Terrasse auf die Schlucht ist zauberhaft. Ibrahim führt seine Gäste mit viel Sachkenntnis auf kleinen und längeren Trekkingtouren. DZ (nur mit HP) ab 400 DH, Camping 30 DH/Person. ✆ 0524-830228, www.berbere-montagne.ift.fr. Unser Tipp!

Ausflüge von Boumalne in die Dades-Schlucht

Die Dades-Schlucht ist zweifelsohne eine der interessanten Schluchten des Südens, und man muss kein Geologe sein, um von dieser mächtigen, durch Erosion sich ständig verändernden Landschaft fasziniert zu sein. In Jahrmillionen hat sich der Dades durch die rötlichen Felsmassive gefressen und eine traumhafte Naturlandschaft geschaffen – ein Wechselspiel von kahlen Felshängen und einer lieblichen Vegetation, die den Reiz der Dades-Schlucht ausmacht.

Eine Vielzahl von Trekkingtouren und Randonnées sind von Boumalne aus möglich. Viel in kurzer Zeit zu sehen ist allerdings nur mit dem 4x4-Drive möglich,

Bei Boumalne

Dades- und Draa-Tal

manche interessante Tour wie die nach Imilchil oder die Verbindung zwischen Da-
des- und Todra-Schlucht ist sogar ausschließlich nur so zu realisieren. Bis Msemrir
(ca. 60 km) ist das Dades-Gebiet aber prinzipiell ohne 4x4 befahrbar.

Schon während der ersten Kilometer nördlich der Abzweigung von Boumalne finden sich nahe den für das Tal typischen Felsformationen einige Unterkünfte. Nach
Ait Youl (ca. 6 km) und **Ait Arbi** (18 km) mit zwei gut erhaltenen Glaoui-Kasbahs
folgen ein erster Pass und einige kleine Dörfer. Später windet sich die langsam steigende Straße durch den Ort **Zaouia Sidi Boubkar**. In **Sidi Daout** mit einem Marabut folgt eine Brücke über den Dades, dann durchfährt man den touristisch etwas
besser erschlossenen Ort Oudinar (22 km).

Einige Kilometer später erscheint die Hauptschlucht mit tief eingeschnittenen Felswänden, während sich die Straße über den ersten Pass auf 1800 m Höhe windet.
Man stößt auf eine stark zerklüftete Berglandschaft und das Ksar Imdiazen mit einer prächtigen Kasbah. Nach weiteren Ortschaften steigt die Straße auf 2100 m und
verläuft nahe dem höchsten Einschnitt in die Schlucht, bevor sie sich wieder bergab
windet und zur Auberge Berbère de la Montagne führt (34 km).

Alternativ zu einer motorisierten Tour kann man im Dades-Tal sehr viel wandern
und biken. Von der **Auberge Miguirne**, 13 km von Boumalne, bei der Ortschaft
Tamlalt, ist ein Ausflug zu der Schlucht nach Sidi Boubkar möglich. Hinter **Tamlalt**
befindet sich ein eindrucksvoller Felssturz. Auch von **Ait-Oudinar** (25 km hinter
Boumalne) gibt es schöne Wanderwege. Weitere schwerer zu findende Wege kennen die lokalen Bergführer, und auch in den Hotels bekommt man detaillierte Auskünfte. Für größere Tageswanderungen entlang den Canyons empfiehlt es sich
ohnehin, mit einem Bergführer zu laufen.

Eine weitere Möglichkeit, etwas mehr auf Tuchfühlung zu gehen, ist eine ausgedehnte Biketour, die allerdings etwas Kondition erfordert. Für die Strecke von Boumalne bis in die Ebene hinter der Unterkunft „Berbère de la Montagne" (34 km von

Boumalne) sollte man mit dem Bike mindestens einen Vormittag bzw. 6 Stunden einplanen. Für die Rückfahrt findet sich leicht ein Kollektivtaxi mit Dachgepäckträger. Zur entsprechenden Jahreszeit kann man auch mit Kajaks von Msemrir nach Boumalne paddeln – vorzugsweise während und am Ende der Schneeschmelze (Infos über das Hotel Kasbah de Dades in Boumalne).

Der Djebel Saghro

Nach ca. 5 km vom Hotel Kasbah de Dades (Boumalne) in Richtung Tinerhir folgt rechter Hand eine Straße mit dem Hinweisschild *Iknioun*. Nach rund weiteren 20 km zweigt rechts die Straße nach **Tagdilt/Vallée des Oiseaux** ab. Für Hobby-Ornithologen ein echtes Muss, aber auch für Naturinteressierte eine spannende Ecke. Viele Vogelarten leben hier zwischen Dezember und April. Insgesamt ist die Region für das Trekking recht attraktiv. Wer auf der Hauptstraße weiterfährt, gelangt über den Tizi-n-Tazazert-Pass (2250 m) auf die **Piste nach Nekob** bzw. Tazzarine (→ Agdz/Verbindungen und Tinerhir/Wanderungen und Ausflüge, S. 159 bzw. 182). Bereits weit vor der Passhöhe kündigt sich ein trockenes und herbes Gebirge mit schroffen Felslandschaften an. Das markante Djebel-Saghro-Gebirgsmassiv ist vulkanischen Ursprungs und trennt die Dades-Region und das Draa-Tal. In der sehr dünn besiedelten Region leben Nomaden bzw. die Nachfahren der Ait-Atta-Berber, die im Winter in die tiefer gelegenen Täler ziehen.

Information In Boumalne im Hotel Kasbah de Dades (→ Boumalne). Das Büro der Guides et accompagnateurs de montagne in El Kelaa M'Gouna vermittelt Führer für die Region. Bestes Kartenmaterial mit vielen Erläuterungen zur Architektur findet man in „Kultur-Trekking im Dschebel Saghro" von den Autoren Hamza und Popp (Universität Bayreuth.maghreb-studien@uni-bayreuth.de).

Wanderungen zwischen Bou-Taghrar (Vallée des Roses), Tourbist und El Kelaa M'Gouna

Bou-Taghrar ist von Boumalne mit dem Auto erreichbar. Man folgt der Straße mit dem Schild nach *Les Gorges Dades*. Nach 6 km erscheint am Ortseingang von Ait Youl auf der linken Seite eine kleine Straße mit einem Schild „Hotel Bou-Taghrar 12 km". Dieser Pistenstrecke einfach folgen, es gibt keine Abzweigungen auf dem Weg. Die Straße windet sich über ein Mars-artig anmutendes Hochplateau mit wenig Vegetation bis nach Bou-Taghrar. Der erste Abschnitt strapaziert normale Fahrzeuge ein wenig, die Straße wird jedoch im zweiten Abschnitt nach Bou-Taghrar besser. Dort folgt zunächst das etwas überteuerte Hotel Bou-Taghrar auf der rechten Seite und nach ca. 500 m das Hotel Chez el Houssaine Azabi.

Hier kann das Auto geparkt und die Wanderung begonnen werden. Es folgt nach 50 m eine Brücke über den Oued M'Goun und nach weiteren 100 m der alte Teil des Ortes mit einer weiteren Unterkunft gegenüber der alten Kasbah, die etwas einfacher ist und von der Familie Moulay geführt wird (DZ 120 DH). Die Piste führt nun über ca. 8 km nach **Alemdoun.** In dem kleinen Ort ist bereits das Flusstal sichtbar. Erneut am M'Goun angekommen, folgt man dem Flussverlauf von nun an in südlicher Richtung. Der von fruchtbaren kleinen Feldern und Mandelbaumplantagen gesäumte Fluss windet sich in vielen Schleifen, und bald erreicht man den schluchtartigen Verlauf. Nach etwa 4 km folgt die Ortschaft **Agutie.** Der Weg verläuft nun gelegentlich nicht direkt am Fluss, sondern entlang kleiner Ortschaften, der Fluss ist aber immer deutlich erkennbar. Nach weiteren 3 km folgt der Ort **El Hot** mit einer ausgezeichnet erhaltenen Kasbah. Vom

In Bou-Taghrar

Dades- und Draa-Tal

nächsten Ort **Znag,** ca. 1 km, sind es weitere 80 Minuten auf der Piste zurück nach **Bou-Taghrar.**

Die weitere Strecke von Bou-Taghrar nach **Tourbist** bzw. El Kelaa M'Gouna ist in etwa 3 Stunden (ca. 15 km bis Tourbist) bzw. weiteren 3 Stunden ab Tourbist für die etwa 18 km bis **El Kelaa M'Gouna** machbar.

Der Weg nach Tourbist folgt unmittelbar dem Flussverlauf und ist sehr reizvoll, zumal dieser Teil des Flusstals weiter nach Süden geöffnet ist und so mehr Sonne erhält. Hier finden sich viele bewirtschaftete Felder, die mit einem gut erhaltenen Kanalsystem versorgt werden. Der Fluss wird jetzt von weiteren Nebenflüssen gespeist und damit breiter. An vielen Stellen säumen ihn jetzt bizarre Felsformationen, die teilweise auf den Mauern des parallel verlaufenden Kanalsystems umlaufen werden müssen. Kurz vor Tourbist wird die Landschaft sehr lieblich, lange Rosenhecken säumen die Getreidefelder, große Oleanderbüsche säumen die Wege. In Tourbist kann man der Piste für ein weiteres Stück am Fluss entlang nach El Kelaa M'Gouna folgen, leider entfernt sich die Piste die letzten 5 bis 6 km vom Flussverlauf, der bei El Kelaa (südöstlich) die Hauptroute nach Ouarzazate kreuzt. Alternativ zum Wandern kann man in Tourbist auch ein Taxi nehmen und den letzten Teil bis El Kelaa fahren, was angesichts der bereits gelaufenen Kilometer eine Alternative ist.

Wer von Bou-Taghrar bis zur Quelle des M'Goun laufen will (nur mit Führer zu empfehlen), kalkuliert sechs Tage ein. Hier ist u. a. ein schwieriger Abschnitt von zweieinhalb Tagen durch hüfttiefes Wasser mit steilen Felswänden einer Schlucht zu durchlaufen (→ Von Marrakesch auf der N 8 über Tamelelt nach Nordosten/„Im Schatten des M'Goun").

● *Information* **Azabi el Houssaine** aus Bou-Taghrar lieferte viele Informationen für die Karte „Kulturtrekking im Hohen Atlas" – von Hamza und Popp (Universität Bayreuth. maghreb-studien@uni-bayreuth.de).

● *Übernachten* **Hotel Chez el Houssaine Azabi**, in Bou-Taghrar. Gute und saubere Zimmer mit Lehmverputz, Betten mit Berberwolldecken. Ausgezeichnetes Essen mit Zutaten aus eigenem Anbau. Der Besitzer Azabi el Houssaine ist sehr hilfsbereit und vermittelt auch Guides bzw. führt selbst. DZ ab 150 DH je nach Ausstattung.
✆ 0524-831126.

Kopfmode schwarz und weiß

4x4-Randonnée von Boumalne durch die Dades-Schlucht nach Msemrir und über den Tizi-n-Ouguerd-Pass nach Tinerhir   (ca. 190 km)

Von Boumalne nach Msemrir geht es über die Dades-Schlucht (ca. 60 km). Der kleine Marktort (Souk am Samstag) ist auch der Hauptort der Ait-Haddidou-Berber. Informationen über den Zustand der Piste nach Tamtattouchte gibt es bei der örtlichen Gendarmerie. Der Ort Msemrir ist Ausgangspunkt für zahlreiche Pisten - bis nach Imilchil. In Msemrir beginnt auch die Piste zum **Tizi-n-Ouguerd-Zegzaoune-Pass,** der in östlicher Richtung auf windigen 2800 m Höhe liegt (ca. 26 km). Nach spannender und teilweise schwieriger Piste geht es steil bergab nach Tamtattouchte (ca. 36 km). Die verbleibende Strecke nach Tinerhir ist in besserem Zustand (ca. 30 km). Nur erfahrenen Off-Roadern zu empfehlen. Zurück von Tinerhir nach Boumalne geht es über die N 10.

Tinerhir

Die Straße zur Todra-Schlucht bietet eine gute Sicht auf Tinerhir und die riesige angrenzende Oase. Die Stadt setzt sich aus einer Vielzahl von Ksour zusammen, die in den letzten hundert Jahren zusammengewachsen sind.

Inzwischen leben etwa 50.000 Menschen in den über 40 Ortschaften rund um Tinerhir. Die 5000 ha große Todra-Oase ist mit Palmen, Obst-, Mandel- und Olivenbäumen bepflanzt, und über der 1340 m hoch gelegenen Stadt thronen die Ruinen einer Anfang des 20. Jh. gebauten Glaoui-Kasbah. Von dort hat man einen guten Überblick über die weit ausgedehnte Oase.

Tinerhir hat eine hübsche Mellah, das jüdische Viertel Ait el Haj Ali, in den schmalen Gassen mit ihren Handwerksbetrieben, Teppichknüpfereien und Kunstschmie-

Ksar von Tinejdad

den geht es noch recht ursprünglich zu. Interessant sind die Übergänge zur Palme-raie. Im westlichen Stadtteil und hinter dem Ksar bzw. der Medina stößt man unvermittelt auf die Stadtmauer und kleine Tore, hinter denen sich die parzellierten Oasengärten ausbreiten.

Ein Ausflug in die **Todra-Schlucht** ist ein Highlight, das zum Standardangebot von geführten Busausflügen gehört und auch bei den Marokkanern sehr beliebt ist, wie die vielen Unterkünfte am Ende der Schlucht beweisen. An der engsten Stelle ist die Schlucht nur 10 m breit und wird von 300 m steil aufragenden Felswänden flan-kiert. Die Wände der Schlucht wurden in den letzten Jahren zu einem beliebten Ziel der Freeclimber, die fast täglich als kleine Flecken in luftiger Höhe auszuma-chen sind. Wer die Einzigartigkeit dieses Ortes ohne viele Besucher erleben möchte, sollte etwas früher auf den Beinen oder am späten Nachmittag unterwegs sein. Ein Ausflug mit dem Auto von Tinerhir in die Frische spendende Schlucht ist in zwei Stunden mach-bar; wer hier wandern möchte, nimmt sich mehr Zeit (→ Wanderungen von Tinerhir).

Diverses

● *Information* Eine kompetente Adresse für Auskünfte zu Region, Trekking, Biking und Randonnées ist **Supratravel** (www.supratravel.com) im Hotel Tomboctou. Siehe auch das neue Portal www.tinghironline.com mit vielen praktischen Hinweisen.

● *Verbindungen* **Gare Routière** an der nördlichen Av. Mohammed V. bei der Total-Tankstelle. Stündlich Busse Richtung Bou-malne und Errachidia. Mehrmals täglich nach Marrakesch. **Kollektivtaxis** starten an der Av. Hassan II. (gegenüber der Post) in die Todra-Schlucht, nach Boumalne, Erfoud und Tinejad.

Hinweis: Nach Marrakesch hat Supratours eine neue Verbindung mit modernen Bus-sen eingerichtet. Tinerhir 5.30 Uhr, Boumal-ne 6.15 Uhr, El Kelaa M'Gouna 6.40 Uhr, Ou-arzazate 8.00 Uhr, Ankunft Marrakesch 12.00 Uhr.

● *Reiseagenturen/Sport* Alles zum Thema Klettern (für Spezialisten gibt es ein verlegtes System von Haken in der Todra-Schlucht) und Bikes (100 DH/Tag) bei **Supratravel** im

Dades- und Draa-Tal

Hotel Tomboctou ✆ 0524-832989, www.supratravel.com.
• *Sonstiges* **Post**, **Internetcafé** und drei **Banken** an der Av. Mohammed V., **Tagessouks** am Weg zum Ksar Ait el Hay. **Wochensouk** montags auf der Place Tahtani. Eine kleine, kostenlos geführte **Tour in die**

Mellah bieten Freunde von Mohammed Barkaoui an (Hotel La Kasbah). Mitglieder der Familie produzieren bzw. handeln dort mit hochwertigen Teppichen aus der Region zu passablen Preisen. Eine große Auswahl an Schmuck bietet Hussein vom **Grain du Sable** gegenüber der Post.

Übernachten/Essen & Trinken

• *Übernachten* **Hotel Tomboctou (9)**, von Westen kommend an der ersten großen Querstraße rechter Hand. Kasbah mit 20 hervorragend renoviertem, stilvollen Räumen und entspannter Atmosphäre. Das Restaurant mit guter Lokalküche bietet eine Auswahl marokkanischer Spitzenweine. Edi Kunz und sein Team sind hervorragende Kenner der Region und offerieren Trekkings und Randonnées unterschiedlicher Dauer und Schwierigkeitsgrade. Auf dem Dach der Kasbah kann man in drei Turmzimmern mit Blick auf die Stadt und Palmeraie übernachten. DZ mit Heizung und AC 470–690 DH. Av. Bir-Amzarane. ✆ 0524-835191, www.hoteltomboctou.com. Unser Tipp!
Hotel Kenzi Saghro (5), moderne, aber durchaus gelungene Architektur. Restaurant mit Terrasse und Panoramasicht auf die Palmeraie und die Glaoui-Kasbah. Eleganter Pool und Garten. Großzügige, komfortable DZ 650 DH. Rue Djebel Saghro. ✆ 0524-834181, www.kenzi-hotels.com.
Kasbah Lamrani (10), elegantes Setting mit schönem Interieur, Pool und großem Patio. DZ inkl. gutem Frühstück 560 DH. Av. Mohammed V. ✆ 0524-835017, www.kasbah-lamrani.com.
Hotel Restaurant La Kasbah (4), passables Hotel, Einrichtung mit Lokalkolorit. Vor allem die Küche ist zu empfehlen. Preiswerte DZ inkl. Frühstück ab 250 DH, inkl. HP 450 DH. Av. Mohammed V. 69. ✆ 0524-834471, www.lakasbah-barkaoui.com.
Hotel Oasis (7), Travellerhotel, das schon bessere Zeiten gesehen hat. Die Terrasse des Cafés ist immer noch beliebter Treffpunkt und ein guter Aussichtspunkt auf das Geschehen an der Av. Mohammed V. Funktionale DZ ohne Bad ab 80 DH, mit Bad 150 DH. Av. Mohammed V. ✆ 0524-833670.

Retour au Calme (6), hat aufgeholt und bietet mehr als das Oasis. Vor allem die Küche wird für ihre guten Tajines gelobt. Freundlicher Service und gute Kenntnis der Region. Am Ortsende Richtung Erfoud, Schild rechter Hand. DZ 400 DH. Route d'Erfoud. ✆ 0524-834924, www.retouraucalme.com.
Camping Source de Poisson Sacre (3), direkt an der heiligen Quelle, einem alten Pilgerziel. Camping und Restaurant mit Nomadenzelt. Hübscher Ort, entspannte Atmosphäre, faire Preise. Abends mit Bar und Sound. 9 km von Tinerhir, am Beginn der Todra-Schlucht. ✆ 061-3683874.
L'Auberge Atlas (1), ca. 9 km Richtung Schlucht, direkt am Oued Todra. Schöner Campingplatz mit vorwiegend jungem Publikum. Saubere und einfache DZ ca. 100 DH, Zelt 50 DH. ✆ 0524-895011.
• *Essen & Trinken* Einige schöne Terrassen kleiner Restaurants finden sich in den Ortschaften hinter der Schlucht. Idyllisch ist der Garten des Poisson Sacre (s. o.).
Chez Michele (2), ca. 1 km hinter dem Ortsausgang von Tinerhir Richtung Schlucht, hat ebenfalls einen guten Ruf; Menüs ab 140 DH. ✆ 0524-835151.
Bar Oasis an der belebten Hauptstraße ist immer noch Treffpunkt der Traveller.
• *In der Todra-Schlucht* Mit dem Ende der Todra-Schlucht und einigen eigentlich schönen Sights steigt das Preisniveau. Die Restaurants und Hotels dort sind vor allem auf Gruppen eingerichtet. Ausnahme ist die Auberge Le Festival (DZ 230 DH) mit Restaurant und Terrasse in Panoramalage, ca. 4 km hinter der Schlucht mit guten und preiswerten Gerichten.
Maison d'hôtes Todra (8), am Eingang der Schlucht. Kl. Hotel mit passablen Preisen. DZ inkl. HP/Person ab 150 DH. ✆ 0524-895031.

Wanderungen und Biketouren von Tinerhir

Die Palmeraie der Todra-Oase ist ideal für Wanderer und Entdecker. Aber auch ein Mountainbike kann hier gute Dienste tun. Der Fluss ist Orientierungshilfe für eine Tour durch die von Wassergräben und kleinen Pfaden durchzogene Oase, bei der

Todra-Schlucht,
Erfoud, Errachidia   1 2 3

Ksar
Tsaga

Kasbah

Gare
Routière

Place Mohammed V

TAXI

BUS

Souk

Ksar Ait el Hay
und Souk

Place
Tahtani

M e l l a h

O a s e

Tinerhir

100 m

man das Treiben der Menschen auf den parzellierten Feldern beobachten kann. Das alte, fast archaisch anmutende Ksar liegt südöstlich des Zentrums von Tinerhir, von hier gibt es u. a. einen direkten Weg nach Afanour. Bei den folgenden Vorschlägen kann ein Taschenkompass hilfreich sein. Bei Zweifeln über den Wegverlauf evtl. Landarbeiter fragen.

Wanderung zur Moschee bzw. Medersa von Ikelane: In dem fast unbewohnten und zerfallenden Ksar von Afanour ist dank der Initiative von Roger Mimó die Moschee bzw. Medersa von Ikelane erhalten worden und inzwischen vollständig renoviert. Da hier kaum noch religiöse Veranstaltungen stattfinden, kann man sie besichtigen. Besonders eindrücklich ist die sparsame und harmonische Dekoration.

Wanderung von der Todra-Schlucht nach Tamtattouchte (ca. 6–7 Std.): Startpunkt der Wanderung ist der Parkplatz am Anfang der Schlucht. Nachdem man die Schlucht durchquert hat, verläuft der Weg östlich der Straße nach Tamtattouchte auf Maultierpfaden. Es geht vorbei an ausgetrockneten Flussläufen und zum Teil steil aufwärts, dann wieder flach in breiten Talsohlen, wo Ziegen und Schafe weiden. Die alten Zelte verweisen auf Nomaden, die hier gelegentlich leben. Da der Weg in Sichtweite der Straße verläuft, kann man an jedem beliebigen Punkt den Rückweg antreten. Bis nach Tamtattouchte sind es von der Schlucht ca. 11 km.

Wanderung nach Agoudin (ca. 10 km): Von Tinerhir geht es zu Fuß oder mit dem Bike in südöstlicher Richtung nach Tadafait und Tarzout (ca. 6 km), dann auf der anderen Flussseite weiter Richtung Süden zum Ksar nach Agoudin n'Ait Yaza. In Tadafeit hat man einen fantastischen Ausblick auf die Palmeraie, donnerstags findet dort ein sehenswerter Souk statt.

Wanderung vom Camping Source de Poisson Sacre zur Kreuzung vor Tinerhir (ca. 7 km): Der Weg beginnt etwa 9 km von Tinerhir entfernt (auf der asphaltierten Straße) in unmittelbarer Nähe des Cafés hinter der nahen Quelle „Poisson Sacre". Östlich des Flusses geht es an diesem immer entlang bis zum Ziel. Anfahrt mit Bus oder Pkw.

Wanderung rund um die Todra-Schlucht auf einem Pfad oberhalb der Schlucht (ca. 6 km): Am Ende der Todra-Schlucht, ca. 300 m nach dem Hotel Yasmina linker Hand, folgt man einem kleinen Pfad, der bald steil aufwärts führt und um ca. 300 Höhenmeter ansteigt. Auf dem Bergrücken angelangt, hält man sich links und erreicht, wieder leicht abwärts gehend, ein Bachbett. Diesem folgt man, bis die Wege sich teilen, und orientiert sich nach rechts. Vorbei an einem Lagerplatz der Nomaden erreicht man nach ca. 40 Min. eine weitere Anhöhe mit weitem Panoramablick. Hier angelangt, ist die Teerstraße weit unten sichtbar. Zurück zum südlichen Eingang

Flussoasen sind verletzliche Ökosysteme

Die südmarokkanischen Flussoasen sind faszinierende, sich selbst regulierende Ökosysteme, die seit alters her nach dem System der „Drei-Etagen-Wirtschaft" funktionieren. Unten wachsen Getreide und Lupinen sowie Gemüse, es folgen Sträucher und Obstbäume, den oberen Abschluss bilden die schattenspendenden Dattelpalmen. Dabei ist die Bewässerung in den Palmenoasen von existenzieller Bedeutung. Schon die Saadier (1554–1667) perfektionierten die unterschiedlichen Bewässerungstechniken und führten die sogenannte archimedische Schraube, eine ausgeklügelte Technik zur Wasserverteilung, ein. Daneben gibt es unterirdische Bewässerungskanäle, die *Foggaras,* ebenerdige Kanäle, die *Segouias,* sowie Schöpfbrunnen. Letztere wurden früher mit Eseln betrieben, heute meist mit Motorkraft. Die Wartungsarbeiten an den Bewässerungsanlagen werden gemeinschaftlich durchgeführt, um die Versorgung des empfindlichen Ökosystems bis in die letzten Parzellen zu sichern – teilweise mit antiquiert wirkenden Pumpen, die seit Jahren ihren Dienst tun. Leider bereitet inzwischen der sinkende Grundwasserspiegel sogar dem tief reichenden Wurzelwerk der Dattelpalmen Probleme, und nur regenreiche Winter wie der von 2005/06 können entscheidend dazu beitragen, das verletzliche Gleichgewicht wiederherzustellen.

Im Mittelpunkt des Lebens in den Flussoasen steht die Dattelpalme. Ihr Stamm dient als Baumaterial, die Kerne als Viehfutter, das Palmenschilf wird für Matten, Taschen, Körbe, Wände und Dächer genutzt. Und schließlich sind da natürlich die

der Schlucht (dem Ausgangspunkt der Wanderung) bzw. zur geteerten Straße sind es auf dem Abstieg parallel zur Schlucht nochmals etwa 200 m.

Besuch der Töpfereien in El Hart mit dem Bike (ca. 12 km): Ausflug entlang des südlich von Tinerhir verlaufenden Todra-Flusses in die Ebenen der nördlichen Ausläufer des Djebel Saghro. Vom Wegweiser „Hotel Tomboctou" geht es ca. 1 km in südlicher Richtung, bis linker Hand die Palmeraie folgt, die die Straße durchquert. Hier dem Verkehr auf der Hauptstraße, die in eine Piste übergeht, folgen. Palmenhaine wechseln nach einiger Zeit mit versandeten Wegabschnitten ab, die wiederum durch das Grün bewässerter Felder unterbrochen werden. Der Besuch bei den Töpfern von El Hart gleicht einer Reise in lang vergangene Zeiten ... Die Töpfersiedlung beherbergt viele Familien, die alle unabhängig voneinander u. a. für den Montagssouk in Tinerhir produzieren. Der Moussem von El Hart, jedes Jahr eine Woche nach dem Aid el Kebir-Fest, ist ein einmaliges Ereignis (→ Feiertage).

Wer mit dem Fahrrad zurückfahren will, sollte zeitig starten; ansonsten mit dem Kollektivtaxi zurückfahren und Bike einladen.

Ausflüge mit Pkw oder Allradfahrzeug ab Tinerhir

Für die folgenden Tagestouren sollte man bei individuellen Fahrten gutes Kartenmaterial wählen und sich im Winterhalbjahr nach dem Zustand der Straßen erkundigen. Alternativ bieten sich geführte Touren mit einem 4x4, Landrover o. Ä.

Datteln selbst – haltbare und nahrhafte Früchte, die Reichtum symbolisieren: Mehr als 150 kg Datteln kann eine Palme einbringen! Um die Bestäubung der Blüten sicherzustellen – windige Tage zur Zeit der Blüte gelten als fruchtbare Tage, weil der Wind sie auf natürliche Weise bestäubt – werden zusätzlich männliche Palmwedel gekauft. Damit klettern die Bauern im Frühjahr in die Bäume und Hier bestäuben die weiblichen Fruchtstände.

Das in den Flussoasen und Palmeraien bis in die Gegenwart praktizierte Entlohnungssystem funktioniert nach der „Khammesat"-Pacht. *Khamsa* bedeutet fünf, *Khammes* ist der Pächter. Die Tagelöhner in der Oase bekommen Land, Wasser, Saatgut, Geräte und bringen als fünften Produktionsfaktor ihre Arbeitskraft ein. Doch steigende Ansprüche, die Abkehr von der Selbstversorgungswirtschaft und die Verdrängung des Tauschhandels durch das Geld haben dazu geführt, dass das einstige Fünftel des Ertrags als Lohn nur noch wenig wiegt.

Zwar kommt von Familienmitgliedern aus dem Ausland Unterstützung in Form von Geld, doch beschleunigt diese Unterstützung auch den Wertewandel, verdrängt die Lebensweisen, wie sie die Alten noch gewohnt waren, und weckt Bedürfnisse, die mit einem einfachen Einkommen einfach nicht zu erwirtschaften sind. Angesichts dieser „Verwestlichung" wird sich der konzentrierte Anbau größerer Flächen – wie in Nordmarokko im industriellen Gemüseanbau längst üblich – möglicherweise auf kurz oder lang auch im Süden des Landes durchsetzen.

an. Letzterer lohnt sich besonders bei 4 bis 5 Personen, denn viele Agenturen berechnen den Preis pro Fahrzeug plus Fahrer.

Preisbeispiel Landrover mit Chauffeur/Übernachtung ab zwei Personen 3500 DH – Angebot des Hotels Tomboctou (s. o.), www.hoteltomboctou.com.

Von der Todra- zur Dades-Schlucht über den Tizi-n-Ouguerd-Pass **nach Msemrir und Boumalne (Tagesfahrt, ca. 190 km):** Die bereits im Dades-Tal von Msemrir aus beschriebene Route kann auch von Tinerhir aus befahren werden. Zurück geht es von Boumalne nach Tinerhir über die N 10.

Tinerhir–Tinejdad–Achouria–Erfoud–Merzouga–Rissani–Timerzif–Alnif–Ait El Farsi–Tinerhir (Tagesfahrt, ca. 300 km): Diese Strecke ist auch mit normalem Pkw an einem Tag zu schaffen. Ab Tinerhir folgt man der Hauptstraße nach Tinejdad und zweigt dann in Richtung Erfoud ab. Die Wüste wird nun allgegenwärtig und die Gegend immer imposanter. Die ca. 100 km nach Erfoud sind in etwa zwei Stunden gefahren. In Rissani nimmt man die Abzweigung der N 12 nach Alnif (die alte Straße nach Merzouga führt nicht über Rissani) und erreicht auf dieser gut ausgebauten Straße nach etwa zwei Stunden (96 km) das etwas spröde Verwaltungszentrum Alnif. Bei der Post folgt rechter Hand die etwa 38 km lange Piste bis zur N 10 über den Tizi-n-Ismarene-Pass und nach Ait el Farsi. Von hier führt die inzwischen geteerte Straße linker Hand nach Tinerhir (ca. 15 km). Wer Pistenfahrten liebt, aber keine Risiken eingehen will, ist hier genau richtig.

Tinerhir–Alnif–Tazzarine–Nekob und Nekob–Iknioun–Tinerhir (zwei Tage): Eine reizvolle, abwechslungsreiche 2-Tages-Tour im 4x4-Fahrzeug mit einer Übernachtung in Nekob.

1. Tag (ca. 210 km): Ab Tinerhir zuerst auf geteerter Straße nach Tinejdad (55 km), nach weiteren 25 km rechts in Richtung Alnif abzweigen (beschildert: Alnif). Hier beginnt die Wüste, nach 38 km ist Alnif erreicht. Von hier weiter auf der südlichsten noch geteerten Straße mit dem Schild *Tazzarine*, das nach 67 km erreicht ist. Tazzarine ist einen Halt wert – der Ort ist von einer Oase umgeben und Handelszentrum der Region mit einem großen Mittwochs-Souk. Auf der ausgeschilderten Piste nach Nekob folgt nun eine weite Ebene, dann eine Schlucht vor der Ortschaft Ait Ouazik. Die Versteinerungen, die hier zu bestaunen sind, deuten auf das reiche geologische Erbe dieser Region. Der Beschilderung nach Nekob folgend, erreicht man den Ort nach 30 km (s. auch Vorschläge „Weiterfahrt ab Agdz") mit zwei schönen Übernachtungsmöglichkeiten in der Auberge Enakhil Saghro und der Kasbah Baha Baha).

2. Tag (ca. 120 km): Die Fahrt zurück nach Tinerhir über den Tizi-n-Tazazert-Pass und Iknioun gehört zu den schönsten Pistenfahrten im großen Süden Marokkos. Vor Millionen von Jahren fand in diesem Gebiet der Kontinentalbruch statt. Auf der südlichen Seite des Passes ist das Gestein vulkanisch und schwarz. Auf der nördlichen Seite finden sich Kalkbruch und helles Gestein. Hinter der Ortschaft Bab n'Ali (ca. 15 km ab Nekob) folgt nach weiteren ca. 15 km der 2260 m hohe Pass mit einem kleinen Café. Der Gipfel ist vom Pass aus schnell zu Fuß erklommen. Zurück im Fahrzeug, ist nach etwa weiteren 30 Minuten Iknioun (ca. 20 km) erreicht. Es folgt eine Fahrt über eine „Mondlandschaft" und über den Tizi-n-Tikkit-Pass, bis zum Startpunkt Tinerhir sind es noch einmal etwa 60 km.

Tinerhir–Ait Hani–Agoudal–Imilchil–Tinerhir (zwei Tage, ca. 375 km): Über die Schluchten von Todra führt die Strecke nach Ait Hani und zu dem durch seinen Heiratsmarkt bekannt gewordenen Ort Imilchil (einige Hotels). Der jährliche Moussem im September mit Heiratsmarkt war ursprünglich eine Wallfahrt zum

Oase bei Tinerhir

Stammesheiligen der Ait Haddidou, Sidi Ahmed Ouel Marrhni, ist aber inzwischen zu einer „touristischen Wallfahrt" verkommen. Variante: Von Tinerhir nach Ait Hani, dann in östl. Richtung zur Schlucht von Imiter und über Tahemdount und Goulmima zurück nach Tinerhir. Diese Strecke ist jetzt ganz asphaltiert und gut an einem Tag mit einigen Zwischenstopps zu schaffen (ca. 200 km, hübsch ist das Hotel Les Palmiers, s. u.).

Tinejdad, (Tages- bis Halbtagesfahrt, 110 km): In dem ca. 50 km östlich von Tinerhir gelegenen Ort, einem großen Ksar in der Palmeraie von Ferkla, kann man erfahren, wie die Menschen in einem befestigten Dorf vor Jahrhunderten lebten – und bis heute leben. Dieser Ksar ist heute eine der besterhaltenen Anlagen der Region. Die Renovierung ist jedoch sehr aufwendig und wird noch Jahre dauern. Unser Tipp!

Zudem zeigt das kleine Regionalmuseum **Musée des Oasis,** das der Spanier Roger Mimó, der ehemalige Besitzer des Hotels Tomboctou in Tinerhir, zusammen mit der **Maison d'hôtes el Khorbat** führt, historische Haushaltsgegenstände, Keramikarbeiten und Werkzeug (www.elkhorbat.com). Kurz vor Tinejdad (beschildert) befindet sich auf dem Gelände einer alten Thermalquelle das **Musée des Sources de Lalla Minouna,** ein Freilichtmuseum mit der enormen privaten Sammlung des Künstlers Zaid Abbou (neolithische Funde, alle Formen des Kunsthandwerks, alte Textilien und Ledertaschen, Djelabahs, Kaftane, Kalligrafien u. a.; Eintritt 50 DH; Kiosk u. Café). Im Ortszentrum von Tinejdad betreibt Zaid Abbou ein gut sortiertes Antiquitätengeschäft (**Galerie d'Art Chez Zaid**).

Tipp: Die Ergebnisse topografischen Forschungen zur Region mit detaillierten Beschreibungen auch kaum bekannter Kasbahs bietet eine ausgezeichnete Karte, die im Musée des Oasis erhältlich ist (www.rogermimo.com).

● *Übernachten* **Maison d'hôtes el Khorbat**, eine ausgefallene, schöne Unterkunft mit sparsamer Eleganz. Der Sammler und Schriftsteller Roger Mimó gibt zu allen Fragen des ländlichen Lebens, der Berberkultur und Kunst gern Auskunft und steht auch

Dades- und Draa-Tal

für Fragen zur Region Tafilalet zur Verfügung. HP im DZ 800 DH. Tinejdad. ☏ 0524535-8805355, www.elkhorbat.com.
Les Palmiers, in Goulmima; ideal für einen Zwischenstopp in der früheren Garnisons-stadt. Mitten in einem wuchernden Palmenhain mit großem Garten und hübschen Appartements. DZ ab 210 DH. ☏ 0524535-784004, www.palmiersgoulmima.com.

Das Tafilalet

Etwa 150 km westlich von Tinerhir beginnt die landschaftlich reizvolle Oase des Tafilalet zwischen Erfoud und Rissani, zwischen dem Oued Ziz und dem Oued Gheris – das Tafilalet ist das größte Oasengebiet Marokkos.

Einst brachten es die Filali-Bauern durch ihre landwirtschaftlichen Erträge zu einigem Wohlstand. Doch wurde die Grundlage dafür, die Dattelpalme, durch lang anhaltende Trockenperioden stark reduziert, der Bestand von über einer Million Dattelpalmen soll seit Mitte des letzten Jahrhunderts um fast ein Drittel zurückgegangen sein. Was bleibt, ist die Hoffnung, dass sich die niederschlagsreichen Winter wie 2005/06 fortsetzen und dazu beitragen, dass sich die Bestände wieder regenerieren. Ein zweiter Hoffnungsträger ist der Tourismus, der die Einkommen der Lokalbevölkerung etwas aufzubessern hilft und – sofern mit Wasser und Holz sorgsam gewirtschaftet wird – mit Sicherheit einen positiven Effekt für das strukturschwache Tafilalet hat. Und auch der Verkauf von lokalen Produkten, ob durch Export oder direkt, hilft im Kleinen. Zwar ist die Bevölkerung insgesamt wenig qualifiziert, doch die Tafilali sind geschickte Handwerker, und ihre Lederwaren sind im ganzen Land bekannt.

Errachidia

Das Verwaltungszentrum des Tafilalet liegt an der Schlucht des Oued Ziz und ist seit jeher ein bedeutender Verkehrsknotenpunkt. Die Stadt verbindet die Städte des Nordens wie Fès und Meknès mit dem Süden.

Der frühere Stützpunkt der französischen Fremdenlegion wurde nach dem Abzug von der marokkanischen Armee übernommen. Kasernen und gesichtslose Neubauten prägen das Bild, der schachbrettartige Grundriss gibt der 71.000-Einwohner-Stadt ein etwas monotones Gesicht, an dem sich Anhänger konstruktivistischer Architektur vielleicht sogar erfreuen können. Auf dem von Touristen kaum besuchten Souk sind Fossilien, Schmuck aus der Region, Holzarbeiten und Handwerk preiswert zu erstehen. Nicht weit vom Zentrum kann man das noch bewohnte **Ksar von Targa** besuchen (ca. 500 m). Auf dem Weg nach Erfoud, etwa 20 km südlich, befindet sich die **Blaue Quelle von Meski**, ein Ausflugsziel der Einheimischen.

Das palmenbewachsene **Ziz-Tal** führt nach weiteren 8 km in die Ortschaft **Ait Chakka (Aoufouss)**. Zu Fuß ist die Strecke entlang der Oase sehr eindrücklich, sollte aber evtl. besser mit Guide von Errachidia aus unternommen werden (ca. 6–8 Std.). Wer nicht in Errachidia übernachten will, kann sich hier auf eine hübsche Unterkunft freuen. Oder noch 25 km bis nach Erfoud weiterfahren. Kurz vor Erfoud (5 km) liegt **Maadid** mit seinem prächtigen Ksar und dem im Kasbahstil vor einigen Jahren erbauten luxuriösen „Xaluca Maadid" (→ Übernachten), das vorwiegend Gruppen beherbergt.

● *Information* **Délégation Provinciale du Tourisme du Errachidia**, Bd. du Prince-Moulay-Abdallah. Tägl. 8.30–16.30 Uhr (Mittagspause). ☏ 0524-570944.
● *Verbindungen* **Busstation** in der Av. Moulay-Ali-Cherif. Busse nach Erfoud und Rissani

mehrmals täglich, nach Ouarzazate 7-mal tägl., nach Fès und Meknès 8-mal tägl. **Kollektivtaxis** starten im „Quartier ancien".

● *Übernachten/Essen & Trinken* **Hotel Errachidia**, neues Hotel mit ordentlichen Zimmern hinter dem Busbahnhof. Einige Zimmer mit Terrasse. DZ mit Bad ab 350 DH. ✆ 0535-570453.

Café la France, auf alt gemachtes Café mit kleiner Speisekarte. Gutes Frühstück. Rue Cheichel Esllame.

● *Außerhalb* **Maison d'hôtes Zouala**, angenehme Unterkunft am Ortseingang des 30 km südlich gelegenen Ait Chakka bei Aoufouss, die tatsächlich vergessen lässt, dass man sich am Anfang der Wüste befindet. Im Garten ist so viel Grün, dass hier Vögel leben. Großzügig gestaltete Zimmer, DZ inkl. HP ab 500 DH. ✆ 0535-578182, 0672-144633. Unser Tipp!

***** **Kasbah Xaluca Maadid**, mit lokalen Materialien, Fossilien, Hölzern, und Naturstein sehr aufwendig gestaltete Luxusunterkunft. Preise durchaus angemessen. DZ ab 900 DH. Route d'Errachidia. ✆ 0535-578450, www.xalucamaadid.com.

Erfoud

Erfoud liegt am südlichen Ende der fruchtbaren Ziz-Oase an exponierter Stelle im Tafilalet. Ein beeindruckender Ausblick auf die Gegend – wenn nicht gerade Sandsturm herrscht – bietet sich von der Bordj-Est-Festung.

Im Dades-Tal

Die Bordj-Est-Festung liegt auf ca. 900 m Höhe hinter der Brücke über den Oued Ziz an der östlichen Straße nach Merzouga (ca. 1 km). Im geschäftigen Zentrum der 25.000-Einwohner-Stadt pulsiert saharisches Lebensgefühl. Die Gesichter der Menschen unterscheiden sich deutlich von den in den weiter westlich gelegenen Städten, der zentralafrikanische Einfluss ist in Erfoud deutlich zu spüren. Die mittägliche Hitze im Sommerhalbjahr drückt das Leben für Stunden in einen Dämmerzustand, der sich erst am späten Nachmittag wieder verflüchtigt.

Erfoud war von 1917 bis 1956 die letzte Bastion der französischen Truppen nach Südosten und ist auch heute noch Garnisonsstadt mit dem ihr eigenen militärischen Charme. Die imaginäre Grenze durch die Dünen der Wüste zu Algerien ist nicht mehr weit, Grenzstreitigkeiten mit Algerien hat es hier oft gegeben. Besonders seit der Unabhängigkeit der beiden Länder war der Grenzverlauf häufig Anstoß für gegenseitige Polemik, insbesondere seit Algerien sich als Anwalt der Sahraouis betrachtet und die Volksfront Polisario finanziell unterstützt. Bleibt zu hoffen, dass sich beide Länder bald auf die Wiedereröffnung der blockierten Transsahara-Route einigen werden, die einst die algerischen Touat-Oasen mit dem Tafilalet verbunden hatte.

Diverses

• *Information*   Im **Café-Restaurant des Dunes (2)** an der Av. Moulay Ismail; beliebte Informationsbörse der Reisenden. Zudem im **Internetcafé** an der Av. Mohammed V., gegenüber vom Hotel Merzouga.
• *Verbindungen*   **Gare Routière** gegenüber dem Souk, **Kollektivtaxis** starten an der Place des Far. Stündlich nach Errachidia mit den privaten Linien, tägl. 2 bis 3 **CTM-Busse** nach Zagora. Nach Meknès und Fès 1-mal morgens und 1-mal abends. Nach Zagora/Tinerhir mehrmals tägl., nach Zagora über Alnif 2-mal tägl., nach Merzouga mehrmals tägl.
• *Fest*   In der dritten Oktoberwoche steigt das weit bekannte **Dattelfest**, das größte Ereignis im Tafilalet, zu dem viele emigrierte Tafilali anreisen. Detaillierte Infos im Café des Dunes (→ oben).
• *Markt*   Großer **Samstagssouk** im Zentrum.

Übernachten/Essen & Trinken

***** **Kasbah Xaluca Maadid (1)**, mit lokalen Baumaterialien, Fossilien, Hölzern und Naturstein aufwendig gestaltete Luxusunterkunft. DZ ab 900 DH. Route d'Errachidia, ca. 5 km nördlich von Erfoud. ✆ 0535-578450, www.xalucamaadid.com.
Hotel Kasbah Tizimi (9), originelle Kasbah-Architektur und große Terrasse mit schönem Garten und Pool. DZ ab 500 DH. Route de Tinerhir, etwa 2 km westlich. ✆ 0535-576179, www.kasbah-tizimi.com.
Hotel Restaurant Cannes (5), funktioneller Neubau, im Restaurant TV-Beschallung. DZ mit AC 200 DH. Av. Moulay el Hassan. ✆ 0535-578695.
Hotel Merzouga (7), Travellerhotel mit guten Preisen und einfachem Restaurant. DZ 100 DH oder im Nomadenzelt oder auf der Terrasse 30 DH/Pers. Av. Mohammed V. 114, ✆ 0535-576532.
Eine Reihe weiterer schöner Unterkünfte gibt es am **Erg Chebbi** (→ Merzouga/Übernachten).
Café Restaurant des Dunes (2), für seine Berber-Tajines bekanntes Restaurant, gute Preise und freundlicher Service; feine Menüs ab 90 DH. Av. Moulay Ismail. ✆ 0535-576793.
Restaurant de la Jeunesse (6) ist, wie der Name andeutet, ein Treff der Dorfjugend. Gute Berber-Pizza und -Tajines zu fairen Preisen. Av. Mohammed V. 99.
Restaurant La Fibule (3), kleines, lebhaftes Restaurant mit der üblichen Speisenauswahl. Av. Moulay Ismail.

Einkaufen

Die vielerorts angebotenen **Töpferwaren,** die durch die hohe Brenntemperatur sehr stoßfest sind und mit einer nur in dieser Region verwendeten Glasur gefertigt werden, gibt es in vielen Formen und Größen. Bekannt sind auch Schmuck- und Lederwaren aus Erfoud; die Lederwaren („Filali-Leder") werden hier mit dem Gerbstoff „Takaout" behandelt, der dem Leder gute Haltbarkeit und eine natürliche Farbe verleiht.

Es gibt viele interessante **Fossiliengeschäfte (4, 8),** die versteinerte Tintenfische, Kopffüßler, Urkrebse und sonstiges Getier aus den Urmeeren feilbieten – vom handlichen, geschliffenen Ammoniten bis zur riesigen Tischplatte. Im nahen **Fossilien-Korallenriff** (→ Weiterfahrt) kann man mit etwas Glück auch selbst fündig werden. Das Riff und die von dort stammenden Fundstücke begeistern besonders die kleinen Besucher.

Weiterfahrt von Erfoud über den Erg Chebbi bzw. Rissani nach Merzouga

Die N 13 ist die bequemste Möglichkeit, von Erfoud nach Rissani (ca. 24 km) und von dort weiter auf der inzwischen asphaltierten Straße nach Merzouga (nochmals ca. 37 km) zu kommen. Sie führt durch die landschaftlich reizvolle Palmeraie de Ti-

Errachidia

Souk

Avenue Moulay el Hassan

Avenue Moulay Ismail

Avenue Mohammed V

CTM-Busse

Privatbusse

Gare Routière

Kollektivtaxis

Place de Far

Oued Ziz

Tinerhir

Rissani

Merzouga

Erfoud

100 m

zimi, die Dattelpalmenoase zwischen Oued Ziz und Oued Gheris, bis Rissani. Kurz vor Rissani befindet sich die Abzweigung nach Zagora über Alnif und Tazzarine (→ Ausflüge ab Tinerhir). Alternativ bietet sich die folgende, teilweise nicht asphaltierte Straße.

Von Erfoud zu den Dünen des Erg Chebbi: Reizvoller ist die östliche Verbindung an der Bordj-Est-Festung und am Fossilien-Korallenriff vorbei über die seit einigen Jahren stückweise ausgebaute Straße zu nehmen, die Zementfurt des Oued Tairhemt (nach ca. 20 km) zu überqueren und auf der Piste in südlicher Richtung und am Erg Chebbi entlang nach Merzouga zu fahren (etwa weitere 30 km, am besten mit einem 4x4). Der kleine, östlich dieser Straße gelegene Hügelzug, ein rund 300 bis 400 Millionen Jahre altes **Korallenriff** (vom Beginn der Straße in Erfoud ca. 7 km entfernt, dann dem Schild „Fossiles" folgend nochmals 3 km linker Hand) ist reich an Fossilien. Auf dem Weg zum Korallenriff findet sich nach der Abzweigung linker

Hand eine kleine Siedlung, in der die Bewohner hübsche Stücke verkaufen und auch Wanderungen begleiten.

Zu Beginn der Straße, ca. 3 km vom Osttor von Erfoud, weist das Schild „Bordj" zum Djebel Erfoud (940 m) und zur **Bordj-Est-Festung,** die es ermöglichte, die Hammada-Ebene zu kontrollieren und noch bis 1997 militärisch genutzt wurde. Die Festung ist begehbar und bietet schöne Ausblicke.

Weiter auf der östlichen Verbindung folgt zunächst die Auberge Derkaoua (→ Rissani). Die Hauptpiste mit Hinweisschildern zu einer Reihe von Hotels führt über **Hassi-Labied** zu einem Großteil der Unterkünfte entlang des **Erg Chebbi** (→ Merzouga/Übernachten) mit den mächtigen Dünen in Sichtweite.

Rissani

Die von einer dichten Palmenoase umgebene Stadt mit ihren vielen Ksour vermittelt ein eindrückliches Bild. Die maurischen Haupttore, die Kolonnadengänge und das mystische Ksar Abouam dienten wie andere malerische Winkel als Kulisse für Filmproduktionen – Szenen für „Himmel über der Wüste" und „Marco Polo" entstanden hier.

Die 5000-Einwohner-Stadt geht auf die geschichtsreiche Oasenstadt Sijilmassa zurück, vermutlich ist sie eine römische Gründung. Als eines der frühesten Sultanate wurde Rissani von den unterschiedlichsten Dynastien regiert, zunächst von den Fatimiden, danach von Almoraviden, Almohaden und Meriniden. Zu ihrer Blütezeit zwischen dem 11. und 15. Jh. sollen in der Stadt, die sich über viele Kilometer am Oued Ziz erstreckte, mehr als 100.000 Menschen gelebt haben – Sijilmassa war weit über die Landesgrenzen bekannt. Hier starteten die Karawanen zu ihren monatelangen Reisen in die Sahara nach Ghana, Audghost und Koumbi im heutigen Mauretanien und legten dabei Strecken von über 2000 km zurück. Mit dem wirtschaftlichen Aufstieg Malis verschoben sich die Karawanenrouten weiter nach Osten und führten über die Touat-Oasen im heutigen Algerien nach Süden. Dass heute nur noch spärliche Überreste dieser fast ein Jahrtausend lang waltenden Drehscheibe nach Zentralafrika auszumachen sind, zeigt, welch zerstörerische Kraft das Wüstenmeer besitzt. Beim Bau des neuen Busbahnhofs wurden Reste von Mauern gefunden, die in einem Museum ausgestellt werden sollen.

Sijilmassa ist seit 1666 die Herkunftsregion der heute noch regierenden Alaouiten-Dynastie, die das Tafilalet unter Moulay Ali Cherif eroberte; sein prächtiges Mausoleum und die Kasbah El Fida zeugen von der Verbindung zum heutigen Königshaus. Umfangreiche Sanierungsarbeiten seit Ende der 90er Jahre haben dazu beigetragen, das bis dahin vernachlässigte Erscheinungsbild der Stadt und ihres Ksars etwas aufzufrischen.

Diverses

● *Information* Im **Café el Filalia** an der Place Centrale treffen sich die Off-Roader und Traveller, um sich über die derzeit besten Wüstenrouten auszutauschen. Auch das **Hotel Sijilmassa (1)** ist eine gute Informationsbörse. Achtung: viele betrügerische Führer ohne Lizenz („faux guides")!

● *Verbindungen* **Gare Routière Privée** am Ortseingang von Erfoud kommend hinter dem **Stadttor**. Relativ wenige Busverbindungen, **CTM-Busse** ab der Place Centrale beim **Hotel el Filalia (4)**. 4 bis 5-mal tägl. nach Errachidia. Nach Tinerhir bzw. Ouarzazate nur vormittags private Busse.

Kolletivtaxis fahren nach Tinerhir; auch über Alnif nach Zagora; Tickets besser schon tags zuvor reservieren und die aktuellen Abfahrtzeiten erfragen.

• *Einkaufen* Rissani ist ein Zentrum der Teppichhändler, zahlreiche Geschäfte umwerben die Kundschaft. Auch in der „Maison Saharienne" im **Ksar Abouam** dreht sich alles um das Thema Teppich. Mit etwas Geduld findet man auch alte Sammlerstücke.

Besuchenswert ist auch die **Coopérative Artisanale** beim Ksar Abouam, ein kleiner handwerklicher Markt mit interessanter Auswahl an regionalen Produkten zu Festpreisen.

Großer Souk am Sonntag auf der Place du Souk (sonst auch Di/Do)

Übernachten/Essen & Trinken

Hotel Sijilmassa (1), ordentliches Hotel mit sauberen Zimmern. Mohammed Belmekki, der Besitzer, gibt zu Geschichte und Gegenwart der Stadt bereitwillig Auskunft und vermittelt Kamelritte nach Zagora (!) bzw. Randonnées in die Region. DZ 220 DH. Am nördlichen Ortseingang, erste Straße links hinter der Moschee. ✆ 0535-575042.

Hotel Restaurant el Filalia (4), Einfachhotel am zentralen Platz. Küche nicht aufregend. DZ ohne Bad ab 100 DH. ✆ 0535-575103.

Wer sich in Rissani nicht so heimisch fühlt, fährt weiter nach Erg Chebbi bzw. Merzouga mit einer Anzahl hervorragender Unterkünfte mit Restaurants und Blick auf den Erg Chebbi.

• *Außerhalb* **Auberge Derkaoua (3),** stilvoll renovierte, harmonisch gestaltete alte Kasbah. Auf den Teller kommen weitgehend Produkte aus dem Garten und der Region. DZ nur mit HP, 550 DH/Person. Als ausgefallene Übernachtung in den Dünen im Bivouac ab 220 DH/Person. 23 km von Erfoud, an der Route de Rissani–Merzouga. ✆ 0535-577140, www.aubergederkaoua.com.

Hotel Asmaa (2), eine Kategorie besser als das Sijilmassa. Kleiner, schattiger Garten mit Schwimmbad an der Palmeraie. DZ mit Bad 400 DH. 5 km in Richtung Erfoud. ✆ 0535-774083.

Übernachten
1 Hotel Sijilmassa
2 Hotel Asmaa
3 Kasbah Derkaoua
4 Hotel El Filalia

Rissani
100 m

Ausflüge von Rissani

Die **Palmeraie von Rissani** ist zu Fuß oder mit dem 4x4-Fahrzeug in wenigen Minuten erreicht. Guides im Hotel Asmaa und im Hotel Sijilmassa führen zu den Überresten des verschollenen Sijilmassa Richtung Erfoud (je nach Führung muss man dafür mind. 2 Std. veranschlagen); die Mauern befinden sich am Oued Ziz. Die Oasenstadt zog sich hier am Ziz entlang und war von mächtigen Wehrmauern umgeben. Die ortskundigen Führer helfen einem auch dabei, die versteckt liegenden Kasbahs zu finden. Es lohnt, sich Zeit zu nehmen und in der Palmeraie auf Entdeckungstour zu gehen (→ Tinejdad, Karte Roger Mimó)! Die drei bekanntesten Bauten sind zum einen das einst mit dreifachen hohen Mauern versehene, geschichtlich bedeutsame **Ksar Abbar** (südlich von Rissani). Hierher wurden die unliebsamen Angehörigen des Sultans verbannt, bis der Bau im 19. Jh. als königliche Residenz genutzt wurde. Zudem bewachte eine Eliteeinheit des Sultans dort die Staatskasse. Inzwischen ist das Ganze leider nur noch eine Ruine.

Männerfreundschaft

Weiter Richtung Merzouga folgt das **Ksar Oulad Abdelhalim** nahe dem Mausoleum des Moulay Ali Cherif. Hier residierte Ende des 19. Jh. der einstige Statthalter des Tafilalet, Moulay Er Rachid. Ein betagter Nachfahre führt heute durch das morbide Innere. Die kargen Schmuckornamente der Wehrtürme aus Stampflehm verwittern immer mehr, andalusisches Dekor im Patio und Hufeisenbögen umgeben von alten Mimosen im Hof.

Leicht zu finden ist das **Ksar El Fida** – ca. 2 km Richtung Merzouga, dann linker Hand (Schild). Dieser einstige Sitz der Alouiten wurde in den letzten Jahren sorgfältig renoviert. Ornamentale Holzdecken, prächtiger Hamam und edle Sammlungsstücke lassen ahnen, wie die Vorgänger des Königs hier im 19 Jh. lebten (Eintritt 20 DH).

Merzouga

Hier blasen die Stürme an vielen Tagen im Jahr Tonnen von Sand in die mühsam der Wüste entrissene Kulturlandschaft. Wandernde Dünen sind keinesfalls eine Legende, und wer sich hier länger aufhält oder von der Versandung gefährdete Gebiete wiederholt besucht, kann sich von dieser Gefahr überzeugen.

Die Maßnahmen, die Dünen in Schach zu halten, sind im Hightech-Zeitalter immer noch bescheiden: Palmenzweige werden zu Hecken aufgestellt und mit Gräsern gesäumt, die den Boden festigen und Sandverwehungen aufhalten sollen. Auch die Zunahme trockener Jahre gefährdet die Existenz dieser Oase an einem Nebenfluss des Oued Ziz. Die rettende Pflanze ist daher für viele Merzougis der Tourismus. Und als eine der wenigen Einkommensquellen haben sie fantasievolle Strategien entwickelt, von diesem Kuchen ein Stück abzubekommen – bei den teilweise sehr originellen und ausgefallenen Unterkünften hat man die Qual der Wahl. Viele Gäste schlafen gern im Nomadenzelt oder unter freiem Himmel, und so bieten eine

E ssen & Trinken
- 5 Ksar Bicha
- 8 Auberge Chez Julia
- 9 Chez Youssef

Ü bernachten
- 1 Les Dunes d'Or
- 2 Café Auberge l'Oasis
- 3 Kasbah Aiour
- 4 Kasbah Mohayut
- 5 Ksar Bicha
- 6 Auberge Le Petit Prince
- 7 Auberge Amazir
- 8 Auberge Chez Julia
- 9 Chez Youssef
- 10 Riad Nezha
- 11 Auberge Akabar

Labels on map: Tinerhir · Errachidia · Bordj Est · Erfoud · Oued Ziz · Bordj Sud · Oued Gheris · Versteinertes Korallenriff · Mezguida · Kasbah El Sidh · Rissani · Ksar Abdelhalim · Ksar Asserkine · Ksar Tabassant · Ksar Gaouz · Alnif · N 13 · N 12 · Erg Chebbi · Hotels mit Blick auf den Erg Chebbi · Hassi-Lablied · Lac Dayet Srji · Merzouga · Taouz · Erfoud – Merzouga · 4 km

Reihe von Familien Halbpension in Kombination mit dem Zelt an. Nicht wenige Häuser haben Terrassen in Richtung Erg Chebbi mit schönem Blick auf die teilweise über 100 Meter hohen Dünen – perfekte Panoramaplätze für den Sonnenaufgang und für den Sternenhimmel über der Wüste.

Die meisten Besitzer der Unterkünfte entlang der zehn bewohnten „Dünen-Meilen" von Nordwesten bis nach Hassi Labied, ca. 4 km vor Merzouga, bzw. bis zum Ortszentrum sind recht engagiert und freuen sich, ihren Gästen „authentische" Erlebnisse und unvergessliche Naturerfahrungen zu vermitteln.

Diverses

● *Information* Traveller begegnen sich zum Austausch von Tipps in den Cafés der Hauptstraße, die allerdings ebenfalls ein Hangout der Schlepper sind. Infos besser in den Hotels erfragen und vor allem mit klarer Preisvorstellung zur gewählten Unterkunft gehen.

Am Jbel Bani oder bei Merzouga in einem Khaima übernachten

● *Hinweis* Wer sich in Zukunft nicht von lärmenden Quads in den Dünen nerven lassen möchte, sollte die Petition zum Schutz der Dünen unterschreiben.

● *Verbindungen* **Busverbindung** Erfoud–Merzouga bzw. **Kollektivtaxis** (Fernverbindungen siehe Rissani und Erfoud; Supra-tours plant Fès–Merzouga).

Die **Kollektivtaxis** starten ab 6 Uhr bei der Kaserne am Torbogen. Für weitere Touren am besten abends vor der Abfahrt erkundigen. Viele Hotelbesitzer bringen Gäste auch nach Erfoud bzw. holen sie dort ab.

Übernachten/Essen & Trinken (siehe Karte S.191)

Auberge Chez Julia (8), sechs harmonische Zimmer in einer maison traditionelle im Zentrum von Merzouga. Die Künstlerin Julia bietet eine hervorragende marokkanische bzw. österreichische Küche und kulturelle Ausflüge in ihre Wahlheimat. Es gibt ein extra Haus für Familien mit eigener Küche. DZ 16–230 DH. Telefonische Reservierung! ✆ 0535-573182 und 670-181360.

Chez Youssef (9), am Ortsrand, mit kleinem Garten. Gutes Essen. DZ mit HP 600 DH. ✆ 0666-367174.
www.chezyoussef.com.

Riad Nezha (10), kürzlich eröffnetes Hotel am Ortsrand mit edlem Interieur und eleganten DZ, AC und Wifi. Von der Dachterrasse Blick über die Dünen. Schöner Garten. DZ mit HP 900 DH. ✆ 0535-576589, www.riadnezha.com.

Auberge Akabar (11), eine weitere neue Sicht auf den Erg Chebbi. DZ mit HP 440 DH. 1 km südlich an der Straße nach Taouz. ✆ 0662-191250, www.auberge-akabar.com.

Auberge Amazir (7), kleine Auberge ebenfalls nah an den Dünen, kurz vor Merzouga; wenige Zimmer, guter Service. Im DZ inkl. HP 600 DH. Nachttour in eine Oase mit Dromedar, Zelt und Verpflegung 400 DH/Person. ✆ 0535-577203,
www.amazir.merzouga.free.fr.

Auberge Le Petit Prince (6), die Brüder Nehamas haben hier ihren „Planeten mit der Rose" gefunden und schauen auf keinen anderen. Die Terrasse bietet viel Platz für Zelt (50 DH) und Camper. DZ inkl. HP 400 DH, 25 DH draußen auf der Terrasse. Fahrradverleih. Kurz vor Merzouga linker Hand. ✆ 0662-191218, www.lepetitprince-merzouga.com.

Ksar Bicha (5), kurz vor Merzouga. Sehr gelobte Küche. Hübsche DZ in großer Anlage mit Pool und Garten (Wifi) inkl. HP 500 DH; alternativ im Nomadenzelt auf der Terrasse mit Dünenblick 100 DH/Person. Ali (mit viel Berber-Esprit) spricht Deutsch und führt gut organisierte Randonnées in die Wüste durch. ✆ 0535-577113,
www.ksarbicha.com.

Kasbah Mohayut (4), stilvolle Kasbah mit tollem Garten am nördlichen Ortseingang von Merzouga. DZ sehr individuell gestaltet, schöne Stoffe und Teppiche. Pool, Wifi. DZ inkl. HP ab 600 DH. Im Zelt 30 DH/Person. ✆ 0666-039185, www.mohayut.com.

Kasbah Aiour (3), am Rand von Hassi Labied, nah an den Dünen, unter spanisch-marokkanischer Regie. Auf Wunsch gutes spanisches Essen. Zimmer mit und ohne Dusche. DZ inkl. HP ab 500 DH. ☎ 0535-577303.

Café Auberge l'Oasis (2), in Hassi-Labied; einfacher und sympathischer Ort. Die Brüder Oubana vermieten günstige DZ ab 100 DH, im Zelt auf der Terrasse 45 DH/Person. ☎ 0535-577321, www.auberge-oasis.net.

Les Dunes d'Or (1), einfache Unterkunft am nördlichen Rand der Dünen, der Besitzer macht abends oft mit Freunden Musik. DZ mit HP ab 500 DH. Für 40 DH kann auf der Terrasse gezeltet werden. ☎ 0661-350665, www.aubergedunesdor.com.

Sehenswertes

Ein fantastisches Naturereignis (Wasser!) bringt seit niederschlagsreichen 2 Jahren migrierende Flamingos, Gänse und weitere Zugvögel in den sich auffüllenden ca. 2 km westlich gelegenen **Lac Dayet Srij** (November bis April). Im 25 km entfernten **Taouz** (Strecke mit Wüsten-Esprit als Vorgeschmack) lassen sich prähistorische Felszeichnungen bewundern. Für einige Dirham kann man sich von Kindern an eine der vielen Fundstellen führen lassen.

Ein spezielles Kunstwerk in der Region ist die **Himmelstreppe** (1986) des Münchner Künstlers Hanns-Joerg Voth – eine aus Lehmziegeln gebaute 16 Meter

Am Erg Chebbi

hohe Treppe in Form eines Dreiecks mit einer Installation im Inneren, einem Brunnen sowie einer „Goldenen Spirale" über dem Brunnen. Wir empfehlen bis dahin den eher zeitsparenden Besuch seines Portals (www.hannsjoerg-voth.de), zumal die angeblich einzige Möglichkeit, seine Arbeit zu besichtigen, mit einem „Unkostenbeitrag" von 200 DH/Person verbunden ist (organisierte einstündige Anfahrt mit Führer Ahmed Ben Sadiq 500 DH/Person, ☎ 0535-789208).

Randonnées ab Merzouga

Es gibt zahlreiche Möglichkeiten für Touren rund um den **Erg Chebbi** und Richtung Grenze zu Algerien. Für eine Rundtour um die bis zu 100 m hohen Dünen mit 4x4-Fahrzeug sollte man mit mindestens 70 km bzw. drei Stunden rechnen. Mit dem Dromedar werden, je nach Absprache, meist Teilabschnitte geritten – ein ganzer Tag mit oder auf dem Wüstenschiff kostet ab 300 DH/Person. Bei 4x4-Fahrzeugen gilt auch hier die Regel, dass viele Teilnehmer (bis sechs Personen meist ab 1000 DH inkl. Chauffeur und Benzin) das Erlebnis preiswerter gestalten.

Zwischen Essaouira und Agadir

Agadir

Als eines der meistbesuchten Ziele Marokkos für grenzenlose Sonnenfreuden fehlt Agadir in keinem deutschen Reiseprospekt. Doch neben Pauschalurlaubern findet die Stadt durch ihre inzwischen gute Erreichbarkeit, günstige Flüge und attraktive Angebote in der Region auch bei Individualtouristen neue Freunde.

Die städtebauliche Entwicklung nach dem Erdbeben 1960 hat Agadir luxuriöse Resorts, unzählige Hotels der gehobenen Klasse und weite Boulevards mit angenehmem Flair beschert. Und die Stadt mit über 500.000 Einwohnern (und über 20.000 Fremdenbetten) wächst weiter in alle Richtungen. Schon auf der Strecke vom 25 km entfernten Flughafen in Ait Melloul zum neuen Marina-Viertel finden sich markante Beispiele neuester Architektur, zeigt sich der Kontrast zwischen dem Gestern und dem nach Modernität strebenden Heute Agadirs. Anders als im übrigen Marokko stehen unter den Besuchern nicht die Franzosen, sondern die Deutschen an erster Stelle, entsprechend ist das Angebot der Hotels besonders auf diese Gruppe ausgerichtet. Aber auch bei den Marokkanern ist die Stadt wegen ihres internationalen Flairs als Reiseziel begehrt. Weitläufige Anlagen mit Tennisplätzen, Pools und schmucken Ensembles, wie das Rui Tikida Beach, bieten von Thalassotherapie und Shiatsu bis hin zum „Beautyurlaub" alle denkbaren Angebote. Für mehrtägige Ausflüge und Reisen in das „echte" Marokko ist das moderne Agadir ein idealer Ausgangspunkt.

Im Gegensatz zu den stark anziehenden Preisen in Marrakesch blieb das Preisniveau in Agadir in den letzten Jahren relativ stabil. Neue und verschöne Hotel- und Clubkomplexe fallen ins Auge. Das architektonische Stadtbild zeigt sich inzwischen harmonischer als in vielen Ferienorten Südeuropas. Die neue „Marina Agadir" steht vor der Fertigstellung, und die zum Hafen führende Rue Tawada mit vielen neuen Restaurants, Cafés und Bars gleicht einer belebten südfranzösischen Hafenpromenade; sie führt inzwischen weit nach Süden.

Einen Überblick über die Stadt und die Bucht von Agadir bietet die von Sultan Mohammed ech Cheikh 1540 errichtete Kasbah über dem Hafen auf dem 236 m hohen Stadthügel. Der 20-minütige Aufstieg lohnt sich. Eine erste Orientierung vermittelt die Fahrt über den zum Hafen führenden Boulevard Mohammed V. Der im Süden des Boulevards liegende Königspalast mit seinen riesigen Parkanlagen kann leider nicht besucht werden.

Geschichte: Die Festung *Santa Cruz de Cap Guée* Richtung Cap Rhir zählt zu den ältesten Bauten der Stadt. 1506 von Joao Lopes de Sequeira errichtet, trieben hier zunächst portugiesische, genuesische und französische Kaufleute Handel. Der Saadier-Sultan Mohammed ech Cheikh eroberte die von den Seemächten heftig umkämpfte Festung 1541 und baute Agadir zu einem Zentrum für den Handel mit Produkten des landwirtschaftlich reichen Souss aus – vor allem Zuckerrohr, Leder und Baumwolle wurden hier umgeschlagen. Die mit der Erschließung neuer Handelswege steigenden Zuckerimporte aus Mittelamerika machten dem Aufschwung allerdings bald ein Ende. Zudem wuchs mit Beginn des 18. Jh. die Bedeutung der 180 km nördlich liegenden Hafenstadt Essaouira, die von dem mächtigen Sultan Sidi Ibn Abdellah unterstützt wurde. In der Folgezeit fiel Agadir auf den Stand eines Fischerorts zurück, die Einwohnerzahl sank dramatisch. Das änderte sich erst zu Beginn des 20. Jh. mit der Kolonialpolitik des Deutschen Reichs; große deutsche Unternehmen wie Mannesmann gründeten hier Niederlassungen und unterstützten so die wirtschaftliche Entwicklung – ein Engagement, das von der französischen Kolonialpolitik als Provokation empfunden wurde. Auf den französischen Einmarsch 1911 reagierte das Deutsche Reich mit der Entsendung des deutschen Kanonenbootes „Panther" („Panthersprung nach Agadir"), ein letzter hilfloser Versuch der Deutschen, in Marokko Fuß als Kolonialmacht zu fassen. 1917 wurde auch Agadir von den Franzosen besetzt, das kaiserliche Deutschland war ausgesperrt und musste sich mit Teilen von Französisch-Westafrika begnügen.

Information/Verbindungen

• *Information* DRT.-Büro an der Av. Mohammed V. in der Nähe des Hafens. Mo–Fr 9–16.30 Uhr. ✆ 0528-846377.

• *Verbindungen* **Regionale Busse, Taxis** und **Kollektivtaxis** starten von der Place Salam am südl. Ende der Av. Hassan II. Die **Gare Routière** liegt am Bd. Al Hamra, Av. Abd. Boubib mit Büros aller Linien. Von hier fahren inzwischen alle privaten Fernbusse ab. Zahlreiche private Linien verkehren zudem vom 11 km südlich entfernten Inezgane.

CTM hat auch ein Büro in der Rue Yacoub el Mansour im Nouveau-Talborj-Viertel, die Linie **Supratours** (Tata, Guelmim) in der Rue des Oranges 12. Es ist ratsam, Billets mindestens einen Tag im Voraus zu kaufen.

Marrakesch tägl. ca. 10 Verbindungen (4:30 Std.), auch nachts.

Casablanca tägl. ca. 15–20 Verbindungen (u. a. CTM) (ca. 8 Std.), auch nachts.

Guelmim (teilweise über Tiznit), tägl. ca. 8- bzw. 6-mal (bis Tiznit 1:30 Std., bis Guelmim 3:30 Std.) Verbindungen u. a. mit CTM, Supratours.

Tan-Tan, Laayoune, Dakhla tägl. 4-mal, ca. 4:30 Std. bis Tan-Tan, 10.30 Std. bis Laayoune, 20 Std. bis Dakhla (CTM, Supratours; auch Nachtbusse).

Fès tägl. bis zu 10-mal (9:30 Std.).

Essaouira tägl. ca. 10-mal (3 Std.). Auch CTM, Supratours.

Auto: Die neue Autobahn Agadir–Marrakesch (Maut) ist seit 2010 in Betrieb; Fahrzeit 2:30 Std.

• *Flugzeug* Flughafen El Massira in Ait Melloul, ca. 30 Min. mit dem Auto südöstlich vom Zentrum. ✆ 0528-839102.

Atlantikküste

Royal Air Maroc fliegt (auch mit Low-Budget-Tarifen) zu wichtigen europäischen Flughäfen (→ Anreise nach Südmarokko). Innerafrikanische Verbindungen u. a. nach Mali (Bamako), Mauretanien (Nouakchott) und Senegal (Dhakar).

• *Flughafenbusse/Taxis* Leider hat der Konflikt der Taxifahrer derzeit zu einer Einstellung des Shuttle-Service zum Flughafen geführt, die Linie Asla plant jedoch eine Verbindung für 2011/12.

Es verkehrt die Linie 22 Inezgane–Flughafen (außerhalb an der Hauptstraße): Von Inezgane fahren Stadtbusse (ca. 6–21 Uhr) zum Zentrum. Einfacher, aber teurer ist der Taxiservice; ab ca. 150/200 (nachts) DH für die 30-minütige Strecke.

Diverses

• *Ärzte/Krankenhäuser* **Clinique** Assoulil, Bd.Hassan II, Komplex Assoulil. Privatklinik. ✆ 0528-843539.

Medizinischer Notruf, (24 Std.) ✆ 0528-828888.

Clinique des Nations Unies, Place des Nations Unies. Privatklinik. Es wird auch Englisch gesprochen. ✆ 0528-226263.

Clinique de la Résidence, in Talborj. Mit Abstand die modernste Klinik Agadirs. ✆ 0528-823682/83.

Dr. Mouhid, Kinder- und Allgemeinarzt. Rue du Président Bekkay 19, ✆ 0528-826404.

Weitere Arzt-Adressen vermitteln die besseren Hotels, das Touristbüro sowie das deutsche Honorarkonsulat (→ unten).

• *Apotheke* Nachtapotheke im Gebäude des Rathauses von Agadir. Place Municipalité. ✆ 0528-845050.

• *Autovermietung* Eine ganze Reihe etablierter Anbieter befindet sich am nördlichen Ende der Av. Hassan II und am Bd. Mohammed V. Die Angebote internationaler Anbieter können bereits in Deutschland gebucht werden.

Günstige Preise bietet **Sunshine Cars**. Ein Golf (Kia Picanto) kostet dort 500 (250) DH pro Tag, für sieben Tage 2500 (1750) DH. Rue Timguilcht 43. ✆ 0528-825115, www.sunshinecarsmaroc.com.

• *Bücher* **Librairie Al Mouggar**, große Buchauswahl in Französisch, Englisch und Deutsch. Rue Prince-Moulay-Abdallah/Ecke Rue du 29 Février.

• *Deutsches Honorarkonsulat* Rue de Paris, 6 Quartier Résidentiel, Mo–Fr, 9.30–12 Uhr. ✆ 0528-841025.

• *Flüge* **Royal Air Maroc**, Av. Général Kettani/Ecke Bd. Hassan II. 089000800. www.royalairmaroc.com.

• *Foto & CD* **Fuji Photo**, CDs brennen; Fotolabor. Bd. Hassan II., im Oumlil-Komplex.

• *Internet* Zahlreiche Cafés/ Hotels haben Wifi: 1 Stunde Internet am Computer in den zahlreichen Cyber-Cafés ab 5 DH.

• *Kinos* Cinéma Rialto und Cinéma Salam zeigen Filme in französischer Originalversion.

• *Post* Mo–Fr 8.30–16 Uhr. Av. Prince Moulay Abdallah.

Taxi www.agadir-taxi.com, ✆ 0661-530492.

• *Motorrad-/Fahrradverleih* Einige Anbieter am Av. 20 Aout und am Bd. Mohammed V. sowie im Complexe Tafoukt oder beim Hotel Almohades (www.atlantic-moto.net) und beim Club Med, Av. 20 Aout (www.agadirmotos.com).

• *Reiseagenturen* **Maroc-Inedit**, eine reizvolle Art, ländliche Regionen zu entdecken, bieten die Road-Books (Franz.) dieses innovativen Incoming Operator. www.maroc-inedit.com (siehe Infobox S. 204).

Erg Tours, mit großem Fuhrpark an Allrad-Fahrzeugen, Landrovern u. a. Die Firma ist auch in Tafraoute tätig und bietet ein breites Programm an Touren in das Souss-Massa-Gebiet und bis nach Merzouga und Zagora. Der Geschäftsführer Mohamed Brahim spricht Französisch, Englisch und etwas Deutsch. Komplex Anzi 4, Av. Mohammed V. ✆ 0528-841111 und 0661-050509, www.ergtours.com.

Günstige Fly&Drive-Angebote bei den bekannten Pauschalreiseanbietern, u. a. unter www.agadir-ferien.de.

Übernachten (siehe Karte S. 201)

Die „Hotelszene" in Agadir – einem der größten touristischen Zentren Afrikas – ist nur in einer Auswahl beschreibbar. Aufgewertet wurde das Talborj-Viertel mit seinen günstigen Hotels und Restaurants durch die Verlegung des Busbahnhofes. In der 4- und 3-Sterne-Kategorie ist die Konkurrenz groß und sorgt für ständige Veränderung. Hinzu kommen die Neueröffnungen, die den neuesten Standard in ihrer Klasse präsentieren und andere Hotels zur Anpassung zwingen. Dieses Überangebot führt zu einem kundenfreundlichen Preis-Leistungs-Verhältnis, Preisnachlässen für Kinder, freien Sportangeboten, kostenlosem Wifi etc. Im Internet gibt es vor allem bei den etablierten deutschen Pauschalanbietern oftmals günstige Angebote (u. a. www.agadir-ferien.de).

● *Clubs und Appartementhotels* **** RiuTikida Beach (29)**, als TUI-Vorzeige-Club hat diese Anlage seit ihrer Eröffnung viele Freunde gewonnen. Ausgewählte Freizeit- und Wellnessangebote, u. a. Golf-Navette zum Platz (Greenfeerabatt), nautische Station mit Katamaranen und Thalassotherapie-Zentrum. Die Begrünung der 1,2 ha großen Anlage ist vorbildlich, die Strandlage zählt zu den schönsten in Agadir. Ausgezeichnete Restaurants und exklusiv gestaltete Zimmer sowie eine gelungene Loungebar. DZ all-inclusive ab 1838 DH. Chemin des Dunes. ✆ 0528-845400, www.agadirtikida.com.

**** **Caribbeans Village Agador und Pueblo Tamlet (25)**, mit Argan-Spa- und Wellness-Anlage. Die insgesamt 11 ha große Clubanlage der Sahara-Gruppe mit vier Schwimmbädern ist auf Superlative ausgerichtet. Mit ständig neuen und erweiterten Aktivitäten, Animationsangeboten, Restaurants und Bars hat man die Wahl zwischen „Fun-Total-" und „Retreat-Bereichen" im Pueblo Tamlet. DZ all-inclusive ab 600 DH/Person. Bd. 20 Août. ✆ 0528-847102, www.groupesahara.com.

**** **La Kasbah Cornelia Club (25)**, neues Hotel der Accor-Kette im französischen Clubstil. Wer den deutschen Club-Domänen entkommen und „all-inclusive" mit exklusivem Touch verbinden möchte, findet in dieser architektonisch überzeugenden Anlage im Neo-Kasbahstil die neuesten Freizeitangebote. Im Baboo-Village für Kinder von 4–12 und im Junior-Club ab 12 Jahren erwartet die Kleinen ein großes Unterhaltungsprogramm. Wifi im Rezeptionsbereich und im Garten. DZ all-inclusive ab 770 DH/Person. Bd. du 20 Août. ✆ 0528-840136, www.accor.com.

**** **Agadir Beach Club (30)**, im Süden des Zentrums am Strand gelegene Anlage mit allem Komfort und großzügigem Setting. Großes Wassersportangebot, schöne Vol-

Zwischen Agadir und Safi

20 km

leyballcourts, Tennisplätze und Golfplatztransfer. Gut besuchte Disco und Bars. DZ inkl. Frühstück 1130 DH. Chemin de l'Oued Souss. ✆ 0528-844343, www.agadir-beach-club.net.

Apart-Hotel Igoudar (27), kürzlich komplett neu gestaltete Anlage mit futuristischem Touch im Empfangs- und Restaurantbereich.

Die Appartements mit Küche sind gut und geräumig gestaltet, die Poolanlage ist kaum frequentiert. Studios und Appartements ab 450 DH/Tag. Chemin des Dunes. ✆ 0528-841471, www.groupesahara.com.

Résidence Fleurie (19), ruhig gelegen in einer Appartement-Anlage mit Pool. 40 Studios mit Balkon, Sat-TV, Wifi und guter Ausstattung ab 510 DH; bis fünf Personen 850 DH. Rue de la Foire. ✆ 0528-843624, www.residence-fleurie.com.

Résidence Sacha (17), zentral gelegen, ca. 10 Minuten vom Strand, dennoch sehr ruhig. Freundliches Ambiente, persönlich geführt. Es gibt einen kleinen Pool, umgeben von einem wuchernden Garten. TV-Salon mit Wifi. Geräumige Appartements und kleinere Studios, teilweise mit kleinem Garten. Zwei Personen ab 350 DH, bis fünf Personen 880 DH. Spezielle Angebote im Internet. Place de la Jeunesse. ✆ 0528-841167, www.agadir-maroc.com. Unser Tipp!

Hotel Résidence Farah (18), Appartement-Hotel mit Restaurant, Garten und Bar. Preiswerte Studios mit Kochnische für zwei Personen ab 290 DH, bis fünf Personen 550 DH. Rue de la Foire. ✆ 0528-843933, www.hotelresidencefarah.ma.

Decameron Tafoukt (21), eine größere, kürzlich renovierte Anlage mit Geschäften und Restaurants (Disco Factory), die bis ans Meer reicht. Geräumige DZ, all-inclusive 1050 DH/Person, 50 % Preisnachlass bis 18. J., bis 5 J. frei. ✆ 0528-840723, www.decameron.com.

● *Hotels*   **★★★★ Ryad Mogador Palace (22)**, im maurischen Stil gebaute Anlage mit interessanten architektonischen Details, begrünten Patios und Pool mit Kaskade. Ca. 100 m vom Strand. Zahlreiche Restaurants, Gärten, Spa und Tennisplätze. DZ ab 560 DH. Bd. 20 Août. ✆ 0528-298000, www.ryadmogador.com.

★★★★ Hotel Le Tivoli (28), wenige Minuten vom Chemin des Dunes; mit den üblichen Standards, attraktiven Preisangeboten und bunt gemischtem Publikum; DZ inkl. HP für zwei Pers. 835 DH. Bd. 20 Août. ✆ 0528-847640, www.hotel-letivoli.com.

★★★★ Jacaranda Beach (31), in Bensergao (Richtung Flughafen bzw. Al Madina Center) gelegenes erstes „Ökohotel" Marokkos mit prächtiger Gartenanlage – natürlich unter absoluter Leitung. Heißwasser für Pool und Hamam aus Solarenergie. Angenehme Zimmer mit guten Betten. Sehr gute Küche, auch vegetarische Speisen. DZ inkl. Früh-

stück ab ca. 1320 DH (aktuelle Angebote online). ✆ 0528-280316, www.jacaranda-hotel-agadir.com.

★★★ Hotel Marhaba (8), Mittelklassehotel in panoramareicher Lage. Das an einer Seitenstraße der Av. Hassan II. gelegene Hotel ist zentral und trotzdem ruhig; deutsche Stammkundschaft. Schöne Gartenanlage mit Pool. DZ ab 400 DH, HP 275 DH/Person. ✆ 0528-840670, hotel.marhaba125@menara.ma.

★★★ Hotel Mabrouk (26), freundliches kleines Hotel mit jungem Publikum. Tanzbar, Billardsaal, Wifi und Sportangebote. DZ inkl. Frühstück 334 DH. Bd. 20 Août. ✆ 0528-840606, www.hmabrouk.ma.

★★★ Hotel La Tour du Sud (7), im Zentrum des Talborj-Viertels gelegenes, modern hochgezogenes Traveller-Hotel mit Garten. DZ mit TV. DZ 240 DH. Rue Allal Ben Abdallah 12. ✆ 0528-822694.

Hotel Aferni (3), freundliches, familiär geführtes Hotel, 10 Fußminuten vom Strand. Schöner Pool, originelle Details im Gebäude. Für seine Klasse gutes Preis-Leistungs-Verhältnis. Der Weckservice von der nahen Moschee wird von Frühaufstehern geschätzt. DZ ab 350 DH. Av. Général Kettani. ✆ 0528-840730, www.aferni.com.

Hotel Sud Bahia (9), im 60er-Jahre-Stil gebaut; die Zimmer sind geräumig, die Gartenanlage mit Pool allerdings nicht besonders groß. DZ ab 430 DH. Ecke Bd. Hassan II./Rue des Administrations publiques. ✆ 0528-840782, www.hotelsudbahia.ma.

Hotel Petit Suède (6), laut zur Straße (nach hinten besser), aber die Terrasse und die guten Preise versöhnen. DZ inkl. Frühstück 340 DH, EZ 260 DH. Bd. Hassan II./Ecke Av. Général Kettani, ✆ 0528-840779.

Hotel El-Bahia (5), im Talborj-Viertel an einem kleinen Platz. Kleines zweckmäßiges, etwas unvorteilhaft modernisiertes Low-Budget-Hotel. DZ mit Bad ab 220 DH. Rue El-Mahdi-Ben-Toumert, ✆ 0528-822724.

Hotel Najem (10), am Südrand des Talborj-Viertels. Ebenfalls Low-Budget-Setting, nette Cafés in der Nähe. Einfache DZ mit Bad 120 DH. Rue de l'Entraide 20, ✆ 0528-825466.

● *Außerhalb*   **Oasis de Tortus**, eine Oase aus dem Buch! Ehemaliger Souk-Ort nahe einer Quelle (Trinkwasser) und einem glasgrünen See. Farbenfrohe Khaimas (HP ab ca. 200 DH/Person) zum Übernachten. Gil und Med bieten geführte Wanderungen an. Ca. 80 km südlich über Biougra und Sept Ait Milk, östl. des Stausees bei Tiznit. ✆ 0679-

352146, 0671-825596, www.imuraid-nature.com. Reservierung nötig!

Kasbah Atlas, mit ökologischen Kriterien (80 % Solarstrom) von marokk.-franz. Paar geführt. Elegantes Setting. Beste lokale

Produkte, Handwerk, Wanderungen, biologischer Gemüseanbau. Enorme DZ ab 990 DH. 20 Min. vom Flughafen in östl. Richtung Ait Baha. Tighaminine El Baz, ☎ 0661-287327, www.atlaskasbah.com.

Essen & Trinken (siehe Karte S. 201)

Le Quai (11), neues, stilvolles Spitzenrestaurant im Marina-Viertel vor dem Hafen. Ausgezeichnete Fischküche mit raffinierten Erfindungen des antillischen Kochs. Gute Weinkarte. ☎ 0528-840730.

La Scala (16), sehr gute Fischgerichte und mediterrane Küche! Neues, viel gelobtes Restaurant mit Terrasse, variierenden Spezialitäten und guter Weinkarte. Menü ab 220 DH. Mitte der Rue Oed Souss hinter dem Club Med, Komplex Tamlelt. ☎ 0528-846773.

Jardin d'eau (24), Restaurant mit japanischem Garten und hübschem, teils etwas sehr lieblichem Ambiente. Livemusik. Menü ab 180 DH. Bd. 20 Août, Tagadirt, ☎ 0528-840195.

Miramar (1), seit vielen Jahren immer noch die Nummer eins der italienischen Restaurants. Renato Ratazzi, der Inhaber, hat hier eine der besten Weinkarten der Stadt zusammengestellt. Täglich hausgemachte Tagliatelle. Köstliche Dolci. Menü 250 DH. Bd. Mohammed V., ☎ 0528-840770.

Jour e Nuit (15), eines der ersten Strandrestaurants und immer noch ein beliebter

Treffpunkt; im nördl. Neubau(!) im EG einfache Gerichte und im 1.Stock Panorama mit besserer Karte, etwa feine Frites Royal für 180 DH. Promenade de la Plage, ☎ 0528-840610.

Little Italy (12), gute italienische Küche, Holzofenpizza und einige Gemüsegerichte. Hauptgerichte ab 50 DH. Av. Hassan II., beim Vallée des Oiseaux. ☎ 0528-820039.

Restaurant Les Arcades (4), im Talborj-Viertel. Gut besuchtes, kürzlich renoviertes Restaurant mit günstigen Gerichten. Zur Mittagszeit meist voll. Bis 23.30 Uhr. Av. du Président Kennedy.

Pizzeria La Siciliana (13), große Auswahl an leckeren Holzofenpizzen ab 40 DH. Guter Service, abends schnell voll. Bd. Hassan II., nähe Gericht.

Mimmi la Brochette (2), vor allem zum Schauen und Verweilen. Gute Fischportionen und Fleischspieße ab 80 DH. Promenade de la Plage, ☎ 0528-840387.

Fischstände am Hafen, direkt an der Hafeneinfahrt. Hier kann an langen Tischen in rustikalem Ambiente mit den Fischern ge-

Exklusives Hotel

Atlantikküste

gessen werden. Man bekommt den Fisch vor dem Grillen gezeigt und sollte den Preis gleich aushandeln. Gute Portionen ab 50 DH.

Jazz Restaurant (23), sehr belebtes Restaurant mit Livemusik im französischen Chanson-Stil. Wer nur zum Soundcheck kommt, nimmt einen Drink am späten Abend. Bd. 20 Août, Igoudar, ✆ 0528-840208.

● *Nachtszene* Die Szene orientiert sich an Marrakesch, eleganter Loungestil mit Disco findet auch hier Freunde: Très chic sind So-Night Lounge im Sofitel, Baie des Palmiers; Papagayo und Zanzibar im Riu Tikida, Chemin des Dunes; Factory im Decameron Tafouk, Bd. 20 Août; Xanadou im Kasbah Cornelia, Bd. 20 Août.

Das Maxwell, Oued Souss Tamlalt und O Del´Ha, Av. Tawada mit Pub-Atmosphäre (teilweise Happy-Hour-Tarife) gelten als LateNight Bars; **Dreams** (Rue Tawada) liegt schlecht im Rating.

● *Patisserien* **Patisserie Tafarnout (20)**, eine der besten Adressen am Platz. Sehr schön zum Frühstücken auf der Terrasse. Die Riesenauswahl an feinstem Gebäck im Glastresen wirkt wie aus dem Bilderbuch. Bd. Hassan II./Ecke Rue de la Foire.

Café-Snack Riad Yacout (14), hervorragende Patisserie mit besten marokkanischen Crêpes, „Gazellen" und anderem Mandelgebäck. Auswahl an köstlichen Fruchtsäften. Rue 29 Février.

Sport

● *Reiten* Ist am Strand in ausgewiesenen Bereichen möglich sowie auf der 7 km langen Strecke vom südlichen Ende bis zum Oued Souss. Teilweise gut gepflegte Pferde verleiht stundenweise das Hotel Amadil. Für mehrtägige organisierte Exkursionen an der gesamten Küste bis nach Essaouira (mit Übernachtung im Zelt, kleine Gruppen) sind die sehr professionellen Anbieter Reha und Equievasion zu empfehlen (→ unten). In allen Ställen werden die Pferde artgerecht gehalten und gut gefüttert. Der Tradition entsprechend wird nur mit Berberhengsten gearbeitet, die sehr gut eingeritten, folgsam und geländesicher sind. Die „Fantasia-Reiterspiele" in Inezgane können besucht werden. Mehr zum Thema Reiten → Essaouira.

Equievasion, marokkanisch-französisches Team, das auch große Gruppen und längere Touren in die Wüste organisiert. ✆ 0666-780561 (Jawad Elouali), www.equievasion.com.

Royal Club Équestre Agadir, an der Route d'Inezgane in Bensergao; ausgezeichnete Berberhengste, jedoch etwas teuer (150 DH/60 Min.). ✆ 0528-333093.

Reha Horse Ranch, in Tarhazoute. Eine Stunde 80 DH, zwei Stunden 150 DH, ½ Tag 300 DH, ganzer Tag 550 DH. ✆ 0528-847549, www.ranchreha.free.fr.

● *Fliegen* **Aéro Club d'Agadir**, beim Flughafen El Massira; hier kann man mitfliegen oder auch selbst fliegen. ✆ 0528-839122.

● *Bootscharter* **Yachtclub Agadir**, im Hafen, Yachtclub, Info zu Charter, Segelschule ✆ 0528-843700, www.yachtclubagadir.com.

Nautilus Loisirs, Charter, Sportfischfang.

Marina d´Agadir, Quai Ouest, ✆ 0654-310159. **Aftas Trip**, im südlichen Mirleft. ✆ 0666-02653, www.aftastrip.com.

● *Surf und Kite-Surf* Im Palm Beach Yacht Club des Palm Beach Hotels (unterhalb des Club Med, Mitte Grande Plage) können alle denkbaren Wassersportgeräte ausgeliehen werden – von Jetski über Surfboards und Kites bis zu kleinen Segelbooten. Generell liegt das Niveau preislich nur geringfügig unter dem deutschen, zumal mit importiertem, teurem Material gearbeitet wird. Rabatt bei mehrtägiger Nutzung möglich.

Surfschule enDosurf, bei Taghazoute, dem Surf-Eldorado im Norden; professionell auf Wellenreiter eingestellt. www.endosurf.com.

● *Tennis* Zählt in Marokko zu den beliebtesten Sportarten, jedes bessere Hotel bietet mindestens einen Platz. Platzmiete ab 150 DH, Trainerstunde ab 150 DH.

Royal Tennis, bester Club an der Av. Hassan II. mit 10 Plätzen. ✆ 0528-847754, www.rtca.au.ma.

Club Valtur, Chemin de Oued Souss.

Academie Moundir, im Club La Kasbah ✆ 0528-840136.

● *Golf* International anerkannte Anlagen finden sich in Agadir (ab 500 DH für 18 Löcher).

Du Solei, Chemin des Dunes, 18-Loch-Platz im Riu Tikida. ✆ 0528-337329, www.golfdusoleil.com.

Les Dunes, neue Anlage des Club Med mit 27 Löchern. In Bensergao. ✆ 0528-834690, www.clubmed.com.

Royal Club de Golf, südlich bei Ait Melloul, ✆ 0528-248551.

Kasbah

Sitourisme

2 **1**

Port

Fischmarkt

Boulevard Mohammed

Avenue Al Moun

Rue Mokhtar Soussi

Rue Chouhada

Rue de Paris

Rue Nations Unies

Rue du Caire

Boulevard Mohammed Cheikh Saadi

des FAR

Jardin Portugal

Ensemble Artisanal

O.M.N.T.

Av. Tawada

Avenue du Général Kettani

Avenue Président Kennedy

Nouveau Talborj

29 Février

5

4

3

6

8

9

10

Rue de l'Entraide

Rue du

Vallée des Oiseaux

12
13

Av. Mohammed

Rue de

Ibnou Batouta

14

Rue de

Jardin Ibn Zaidun

18 Novembre

15

Place Mohàmmed

16

17

Avenue du Prince Moulay Abdallah

Rue du Rue de Marrakech

Rue de Meknès

Rue al Inbiat

Tennis

19 **18**

20

Souk Alhad

Volkskunde-museum **M**

Theater

Boulevard de 20 Août

Boulevard Hassan II

21

22

Stadion

Rue de Fès

Gare Routière

23

24

25

26

27

Boulevard Mohammed

Av. el Mouqawama

TAXI

28

Chemin de l'Oued Souss

Königsresidenz und Park

29 **30** **31**

Compass

Agadir

250 m

Ü bernachten

3 Hotel Aferni
5 Hotel El-Bahia
6 Hotel Petit Suède
7 Hotel La Tour du Sud
8 Hotel Marhaba
9 Hotel Sud Bahia
10 Hotel Najem
17 Résidence Sacha
18 Hotel Résidence Farah
19 Résidence Fleurie
21 Résidence Tafoukt
22 Hotel Ryad Mogador
25 Caribbeans Village Agador und Pueblo Tamlet und La Kasbah Cornelia Club
26 Hotel Mabrouk
27 Apart-Hotel Igoudar
28 Hotel Le Tivoli
29 Riu Tikida Beach
30 Agadir Beach Club
31 Jacaranda Beach

E ssen & Trinken

1 Miramar
2 Mimmi la Brochette
4 Restaurant Les Arcades
11 Le Quai
12 Little Italy
13 Pizzeria La Siciliana
15 Jour e Nuit
16 La Scala
23 Jazz Restaurant
24 Jardin d'eau

C afés

14 Café-Snack Ryiad Yacout
20 Patisserie Tafarnout

Sehenswertes/Einkaufen

Aghroud Ben Sergao: Die Medina von Agadir ist zwar nicht der orientalische Traum, zumal es sich um ein neues, 4,5 Hektar großes Handwerkerdorf handelt. Beeindruckend ist jedoch die teilweise hier gefertigte ausgezeichnete Qualität von Schmuck, Töpfereiwaren, Schmiedearbeiten, Keramik, Teppichen und Lederwaren – zu Festpreisen. Das Verhältnis von Qualität und Preis sowie die interessante Präsentation der Herstellungstechniken überzeugen. Die Anlage der Medina ist architektonisch auch deshalb gelungen, weil sie eigentlich nicht nachahmt, sondern mit Fantasie neue Ideen umsetzt. Das vom Sizilianer Cocco Polizzi geplante Dorf vereint ein Amphitheater, Restaurants, Ausstellungsräume, einen botanischen Garten und Hotellerie. Die seit Mitte der 90er Jahre existierende Anlage wurde inzwischen sogar prämiert.

Anfahrt Richtung Tiznit, hinter der Anlage des Palais Royal. Shuttle-Service von allen großen Hotels zu der in 10 Min. erreichbaren Medina; aktuelle Daten auf der Webseite oder telefonisch. ✆ 0528-280253, www.medinapolizzi.com.

Souk Al Had, im Talborj-Viertel (am Ende der Rue Marrakech): Auf dem mehrere Hektar großen Souk gibt es so ziemlich alles von Lebensmitteln, kunterbuntem Schnickschnack und Handwerkserzeugnissen. Angebot und Preise sind ordentlich, und wer bestimmte Produkte halbwegs kennt, kann hier und dort unterschiedliche Qualitäten finden und mit etwas Verhandlungsgeschick bessere Preise erzielen. Da die Polizei einen Blick auf den Markt wirft, sind auch vorsichtige Besucher auf diesem Lokalmarkt gut aufgehoben. Leider werden immer wieder große Gruppen durchgeschleust, was die Atmosphäre etwas beeinträchtigt.

In **Inezgane,** im Süden der Stadt, findet sich ein Gebrauchsmarkt mit Lokalkolorit. Im Gegensatz zu den rein touristischen Artisanat-Märkten kauft hier besonders die Lokalbevölkerung ein, und so ist der Markt vor allem zum Schauen ein Tipp. Hier findet sich von Eimern und Schuhen aus Autoreifen, bunt bemalten Holzkästen (als Kleidertruhen geschätzt) und ultimativen Küchenhilfen „fabriqué au morocco" allerhand Nützliches und Unbekanntes.

Das **Ensemble Artisanal (EA),** Rue 29 Février, im Talborj-Viertel, hat sich leider durch ungünstige Mieten verkleinert. Dennoch bieten die noch vertretenen Geschäfte einen guten Einblick in der Herstellung von Schmuck, Lederwaren, Keramik oder dekorativen Arbeiten. Im **Complexe Artisanal Aroussat,** Lotissement Municipal, ebenfalls im Talborj-Viertel, gibt es eine große Auswahl an Schmuck, Edelsteinen und Mineralien sowie Teppichen zu passablen Preisen.

Sawma am Bd. Hassan II und das Centre Marjane, ca. 3km im Süden der Stadt, sind die größten Supermärkte. Eine Mega-Dependance der **Metro** an der Umgehungstraße Av. al Moun nach Westen bietet die bekannte Produktauswahl. Alkohol gibt es im Gegensatz zu anderen Städten Marokkos in vielen Geschäften mit Lizenz sowie in den oben erwähnten Supermärkten. Und wer die Stadt außerhalb des touristischen Glanzes erleben möchte, besucht am besten die nördlichen Stadtviertel, etwa das seit der Verlegung der Busstation auflebende **Talborj-Viertel,** zumal die Preise vieler Waren in der Nähe des **Founty-Viertels** und im touristischen Viertel höher sind. Auch der **Fischmarkt** am Hafen (→ unten) bietet insbesondere in den frühen Morgenstunden Einblicke in das nicht-touristische Agadir. Wer mag, kann hier mit den Fischern deftige Mahlzeiten an einem Tisch teilen und allerhand unbekannte Gerüche, Geräusche und Situationen erleben.

Das **Vallée des Oiseaux (VO),** der inzwischen gepflegte kleine Vogelpark mit einigen Säugern, ist zu einer schönen, verkehrsfreien Achse vom Bd. Hassan II in Richtung Meer mutiert.
Tägl. 9–18 Uhr. Zwischen Bd. 20 Août und Bd. Hassan II.

Der **Jardin du Portugal** ist ein kleiner Park mit origineller Gartenarchitektur aus den 1960er Jahren und einem kleinen Café, in dem die Lokalmatadore ihrer Angebeteten Liebreizendes ins Ohr flüstern.
Tägl. 15–18 Uhr, Mo geschl. Nördliche Rue Président Kennedy.

Kasbah, am Nordrand der Ville Nouvelle; zu erreichen vom Boulevard Mohammed V., ca. 2,5 km. Für einen Besuch der aussichtsreichen Kasbah hoch über der Stadt empfehlen sich die frühen Morgenstunden und der Abend. Weites Panorama.
Tägl. von Sonnenaufgang bis zur Dunkelheit.

Musée du Patrimoine Amazinghe, Museum für Volkskunde und Berberkultur, in der Ait-Souss-Passage. Das in gefälliger moderner Architektur platzierte Museum präsentiert eine große Sammlung an Schmuck, Teppichen und Gebrauchsgegenständen der Berberkultur, die in wechselnden Ausstellungen gezeigt werden. An der Kasse gibt es eine Liste mit Bezeichnungen der Exponate auch auf Deutsch.
Tägl. 9–17.30 Uhr (So und feiertags geschl.). Eintritt 20 DH.

Der **Fischereihafen** ist frei zugänglich, dort werden vormittags Tonnen von Sardinen umgeschlagen. Sehenswert ist auch die **Werft,** wo Schiffe in traditioneller Bauweise entstehen. Das angegliederte neue Marina-Viertel wertet langsam diese einst finstere Gegend auf.

Ausflüge von Agadir

Die ausgezeichnete Anbindung Agadirs erlaubt es, relativ schnell zu den Sehenswürdigkeiten in der Region zu kommen. Taroudannt, Ait Baha (siehe Unterkünfte Agadir) und der Nationalpark Souss Massa bzw. Sidi Rabat sind in einer Stunde erreichbar; Tiznit, Tafraoute und Guelmim, je nach Route, in zwei bis drei Stunden.

Nach Marrakesch führt die neue Autobahn in nur 2:30 Std. Und für viele Naturfans ist auch die Plage Blanche (ca. 60 km) westlich von Guelmim einen Besuch wert.

Neben dem Souss-Nationalpark (Station der Zugvögel → Sidi Rabat) sind Tifnit (ca. 35 km von Agadir, Abzweigung auf der N1 bei Inchaden) und das weiter südlich gelegene Aglou Plage zu erwähnen. Mit einem Fahrrad, zu Fuß oder zu Pferd geht es von Tifnit auf Pisten entlang einer teilweise spektakulären Steilküste nach Süden über Douira (auch von der N1 bei Timansour zu erreichen; ca. 11 km) bis nach Sidi Rabat (siehe auch Aglou Plage).

Antoine de Saint-Exupéry: Fliegen, fliegen …

Abwechslung von Agadir finden „On-the-road-Freunde" bei einer Fahrt in den Südwesten des Landes. Weit im Süden, ca. 200 km hinter Tan-Tan, zu erreichen über eine unendlich lange, schnurgerade Strecke durch nichts als Wüste, befindet sich der Militärstützpunkt Tarfaya. Während der französischen Besatzungszeit befand sich hier eine Station des Service Aéropostale. Antoine de Saint-Exupéry, fliegender Träumer und träumender Flieger der Aéropostale, verbrachte hier Ende der 20er Jahre mindestens zwei Jahre seines Lebens, woran auch ein Denkmal erinnert. Will man einigen Dokumenten Glauben schenken, fand er auch die Muße, seinen schriftstellerischen Fantasien nachzugehen. Da die Gegend eine großartige Gleichförmigkeit ausstrahlt, konnte sich der hier stationierte Pilot vermutlich unabgelenkt seiner Innenwelt zuwenden. Wer auf der Terrasse der ehemals französischen Kaserne von Tarfaya steht, kann sich in Gedanken in Saint-Exupérys „Südkurrier" einfühlen oder seine „Stadt in der Wüste" betreten.

Von Agadir nach Essaouira und Safi   → Karte S. 197

Schon einen Katzensprung nördlich von Agadir befindet sich einer der reizvollsten Küstenabschnitte des Südens mit riesigen Buchten, rauen Felsküsten, kleinen Ortschaften und kilometerlangen leeren Stränden.

Seitdem in den 80er Jahren große Reiseveranstalter die Zementfabrik an der nördlichen Landstraße nach Essaouira bemängelten, wurden Hunderte von Palmen und Hecken gepflanzt, inzwischen ist der Stein des Anstoßes kaum noch sichtbar. Kaum sichtbar ist auch die einige Kilometer lange Anlage des saudischen Königshauses, das den Aufenthalt hier an der Atlantikküste schätzt. Nach 15 km gut frequentierter Küstenstraße ab Agadir ist **Tamrakht** erreicht – wegen der großen Bananenplantagen im Hinterland auch „Banana Village" genannt. Buntes Leben und Dorfatmosphäre ziehen die Gäste aus Agadir an. Während das nördlich gelegene Taghazoute weiter wächst, blieb die Küste in Richtung **Cap Rhir** von Bauvorhaben bislang verschont. Die westliche Erhebung des Hohen Atlas führt bis an das Cap heran, weshalb an dieser Wetterscheide oft stürmisches Wetter herrscht. Der eindrückliche alte Leuchtturm ist noch bewohnt, allmorgendlich werden die Gläser geputzt. Wer hier einen Stopp einlegt, kann sich vorstellen, dass dieser strategisch wichtige Ort schon in der Steinzeit besiedelt war – was zahlreiche prähistorische Funde in den letzten Jahrzehnten bestätigten.

Vision 2010

Mit großen Hoffnungen wird in den marokkanischen Medien über den Tourismus gesprochen, und sicher ist auch ein Prise Stolz im Spiel, wenn von dem touristischen Masterplan „Vision 2010" die Rede ist. Im Jahr 2001 war es beschlossene Sache, alle nur denkbaren Anstrengungen zu bündeln, um innerhalb von 10 bis 13 Jahren die derzeit noch Meilen entfernte jährliche Besucherzahl auf 10 Millionen zu steigern. Tausende von neuen Arbeitsplätzen sollen damit geschaffen und der Tourismus als Schrittmacher für die wirtschaftliche Entwicklung des Landes genutzt werden. Mit Investitionen von 45 Milliarden Dirham (ca. 450 Mio. Euro) und einem Konsortium ausländischer Investoren sollen im Umkreis von Aida, Essaouira, El Jadida, Larache, Agadir und Guelmim sechs neue maritime Zentren mit Hotels, Villen und Appartementanlagen entstehen – mit über 100.000 Betten und 40.000 Arbeitsplätzen. Bleibt zu hoffen, dass die massentouristischen Fehlentwicklungen wie in Südspanien, Tunesien oder an der Costa del Sol (auf die mit Argusaugen geschaut wird) hier nicht wiederholt werden. Weitere Infos zum Thema unter

www.tourisme.gov.ma/english/2-Vision2010-Avenir/1-en-bref/enbref.htm.

Immouzzer und das Belle Vallée

Die kleine Ortschaft mit den inzwischen berühmten Wasserfällen hat sich zu einem Tagesausflugsziel von Agadir entwickelt. Leider wird die kurvenreiche und enge Straße gut von Touristen genutzt – zur rechten Zeit kann sie dennoch ein Vergnügen sein.

Wer dem Besucherstrom (besonders in der Ferienzeit) entgehen möchte, startet am späten Nachmittag und erkundet die hübsche Gegend mit ihrem besonderen Klima am Abend und am frühen Morgen. Zu erreichen über den nördlich von Agadir gelegenen Ort Tamri (am Oued Tinkert) oder über Tamrakht sind es, je nach Route, etwa 30 bis 50 km bis nach Immouzzer. Dabei durchquert man das vegetationsreiche Belle Vallée (auch „Paradise Valley" genannt, nachdem hier in den 70er Jahren eine Menge Freaks alternative Ferien machten). Auch eine kleine Wanderung (Hinweisschild kurz vor Tifrit „Vallée du Paradis sentier pédestre") ist möglich (→ Wanderung). Die Straße verlässt kurz nach Tifrit das Tal des Oued Tamrakht und öffnet nach einem Pass auf knapp 1000 m den Blick nach Westen. In Tifrit und dem nahen Aqsri gibt es einige Cafés und Übernachtungsmöglichkeiten.

Atlantikküste

• *Information* Auskünfte bei der Polizeikontrollstation an der (Berg-)Straße Richtung Marrakesch.

• *Verbindungen* Die Kollektivtaxis am Ortseingang fahren regelmäßig nach Agadir.

• *Übernachten/Essen & Trinken* **Hotel Tifrit**, in der Nähe der Wasserfälle von Aqsri, mit schöner Aussicht auf das Belle Vallée. Im Restaurant gibt es wenige, aber gute Gerichte. DZ ab 250 DH. ☎ 0528-216708.

Restaurant Immouzzer, in der Ortsmitte mit schöner Terasse. Gute Salate und Taji-

nes, Menü um die 100DH. Nebenan im Kiosk wird der bekannte Honig der Region verkauft: Kaktushonig, Thymian und Orangenhonig von guter Qualität. 150 bis 300DH/Kg.

Hotel Amalou, Ausflugslokal bei den Wasserfällen zum Tal. Zimmer mit dem Charme einer deutschen Jugendherberge, DZ ab 150 DH.

**** Hotel Cascades, Luxusunterkunft am östlichen Ortsende von Immouzzer mit Panoramablick, Tennis, Pool und schöner Gartenanlage. Restaurant mit wenigen, aber guten Gerichten. Großzügige DZ 570 DH, EZ

463 DH. ✆ 0528-826016/23, www.cascades-hotel.net.

Café al Bassatine, in Aqsri, zwischen Aourir und Immouzzer. Die weithin gelobte Küche bietet eine der besten Tajines der Gegend – mit köstlicher Gewürzmischung, Mandeln und getrockneten Früchten. Der freundliche Besitzer ist Kenner der Region und weiß viel darüber zu berichten. Im Annex befindet sich eine Ölmühle. Gästezimmer sind in Planung. Unser Tipp. ✆ 0528-826046.

Wanderung im „Vallée du Paradis"

Der kleine markierte Pfad ab dem Hinweisschild „Vallée du Paradis sentier pédestre" mit einem kleinen Parkplatz am Beginn ist von der Straße, ca. 2½ km vor Tifrit, sofort zu erkennen. Der Weg führt zunächst zum Fluss, dem Oued Tamarakht, dann flussaufwärts bzw. auf den Bergrücken von Tifrit (ca. 1½ Std. Laufzeit) und schließlich zum Ort Tifrit. Die Markierungen sind nicht überall gut sichtbar. Gleich zu Beginn sollte man sich Richtung Fluss halten und nach etwa 800 m und einem schönen Bassin am Fluss (meist reicht der Wasserstand zum Schwimmen – gute Wasserqualität) dem von Ziegen ausgetretenen Pfad zu den Felsen folgen (Markierung rote Pinselstriche). Nach weiteren 50 Min. Aufstieg über teilweise glatte Felsscheiben folgt Tifrit. Rückweg: Man kann auch auf der Straße zum Ausgangspunkt zurücklaufen.

Taghazoute

Der ehemalige Fischerort hat in den letzten Jahrzehnten alle Höhen und Tiefen einer schnellen touristischen Entwicklung durchlaufen. Morgens gehört der große Strand an der geschützten Bucht immer noch den Fischern, tagsüber den Sonnensuchern und Surfern, abends der Fußball spielenden Dorfjugend.

Gerade 20 km nördlich von Agadir, spricht das vor 20 Jahren von Surfern entdeckte Taghazoute (gesprochen „Tarazuut") immer noch ein sportliches und jüngeres Publikum an. Es gibt viele Stammgäste, die ohne Umweg hierher kommen und von Agadir nur den Flughafen kennen. Auch bei (wilden) Campern ist die Gegend geschätzt, zumal sich immer noch Stellen finden, auf denen das Campen außerhalb der Sommermonate toleriert wird. Hinter Taghazoutes geschäftigem Zentrum liegt der kleine Hafen, der deutlich besser zu den Fischerhafen-Postkartenidyllen passt als der von Agadir. Aber wie lange noch? Leider sieht der touristische Masterplan für die Gegend bis zur 10 km nördlich gelegenen, ruhigen **Aghroud Plage** Tausende von neuen Gästebetten vor; die Anlage erscheint jedoch derzeit deutlich kleiner als geplant.

• *Verbindungen*   Kollektivtaxis nach Essaouira bzw. Agadir; Bushaltestelle am südlichen Ortseingang. Von Agadir startet die Buslinie 60 nach Taghazoute stündlich am Bd. Mohammed V.

• *Information/Übernachten/Essen & Trinken* Appartements bietet der Agadir-Spezialist **Thomas Kasan** (www.agadir-ferien.de). Die Webseite www.taghazoute.com bietet zahlreiche Infos zum Ort.

Die unten beschriebenen Unterkünfte sind ausgeschildert – Straßennamen und Hausnummern gibt es hier nicht.

Residenz Amouage, am südlichen Ortseingang. Gut ausgestattete Studios pro Tag für 370 DH. ✆ 0528-200006, www.residenceamouage.com.

Camping du Taghazoute, große Anlage in Meernähe mit Schatten spendenden Arganien. Der Platz ist oft überbelegt, es gibt Wasser- und Stromprobleme. Sanitäre Anlagen schlecht. Zelt für 2 Pers. 35 DH/Nacht.

Café de la Paix, im Zentrum; originelles, junges Straßencafé und lokaler Treff für alle möglichen Kontakte. Preiswerte Tajines.

Sable d'Or, am südlichen Ortseingang; Restaurant und Bar mit Alkohollizenz in großartiger Lage. Hauptgerichte ab 100 DH.

• *Außerhalb* **Auberge Imrouane**, von Süden kommend in Tamrakht; bei den Einhei-

Markt in Immouzzer

mischen beliebtes Restaurant und Hotel. Die Zimmer zum Innenhof wählen. DZ ab 150 DH.

Hotel Littoral, an der Hauptstraße von Tamrakht; etabliertes Hotel mit guter Küche und großer Terrasse. DZ inkl. Frühstück 310 DH. ✆ 0528-314726, www.hotellittoral.com.

Villa Solaria, Maison d'hôtes in schweizerisch-marokkanischer Hand. Hübsch eingerichtete Studios und Ferienwohnungen (ab ca. 490 DH/Tag). Loc. Aourir, Tamrakht. ✆ 0528-314768, www.addimaroc.com.

Residence Tafoukt, schicke Studios ab 400 DH/Tag. 12 km von Agadir, 3 km von Taghazoute in Tamghart. Zu buchen über www.surfagadirmaroc.com.

● *Sport* **Equievasion** organisiert Exkursionen in der Region. Tagestouren 200 Euro.

Mehr Infos und mehrtägige Wanderreittouren unter www.equievasion.com, Jawad Elouali ✆ 0666-780561.

Suprtatravel führt mehrtägige Wanderungen mit Dromedaren (und Berberzelten) an der Küste zwischen Immesouane und Sidi Kaouki durch. Auskünfte gibt Khalid von www.supratravel.com.

Surfschule enDosurf, in Tamrakht; die von Deutschen geleitete, gut ausgestattete Schule bietet unterschiedliche Standards, Anfänger und Profis kommen gleichermaßen auf ihre Kosten. Die Schule ist von August bis Anfang Mai geöffnet, zwei Wochen VP mit Unterricht und Brett 510 €. Info bei Steffen Landgraf in Stolpe, siehe www.endosurf.com.

Immesouane

Wer sich die Frage nach der Entwicklung der Fischerei in Südmarokko und dem Leben in einem typischen Fischerort stellt, wird an diesem Ort in der Mitte zwischen Agadir und Essaouira Antworten finden.

Will man auch den Fischern ein modernes Zuhause mit Strom anstelle romantisch wirkender Hütten zusprechen, könnte man diesen Fischerort am Rand einer ausgedehnten Bucht fernab der Nord-Süd-Landstraße als ein Vorzeigeprojekt erfolgreicher Entwicklungsarbeit betrachten. Ein japanisch-italienisches Konsortium realisierte im Jahr 2003 das neue Ortsbild mit gut ausgestatteten Wohnungen für 400 Fischer:

Atlantikküste

eine Wohnanlage in Hufeisenform, zum Hafen geöffnet mit Auktionshalle, Werkstatt für Bootsmotoren, Geschäften und Restaurant – nach Aussagen einiger Fischer eine sich gut tragende Kooperative. Gegen Mittag wird der Fisch für den Weiterverkauf nach Agadir versteigert, und es ist interessant, das Geschehen am Rand zu beobachten. Wer mehr über die Kooperative erfahren möchte, kann sich auf Französisch an die Verwaltung (Gebäude mit großer Antenne) oder vor Ort an die Fischer wenden.

In den letzten Jahren hat sich Immesouane zu einem Hotspot für Surfer entwickelt, in den Sommermonaten kommen auch viele Marokkaner. Da in den wenigen Unterkünften maximal 50 Betten zur Verfügung stehen, besonders bei längerem Aufenthalt rechtzeitig reservieren.

● *Information* In der Auberge Kahina; hier wird auch deutsch gesprochen.

● *Übernachten/Essen & Trinken* **Les Vagues**, kleines, originell eingerichtetes Restaurant/Bar mit Meerblick direkt über der Bucht (zu erreichen auch über das Geschäft im westlichen Abschnitt des Wohnkomplexes), Treffpunkt der Fischer; gute und preiswerte Tajines; auch gekaufter Fisch wird zubereitet.

Auberge Tsara, direkt am nördlichen Ortsausgang; vorwiegend von deutschen Surfern besuchte Einfachunterkunft mit großen Zimmern (50 DH/Bett). Duschen vorhanden. DZ ab 150 DH; im Saal mit zwölf Betten 50 DH.

Camper-Parkplatz am östlichen Ortsausgang; spartanische sanitäre Einrichtung, aber sehr schöne Lage; 40 DH inkl. Auto.

Auberge Kahina, auch hier dreht sich alles um das Wellenreiten, auch Materialsupport. Relativ schmale, aber hübsche DZ mit kollektivem Bad ab 300 DH, VP 330 DH/Person. ✆ 0528-218784, www.kahinasurfschool.com.

Chez Bounar, Café, Bar und Austauschbörse der Surfszene. Einfache Zimmer am Strand ab 50 DH werden vermittelt. Snacks und Tajines zu passablen Preisen.

Wanderung von Immesouane zum Oued Tamakouirint

Eine Möglichkeit, die Bucht von Immesouane zu erkunden, ist eine 2-stündige Wanderung, die auch zu einer längeren Tour erweitert werden kann. Man läuft direkt an dem zunächst grobsteinigen Strand von Immesouane in südlicher Richtung. Nach ca. 2 km wird der Strand, besonders bei Ebbe, flach und fein. An der ersten Haussiedlung kann man eine Pause einlegen oder die Strecke wieder zurücklaufen. Der folgende Weg führt mindestens weitere fünf Stunden südlich zur Flussmündung des Oued Tamakouirint. Auf besseren Karten ist diese Mündung als Gouffre d'Agadir verzeichnet. Hier kann man im Freien übernachten und am nächsten Tag

Meerrestaurant Les Vagues

zurück- oder am Marabut des Dorfes Tidli vorbei zur Hauptstraße laufen. Von der Hauptstraße sind es ca. 6 km bis zur südlichen Abzweigung nach Immesouane, wo eine Piste zum Ort zurückführt.

Sidi Kaouki

Der kleine Ort ist eine interessante Alternative zu Essaouira, ohne ganz im Abseits zu sein. Gerade 27 km von der Stadt hat sich hier an einer der schönsten Buchten der Region ein Zentrum für Surfer, Reitfreunde und Naturliebhaber entwickelt.

Die nach Sidi Kaouki führende kleine Teerstraße passiert die für die Region typischen, in eine idyllische Hügellandschaft eingebetteten Arganienhaine. Der am nördlichen Ortsanfang gelegene Marabut des Heiligen Sidi Kaouki ist ein Blickfang – ein altes, festungsartiges, leuchtend weißes Haus am Strand, das dem Meer in stürmischen Wintern einigen Tribut gezollt hat; gelegentlich sind Frauen zu sehen, die den Heiligen mit der Bitte um Fruchtbarkeit anrufen.

In den letzten Jahren wurde der kleine Platz am Ortseingang verschönert; auf dem Parkplatz, wo ehemals improvisierte Buden standen, ist eine etwas anschaulichere Anlage geplant.

• *Information* www.sidi-kaouki.com.

• *Verbindungen* Ca. alle 2 Std. Busse nach Essaouira. Auch Kollektivtaxis verkehren.

• *Übernachten/Essen & Trinken* Die unten beschriebenen Häuser sind ausgeschildert.

Auberge de la Plage, am nördlichen Ortseingang; mit kleinem Restaurant und Pferdeverleih für Reitfreunde, den fantastischen Meerblick gibts kostenlos dazu. Auch Randonnées werden organisiert. DZ ab 400 DH. ✆ 0524-476600, www.kaouki.com.

Le Kaouki, das Himmelszelt bei Kerzenschein zu erleben, erscheint den französisch-deutschen Besitzern eine Herausforderung. Das stromfreie Ambiente mit hübschem Patio hat aber auch sonst viel Charme und eine gute Küche. DZ ab 330 DH, ca. 500 m vom Parkplatz. ✆ 0524-783206, www.sidikaouki.com.

Auberge Aftass, ca. 500 m vom Platz am Ortseingang, am südlichen Ortsende; älteste Cáfebar und Maison d'hôtes mit origineller Einrichtung und schönen künstlerischen Details, Fundstücken aus dem Meer und Skulpturen. Individuell gestaltete DZ ab 300 DH. ✆ 0668-164136. Auberge.aftass@hotmail.fr. (Im Annex gibt Sana **Massagen mit heißen Steinen**, ✆ 0666-307226.)

Villa Soleil, ein luxuriös ausgestattetes Appartement sowie geschmackvoll in minimalistisch-marinem Stil eingerichtete Zimmer mit Bad und eigenem Patio ab 440 DH. Hübsche kleine Gartenanlage und Terrasse.

✆ 0524-472092, www.hotelvillasoleil.com.

Windy Kaouki, etwa 300 m vom Platz am Ortseingang; geräumige, elegante Appartements (ab 50 qm) mit weiten Terrassen in etwas windgeschützter Lage. Hier können Surfer allen denkbaren Support erhalten. Pool. Appartements ab 720 DH. ✆ 0524-472279, www.windy-kaouki.com.

Camping Kaouki chez Omar, günstiger Platz am südlichen Ortsende; 15 DH/Person inkl. Auto.

Le Resto chez Abdou, offenes Steinhaus am Meer in der Fischersiedlung Taganza. Abdous kleines Reich mit künstlerischen Details lohnt den Ausflug. Am offenen Feuer wird gebrutzelt. Fisch ab 100 DH. Vom Marabout in Sidi Kaouki ca. 1200 m nach Norden. ✆ 0613-037691.

• *Außerhalb* Riad Tifaouine, an der Straße, die von Sidi Kaouki südlich verläuft; Riad des Künstlers Mohammed Boudarqa und seiner Familie. Mit künstlerischem Esprit gestaltete Zimmer für 2–5 Personen. Fantastischer Blick auf die Bucht von Sidi Kaouki. Wer Abgeschiedenheit und Naturnähe sucht, ist hier gut aufgehoben! Auch ist die Familie sehr bemüht, die Kultur der Berber zu vermitteln. DZ ab 250 DH; mit Frühstück und einer Mahlzeit 60 DH/Pers. extra. Ca. 5 km südlich vom Zentrum, dann beschildert auf der linken Straßenseite (Sandweg); ca. 300 m in den Dünen oberhalb der Straße, die von Sidi Kaouki südlich verläuft.✆ 0661-775242, www.riad-tifaouine.com.

Atlantikküste

Auberge am Meer

Sehenswertes

Ausflug nach Oualidia Plage: Dieser von den Marokkanern in den Sommermonaten gut besuchte Ferienort ist in den anderen Jahreszeiten wenig frequentiert und lohnt insbesondere dann einen kurzen Abstecher. Knapp 50 km nördlich von Safi gelegen, finden sich in dieser Region nicht nur fantastische Strände, sondern auch sehr schöne Lagunen. Sie entstehen, wenn sich das Meer in den Wintermonaten über die Dünen schiebt – im Sommer sind sie dann weniger ausgeprägt, ohne aber komplett zu verschwinden. Entsprechend beliebt ist das Gebiet bei Vögeln aller Art. Wer Muße hat, setzt sich einfach an den Strand und schaut sich dort Flug-Shows mit wechselnden Darstellern an ... Besonders schön ist der Küstenabschnitt bis etwa 20 km nördlich von Oualidia, aber auch die wenig befahren Strecke nach Safi hat ihren Reiz. In Cap Bedouzza, ca. 25 km nördlich von Safi, werden wie auch in Oulidia Plage selbst Muscheln und Seeigel aus dem Meer geholt. Außerdem gibt es in der Region von Oulidia angeblich die besten Krabben weit und breit, je nach Saison werden aber auch Langusten angeboten. Boot fahren kann man in Oulidia übrigens auch: Es stehen entsprechende Exkursionen auf dem Programm.

● *Übernachten/Essen* In Oualidia Plage gibt es eine Handvoll Restaurants, den besten Ruf genießt das **Araignee Gourmande** (✆ 0523-366447). Die Preise für die angebotenen Gerichte sind durchweg im Rahmen, für ein wirklich wohlschmeckendes Menü zahlt man ab 120 DH aufwärts. Das Setting ist im gediegenen 70er-Jahre-Stil gehalten. Und da das Araignee Gourmande nicht nur Restaurant, sondern auch Motel ist, kann man hier auch übernachten, und zwar ebenfalls preisgünstig: Ein DZ bekommt man ab 250 DH. Unser Tipp!

Wanderungen von Sidi Kaouki

Parallel zu der langen Bucht von Sidi Kaouki verläuft in südlicher Richtung die inzwischen asphaltierte, aber kaum befahrene Straße nach Smimou (schöner

Sonntagssouk!). Die Strecke mit fantastischem Meerespanorama kann man in einer ca. 2-stündigen Wanderung erkunden. Ausgangsort ist das Café L'Étoile de Mer am südlichen Ortsende, von wo aus nach etwa 5 km links die Abzweigung zum „Riad Tifaouine" von Mohammed Boudarqa erreicht ist (→ Sidi Kaouki/Übernachten).

Von hier lässt sich die Wanderung noch ausdehnen: Nach weiteren 50 Min. Laufzeit von der Abzweigung zur Maison Boudarqa erreicht man in dem südlich gelegenen fruchtbaren Tal eine Flussmündung. Von der Straße biegt ein Maultierpfad Richtung Meer und führt in das Tal von Ait Idir mit einem Netz von kleinen Wegen, die nach Tifandine und über Iftane (4 Std.), Cap Tafalney (4 Std.), Tafadna (4 Std.) schließlich nach Immesouane (10 Std.) führen. Über die längere, mehrtägige Tour (teilweise schwierig) sollte man sich vor Beginn gut informieren (eine geführte Tour mit Dromedaren und Biwak bietet www.supratravel.com).

Weiterfahrt nach Agadir: von Sidi Kaouki auch möglich auf der landschaftlich sehr schönen, oben erwähnten Verbindungsstraße nach Smimou in südlicher Richtung.

Diabat

In dem kleinen Berberdorf unterhielt Sultan Sidi Mohammed Ben Abdallah seine Sommerresidenz, deren Ruinen in den weiten Dünen unterhalb des Ortes schon von weitem sichtbar sind. Sogar die mächtigen Mauern, in deren Schatten Ziegen und Schafe Schutz vor der Mittagssonne finden, zerfallen langsam. Ein großer Eukalyptus- und Mimosenwald festigt die Dünen und bildet einen Schutzgürtel gegen Sturm und Versandung.

Dieses intakte Dünengebiet, einige Kilometer südlich von Essaouira, wo sich bis heute nur ein paar Touristen, Esel und Ziegen die Hufe reichen, wird derzeit von belgischen und französischen Investoren zu einem Megaferienkomplex mit Hotels und Villen, Golf- und Freizeiteinrichtungen umgewandelt. Ganz vorn in dem Komplex steht die Gruppe Sofitel, die hier im Januar 2011 ein Luxushotel und einen Golfplatz eröffnete. Ob die geplante Nutzwasseranlage tatsächlich in Betrieb gehen wird, ist offen. Die wirtschaftliche Unsicherheit hat das Projekt zumindest auf ein architektonisch annehmbares Maß reduziert. Für wen hier Arbeitsplätze und Einkommen geschaffen werden, bleibt unklar, auch wenn versprochen wird, dass Diabat davon profitieren soll, wie Bakshir, ein Kioskbesitzer im Ort, erzählt. Die meisten hier lebenden Berberfamilien finden heute ihr Einkommen in der Fischerei oder arbeiten in Essaouira. Die Frauen treiben täglich Rinder, Schafe und Ziegen zum Grasen in den Wald. Doch von den vielen Jugendlichen sind 70 % ohne regelmäßiges Einkommen; einige verdienen mit geführten Pferde- und Kameltouren etwas Geld. Dagegen hat ein französischer Investor eine Station für Quads eröffnet, mit denen über den Strand und durch die Dünen getost werden kann – stinkende Vierräder contra sanfte Vierbeiner sozusagen.

• *Information* Im Riad Kaleido (deutschsprachig) und im Hendrix Café.

• *Verbindungen* Meerwanderung (ca. 90 Min.) nach Essaouira oder mit dem Taxi (ca. 15 Min.).

• *Reiten* **Equievasion**, mit Berber-Araber Hengsten, die gut gepflegt, trittsicher und für das Gelände ausgebildet sind. Pferde für Anfänger und für Fortgeschrittene. Jawad gibt auch gern Anfängern und Kindern einen Einstieg in die Welt der Pferde und das Zusammenspiel von Mensch und Tier im Einklang mit der Natur. Zum Team gehören zwei Guides mit langjähriger Erfahrung.

Sie stammen aus der Region und kennen die Gegend wie ihre Westentasche. Tourenbegleitung auch auf Deutsch. Die Preise liegen bei 165 DH pro Stunde, 660 DH für einen Tag (mit Picknick), 2 Tagestouren 2200 DH. Mehr Infos und mehrtägige Wanderreittouren unter www.equievasion.com oder direkt bei Jawad Elouali, ✆ 0666-780561. Unser Tipp!

Übernachten/Essen & Trinken

Maison d'hôtes Riad Kaleido, Gästehaus mit rotbrauner Fassade, ovalem Patio und angenehmer Atmosphäre; künstlerisch nach Farbthemen gestaltete DZ, Bäder mit Tadelaktputz, die Korridore mit vielen bunten Glasmosaiken. Der Besitzer Aziz veranstaltet Workshops, z. B. Trommeln und traditionelle Musik. Große DZ ab 300 DH. Appartement 600 DH. ✆ 0673-865593 (Neueröffnung 2011).

Hendrix Café, am nördlichen Ortsende; in Sichtweite des Cafés befindet sich der ehemals königliche Palast, bereits in den 60er Jahren eine Ruine, in der Jimmy Hendrix und Folks es sich gut gehen und wilde Feste steigen ließen.

Auberge de Tangaro, die hübsche, kürzlich renovierte Anlage mit fantastischem Panorama liegt westlich von Diabat. Schöne Patios und Bepflanzungen. Am Abend wird, wenn es nicht stürmt, auf der Terrasse im Kerzenschein das Essen angerichtet. DZ 500–700 DH, feine Menüs um 150 DH. ✆ 0524-784784, www.aubergetangaro.com.

● *Außerhalb in El Ghazou (7 km südl. von Essaouira)* **Restaurant Aldo**, sehr schönes Berber-Ambiente. Feine Taboulé und Tajine. Route Agadir, Haus mit blauer Fassade südl. Km 8.

La Baoussala, von der Hauptstraße am nördlichen Ortseingang erste Querstraße rechts, dann ca. 2 km nach Westen (ausgeschildert); sehr ruhige und abseits gelegene Maison d'hôtes in einem ehemaligen Hamam in großem, schattigem Eukalyptuswald mit hübschem Garten. Viele künstlerische Details, etwa mit buntem Glas gestalteten Lichtschächte, schattige Terrassen und einer Architektur, die Hundertwasser gefallen hätte. Geräumige DZ mit Tadelaktbädern ab 800 DH. ✆ 0524-474345, www.baoussala.com.

Moulay-Bouzerktoun

Arganölkooperative in Tidzi südlich von Sidi Kaouki

Arganöl – stärkt nicht nur das Immunsystem

Der Arganienbaum ist eine geradezu unerschöpflich vorhandene Baumart an den südlichen Hängen des Atlasgebirges, eines Areals von 800.000 Hektar Land, dessen Erträge nur zu einem Teil genutzt werden. Der Arganienbaum kann lange Trockenperioden überstehen, jedoch keinen Frost. Er ist immergrün, wird fünf bis acht Meter hoch und hat eine rissige Rinde, seine Zweige sind dornig. Die Früchte reifen im September und enthalten Kerne mit Samen, die eine fleischige Schale umgibt. Vormittags, wenn die Samen aus den Kernen geschlagen werden, entsteht in der Frauenkooperative ein fast musikalisches Geräusch unter dem Dach der kleinen Scheune.

Um das Öl zu gewinnen, wird der nussig-duftende Brei, der langsam aus der Mühle läuft, mit Wasser versetzt und so lange geknetet, bis das Öl sich absetzt. Das frische und kaltgepresste Arganöl hat die Farbe von frischem Pfefferminztee – und es ist hochwirksam: Es senkt die Blutfette, verbessert die Durchblutung und stärkt das Immunsystem. Es enthält zu über 80 % lebenswichtige ein- und mehrfach ungesättigte Fettsäuren (Omega 6), Krebs hemmende D7-Sterolen, essentielle Linolsäure und Vitamin E. Neben dem Öl werden aus den nicht gerösteten Argan-Kernen kosmetische Produkte und Amalou, ein mit Honig gesüßtes und mit Arganöl vermischtes Mandelmus, hergestellt.

Ein Liter bestes (mit Elektropressen gewonnenes) Arganöl kostet bei Argan Oleo in Ghazouar oder in Tidzi 200–300 DH. Die Qualität ist hier garantiert, während das auf Märkten für ca. 200 DH angebotene Öl nicht immer rein ist. Das in der Steinmühle gewonnene Öl schmeckt intensiver, ist aber wenig lang haltbar. Mehr Infos: www.targanine.com, www.argan-mogador.com, www.argan-oleo.com.

● *Arganöl-Kooperativen* An der Strecke von Essaouira nach Marrakesch befinden sich nach ca. 15 km in Douar el Mssassa drei Frauenkooperativen, die besucht werden können: die Kooperativen **Assaisse, Tiguemine** und **Marjana**.

An der Strecke von Essaouira nach Agadir findet sich nach ca. 30 km die Kooperative **Addigue Tidzi** in der gleichnamigen Ortschaft. Ebenfalls auf dem Weg nach Agadir, ca. 70 km hinter Essaouira, folgt die Kooperative **Amal** in Tamanar.

Ausflüge: Trekking und Reiten am Strand nach Sidi Kaouki

Für die landschaftlich sehr reizvolle Tour von Diabat sollte ein ganzer Tag Laufzeit (ohne Pausen ca. 5–6 Stunden) einkalkuliert werden. Wer in Essaouira startet, sollte nochmals 90 Minuten hinzurechnen.

Die ca. 20 km lange Strecke von Diabat nach Süden führt über einen weitgehend unberührten Küstenabschnitt nach Sidi Kaouki. Für die Wanderung empfiehlt es sich, vorzugsweise die Zeit des Niedrigwassers zu wählen, zumal es sich auf dem festen Strand besser läuft. Auf dieser Strecke finden sich kaum Spuren menschlicher Siedlungen, was den besonderen Reiz dieser Wanderung ausmacht – bis auf einige kleine Fischersiedlungen ist die Gegend völlig unbewohnt. Gelegentlich finden sich aus Treibholz zusammengeflickte Fischerhütten. Fischer sind zu beobachten, die hier ihre Netze auslegen, Algen suchen oder bei Ebbe Krustentiere und Seeigel aus den Steinen herausziehen. Meist sind sie schon von weitem zu erkennen, da hier Möven kreisen. Je nach Gezeit ist der Strandgürtel zwischen 200 und 500 m breit, hinter den Dünen befindet sich ein Gürtel mit Strandvegetation und Eukalyptushainen. Oberhalb des stürmischen **Cap Sim** liegt eine Berbersiedlung, am Strand folgt die Fischersiedlung (→ oben, Le Resto chez Abdou). In Sidi Kaouki (→ oben) finden sich Strandrestaurants und Hotels. Wer die Strecke nicht zurücklaufen möchte, findet in Sidi Kaouki Mitfahrgelegenheiten bzw. Kollektivtaxis.

Equi Evasion in Diabat veranstaltet Randonnées bzw. geführte Trekkings nach Sidi Kaouki mit gut eingerittenen, geländeerfahrenen Berberhengsten. Das Trekking dauert meist einen halben Tag; man übernachtet in Zelten am südlichen Strand von Sidi Kaouki und reitet am nächsten Tag zurück. Jawad Elouali, Diabat; ☏ 0666-780561, www.equievasion.com.

Mimosenhaine bei Essaouira

Die schöne und vielseitige Hafenstadt Essaouira

Essaouira

**Wer an einem der häufigen stürmischen Tage Holzspan durch die Luft flie-
gen sieht und im Hafen beim Bau der massiven Holzkutter zusieht, während
einige Schritte weiter aus dem Bauch dieser archaisch wirkenden, aber see-
tüchtigen Kutter Unmengen von Fisch entladen werden, kann sich in Zeiten
zurückversetzt fühlen, in der der gut befestigte Hafen ein nicht weniger
buntes Gemisch an Seefahrern und Freibeutern aufnahm.**

Etwas weiter bei der Fischauktionshalle drehen Scharen kreischender Möwen vor
den leuchtendblauen, an Land gezogenen Fischerbooten ihre Kreise. Gleich dahinter die weiße Stadtmauer, gegen die der Atlantik peitscht. Fische in Holzkästen
werden gut sortiert und mit Eis bedeckt in alle Richtungen getragen, und obwohl
der Fang üppig scheint, gibt es kaum einen Fischer, der nicht von den Zeiten
schwärmt, in denen ein Vielfaches aus dem Meer gezogen wurde. Nicht ohne
Grund: Heute kreuzen nicht weit vor den marokkanischen Hoheitsgewässern internationale Hightech-Fangflotten aus Japan und der ganzen Welt und befischen die
Meere mit viel zu engmaschigen Netzen.

Vielleicht ist Essaouira (77.000 Einwohner) die schönste Hafenstadt an der marokkanischen Atlantikküste. Im Vergleich zu den Industriehäfen im Norden hat die Fischerei immer noch einen provinziellen Charakter, und das Leben der Stadt ver-
strömt etwas von jenem Charme, der nur noch wenigen mediterranen Häfen eigen
ist. Die portugiesische Festungsarchitektur ist noch weitgehend erhalten, in der
Medina findet sich ein geschäftiges Treiben der Handwerker, kleinen Händler und
Kioskbesitzer. Das nachmittägliche Leben auf der Place Moulay el Hassan scheint
sich immer noch gemächlich unter dem Schatten der prächtigen Araukarien-Fichten
zu entfalten, während Kinder auf dem winddurchfluteten Platz Fußball spielen.

Die Medina mit ihren Handwerksläden, in denen das duftende Thujaholz kunstvoll zu Tischen, Schränken und Accessoires verarbeitet wird, die Schmiedearbeiten, die nur hier gefertigt werden, und eine reiche kunsthandwerkliche und künstlerische Produktion zwischen Malerei, Holzskulptur und Einlegearbeiten verdichten sich zu einer ganz eigenen Atmosphäre. Auf den Souks wird um die Preise für Obst und Gemüse, Heilkräuter und Federvieh vom nahen Land gefeilscht, in den engen Gassen brutzeln Tajines. Der Tourismus – störend wirken nur die geballt einrückenden Gästegruppen – hat noch eine überschaubare Dimension, sieht man von den Wochenenden bzw. Juli und August ab, wenn die Städter hier ihre Ferien verbringen.

Die alten Dars und große Teile der vom Verfall bedrohten Medina werden langsam restauriert, auch die Mellah, das ehemalige jüdische Viertel, wird bald ein verändertes Antlitz zeigen. Viele Gäste erfreuen sich am Angebot an kleinen, versteckten Riads, Maisons d'hôtes und Restaurants in der verwinkelten Medina.

Lange bevor Künstler, Schriftsteller und das Kino, etwa Ridley Scott mit „Die Kreuzfahrer", Essaouira entdeckten, hatte Orson Welles hier „Othello" gedreht (1952) und das Living Theatre in den 70er Jahren legendäre Auftritte. Und schon Ende der 60er Jahre kamen Cat Stevens und Jimmy Hendrix (der sich von der Gnaoua-Musik inspirieren ließ → unten) und mit ihnen Schwärme der „Happy Flower People" ...

Geschichte

500 v. Chr. entdeckt durch den Karthager Hanno und bekannt geworden durch den großen Karawanenhandel seit dem 11. Jh., wurden im Hafen von Essaouira Sklaven aus dem Sudan und kostbare Waren gegen Güter aus dem Norden getauscht. Der arabische Chronist El Bekri berichtet von einem Hafen mit dem Namen *Amogdoul,* in dem der (mauretanische) Nubierkönig Juba II. eine Purpurmanufaktur gebaut hatte, um den kostbaren Farbstoff der Purpurschnecke an die Römer zu verkaufen. Im 15. Jh. setzten sich die Portugiesen fest und begannen, die Stadt auszubauen – in dem Grundriss, der teilweise heute noch sichtbar ist. Mit dem Bau des portugiesischen Forts 1606 entwickelt sich Essaouira zum Zentrum europäischer Seefahrer und Kaufleute: Auf dem christlichen Friedhof am Bab Doukkala finden sich Gräber holländischer, nordischer und mediterraner Seefahrernationen, die in der Stadt Handelsniederlassungen unterhalten hatten. Doch waren es besonders die jüdischen Kaufleute und Händler, die den internationalen Handel voranbrachten; im 18. Jh. stellten sie mit etwa 40 % die größte Bevölkerungsgruppe. Denn den Arabern war es untersagt, Güter wie Getreide mit Nicht-Arabern zu handeln, zudem waren sie in wirtschaftlichen Belangen im Umgang mit den Europäern wenig geübt. 1764 ließ der Alaouiten-Sultan Ben Abdallah einen neuen Hafen anlegen und vom französischen Architekten Theodore Cornut eine neue Stadt mit befestigter Hafenanlage verwirklichen. Dieser damals sehr viel beachtete Grundriss der Hafenstadt gab ihr ihren heutigen Namen: „Es-Saouira", was so viel bedeutet wie „gut gezeichnet". Gemeint war damit die sichere Befestigung nach außen und eine architektonisch funktionale Aufteilung nach innen. Bald verfügte die Stadt über Niederlassungen und Konsulate der nordischen Handelspartner, die hier Salz, Zucker, Öle, Datteln, Lederwaren, Thujaholz-Produkte, Schmuck und Handwerk sowie Waren des Karawanenhandels (als „Hafen von Tomboctou") einkauften und Essaouira zum wichtigsten Handelsplatz am Atlantik machten. Der ausländische Nachwuchs wurde an einer englischen Schule (1785) unterrichtet. Die wirtschaftliche Blütezeit endete mit

Die Portugiesen brachten nicht nur den weißen Stich auf die Mauern

dem Niedergang des Karawanenhandels Ende des 19. Jh. Bald folgte die Besetzung des Landes durch französische Kolonialtruppen (ab 1912) und in der Folge die schnellere industrielle Entwicklung der nördlich gelegenen Häfenstädte, mit denen Essaouira nicht mehr mithalten konnte.

Von der im 18. Jh. größten Bevölkerungsgruppe, den jüdischen Kaufleuten und Händlern (10.000 von insgesamt 25.000 Bewohnern), sind inzwischen die meisten ausgewandert. Die berberstämmige und arabischstämmige Bevölkerung hat sich bis Mitte des letzten Jahrhunderts wenig durchmischt und ihre Traditionen gepflegt, während die Gnaoui, die Nachfahren der schwarzafrikanischen Sklaven, heute oft viel beachtete Künstler sind und auch im Ausland auf große Resonanz stoßen: Das längst international anerkannte Gnaoua-Worldmusicfestival im Juni zieht Gäste und Musiker aus aller Welt an.

Information/Verbindungen (siehe Karte S. 218/219)

● *Information* **Syndicat d'Initiative du Tourisme**, Av. du Caire 10, in einer Querstraße gegenüber vom Uhrenturm. Tägl. 9–16.30 Uhr. Verzeichnis aller Unterkünfte. ✆ 0524-783532.

Nützliche Infos auch auf den deutschen **Websites**:

www.essaouira.com: Allgemeine Informationen zur Stadt und zur Vermietung von Appartements (Infos in Jacks Kiosk).

www.essaouiranet.com: Hotels, Riads, B&Bs, Kultur und Exkursionen.

www.mogador-essaouira.com: Infos zu einem Mega-Bauprojekt im Süden Essaouiras.

● *Verbindungen* **Supratours-Busse (59)** und Billetverkauf an der Ecke Av. Lalla Aicha/Place Bab Marrakech. ✆ 0524-475317, www.oncf.ma.

Die **Gare Routière** befindet sich in der Av. 2 Mars, 600 m östlich der Medina. Hier starten die privaten Buslinien (✆ 0524-785241) sowie die **Kollektivtaxis**. ✆ 0524-784764.

Nach Marrakesch täglich fünf Supratours-Busse vom Bab Marrakech; zwei CTM-Busse (www.ctm.ma) sowie stündlich Buslinien der Privaten nach Agadir (10 bis 15-mal tägl.) und Safi (6-mal tägl.), mehrmals täglich auch nach Casablanca (CTM 2 Verbindungen, auch nachts).

Atlantikküste

- *Flughafen* Der erweiterte Flughafen liegt 18 km südlich. Flüge nach Paris und Casablanca. Weitere Verbindungen in Planung.

- *Hospital* Sidi Mohamed Ben Abdellah, ☎ 0524-475716.

- *Pferdekutschen* Auch in Essaouira lebt die alte Tradition, mit der Pferdekutsche in die Neustadt zu fahren. Bab Doukkala, ab 30 DH für eine 30-minütige Fahrt.

Diverses

- *Fahrräder* **Chez Hicham (4)**, Fahrräder und Bücher. Erstere ab 50 DH (1/2 Tag), 80 DH (1 Tag). Gute Alternative zu den zwei Händlern in der Rue Qorry, Auswahl und Zustand der Fahrräder besser. ☎ 0662-231536.

- *Autoverleih* **Wind Car (65)**, ein Dacia Logan kostet 300 DH/Tag; Abdellatif Bounar bietet bei 1 Woche Leihdauer 10 % Nachlass. Rue Princesse Lalla Amina. ☎ 0524-472804.

- *Buchhandlung* **La Fibule (44)**, Auswahl an engl. und franz. Büchern, Karten, Guides etc.

Aida (46), große, auch aktuelle Auswahl an engl. und franz. Büchern. Im hinteren Teil des Geschäfts eine große antiquarische Sammlung mit skurrilen Objekten, die aber nur Kaufinteressierten gezeigt wird. Rue de la Sqala 2, neben dem Eingang zum Taros-Café.

Wein, Alkohol (5), Libre service Bab Doukkala, Rue Al Massira Al Khadra, Nähe Bab Doukkala.

- *Hamam* **Pabess (6)**, an diesem legendären Ort drehte Orson Wells Szenen für Othello. (Hinter dem Souk Av. Istiqlal.) Das elegante **Azur, Art&Spa (35)** ist 3 Min. von der Place El Hassan entfernt. Rue Khalid B. Whalid 15.

- *Reiseagenturen* **Seven Sun Travel (62)**, der Spezialist für Appartements, bietet ein breites Angebot an Unterkünften. Rue Princesse Lalla Amina 36. ☎ 0524-473461, www.essaouiranet.com.

Kultur, Ausstellungen, Galerien

Alliance Franco-Marocaine (19), einige Häuser neben dem Museum „Sidi Ben Abdallah". In einem frisch renovierten alten Palais gibt es neben Sprachkursen (Arabisch, Französisch) auch Kunstausstellungen, kleine Konzerte und Autorenkino. Ein Programmheft erscheint alle drei Monate. Empfehlenswert! Tägl. bis 19 Uhr. Rue Lalouj. ☎ 0524472593.

Übernachten

1 Riad Mimouna
2 Dar Al Bahar
7 La Casa del Mar
8 Lunetoile
9 Andalous
12 Dar Al Alouna
13 Maison des Artistes
15 Villa Garance
17 Riad Malaika
20 Majestic
22 Al Arboussas
24 Dar Nafoura
25 Les Terrasses d'Essaouira
27 Riad Baldin
29 Hotel Smara
30 Cap Sim
32 Souiri
34 Riad Chakir
36 Dar el Qdima
40 Lalla Mira
43 Dar Loulema
45 Riad Imik Imik
47 El Fath
52 Villa Maroc
55 Madada Mogador
57 Dar Loussia
64 Château Mogador
66 Casa Guapa

Place Moulay El Hassan

Bab El Menzah

Porte Marine
Halle aux Poissons

Sqala du Port

Anleger Bootsausflüge Iles Mogador

Werft

Essen & Trinken

11 La Triskalla
16 Le Frère
18 Les Amis
26 Ryad Magdoul
28 Beldy
31 Patio
33 La Decouverte
38 Elizir
42 Café de France
48 Taros
49 Baraka
51 Casa Vera
56 Fischgrillstände
58 Le 5
60 Aigue Marine
61 Chez Sam
63 Ocean Vagabond
67 Beach & Friends

Essaouira

100 m

Musée Sidi Mohammed Ben Abdallah, Volkskunstmuseum. Das interessante Dar besitzt eine schöne Auswahl an Musikinstrumenten und Dokumenten zur Geschichte der Gnaoua-Musik; dazu wird alter Berberschmuck der Region gezeigt sowie gewobene Stoffe, Keramik, Holzarbeiten, Teppiche aus dem nahen Tensift und Infotafeln zu den religiösen Bruderschaften der Stadt. Rue Lalouj. Geöffnet Mi–Mo, 9–18.30 Uhr. Eintritt 10 DH.

Dar Souiri (54), das hübsche Palais ist der wichtigste Veranstaltungsort der Stadt für Konzerte, Ausstellungen und anspruchsvolles Kino. Im April gibt es die Kammermusikwoche „Alizés", im Herbst eine andalusische Woche. Tägl. bis 20 Uhr. Av. du Caire. www.darsouiri.com.

• *Galerien* **Galerie La Kasbah (39)**, Antiquitätengeschäft mit großem Patio und vielen interessanten Objekten bis hin zu antiken Türen, edlen Vasen aus Fès und Kolonialschränken. Rue de Tétouan 4.

Galerie Tata (23), interessante Auswahl an Berberschmuck. Inhaber Omar Jallali kennt alle Herkunftsregionen und berät kompetent. Auf dem Marché au Grains, am Anfang der Rue Souk Jdid. www.essaouira-bijoux.com.

Bazar Mehdi (41) Stammesteppiche, sog. Bildteppiche, Chiadma-Decken und Berberschmuck, nett arrangiert. Rue de Tétouan 6.

Atelier des Instruments (3) hier wird geschreinert und gedrechselt. Gute Instrumente. Bastion Nord.

Benpa Kamal (21), Kurioses, Antikes, alte Berberdecken und Keramik liebevoll arrangiert. Rue Ibn Rouchid 20.

Babagi, Bazar du monde (10), fantasievolle und bizzarre Accessoirs. Rue Sidi Mohamed Ben Abdallah.

Galerie Damgaard (53), Av. Oqba Ibn Nafiaa; Gnaoui-Kunst. ✆ 0524-784446. www.galeriedamgaard.com.

Les Amis (18), in einer Seitengasse der Sidi Mohammed Ben Abdallah (→ Essen & Trinken/Restaurants). Rue Abdelaziz Fechtali 24.

*Ü*bernachten *(siehe Karte S. 218/219)*

Villa Maroc (52), großzügiges Riad aus dem 18. Jh. Aufwendig und stilvoll renoviert mit großer Panoramaterrasse. Dieser Klassiker kann es immer noch gut mit den neuen Luxushotels aufnehmen: schönes Mobiliar und alte Teppiche, harmonische Wandgestaltungen, komfortable große Zimmer. DZ und Suiten ab 990/1800 DH. Hamam und Salon de Beauté. Rue Abdellah Ben Yassine. ✆ 0524-475806, www.villa-maroc.com.

Riad Mimouna (1), mit viel Aufwand im Riadstil neu gebautes Hotel, etwas versteckt im jüdischen Viertel (Mellah) an der Meerseite. Traditionelle Steinmetzarbeiten und Mosaike schmücken Wände und Patio. Restaurant, Hamam mit Spa-Service, große Dachterrasse mit Bar. Geschmackvoll eingerichtete, große DZ, teils mit Meerblick. DZ inkl. Frühstück ab 850 DH. Rue d'Oujda 62. ✆ 0524-785750/53, www.riad-mimouna.com.

Dar Loussia (57), Dar mit lichtdurchfluteten Räumen und sehr großem Patio, schöner Terrasse und wechselnden Kunstausstellungen. Zwei Schritte vom Glockenturm. DZ ab 940 DH. Rue Ben Messaoud 4. ✆ 0524-783756, www.dar-loussia.net.

Maison des Artistes (13), die wenigen Zimmer sind meist ausgebucht. Terrasse mit klasse Meerblick. DZ 1375 DH. Ecke Darb Lalouj/Rue Sqala. ✆ 0524-475799, www.lamaisondesartistes.com.

La Casa del Mar (7), sehr schöne Maison d'hôtes mit Terrasse und Meerblick. Lichtdurchflutete, geschmackvoll gestaltete Zimmer mit kunstvollen Tadelakt-Bädern. DZ ab 600 DH. Rue D'Oujda 35. ✆ 0524-475091, www.lacasa-delmar.com.

Hotel Smara (29), kleines Hotel in bester Lage, direkt an der Meerpromenade „Sqala de la Kasbah". Freundlicher Service. Die DZ ohne Bad sind seit Jahren preisstabil (je nach Lage mit Meeresrauschen ab 104 DH, mit Meerblick ab 196 DH; reservieren!). Frühstück auf der großen Terrasse mit Blick auf die Sqala. Der Low-Budget-Tipp! Rue Sqala, ✆ 0524-475655.

Dar Al Bahar (2), ebenfalls mit Meerblick, einige Schritte hinter Maison des Artistes. Kleinere DZ ab 550 DH. Rue Touahen 1. ✆ 0524-476831, www.daralbahar.com.

Les Terrasses d'Essaouira (25), ruhiges Dar mit angenehmen, individuellen DZ ab 800 DH. Obere Etagen wählen. Hübsche Dachterrasse. Rue Mohamed Diouri 2. ✆ 0524-475114, www.les-terrasses-essaouira.com.

Casa Guapa de Tamuziga (66), einen Sprung in das belebte Wohnviertel Azlef hat Nadine (die fließend Arabisch spricht) vor 8 Jahren gemacht. Sie vermittelt ihren Gästen einen Blick (auch Ausflüge) in eine

Sonnenuntergang bei Safi

authentische arabische Kultur. Zwei fantasievolle und komfortable Apartments und ein DZ auf der hohen Dachterrasse mit künstlerischen Raffinessen (ab 220 DH mit großem Frühstück). Lot Azlef 404 (beim Hamam Ghitia). ℡ 066-2839434, www.casaguapa.info. Unser Tipp!

Dar Loulema (43), feines Riad mit einer der schönsten Terrassen zum Hafen. Freundlicher Service. Nette Zimmer und Badezimmer ganz in Tadelakt. DZ ab 870 DH. Rue Souss 2. ℡ 0524-475346, www.riadloulema.com.

Riad Imik Imik (45), exklusives, ruhiges Riad unter deutscher Regie. DZ ab 720 DH. Rue Zalaqa 25. ℡ 0524476947, www.riadimikimik.com.

Hotel Restaurant Château Mogador (64), 30er-Jahre-Architektur direkt am Meer, sehr schön renoviert. Der Inhaber Ashim spricht gut Englisch. Bar mit Internet. Ordentliche Zimmer mit Sat-TV, vom oberen Stockwerk schöner Ausblick. DZ 380 DH. Rue Princesse Lalla Hassna 18. ℡ 0524-476900, www.chateaumogador.com.

Madada Mogador (55), altes Haus einer Kaufmannsfamilie, das entkernt und mit einem Tick New Age neu gestaltet wurde. Die Inhaberin Christine Dadda hat alle Zimmer individuell eingerichtet, einige haben fantastischen Meerblick. Die große Dachterrasse ist ein idealer Frühstücksort. Im schönen Annex werden Kochkurse angeboten. Wifi, Bibliothek. DZ ab 1265 DH. Rue Youssef el Fassi 5. ℡ 0524-475512, www.madada.com.

Lalla Mira (40), Hotel mit eigenem Hamam und Bio-Küche, z. B. Ziegenkäse aus dem 50 km entfernten Mescala, wo auch das hauseigene Gemüse angebaut wird. Etwas enge DZ ab 710 DH. Rue d'Algérie. ℡ 0524-475046, www.lallamira.ma.

Hotel Cap Sim (30), in einer Querstraße zur Sqala. Relativ großes Hotel mit einfachen Zimmern. Dachterrasse mit Blick auf die Medina. DZ ab 360 DH. Rue Ibn Rochd 11. ℡ 0524-785834.

Hotel Al Arboussas (22), schräg gegenüber der Post. Zimmer mit Blick auf die Fußgängerzone. Ordentliche Zimmer ab 450 DH. Rue Lalouj 24, ℡ 0524-472610.

Hotel Majestic (20), gegenüber der Alliance Française. Von der Dachterrasse gute Aussicht auf die Medina. Funktionelle Zimmer mit und ohne Bad ab 70 DH; mit Dusche und weitem Ausblick in der oberen Etage 250 DH. Rue Lalouj 40, ℡ 0524-474909.

Hotel Andalous (9), nahe Busbahnhof. Ordentliche Zimmer mit TV. EZ 150 DH, DZ 250 DH, jeweils inkl. Frühstück. Bd. Moulay Idriss 47. ℡ 0524-472951.

Riad Chakir (34), nach Entkernung neu aufgebaut. Marokkanischer Stil, etwas überladen. Schöne DZ (ab 350 DH mit gutem

Atlantikküste

Frühstück), hübsche Tadelakt-Bäder. Große Dachterrasse, Toplage. Suite 650 DH mit eigener Terrasse. Rue Malek Ben Morhal 13. ✆ 0524-473309, www.riadchakir.com.

Dar el Qdima (36), in einer Seitenstraße hinter dem Bab El Menzeh. Angenehme Zimmer, schöne Dachterrasse, freundlicher Service. DZ 400 DH. Rue Malek Ben Morhal 4. ✆ 0524-473858, www.darqdima.com.

Hotel Souiri (32), preiswertes, gruppenfreundliches Travellerhotel. Unterschiedliche Kategorien mit (und ohne) Bad: EZ 255 DH (155 DH), DZ 360 DH (230 DH), Triple 405 DH (315 DH), jeweils inkl. Frühstück. Rue Attarine 37. ✆ 0524-475339.

Riad Malaika (17), leicht verstecktes Riad, von der schönen Place Chrib Atai zu erreichen. Stilvoll renoviert, tolle Dachterrasse. DZ 600 DH. Rue Zayane 17. ✆ 0524-473861, riadmalaika@yahoo.fr.

Dar Al Alouna (12), Dar in fröhlichen Bonbonfarben, daher auch Maison des Couleurs getauft. Etwas unprofessioneller Service. DZ 900 DH. Rue Touahen 66. ✆ 0524-476172.

Villa Garance (15), leicht verstecktes und ruhiges Dar mit schöner Ausstattung, großer Dachterrasse und einigen lichtdurchfluteten Zimmern. DZ ab 660 DH (im Annex günstiger). Freundlicher Service. Rue Eddakhil 10. ✆ 0524-473995, www.essaouira-garance.com.

Dar Nafoura (24), großzügiges Dar mit vier Etagen und hellen, ruhigen Räumen mit Tadelakt-Verputz und schönen Badezimmern. Von der Dachterrasse überblickt man die gesamte Medina. DZ ab 460 DH. Rue Ibn Khaldim 30. ✆ 0524-472855, www.darnafoura.com.

Lunetoile (8), kleines B&B; die englische Besitzerin Suzan lebte zuletzt in Zimbabwe, dem Interieur ist das anzumerken. Unter-

schiedlich große DZ ab 300 DH. Av. Sidi Mohammed Ben Abdallah 191, in der nördl. Mellah. ✆ 0524-474689, www.lunetoileriad.com.

● *Dünenviertel* Die Hotels im Dünenviertel befinden sich in relativer Abgeschiedenheit am südlichen Ende der Stadt, ca. 2 km vom Zentrum entfernt, zwischen Bd. Mohammed V. und der südlichen Zubringerstraße nach Essaouira.

Hotel Borj Mogador, freundliches Hotel am Rand des Dünenviertels mit komfortablen Zimmern (TV) und gutem Service. EZ 300 DH, DZ 400 DH. Bd. Al Aqaba 504. ✆ 0524-783108, www.hotel-borjmogador.com.

Villa Sarah, kleinste Pension im Dünenviertel mit guten Preisen. DZ ab 300 DH Appartements ab 400 DH. ✆ 0524-785963.

Villa Flora, große, gut ausgestattete Zimmer mit individuellen Terrassen. DZ inkl. Frühstück 660 DH. ✆ 0524-473946, www.essaouira-villa-flora.com.

Ocean Blue, eher kleine, aber nette Zimmer mit Seebad-Atmosphäre. DZ 250 DH. Av. Moulay Ali Chrif 67, ✆ 0524-472324.

Riad Zahra, freundliches Ambiente mit großen Zimmern und Patio. Neubau im Riadstil, Dachterrasse mit Meersicht, schöner Pool. Gutes Preis-Leistungs-Verhältnis. DZ 575 DH. Quartier des Dunes 90. ✆ 0524-474822, www.riadzahra.com.

Villa Quieta, palastartiges Ambiente mit großem Empfangssaal und geräumigen Zimmern. Vorwiegend wohlbetuchte französische Klientel. DZ 1400 DH. Bd. Mohammed V. 86. ✆ 0524-485004, www.villa-quieta.com.

Camping Sidi Magdoul, am Rand des Dünenviertels beim Leuchtturm. Etwas kleine, von Mauern umgrenzte Anlage, 200 m zum Meer. Person 12 DH, Zelt 15 DH, Auto 10 DH. ✆ 0524-472196.

Essen & Trinken. Bars & Cafés (siehe Karte S. 218/219)

Fisch im Freien (56) wäre die einfachste Bezeichnung für die Fischgrillstände, ein Ensemble von überdachten Terrassen, am kleinen Park am Hafen. Es gibt reichlich Auswahl an frischen Fischen. Wer sich dem köstlichen Duft der Grillstände nähert, wird kaum widerstehen können. Menge und Preis vorher aushandeln. Frisch gegrillter Fisch ab 50 DH, Portion gegrillte Sardinen ab 25 DH. Zum Nachtisch gibt's an den drei blauweißen Buden nebenan frischen Orangensaft.

Taros (48), französische und marokkanische Küche. Cocktailbar auf der großen Dachterrasse mit Blick bis zum Hafen; tagsüber Café, abends Barbetrieb. Leider haben die Preise seit einigen Jahren angezogen und an das Flair des einstigen Literaturcafés erinnern nur die gefüllten Bücherregale. Menüs ab 200 DH. Reservierung nötig, bei viel Betrieb mit mind. 50 Min. Wartezeit rechnen. Place Moulay el Hassan. ✆ 0524-474572.

Sisalhändler in Essaouira

Chez Sam (61), eine Institution, in der schon Jimmy Hendrix für Aufregung sorgte. Im Inneren sieht es aus wie auf einem alten Dampfer. Gute Weine. Schnell überfüllt. Menü ab 250 DH. Am südlichen Ende des Hafens. ✆ 0524-476238.

Patio (31), mit einer Prise Nouvelle Cuisine bei den Fischgerichten. Antoine und seine Frau haben das Lokal mit einer feinen Bar sehr individuell in Purpurrottönen gestaltet. Menü ab 200 DH. Montag Ruhetag. Rue Moulay-Rachid. ✆ 0524-474166.

La Découverte (33), feinste marokkanisch-bretonische Küche mit wechselnden Menüs ab 80 DH. Édouard ist auch ein Kenner der regionalen Fauna (siehe „Wandern"). Samstag Ruhetag. Rue Hoummam el Fatouaki 8. ✆ 0524-473158, www.essaouiraladecouverte.com. Unser Tipp!

Elizir (38), gehobene Cuisine Marocaine mit einem Hauch italienischer Finesse. Tolles 70er-Jahre-Setting. Küche schließt zeitig. Gute Auswahl marokkanischer Weine. Menü ab 150 DH, Gerichte ab 90 DH. Reservierung! Rue Agadir 1. ✆ 0524-472103.

Le 5 (58), Restaurant und Lounge. Fischgerichte und französische Küche à la carte ab 90 DH. Dienstag Ruhetag. Rue Ben Messoud. ✆ 0524-474268.

Le Amis (18), in einer Seitengasse der Sidi Mohammed Ben Abdallah. In diesem Galerie-Restaurant würden sich Adepten des Action Painting wohlfühlen. Essen mäßig. Rue Abdelaziz Fechtali 24. ✆ 0619-597447.

La Triskalla (11), Kleinigkeiten aus Südfrankreich – Crêpes, Gemüsequiches, Reiskuchen, Brot mit Kichererbsenmehl und Schokoladenkuchen. Rue Touahen/Ecke Rue S. B. Daou. ✆ 0524-476371.

Beldy (28), sympathisches Restaurant mit angenehmer Einrichtung und traditioneller Küche zu passablen Preisen. Gute Fischspieße 90 DH. Rue Ibn Toubert. ✆ 067-28880.

Miyame Resto (14), feine traditionelle marokkanische Küche mit asiatischem Touch. Liebevoll gestaltetes kleines Restaurant von Somia und Familie nahe Hamam Rue Jbala 26.

Riad Baldin (27), sehr nettes Ambiente (die Gäste sitzen an einem langen Tisch), feine italienische Küche und Pasta aus eigener Produktion (auch zum Verkauf). Gerichte ab 50 DH. Montag geschl. Rue Lalouij 48. ✆ 0524-448336. Unser Tipp!

Le Frère (16), täglich kleine Auswahl mit frischen Marktprodukten, abends Gnaoua. Rue Sidi Magdoul (nahe Rue Lalouij). ✆ 0672388896.

Atlantikküste

• *Cafés und Bars* Etwas ruhiger als in den bekannten Cafés an der Place Hassan ist es am Marché aux Grains und an der Place Chefchaouni mit den ältesten Ficusbäumen der Stadt. Chic sind die neuen Cafés an der südlichen Promenade bei der Surfstation.

Café de France (42), eines der ältesten Cafés der Stadt mit eben dem Flair eines betagten französischen Kolonialcafés. Drinnen schaut „mann" Fernsehen, draußen sitzen die Touristen. Place Moulay el Hassan.

El Fath (47), tolle hohe Dachterrasse des gleichnamigen Hotels hinter der Sqala mit grandiosem Blick über den Place Moulay Hassan und das Meer. Schön für einen thé à la menthe. Rue de la Sqala 6 (hinter Taros).

Dolce Fredo (50), gelateria italiana mit dem besten Eis am Platz. Place Moulay el Hassan.

Chez Driss (37), feinste französisch-marokkanische Patisserie seit 1928. Ausgezeichneter Kaffee. Place Moulay el Hassan, nahe Av. Ben Abdallah.

Ocean Vagabond (63), Strandcafé am südlichen Strand. Entspanntes Ambiente, schöne Strandliegen. Feine Mittagskarte mit wechselnden Gerichten (bis 19 Uhr; ab 100 DH). Bd. Mohammed V. (→ Sport).

Casa Vera (51), tolles Ambiente, edles maurisches Interieur, Aperitif und Latenightbar, auch Restaurant, gute Tapas und Paellas ab 80 DH. Fantastische Terrasse mit Blick auf den Place Moulay Hassan. ✆ 0524-783105 (Di geschl.).

Beach & Friends (67), neues Musikcafé am südlichen Strand. Abends Live Guitar, House und Chillout, tagsüber Wifi-Zone und Auswahl an kleinen Gerichten. Das „jüngste" der südlichen Cafés. Do–Sa Happy Hour mit spez. Angeboten.

Aigue Marine (60), Nightbar mit Livemusik, wenn die Stimmung stimmt bis zum Morgen (Gnaoua-Fusion, Rock etc.), Do–Sa bis 3 Uhr. Sonst DJ-Mix. Bd. Mohammed V. 62.

Baraka (49), Loungebar und Livemusik (April–September, Do–Sa). Großer Patio. Mittags und abends Gerichte à la carte bzw. ein reichhaltiges Buffet (150 DH). Rue Mohammed el Gorry, kurz vor Bab Marrakech. ✆ 0524-472139.

Riad Magdoul (26), mit fast täglichen Gnaoua-Livemusik-Sessions im Patio. Weinauswahl; Essen weniger gut. Rue Sidi Abdesmih 21.

Bunte Auswahl in der Medina

Die Gnaoua-Musik: Pur oder Fusion?

Die Gnaoua-Musik zählt auf den internationalen Worldmusic-Festivals zu den erfolgreichsten Exportartikeln Südmarokkos. Die ursprünglich rein rituelle Musik war eher monoton und repetitiv und wird mit zwei Instrumenten gespielt: einer dreisaitigen Geige, genannt „ghambri" bzw „gembri", deren Klangkörper auch als Trommel dient, sowie der „qarqarba", einem kastagnettenähnlichen Instrument aus Metall. Heute werden diese Klänge im Rausch des Gnaoua-Worldmusicfestivals auch mit aktuellen Klängen der europäischen Musikszene „fusioniert". Aufnahmen finden sich in lokalen Musicshops in allen erdenklichen Varianten. Empfehlenswert sind vor allem die Mitschnitte der jährlichen Festivals.

Die Gnaoua-Musiker sind Haretin (→ Wissenswertes A–Z) und kamen durch den Sklavenhandel mit Schwarzafrika nach Essaouira. Vor allem Sudan, Mali und Ghana werden als Herkunftsländer genannt. Es heißt, dass von den nach Essaouira verschifften Sklaven jene ein Bleiberecht in der Stadt erhielten, die ihre Musiktradition am besten wiedergeben konnten. Eine religiöse Auslegung bezeichnet die Gnaoua als Nachfahren von Bilal, einem äthiopischen Sklaven, den der Prophet Mohammed befreite und zum Muezzin machte.

Vergleichbar mit der reichen handwerklichen Tradition in der Thujaholz-Verarbeitung (→ Thujaholz-Schreiner und Gnaoui-Maler) wurde auch die Musik der Gnaoui nicht nur überliefert, sondern weiterentwickelt und verfeinert. So ist die Gnaoua-Musik für die einen belebender musikalischer Rhythmus, während sie für die anderen rituelle Bedeutung hat, wie besonders die bei Festen in Szene gesetzten, begleitenden tranceartigen Tänze (mit kreisenden, ausholenden Bewegungen) verdeutlichen. Gesang bzw. Sprechgesänge stimulieren dabei zusammen mit einem monotonen Klangrhythmus tranceartige Bewusstseinszustände, die beispielsweise helfen, Kontakt mit einer „kranken" Person aufzunehmen und sie von „falschen Denkweisen" zu befreien. Oftmals treffen die Musiker dann im Haus der Betroffenen zusammen und spielen und tanzen die ganze Nacht, um mit monotonen Sprachformeln – es gibt unzählige Lieder mit Hunderten von Strophen – die Geister zu besänftigen, die ein Ungleichgewicht in der kranken Person geschaffen haben. Diese Begegnungen, „lila nuit" genannt, sind ein nachtfüllendes Programm. Neben dem Gesang und den zwei wichtigen Instrumenten (s. o.) kommen gelegentlich noch die *qanum* (Zither), die einsaitige Ziegenkopfgeige *(rebab)*, die *oud* (Laute), die *nira* (Flöte) und Rahmentrommel oder *Djambe* zum Einsatz. Übrigens haben sich die Rolling Stones (im frühen Album „The Pipes of Pan"), Pharao Sanders, Randy Weston und Jimmy Hendrix von Begegnungen mit den Gnaoua-Musikern immer wieder inspirieren lassen.

Infos über die Veranstaltungen des jährlich in der zweiten Junihälfte stattfindenden Gnaoua-Worldmusicfestivals (Konzerte, Happenings, Kunst): www.festival-gnaoua.net.

Einkaufen

Die Medina der Stadt ist ein Einkaufsparadies. Vielseitiges Kunsthandwerk, Malerei, Thujaholzverarbeitung, die Raffiaprodukte (Taschen, Schuhe), dekorative farbige Haiks (große, auf dem Webstuhl gefertigte Decken), Schmuck sowie aus Kupfer- bzw. Eisenblechen hergestellte Lampen ... – in der Medina reihen sich zahllose Geschäfte, die dekorative Einrichtungsgegenstände, Gewebtes, Geschnitztes und Geschmiedetes verkaufen. Ein Spaziergang auf der großen Achse zwischen Bab el Menzeh nach Norden zum Bab Doukkala präsentiert alle Facetten der lokalen und überregionalen handwerklichen Produktion. Auch die Rue Sidi Mohammed Ben Abdallah ergänzt dieses Angebot. Zwar hat die große Nachfrage nach billigen Souvenirs die Qualität gedrückt, doch finden sich bei genauem Hinschauen immer noch qualitativ hochwertige Produkte. Auch lohnt es, sich in den schmalen Gassen (hier sind die Mieten günstiger) einen Überblick zu verschaffen.

Im **Ensemble Artisanal** beim Bab Marrakech arbeiten Thujaholz-Schreiner, Schmuckschmiede und weitere kunsthandwerkliche Anbieter. Beispielsweise Silberschmiede, die Schüler anlernen, sich bei der Arbeit über die Schulter schauen lassen und Schmuck zu guten Festpreisen produzieren.

Neben dem Fischdirektverkauf am Hafen gibt es in der Innenstadt westlich der Rue Mohammed Zerktouni einen weiteren **Fischmarkt** (der Fisch kann gleich um die Ecke zubereitet werden!). Es Gleich daneben folgt der **Gemüse- u. Geflügelmarkt** im Souk Jdid. Gewürze und Naturaromen bzw. traditionelle Heilmittel und Tinkturen werden hier offen angeboten. Man sollte aber besser nicht von den dekorativen Pyramiden kaufen, sondern aus den Gläsern in den Regalen (→ Kapitel Essen & Trinken/Die Souks).

Sehenswertes

Das Treiben im Hafen zu beobachten, ist beinahe zu jeder Tageszeit spannend. Der Fischfang wird vormittags und gelegentlich auch nachmittags gelöscht, die **Fischauktion** findet vormittags statt (Halle aux Poissons). Die etwa 600 m lange **Festungsmauer,** die **Sqala,** ist heute eine angenehme Flaniermeile, der mit Zinnen geschmückte höhere Teil wird gern zum Plaudern und Beobachten bestiegen. Im Süden schließt der alte Festungsturm, die Bastion Sud, an der Sqala du Port an. Tägl. bis 17 Uhr (Sommer bis 17.30 Uhr). Eintritt 10 DH.

Auf der Mauer stehen bis heute etliche flämische, portugiesische und spanische Kanonen aus dem 16./17. Jh. Orson Welles drehte hier Anfang der 50er Jahre Szenen seines später prämierten „Othello". Dahinter erstreckt sich die Place Moulay el Hassan mit sympathischen Cafés und Restaurants, auf der alljährlich in der zweiten Junihälfte das Gnaoua-Worldmusicfestival stattfindet. Am Ende des Platzes findet sich linker Hand eine kleine Gasse beim Eingang zum Taros-Café, die zunächst direkt unterhalb der Stadtmauer und bald auf die Mauer führt.

Besonders an der Südseite der Stadtmauer und den massiven Torbögen an der **Avenue Oqpa ben Nafi** lässt sich der Stil der Festungsbauten im französischen Vauban wiedererkennen. Auffallend sind auch die maurisch geprägten schmalen Gassen und Bogengänge, die weiß gekalkten Häuser und teilweise tunnelartigen Wege, die zur nördlichen Bastion führen und auf denen bei Gefahr die Soldaten schnell ab- oder zugezogen werden konnten. Unterhalb der Sqala bzw. der nördlichen Bastion befinden sich zahlreiche Thuja-Ateliers, Galerien und Handwerksbetriebe.

Thujaholzverarbeitung

Thujaholz-Schreiner und Gnaoui-Maler

Ein Spaziergang unterhalb der Sqala in Essaouira führt durch würzigen Duft, der frisch geschnittenem Zedernholz gleicht. In den Werkstätten der ehemaligen Boots- und Lagerräume der Sqala wird auf kleinstem Raum das knorrig-harte Thujaholz verarbeitet, das beim Sägen, Drechseln und Schnitzen seinen ätherischen Duft verbreitet. Aus dem Stamm und den raren Wurzelknollen des Baums werden Möbel, Tische, Kästen und allerhand dekorative Kleinobjekte hergestellt. Dabei gelingt es den geschickten Schreinern immer wieder, die hübschen Strukturen des Holzes herauszuarbeiten. Äußerst zeitintensiv sind die kostbaren Einlegearbeiten mit hellem Zitronenholz, Elfenbein, Silber, Kupfer, Kamelknochen oder Perlmutt, die mit Gummiarabicum behandelt werden und so ihre geschmeidige und samtig glänzende Oberfläche erhalten. Die interessantesten Werkstätten befinden sich unterhalb der Sqala de la Ville bis zur Bastion Nord (dem alten Munitionslager) und in der oberen Rue Lalouj.

Wer sich in der Medina auf Spurensuche nach den freien Künstlern und Gnaoui-Malern begibt, etwa in der Galerie Damgaard (→ Kultur, Ausstellungen, Galerien), stellt schnell fest, dass die Künstler sich nicht auf einen Ausdruck festlegen, sondern recht vielseitig sind und neben verspielten Bildern auch der figurativ-wilden Gestik des Action Painting oder der Ironie der Pop-Art huldigen. In ihre Arbeiten fließen heute auch europäische Strömungen ein und machen sichtbar, wie Ideen von Süd nach Nord und wieder zurück wandern. Die berühmtesten Vertreter dieser heute längst etablierten und auch im Ausland anerkannten Kunst sind Mohammed Tabal, Mostafa el Hadra oder Azzedine Sanana. Dabei zeigt ihre Kunst auch Parallelen zum musikalischen Ausdruck ihrer Gnaoua-Freunde: kraftvoll, quicklebendig, wendig und reich an tiefgründiger Symbolik.

Die als UNESCO-Weltkulturerbe anerkannte Medina selbst unterscheidet sich in ihrem strengen geometrischen Grundriss und den weit geöffneten Straßen von anderen weniger strukturierten Medinas. Im Nordosten Richtung Bab Doukkala befindet sich die **Mellah,** das einstige jüdische Viertel. Viele der baufälligen Häuser sollen bald restauriert und umgebaut werden.

Die südlich der Strandpromenade vorgelagerten **Îles de Mogador**, in den letzten Jahrhunderten zur Gefängniskolonie ausgebaut, spielten schon in der frühen Geschichte der Stadt eine besondere Rolle. Von hier stammen die seltenen Purpurschnecken, die bereits Juba II. (50 v. Chr. bis 24 n. Chr.) in einer Manufaktur verarbeiten ließ, um ihren kostbaren Farbstoff zu gewinnen und nach Rom zu exportieren. Die Befestigungen und Bastionen aus Naturstein wurden von Sultan Ben Abdallah zum Schutz des Hafens Ende des 18. Jh. angelegt. Mit einem Fernglas sind die mächtigen Mauern mit ihren Kanonen gut zu sehen. Auf der Insel befinden sich außerdem Reste eine römischen Villa mit Thermen, die die Natur langsam überwuchert. Seit den 90er Jahren sind die Inseln Naturschutzgebiet und Lebensraum für Kormorane, Wanderfalken und andere Zugvögel. Eine Bootsfahrt zur Bucht der Insel – die Insel selbst darf nicht betreten werden – dauert ca. 1 Std.

Bootsfahrt zu den Îles de Mogador Ciel et Mer im Hafen, Fahrten ab 11.30 Uhr mehrmals täglich, 70 DH. ✆ 0524-474618.

Die alte **portugiesische Kirche** (Église Portugaise) ist die einzige christliche Kirche in Marokko – ein klarer Verweis auf die religiöse Toleranz der alten Hafenstadt Essaouira. Gottesdienst sonntags um 10 Uhr. Rue Ibn Zohr.

Der **christliche Friedhof** befindet sich beim nördlichen Stadttor Bab Doukkala; hier sind noch viele Gräber von Kaufleuten aus Holland, England, Deutschland und Frankreich erhalten, die hier im 18. Jh. lebten; die Zahl der zu dieser Zeit in Essaouira ansässigen Europäer wird auf mehrere Tausend geschätzt.

Strand und Meer

Essaouira besitzt einen der längsten Strände der Region – Sonnenanbeter können sich neben der Bucht vor allem hinter der Mündung des Oued Igrounzar ausbreiten. Da die Bucht mehr Schutz vor der Strömung bietet als der südliche Strand, ist das Schwimmen hier etwas sicherer. An den südlichen und meist menschenleeren Abschnitten hinter der Flussmündung hat sich ein neuer Treffpunkt der Kite-Surfer gebildet.

Sport

Windsurfen: Essaouira bietet ein reiches Sportangebot. Nachdem die Surf-Fans aus dem südspanischen Cadiz in den 80er Jahren hier gestrandet sind, hat sich viel bewegt – die beiden etablierten Ausrüster Fanatic und Mistral haben ein veritables Ange1bot aufgebaut. Allgemeiner Treffpunkt, Hotspot und Servicestation ist die Mistral-Bar am südlichen Strandende mit dem anliegenden Parkplatz. Hier ziehen die Wellenreiter, Kite-Surfer und Surfer ihre Runden, springen über die Schaumkappen des brausenden Atlantiks und genießen die nachmittägliche Brise mit oft bis zu sieben Windstärken. Beliebt ist auch der über Diabat erreichbare Hotspot, etwa 3 km südlich der Mündung des Oued Igrounzar gelegen und Moulay-Bouzerktoun.

Ocean Vagabond, Café mit Strandflair und originellem Ambiente. Wechselnde Mittagskarte, abends geschlossen. Im angrenzenden **Mistral-Club** wird bestes Equipment fürs Surfen und Kitesurfen verliehen (ab ca. 200 DH/Tag). Bd. Mohammed V.

✆ 0524-783934, www.club-mistral.com.
Fanatic, Materialsupport vom gleichnamigen Hersteller; inzwischen Teil vom Vagabond. ✆ 0524473856.
Wettervorhersage:www.magicfunafrika.com.

Kitesurfing mit viel Wind

Reiten: Equievasion bietet mehrtägige, gut organisierte Exkursionen mit Übernachtung im Zelt an der gesamten Küste von Agadir bis nach Essaouira an. Der Tradition entsprechend wird nur mit Berberhengsten gearbeitet, die gut eingeritten und geländesicher sind. Jawad Eluali, Diabat. ☎ 0666-780561, www.equevasion.com.

Wandern: Der Strand von Essaouira bis nach Sidi Kaouki ist ca. 22 km lang und mit Pferden von Diabat (in Essaouira sind keine Pferde am Strand erlaubt) in ca. vier Stunden zu erreichen, zu Fuß sollte man ungefähr 6 Stunden rechnen (→ Diabat). Auch in nördlicher Richtung kann man am Strand entlanglaufen. Vom Bab Doukkala fährt bzw. läuft man über den zum Meer parallel verlaufenden Bd. d'Industrie durch das Industriegebiet bis zur Sardinen-Konservenfabrik Samara. Dort links Richtung Meer. Hinter der Sardinenfabrik findet zudem ein Sonntag-Souk statt; während der Woche verkaufen hier eine Reihe von Secondhand-Händlern Möbel und Trödel. Auch in der an den Souk anschließenden Barackensiedlung wird die ganze Woche mit Trödel gehandelt; einige Künstler haben hier kleine Ateliers.
Écotourisme et Randonnées, fachkundig geführte Tagesexkursionen (engl./franz.) in die Region mit einem ehemaligen französischen Forstingenieur. ☎ 0615-762131. www.essaouira-randonnees.com (siehe auch Restaurant La Découverte). Unser Tipp!

Biking: Martin Rousson von Bled a Velo bietet ein großes Programm an Touren mit unterschiedlichen Schwierigkeitsgraden in die Region an. ☎ 0661-897987, www.bledavelo.net.

Ausflüge von Essaouira

Souk in Hadra, an der Straße nach Marrakesch (ca. 30 km) – dieser **Sonntagssouk** ist Treffpunkt der berberischen Bevölkerung. Alltägliches und Gebrauchsgegenstände, Vieh und Kleider. Sogar Freiluftbarbiere haben hier im wahrsten Sinne des Wortes ihre Zelte aufgeschlagen. Archaische Grillstände, die ab dem späten Vormittag mit weißem Qualm eingehüllt sind, muten gar mittelalterlich an. Wer mit dem Esel kommt, darf den Eselparkplatz benutzen. Ende April gibt es ein dreitägiges Moussem mit Fantasia-Reiterspielen.

Wanderung zur Kasbah von Caid Ahmed Ben Abdallah Khoubbane: Von Essaouira erreicht man auf der Hauptstrecke nach Marrakesch nach 32 km hinter dem

Ort Ounara die Abzweigung nach **Khemis Meskala.** Die verbleibende, kaum befahrene Strecke kann man zu Fuß oder mit dem Fahrrad zurücklegen (und mit dem Taxi zurückfahren). Bis nach Meskala sind es von der Abzweigung der Hauptstraße 17 km. Die Strecke führt über eine weite, sanfte Hügellandschaft, die kurz vor Meskala schöne Panoramablicke bietet. In Meskala selbst gibt es am Donnerstag den großen, sehenswerten Wochensouk. Ca. 800 m südlich befindet sich die private Kasbah. Monsieur Ahmed Ben Abdallah Khoubbane und seine Familie bewohnen noch heute das Anwesen und bieten kleine Führungen an. Die im maurischen Stil gebaute Anlage gruppiert sich um einen prächtigen, symmetrischen Garten, von dem nach vier Seiten einfach gestaltete Räume abzweigen. Historische Fotos doku

mentieren die gute Verbindung zum alaouitischen Königshaus, und bald wird klar, dass es sich bei den Khoubbanes nicht um einen Clan handelt, der in den 50er Jahren mit dem berüchtigten Glaoui Pascha kooperierte (→ Geschichte). Um eine kleine Unterstützung für den Unterhalt der Anlage wird gebeten.

Küstenstraße nach Dar-Caid Hadji bzw. Safi: Die erste große Bucht nördlich von Essaouira ist **Moulay-Bouzerktoun,** ein Surfertreff (ca. 20 km). Es folgt **Souira Kèdima,** ein unscheinbarer Fischerort mit Lokalkolorit und sehr einfachen Restaurants kurz vor Safi (ca. 65 km). Die zuvor passierte Bucht bei Dar-Caid Hadji ist für Wanderungen und Birdwatching gut geeignet.

Fromage de Chevre du Meskala: Abdelsak stellt mit seiner Frau Carola besten Ziegenkäse her, der in vielen Varianten zu probieren ist. Sie vermietet auch nette DZ in der alten Kasbah der Familie. Am Dorfende von Meskala, ✆ 0660-233534.

Café Lawama: Strandbar mit Blick auf die Bucht von Bouzerktoun. Unterkunft und schnelle Küche. Infos zum Surfen etc. beim nahen Boujwindsurf. www.lawama.net.

Arganöl-Kooperativen: Auf der Strecke nach Marrakesch befinden sich nach etwa 15 km in Douar el Massa die drei Frauen-Kooperativen Assaisse, Tiguemine, Tawount. Arganöl auch von den Produzenten Martin und Rachida in Rhazouar, 7 km südl. von Essaouira, ✆ 0660-6647812, www.argan-oleo.com.

Les Domaines du Val d´Argan, 25 km östlich von Essaouira (R 2017) in Ounara, dann ca 1 km Richtung Safi. Weingut der biologisch produzierten Mogador- bzw. Val-d'Argan-Weine. Degustationen mit Menü ab 200 DH. ✆ 0660-738886.

Wolkenstimmung in Essaouira

Weiterfahrt nach Safi

Von Essaouira nach Safi sind es je nach Strecke etwa 130 oder 150 km. Die landschaftlich reizvollere Küstenstraße ist kürzer, doch die seit Jahren geplanten Reparaturarbeiten lassen auf sich warten, das mittlere Drittel der Küstenstraße hat immer noch viele Schlaglöcher. Dagegen ist die stärker frequentierte Straße im Inland gut befahrbar.

Safi

Einige (angenehme) Überraschungen bietet die kleine Hafenstadt an dem seit der Antike besiedelten Naturhafen all jenen, die sich von den Makeln der Neuzeit nicht irritieren lassen. Safi ist heute ein bedeutender Industriehafen, hier werden vor allem Phosphate veredelt und umgeschlagen, wie bei bestimmten Wetterlagen eindeutig zu riechen ist.

Auch die Sardinenverarbeitung mit großen Fabriken vor der Stadt sorgt nach wie vor für viele Arbeitsplätze, bis Mitte der 80er Jahre war Safi sogar der weltweit größte Sardinenfischereihafen. Die Hafenanlagen im Norden teilen sich in einen Fischerei- und einen Industriehafen; im ersteren finden frühmorgens die Auktionen statt.

Doch Safis intime Medina versöhnt die Besucher, die zunächst nur die hässliche Peripherie gesehen haben – die Altstadt ist vom Tourismus noch weitgehend unberührt. Über verwinkelte, lebhafte Gassen führt der Weg zur hoch über der Medina gelegenen portugiesischen Festung, in der heute ein weithin bekanntes Keramikmuseum untergebracht ist. Keramik ist in Safi ein bedeutendes traditionelles Gewerbe, im Töpferviertel gibt es Objekte in guter Qualität, das Atelier Serghini Ahmed wurde für seine Keramik sogar mehrfach international ausgezeichnet. Hotels gibt es nur wenige, einige Schritte neben der Rue du Souk/Rue Bir Anzarane und der Grande Mosquée erstrecken sich ruhige Wohnviertel. Die großzügig angelegte Ville Nouvelle befindet sich südöstlich der Medina.

Geschichte

Im 11. Jh. vom arabischen Seefahrer und Geografen Mular el Bekri erstmals erwähnt, entwickelte sich Safi schon früh zu einem bedeutenden Hafenort. Etwa 400 Jahre später verschifften die Portugiesen von hier aus Sklaven und Waren aus Schwarzafrika und brachten die Stadt 1508 ganz unter ihre Kontrolle. In den folgenden 33 Jahren bauten sie bis zu ihrem Abzug einen starken Befestigungsring, eine Festungsanlage am Meer sowie die als „Kechla" bezeichnete Festung hoch über der Stadt. Von hier aus organisierten sie ihre Beutezüge bis nach Marrakesch, was Begehrlichkeiten der Sultane weckte. Wie in Essaouira blühte auch in Safi der Handel mit den europäischen Seefahrernationen, wobei neben Portugiesen und Franzosen auch Dänen, Holländer und Engländer mitmischten. Ab Ende des 18. Jh. liefen Essaouira, Agadir und die nördlichen Häfen Marokkos der Stadt den Rang ab. 1893 schlug der damalige König Hassan I. sogar einen deutschen Vizekonsul vor, um die wirtschaftlichen Beziehungen zu Deutschland auszubauen, was jedoch am wirtschaftlichen Abschwung wenig änderte. Ab 1930 entdeckte die französische Kolonialmacht reiche Phosphatvorkommen bei Youssoufia, die ersten Fischkonservenfabriken wurden gebaut.

• *Information* **Syndicat d'Initiative (11)** in der Av. de la Liberté. Tägl. 8.30–12 und 14.30–18.30 Uhr.

• *Verbindungen* Der **Busbahnhof** befindet sich in der Av. Président Kennedy. Mehrmals tägl. Busse nach Casablanca, Marrakesch, Agadir.

• *Post* Mo–Sa 8.–16 Uhr, Place de l'Indépendance.

• *Übernachten* **Hotel Atlantide (9)**, prächtiges Hotel im Art-déco-Stil der 30er Jahre in der Ville Nouvelle. Die Zimmer mit Meerblick (vorbestellen!) sind sehr hübsch, die Terrasse und großen Salons des Hotels sind stilgerecht restauriert. Ab 3350 DH. Unser Tipp! Rue Chaouki. ✆ 0524-462160, www.hotel-atlantide-safi.ma

Riad Safi (3), das neue Hotel mitten in der Medina hinter der Chapelle Portugaise soll, laut Leserbrief von H. Mellner, eine schicke Alternative zum Atlantide bieten. Rue de l'Église, www.riadsafi.fr.

Hotel Assif (10), Neubau mit angenehmer Architektur und komfortablen Zimmern mit Balkon. DZ ab 300 DH. Av. de la Liberté. ✆ 0524-621862, www.hotel-assif.ma.

Hotel Anis (8), kleine hübsche Unterkunft im maritimen Stil der 70er Jahre. Geräumige DZ mit Bad 200 DH (drei Pers. 280 DH, vier Pers. 360 DH). Rue de la Falaise. ✆ 0524-463078.

Hotel Essaouira (4), gleich zu Beginn der Medina erste Gasse rechts. Sympathisches Travellerhotel mit originellen architektonischen Details. DZ ohne Bad 80 DH. Rue Ibn Bassine. ✆ 0524-464809.

Hotel Majestic (5), wenige Schritte vom Château de la Mer am Eingang der Medina. Etwas laut, aber ordentlich geführt. Funktionale DZ 80 DH. Rue des Remparts, ✆ 0524-464011.

• *Essen & Trinken* **Restaurant Ryad du Pêcheur (1)**, ca. 300 m hinter der Abzweigung zum Hafen, Richtung Norden; allein wegen des Patios mit den exotischen Pflanzen und der Panoramasicht schon einen Besuch wert. Und wer die köstlichen Fischgerichte probiert hat, kommt wieder. Ausgezeichnete Küche, Fisch-Tajine 80 DH, Fischsuppe 50 DH. Rue de la Crète. ✆ 0524-610291. Unser Tipp!

Restaurant Serghini (2), an das gleichnamige Atelier angrenzend; netter, kleiner Garten und wechselnde Gerichte zu passablen Preisen. Rue des Forgerons, am Bab Chabaa.

Restaurant de la Poste (6), im 1. Stock neben dem Café de la Poste. Französische Küche und frische Fischgerichte zu guten Preisen. Place de l'Indépendance.

Café M'Zoughen (7), zu Beginn der Fußgängerzone. Bei Jugendlichen beliebtes Café, gute Patisserie und Fruchtsäfte. Place de l'Indépendance.

Sol Safi (9), Bar und Nachtclub mit Lokalkolorit beim Hotel Atlantide. Schöne Terrasse hoch über der Stadt. Rue Chaouki.

Einkaufen

Die Keramik aus Safi ist im ganzen Land bekannt. Am Ende der Rue Bir Anzarane findet sich ein belebter Vorplatz mit Händlern, die vor allem Keramik verkaufen. Hier, direkt vor zwei leuchtenden Marabuts, beginnt das sich den Hügel entlang ziehende **Töpferviertel**, das größte Marokkos. Die archaischen Brennöfen (man kann hier den gesamten Herstellungsprozess bis zum Lasieren beobachten) und Ateliers der einige hundert Köpfe zählenden Bewohner erstrecken sich über einige hundert Meter. Auch in der neuen Passage zu Beginn des Viertels (von der Rue Forgerons aus) findet sich ein Dutzend Geschäfte mit breitem Angebot.

Das **Atelier Serghini Ahmed (2)** (Rue des Forgerons, am Bab Chabaa) ist eines der ältesten Keramikateliers der Stadt und bietet eine immense Auswahl an Geschirr und dekorativen Tellern. Die **Caverna Ali Baba** im Hinterhof des Ateliers zeigt kostbarste edle Vasen – von Meister Hamid geschaffene, blau-silberstichige Großobjekte, die meist ins Ausland exportiert werden und wie die Objekte des Ateliers Serghini ebenfalls international prämiert wurden (✆ 0524-446577).

Sehenswertes

Das **Château de la Mer** ist vom oberen Ende der Place de l'Indépendance bzw. über eine kleine Unterführung gegenüber der Place Sidi Boudhab zu erreichen. Seine exponierte Lage lässt die strategische Bedeutung der Festung noch heute erkennen.

Das Château wurde zu Beginn des 16. Jh. von den Portugiesen gebaut, mit mächtigen Kanonen bestückt und diente dem portugiesischen Stadtkommandanten als Residenz.
Tägl. 9–12 Uhr und 14.30–18.30 Uhr. Eintritt 10 DH (2011 wegen Wasserschäden geschl.).

Etwa 500 m südlich der Festung steht der mit einem hübschen, grün lasierten Pyramidendach geschmückte Marabut des Schutzheiligen der Stadt, **Sidi M'Hamed Salah** (1150–1234). Gleich zu Beginn des Souks befindet sich linker Hand eine Gasse, die zum **Musée de Safi** führt. Das kleine private Museum wird von dem Künstler und Historiker Abdelaziz Moudden geführt. Die Exponate präsentieren sehr schön die traditionellen Berufe, Tradition und Folklore sowie Handwerk und Landwirtschaft der Region. Der letzte Raum dokumentiert die Wirtschaft der Gegenwart von der Phosphorgewinnung bis zur Sardinenverarbeitung. Historische Fotos und Informationen ergänzen die kleine sorgfältig aufgebaute Sammlung.
Musée de Safi tägl. 9–13 und 15–19 Uhr. Eintritt 15 DH (25 DH mit Führung).

Übernachten
3 Riad Safi
4 Hotel Essaouira
5 Hotel Majestic
8 Hotel Anis
9 Hotel Altlantide
10 Hotel Assif

Cafés
7 Café M'Zoughen
9 Sol Safi

Essen & Trinken
1 Ryad du Pêcheur
2 Restaurant Serghini
6 Restaurant de la Poste

Sonstiges
11 SIT Büro

Safi

100 m

Auch die **portugiesische Festung** (16. Jh.) hoch über der Medina, die **Kechla,** lohnt den Weg. Die kunstvollen holländischen Renaissancekanonen wurden von Moulay Zidan auf seinen Kriegszügen erbeutet und hierher geschafft. Die von Mohammed Ben Abdallah 1780 gebaute Anlage beherbergt heute das **Musée de la Céramique.** Die landesweit größte Keramiksammlung zeigt auch Stücke aus Meknès und Fès. Sehenswert sind die in einer speziellen Lasurtechnik gefertigten großen alten Vasen aus Safi.

Musée de la Céramique tägl. 8.30–12 und 14–18 Uhr. Eintritt 10DH

Die **Medina** wird von einer mächtigen Stadtmauer geschützt, die noch teilweise aus portugiesischer Zeit stammt und im Süden von der eleganten Avenue Moulay Youssef abgeschlossen wird. Diese breite Straße führt in die französische **Neustadt** mit Rathaus, Verwaltung und prächtigen Villen mit großen Gärten. Die Mitte der **Place Mohammed V.** schmückt eine monumentale *gemauerte Tajine*, ein Werk des Künstlers Abdelaziz Moudden, das vor einigen Jahren anlässlich eines großes Fests – es wurden Sardinen für 20.000 Menschen zubereitet – geschaffen wurde.

Quer durch die Medina führt die Rue Bir Anzarane, die nach ca. 100 m rechts durch einen Bogengang zur **Grande Mosquée** führt. Eindrücklich sind die zwei mächtigen asiatischen Ficusbäume am Rand der Moschee. Hier befand sich früher der Eingang zum Mittelschiff der portugiesischen Kathedrale (1519), die über 20 Jahre hier stand und nach dem Abzug der Portugiesen wieder abgerissen wurde. Eine Reise in diese Vergangenheit kann man ein paar Schritte hinter der großen Moschee machen. Die prächtige, im manuelinischen Stil gebaute Kapelle mit schönem Rippengewölbe, die **El-Kanissa Elbourtoglia** (Chapelle Portugaise), ist gut erhalten; der zauberhafte Raum diente lange Zeit als Hamam.

El-Kanissa Elbourtoglia tägl. 9–12 und 14.30–18.30 Uhr, aber unregelmäßig geöffnet. Eintritt 10 DH.

Der Hohe Atlas hinter Taroudannt

Tafraoute und der Süden

Die Region erstreckt sich südlich der fruchtbaren Souss-Ebene am Oued Souss, der vorbei an Taroudannt bei Inezgane in den Atlantik mündet. Die panoramareiche R 105 von Agadir über Biougra, Ait-Baha und Tafraoute und nach Tiznit über den Col du Kerdous (R 104) bietet viele unterschiedliche Eindrücke von dieser fruchtbarsten Region des Südens. Je weiter man auf der N 10 nach Osten fährt, umso weiter zieht sich die Vegetation zurück, bis schließlich das Hochplateau des Anti--Atlas bei Taliouine erreicht ist. Dabei ist der vom Cap Rhir (nördlich von Agadir) nordöstlich verlaufende Hohe Atlas eine Wetterscheide und öffnet die Souss-Ebene zum Atlantik in einem spitzwinkligen Dreieck, das nach Süden vom Anti-Atlas begrenzt ist. Am östlichen Rand der Souss-Ebene befindet sich das Vulkanmassiv des 3300 m hohen Djebel Siroua.

In der fruchtbaren Region am Anti-Atlas-Gebirge erscheinen im Frühjahr die grünen Bänder aus Palmenhainen, Getreidefeldern und Obstbäumen wie eine Fata Morgana, und bald versteht man, warum die Oasen entlang der Flüsse in alter Zeit als Sinnbilder des himmlischen Paradieses galten.

Tafraoute

Das kleine wirtschaftliche Zentrum des Ammeln-Tals, eine der fruchtbarsten Gegenden im Süden Marokkos, liegt inmitten von Felsenlandschaften aus rosafarbenem Granit in einem der schönsten Täler des Anti-Atlas.

Die auf etwa 1000 Höhenmetern gelegene Region ist von der Bergkette des Djebel Lekst (bis 2350 m) nach Norden begrenzt, weitere Berge um den Adrar Mqorn (2340 m) schließen das Tal nach Westen ab und schaffen so in dem 20 km von Osten nach Westen verlaufenden Ammeln-Tal ein spezielles Mikroklima. Entlang des von vielen Quellen und Flüssen gespeisten Oued-Massa-Tals gedeihen auf fruchtbaren Feldern Mais und lila blühende Hirse; von besonderer Qualität sind auch Oliven, Aprikosen, Äpfel und Mandeln, die zu köstlichen Süßspeisen verarbeitet werden. Wenn im Februar nördlich des Tizi-n-Test-Passes am Hohen Atlas noch kalte Winde und Niederschläge für winterliches Klima sorgen, genießt die Region um Tafraoute (5500 Einwohner) bereits mildere Temperaturen, die die Mandelbäume zum Blühen bringen – wie ein unsichtbarer Schleier liegt ihr Duft dann über dem Blütenmeer der Bäume. Während im Frühjahr das saftige Grün der Oasen hervorsticht, folgen überdurchschnittlich heiße, trockene Sommer. Im Herbst schließlich fallen im Gegensatz zu anderen Regionen des Südens vereinzelt Niederschläge, die dazu beitragen, dass sich die Pflanzenwelt nach den heißen Monaten wieder erholen kann.

Besonders wenn man von den kahlen Steinwüsten im Norden, von den Hochplateaus um Ouarzazate oder Midelt kommt, also vom mächtigen Atlasgebirge, wird dieser unvergessliche Kontrast spürbar. In der Region um Tafraoute erlebt man besonders in den Abendstunden Lichtphänomene, die die bizarren Bergformationen aus rotem Granit zum Leuchten bringen. Die schnell aufziehende Dämmerung lässt schließlich die alten Speicherhäuser, hier Agadire genannt, im Schatten der mächtigen Bergformationen des Ammeln-Tals verschwinden.

In der Region um Tafraoute leben die Ammeln („Ämmän"), ein Stamm der Schlöh-Berber. In der Sommerzeit finden sich viele Menschen dieses traditionsreichen Stammes in Tafraoute und den umliegenden malerischen Dörfern des Ammeln-Tals ein. Paul Bowles Bemerkung, die Menschen seien im Orient im „Frieden mit sich selbst", geht auf seine langen Aufenthalte bei den Berbern, unter anderem bei den Ammeln, zurück, wo er vermutlich auch das Material für seinen legendären Roman „Himmel über der Wüste" sammelte.

• *Verbindungen* Busse halten gegenüber der **Afriquia-Tankstelle**, Kollektivtaxis etwas weiter westlich an der Hauptstraße, wo auch die Busbilletts verkauft werden. Die meisten Busse fahren über Tiznit nach Agadir, ansonsten über Ait-Baha; die Kollektivtaxis ab 6 Uhr auf beiden Strecken. Für die interessante Strecke nach Igherm (Taroudannt) braucht es etwas Geduld, bis die Mitfahrer zusammen sind. Alternative: Plätze zukaufen.

• *Information* Auskünfte zu Touren, Guides und Fahrradvermietung bei der **Agentur Erg-Tours (7)**, Place Mohammed, ✆ 0661-05051, sowie unter www.ergtours.com. **Brahim** arbeitet als geprüfter Tourguide, ✆ 0615-728279. Fahrradvermietung bei Coin des Nomades und Artisanat du Coin, nahe Étoile d'Agadir.

• *Moussem* Fest der Mandelblüte, Ende Februar.

Übernachten/Essen & Trinken

**** **Hotel Amandiers (12)**, großzügige Anlage mit hübschem Pool und 70er-Jahre-Charme, damals als staatliches Hotel vom König höchstselbst eingeweiht. Das Besondere ist vor allem die einzigartige Lage auf einem Felsvorsprung mit Blick auf die Djebel-Lekst-Bergkette und das unterhalb gelegene Tafraoute. Pool, gute Küche. DZ ab ca. 500 DH. Rue Colline. ✆ 0528-800008, hotellesamandiers@menara.ma.

Hotel Salama (6), frisch renoviertes Mittelklassehotel nahe des Souks, mit Blick auf die Moschee (um 5 Uhr auch hörbar); inzwischen mit weiteren Extras und renovierten Räumen. Saubere DZ mit Bad 260 DH. Place du Souk. ✆ 0528-800026, www.hotelsalama.com.

Hotel Tafraoute (10), Dachterrasse mit Blick auf das Zentrum und den Souk. Funktionale DZ ab 100 DH. Place Moulay Rachid. ✆ 0528-800060.

Hotel Tanger (1), nahe der Bushaltestelle. Einfache Zimmer ohne Bad 100 DH. Schöne Restaurantterrasse, Essen preiswert (soll mit „Le Marrakech" die besten Gerichte servieren. Leserbrief, A. Mathieu). Rue du

Oued. ✆ 0667-033073.

• *Außerhalb* **Maison d'hôtes Oumesnat** (Maison traditionelle) in Oumesnat; Khalid, Mostapha und Rachid betreiben ihr Gästehaus mit viel Freude, das Feedback der Gäste ist entsprechend begeistert, zumal die meisten das erste Mal in einem Agadir übernachten. Mahlzeiten werden auf der Terrasse serviert. DZ inkl. Frühstück 400 DH. Reservierung nötig. ✆ 0666-917768. maisondhote@gmail.com.

Arganier Ammelne, weitläufiges Setting. DZ ab 250 DH (280 DH), Camping/ Zelt ab 50 DH. Gute Küche. 4 km vor der Stadt an der Strecke Ait Baha. ✆ 0528-800069,

Camping Communal (2), Direkt am Rathaus. Neben öffentl. Pool der Gemeinde!

15 DH, 2. Pers., Zelt 40 DH.

• *Essen & Trinken* **Hotel Amandiers (12)**, traditionelle Küche zu passablen Preisen, gute Tajines mit Pflaumen und Mandeln.

Restaurant Étoile d'Agadir (11), Travellertreff mit TV-Untermalung. Das Essen ist ordentlich. Abends local Hangout der Männer. Place Marché Verte.

Restaurant Étoile d'Sud (4), auch von Gruppen frequentiertes, großes Restaurant mit hübschem Garten. Menü ab 80 DH. Place Étoile.

Restaurant Marrakech (5), wegen der günstigen und guten Küche ebenfalls bei Travellern beliebt. Tajines ab 30 DH; auch gute Gemüsetajines. Rue Ennahda 130, hinter der Afrika-Tankstelle.

Einkaufen/Märkte

Sehr bekannt sind die Babouches, meist aus dünnem Ziegenleder handgefertigte, spitz zulaufende arabische Pantoffeln (vor allem für Frauen). Die Berber-Babouches dagegen sind aus Rindsleder und enden rund, womit sie den nordischen Pantoffeln näher stehen. Ockergelb ist für die Männer reserviert, Rot für die Frauen. Verkauft und gefertigt werden sie auf dem Mittwochssouk (Place du Souk) sowie in den oberhalb des Souks gelegenen Schuhläden. Ein gutes Paar kostet im **Magazin d'Babouches (8)** 60 bis 80 DH. Der Mittwochssouk ist ein großes Ereignis für die Landbevölkerung, die hier ihre Produkte verkauft: Gemüse, Fleisch, Obst und Gewürze – und jede Menge Kleider vom Wühltisch.

Essen & Trinken
4 Étoile d'Sud
5 Restaurant Marrakech
11 Étoile d'Agadir

Übernachten
1 Hotel Tanger
2 Camping Communal
6 Hotel Salama
10 Hotel Tafraoute
12 Hotel Amandiers

Einkaufen
3 Maison Berbère
8 Artisan Babouches
9 Artisanat du Coin
13 Maison Nomade Tuareg

Sonstiges
7 Agentur Erg-Tours

Tafraoute

25 m

Painted Rocks, Tiznit, Tasserit, Tiouadou, Ukas-Felszeichnungen

Oumesnat, Ammeln-Tal, Agadir, Igherm, Tiznit

Eine Reihe von kleinen und mittleren Geschäften mit Kunsthandwerk findet sich an der Place de la Marche Verte und nördlich des Tagessouks bei der Place Al Khamis. Ausgefallene Teppiche (Kelims aus allen Regionen, Hochzeitsteppiche der Nomaden und die in Europa als „Berber" bezeichneten Langhaarwollteppiche aus Schafs- und kostbarer Kamelhaarwolle) gibt es in zwei großen Teppichläden, der **Maison Berbère (3)** und der **Maison Nomade Tuareg (13)**; letztere zählt zu den größten Teppichgeschäften im Süden, steht für hohe Qualität und liefert den Traumteppich auch zuverlässig nach Europa (Kooperativen für Teppiche aus fair gehandelter Produktion → Tazenakht). Im **Artisanat du Coin (9)** (Place du Souk) schließlich gibt es fantasievolle Ketten, Ringe und Anhänger mit Berbermotiven in allen Preislagen (Festpreise); die Objekte aus Familienproduktion haben inzwischen einen guten Namen und dokumentieren auch den Zeitgeschmack der Frauen, zumal hier nicht ausschließlich für Europäer gearbeitet wird, sondern auch für marokkanische Besucher.

Sehenswertes

Die Region ist für ihre rosafarbenen bizarren Granitformationen, wie z. B. „Chapeau du Napoleon" oder „Le Clown", bekannt und eignet sich hervorragend zum Wandern, Biken und Trekken. Wer hier einige Tage bleibt, dem erschließen sich faszinierende Naturphänomene wie das rötliche Glühen der Berge während der Dämmerung. Die hier ansässigen Berberstämme gelten als fortschrittlich, aufgeschlossen und in wirtschaftlichen Dingen als sehr erfolgreich – wie auch die schön renovierten Häuser oder ansehnliche Neubauten zeigen. Und so durchquert man oft scheinbar verlassene Dörfer, die jedoch gut erhalten sind. In der Region besonders sehenswert sind die zahlreichen **Agadire**, mit kunstvollen Portalen und Zinnen versehene, mehrstöckige Speicherburgen aus Stampflehm. Ihre Portale schmücken Pilaster, vertikale und horizontale Bänder mit Dreiecken, Quadraten, Kreisen sowie fein geschnitzte schwere Türen (→ Maison traditionelle in Oumesnat).

Die bekannteste Felsformation von Tafraoute, der **Chapeau du Napoleon,** findet sich in Richtung Aguerd-Oudad, ca. 2½ km südlich der Stadt. Von hier sind es weitere 4 km (nach 400 m Straße rechts auf einer Piste weiter – es ist ratsam von hier zu Fuß zu gehen) bis zu den nächsten, allerdings von Menschenhand veränderten Felsformationen in einer vollkommen verlassenen Steppe: Es handelt sich um die **Painted Rocks** des belgischen Land-Artisten Jean Vérame, der hier 1983 einige Tonnen Farbe auf die markanten Felsformationen pinselte, ein Werk, über dessen Bedeutung man streiten kann. Die Einheimischen jedenfalls freuen sich über ihre bemalten Steine, deren Farbe aber langsam verbleicht.

Die **Maison traditionelle in Oumesnat** (5 km Richtung Ait-Baha, vom Kreisel bei der Stadtverwaltung ausgeschildert) ist eine private Initiative. Die Speicherburg in Familienbesitz wurde geschickt instand gesetzt und dient seit 1983 als kleines Lokalmuseum. Einer der Söhne führt durch die drei Stockwerke mit alten landwirtschaftlichen Gerätschaften, Werkzeugen und Einrichtungsgegenständen. Europäischen Bauernhäusern ähnlich, wurden auch hier die Tiere im Erdgeschoss gehalten, die Vorratsräume, der Schlafbereich bzw. die Terrasse mit dem angrenzenden großen Wohnraum befanden sich darüber. In den Vorratsräumen wurden Mandeln, Getreide, Öl, Arganien und anderes eingelagert, im Keller befand sich der Ofen für die Brotherstellung. Wer mehr über die lokalen Traditionen erfahren möchte, bekommt bei einem Tee auf der Terrasse (herrlicher Fernblick!) ausführliche Antworten.

Region Tafraoute

5 km

Wanderungen

Wanderung von Oumesnat nach Tazoulte (ca. 2 Std.): Ausgangspunkt der kleinen Wanderung, die einen schönen Einblick in das Ammeln-Tal vermittelt, ist die *Maison traditionelle* in Oumesnat (→ oben). Die Wanderung führt auf einem Pfad am Berg entlang in westlicher Richtung nach Tazoulte. Besonders die aus Stampflehm und Felssteinen gebauten Agadire bzw. Speicherburgen sind hier teilweise noch erhalten, ebenso zwei alte Argan-Ölpressen in eingebrochenen Kellern; die Anlagen mit ihren von Pilastern geschmückten und mit Schieferornamenten besetzten Portalen sind eine architektonische Besonderheit. Der Weg führt durch Arganien- und Olivenhaine vorbei an einer Moschee, Wasserreservoirs, Kanälen, Mandelbaumhainen und parzellierten Gärten. Für den Rückweg kann man an der südlich gelegenen Hauptstraße ein Taxi anhalten oder dieselbe Strecke zurücklaufen.

Wanderung von Tamaloukt nach Tagdicht: Tamaloukt liegt an der Straße, die von der Kreuzung nach Tafraoute das Ammeln-Tal in westlicher Richtung durchquert. Etwa 5 km von der Kreuzung der Regionalverwaltung des Ammeln-Tals entfernt, führt von dieser Straße in Tamaloukt eine Abzweigung rechts nach Tagdicht. Hier kann geparkt werden. Von hier schlängelt sich der Weg über 6 km den Berghang hoch, bis der hinter einem Bergvorsprung liegende Ort erreicht ist – mit fantastischen Panoramablicken in das Ammeln-Tal. Als sportliche Einlage ist die für Autos wiederhergestellte Piste auch mit dem Bike zu machen.

Wanderung von Tafraoute nach Tazzeka: Die Wanderung führt parallel bzw. unterhalb der südlich nach Tiznit verlaufenden R 104 durch einen besonders vegetationsreichen Talabschnitt. Sehenswert in Tazzeka sind einige alte Agadire im Zentrum, im südlich von Tafraoute gelegenen Afella sind es die für die Region typischen mächtigen Rundfelsen, die den Ort malerisch einrahmen.

Mit demFahrrad von Tafraoute über Tasserit nach Tiouadou: Der erste Teil der Tour zieht sich von Tafraoute in Serpentinen zum in 1400 Metern Höhe gelegenen Tasserit. Diese ersten 20 Kilometer (der Route A mit 40 km) bis Tasserit kann man auch mit einem der Kollektivtaxis zurücklegen, die regelmäßig Waren transportieren. Weiter geht es von Tasserit in östlicher Richtung nach Taghaoute (ca. 7 km). Hier beginnt eine Schotterstraße, auf der die Bauern ihre Waren noch auf Eselsrücken transportieren. In Richtung Ait Mansour geht es über einige Schluchten unter steilen Felswänden am Djebel Tililt (1742 m) zum alten Weiler Tizarkine, dann über Tinguelcht zur **Gîte d'étappe in Tiouadou.** Mohammed Sahnoun, ✆ 0528-800547, 0667-095376; Vermittlung auch über die Agentur Erg-Tours in Tafraoute.

Für den Rückweg (Route B, ca. 50 km) am nächsten Tag geht es zum südlich von Tiouadou gelegenen Souk el Had. Die neue westliche Straße verläuft nun auf schmalem Weg an der Schlucht von Ait Mansour entlang. Ab Tiourit, dem letzten Ort der Schlucht, braucht man Kondition, um das hoch gelegene Tasserit zu erreichen (ca. 7 km). Dann wieder Anfahrt Route A (Insges. 2 Tage für Route A/B planen).

Von Tiouadou bzw. vom südlich gelegenen Souk el Had (siehe Route A oben) aus kann man die **prähistorischen Felszeichnungen von Ukas** besichtigen; die Agentur Erg-Tours in Tafraoute bietet hierfür eine Randonnée mit einem 4x4-Fahrzeug als Rundtour über die Tour A/B über Tasserit an. Die Felszeichnungen liegen ca. 3 Autostunden (hin und zurück) von Tiouadou entfernt und sind ohne Guide nicht zu finden.

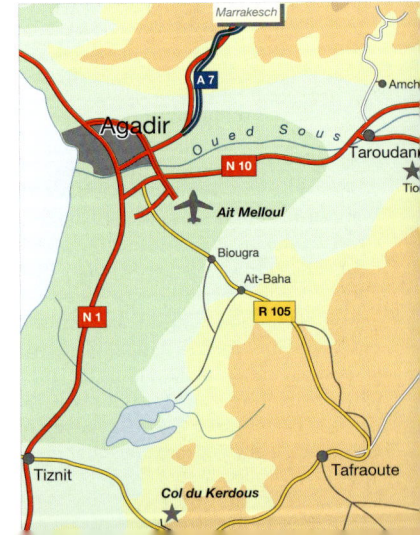

Weiterfahrt

Über den Col-du-Kerdous-Pass nach Tafraoute und Taroudannt → Tiznit/ Weiterfahrt nach Tafraoute, Taroudannt, Guelmim.

Von Tafraoute über Igherm nach Taroudannt

Die ca. 140 km lange Strecke von Tafraoute nach Taroudannt auf der kürzlich erneuerten Asphaltstraße verläuft zwischen den Ausläufern des Anti-Atlas und dem Südrücken des Hohen Atlas und bietet damit schöne Ausblicke. Nach der Hälfte der Strecke werden die letzten Bergrücken nach Norden überquert, das gesamte Souss-Tal ist von der hohen Straße zu überblicken. Durchzogen von Zitrusfrucht- und Gemüseplantagen durchfährt man die wohl fruchtbarste Region des Südens und gelangt an der Kasbah de Freja auf die Anschlussstraße nach Taroudannt. Eine Alternative ist die Piste linker Hand ca. 10 km vor Taroudannt. Sie führt zu der **Kasbah von Tioute** (Schild), dann über einen Nebenarm des Souss auf die Hauptstraße Agadir–Ouarzazate und nach wenigen Kilometern nach Taroudannt.

Von Tafraoute über Igherm, Taliouine, Tazenakht nach Agdz

Die Route von Tafraoute nach Agdz (ca. 270 km) ist eine gute, bequem zu befahrene Asphaltstraße. Viele Streckenabschnitte sind reich an eindrücklichen Panoramablicken. Die wechselnden Lichtsituationen besonders früh morgens, abends und bei Teilbewölkung bewirken an den tiefgrauen Bergformationen bizarre Effekte. Die Straße nach Igherm erreicht nach vielen Kurven und ca. 80 km die Abzweigung nach **Tasguent** (bei Tiguermine, beschildert), mit über 100 Räumen und sechs Stockwerken einer der mächtigsten Agadire, der ganz aus Felssteinen gebaut wurde. Die 30-Minuten-Fahrt auf schlechter Piste lohnen sich, auch wenn der Agadir nicht von innen zu besichtigen ist. Es heißt, dass der große Familienclan über die weitere Nutzung als Maison d'hôtes im Streit liegt, zumal finanzkräftige Unterstützung von Investoren versprochen ist. Immer wieder begegnet man Frauen und Hirten mit Ziegenherden, die in Höhlen Unterschlupf finden. Schroffe Bergketten und sanfte Hügel vor dem südlichen Ausläufer des Hohen Atlas bestimmen das

Eine Farbe, die Appetit macht: Safran

Montags ist der Tag des Souks in Taliouine. Und besonders zwischen Oktober und März ist der Markt Treffpunkt für die Safranbauern aus der Region. Der hier gehandelte Safran ist von hoher Qualität, und viele Bauern verkaufen nur so viel, wie sie unbedingt müssen, um andere Güter kaufen zu können – Safran ist eine Art zweite Währung. Der Kauf des teuersten Gewürzes der Welt, für das 150.000 Blüten gezupft werden müssen, um schließlich ein Kilogramm Blütenpollen zu erhalten, ist daher mit Vorsicht anzugehen und Vertrauenssache.

Auch auf vielen anderen Märkten wird Safran angeboten. Die getrockneten Pollen des *Crocus sattivus* sind jedoch oft gefälscht. Die roten Fäden werden mit Öl bedampft, um den Safran schwerer und damit teurer zu machen. Oder es werden einfache Blütenfäden der Calendula oder Färberdistel untergemischt. Im alten Persien wurden Safranfälschern die Finger abgehackt, im Mittelalter wurden sie öffentlich verbrannt. Kein Wunder, da in dieser Zeit Safran sogar mit Gold aufgewogen wurde. Abgeleitet vom arabischen za'fran „gelb sein", wusste schon der Prophet Mohammed um den Wert dieses Gewürzes. In den Suren heißt es: Die Erde des Paradieses wird mit reinstem Pulver aus Moschus und Safran bedeckt sein. Passagen des Koran und kostbare Handschriften wurden mit Safran-Tinte verfasst.

Die Safrankrokusse mit ihren typischen hellvioletten Blüten blühen nicht im Frühling, sondern im Herbst und werden bis zu 15 cm groß. Genau in der Mitte befinden sich die leuchtend-roten, dreischenkligen Blütenfäden, die wenige Millimeter breit und bis zu drei Zentimeter lang sind und die ganze Farbe und Würze des Safrans enthalten. Safran liebt kargen Wüstenboden, heiße Sommer und kalte Winter. Den Sommer über ruhen die Zwiebeln des Safrankrokus' 20 Zentimeter tief in der trockenen Erde und werden im September gelegentlich bewässert. Aus einer Zwiebel wachsen bis zu sechs Blüten, und bereits nach wenigen Jahren müssen neue Zwiebeln gesetzt werden. Die Ernte ab Ende Oktober erfolgt seit Jahrtausenden auf dieselbe Weise. Die Blüten müssen frühmorgens gepflückt und noch am Tag der Ernte gezupft werden. Denn in der heißen Sonne vertrocknen die Blütennarben schnell und verlieren ihr Aroma. Beim Pflücken arbeiten die Frauen und Männer also gegen die Zeit. Die Blüten öffnen sich nur ein einziges Mal wenn sich – wie in der persischen Dichtung beschrieben – der Himmel bei Sonnenaufgang safrangelb färbt.

Ebenso wichtig wie das Pflücken ist die Trocknung. Nur in gut getrockneten roten Narben findet sich das leicht bittere Safranaroma. Zerreibt man eine Narbe des Crocus sattivus, entsteht der unverwechselbare aromatische Duft und die Farbe, die in wenigen Sekunden ein Glas Wasser einfärbt. Duft, Farbe sowie dieser kurze Test von zwei bis drei Fäden im Wasser erlauben es, die Echtheit des Safrans festzustellen.

Die ätherischen Öle, die den intensiven Geruch und den leicht bitteren Geschmack des Safrans erzeugen, haben einen verdauungsfördernden, krampflösenden und den Kreislauf anregenden Effekt. Das im Safran enthaltene Karotinoid Crocin ist jedoch kein Garant für echtes Safranpulver, zumal auch Kurkuma (Safran heißt auf Hebräisch karkom) diese Substanz enthält. Auch reichen kleine Mengen von Safranpulver, ein Paprikapulver (Harissa) zu aromatisieren (Küchentipp!), was viel günstiger ist. Zum Färben von Pasta, Milchprodukten oder Backwaren eignet sich Safran ebenfalls. Wer mehr über Safran wissen will: In Taliouine kann man bei einem Tee mit Safran einiges zum Thema erfahren …

Bild, bis die Ebene von **Talioune** erreicht wird, die der Djebel-Siroua-Gebirgszug umgibt. Hinter Talioune steigt die Straße kontinuierlich an. Weiter nach Osten gelangt man schließlich über mehrere Pässe auf ein wüstenartiges Hochplateau, das noch von Nomaden bewohnt wird und das Einzugsgebiet der Ait Quaouzguil ist, ein Berberstamm, der Teppiche produziert. Die Region von **Tazenakht** ist von besonderen geologischen Formationen geprägt, auf dem Weg nach Tazenakht bzw. Agdz gibt es zahlreiche Gelegenheiten, Fossilien und Mineralien an Verkaufsständen zu bewundern. Unendliche Weite, kerzengerade Straßenabschnitte über viele Kilometer – und weit entfernt Nomadenzelte mit Ziegenherden. Die einsamen Straßen mit Blick auf die Silhouetten der ineinander geschobenen Bergketten des Hohen Atlas gäben besonders in der Dämmerung einen perfekten Drehort für Wim-Wenders-Filme – die Welt zwischen „Himmel und Steinwüste" ist ein Erlebnis für sich.

Safranverkäuferin in Taliouine

Taliouine

Die Stadt des Safrans liegt in 1100 m Höhe rund 120 km östlich von Taroudannt. Umgeben von Djebel-Siroua-Gebirge und Anti-Atlas ist Taliouine neben den bekannten Destinationen in der Region von Ouarzazate für Bergtrekking und Randonnées ebenfalls geeignet.

Besonders in der Hochsaison zwischen April und Juli ist die Region eine Alternative zum touristisch stark besuchten Draa-Tal. Geologisch Interessierte finden hier ausgefallene Gebirgsformationen. Die große Kasbah der Stadt wurde in den 1970er Jahren als vermeintliche Hochburg der Glaoui-Anhänger aufgegeben. Die Regierung zwang damals die Bewohner der Kasbah, eine große Gemeinschaft, sich andernorts niederzulassen. Heute wohnen nur noch wenige Alte hier, dringende Arbeiten werden versäumt, die benachbarte Maison d'hôtes sammelt Unterschriften für den Erhalt.

● *Information* Auskünfte zur lokalen Geschichte erteilen die Besitzer der unten beschriebenen Hotels.

● *Verbindungen/Informationen* Busse halten unter anderem im Zentrum nahe der Post sowie kurz hinter der Auberge Le Safran, Kollektivtaxis weiter unterhalb im Zentrum. **Road Books** zum Entdecken der zauberhaften Bergregionen unter www.marocinedit.com – Mahjoub Bajja stammt selbst aus Taliouine und ist zertifizierter Guide in der Region; **Escale rando,** geführtes Trekking in die Region. www.escalerando.fr.

● *Übernachten/Essen & Trinken* **Auberge Le Safran**, am Ortsausgang nach Süden rechter Hand. Mit seiner Sachkenntnis über den Safrananbau und die Geschichte des kleinen Ortes, einem umfangreichen Angebot an Trekkingtouren in die Umgebung und bis in die Wüste ist der Besitzer Mahfoud

Mohiydine. Gute DZ mit Bad ab 220 DH, die Zimmer nach hinten mit Blick auf die Kasbah. ☎ 0528-534046, www.auberge-safran.fr.fm. Unser Tipp!

Auberge Souktana, vom Zentrum 1½ km Richtung Süden. Angenehmes Ambiente mit breitem Angebot an Aktivitäten. Auch Fahrradverleih. Große DZ ab 220 DH. 0528-534075, Souktana@menara.ma.

Chez Omar, 4 nette DZ mit Patio direkt an der alten Kasbah Talioune. Omar erklärt die unglaubliche Geschichte des Ortes. DZ mit HP 250 DH/Person. ☎ 0662-547828, www.escalerando.fr.

Resto Askaoun, gegenüber dem Souktana. Etwas einfachere Küche, gute Preise.

Camping Zagmouzen, 2 km vom Zentrum in Douzrou in schöner Natur. Route Askaoun, Zelt ab 25 DH. ☎ 0528-534053.

Sehenswertes

Die **Coopérative du Safran** befindet sich an der Hauptstraße, kurz vor dem Hotel Le Safran. Ständige Ausstellung mit Fotos und Tafeln zum Safrananbau sowie Verkauf von Safran. Der **Souk** findet montags statt (Place du Souk). Ein Rundgang an der **Kasbah** oberhalb der Hauptstraße ist lohnenswert; Parkmöglichkeiten oberhalb der Kasbah.

Ausflüge

Die Südregion des **Djebel Toubkal** (bis Mezguemnat je nach Piste mind. 80 km) ist auf einem weiten Netz von Pisten erreichbar. Der sehr viel näher gelegene **Djebel Siroua** ist Ausgangspunkt für eine Reihe lokaler Trekkingtouren; erreichbar ist er über eine Piste, die zunächst Richtung Ighil, dann nach Annamer, Akhfamane, Tamgout, Atougha und zur Ortschaft Siroua führt.

Das von Taliouine nördlich gelegene **Askaoun** ist ebenfalls über Pisten zu erreichen und wird von den Local Guides als Startpunkt für Trekkingtouren genutzt.

Der in eine Felswand gebaute **Agadir von Ifri** liegt ca. 13 km in östlicher Richtung (ausgeschildert). Das Hochplateau von Aouerst ist die schönste Safran-Region, Ende Oktober werden hier für 2–3 Wochen früh am Tag Blüten gesammelt.

Tazenakht

Der 600-Einwohner-Ort besteht aus nicht viel mehr als einigen Straßen und windumfegten Kreuzungen. Vor allem der Handel mit Teppichen, die die hier ansässigen Berberstämme weben, hat in den letzten Jahren ein wenig Leben nach Tazenakht gebracht.

Nachdem einige Reisemedien über die Teppichkooperative des Schweizers Wilfried Stürzers berichteten, hat die steigende Nachfrage nach Teppichen aus fairer Produktion weitere Kooperativen ins Leben gerufen. Im alten Ortsteil am Ostrand kann man in einigen privaten Häusern den Frauen beim Weben zusehen.

● *Information* Auskünfte zur Region in der Teppichkooperative Espace Taznakht (→ unten). Im 40 km östlich gelegenen **Tasla** (Richtung Agdz), einer 10-Seelen-Gemeinde, gibt es in der **Kasbah Ait Kbot** ein kleines Museum. Viele Informationen zur Region, alter Schmuck, Interieurs etc. sind ausgestellt. Nach weiteren 12 km folgt Omlin. Zahlreiche Minen liefern seltene Mineralien, Info und Verkauf bei Hassan Motor. ☎ 0671-054851.

● *Verbindungen* Haltestelle für Busse nach Agadir–Ouarzazate bzw. Agdz sowie Kollek-tivtaxis an der zentralen Kreuzung.

● *Übernachten/Essen & Trinken* **Zenaga Taznakhte**, sehr einfach, aber mit Esprit, freundlicher Service und passable Küche, Restaurant sehr preiswert. Abends spielt Hamid gelegentlich Gitarre. Funktionale DZ ohne Bad ab 100 DH. Place du Souk. ☎ 0524-481032.

Taghdoute, etwas bessere Ausstattung als im Zenaga Taznakhte; das Restaurant hat einen guten Ruf und serviert ausgezeichnete Tajines. DZ mit Bad inkl. Frühstück ab 160 DH. Place du Souk. ☎ 0524-481393.

• *Einkaufen* Wer sich für diese bedeutende Teppich-Herkunftsregion interessiert, findet in den unten beschriebenen Kooperativen kompetente Beratung. Im alten Ortsteil von Tazenakht am Ostrand kann man auch einige Haushalte besuchen, in denen die Teppiche gewebt werden.

Espace Taznakht pour le développement de l'environnement et des arts populaires, eine tatsächlich der lokalen Entwicklung dienende Teppich-Kooperative mit Festpreisen, von denen ein kleiner Teil an gemeinschaftliche Projekte geht. Am östlichen Ortsausgang. www.espacetaznakht.com.

Coopérative de Tissage des Tapis et Hanbal Ait Taleb, an der Route nach Agdz in Talousstte, ca. 4 km von Tazenakht. Eine weitere Kooperative, die mit guten Qualitäten arbeitet.

Teppichkunst aus Tazenakht – Tradition der Berber

Maghreb al aqsa – die eigenständige Knüpftradition im „äußersten Westen" beruht auf der uralten Tradition der Berber. Lange Zeit unbeachtet, kam es Anfang der 90er Jahre zu einer „Neuentdeckung" dieser textilen Tradition Marokkos. Das außergewöhnliche Design, in Farbe, Form und Symbolik auf das Notwendigste reduziert, verdichtet sich zu einem minimalistischen Ausdruck, der dem Kunstverständnis der Moderne entspricht. Auf diese „Neuentdeckung" folgten ausgedehnte Forschungen und wissenschaftliche Diskussionen, deren Ergebnisse schließlich zu den beiden Konferenzen der ICOC (International Conference on Oriental Carpets) 1995 und 2001 in Marrakesch führten – die bis dahin kaum bekannten Berber-Teppiche und - Textilien rückten ins Licht des internationalen Kunst- und Kulturinteresses.

Für den Süden Marokkos waren es vor allem die antiken Teppiche und Textilien aus dem Gebiet rund um den schneebedeckten Djebel Siroua, die ob ihrer herausragenden Qualität hohe Wertschätzung erfuhren. 20 Berberstämme rund um den Djebel Siroua schlossen sich zum Zweck der gemeinsamen Verteidigung zur Konföderation der Ait Ouaouzguit zusammen. Gemeinsam mit dem südlich angrenzenden Stamm der Zenaga vertreten sie die wesentliche Teppich- und Textiltradition des Südens. Neben den repräsentativen Teppichen gibt es vor allem fein gearbeitete Textilien (Wickeltücher, Gürtelbänder, Schuhe) für besondere Anlässe sowie die Flachgewebe für den täglichen Gebrauch, wie Decken, Provianttaschen, Futtersäcke und Satteldecken. Glanzreiche, seidige Wolle, die Magie der Symbole aus vorislamischer Zeit und die brillanten Farben charakterisieren diese Textiltradition.

Die Moderne, die via Satellit und Fernsehen selbst die entlegenen Dörfer der Berber erreichte, führte in den letzten Jahrzehnten zu einer stetigen Veränderung der traditionellen Werte. Die Individualität der für den persönlichen Bedarf hergestellten Einzelstücke wird heute ersetzt durch neue Produkte, die ausschließlich für den Handel hergestellt werden.

Kurt Rainer

Der Historiker Kurt Rainer hat sich mit der Region um Tazenakht eingehend beschäftigt und die Teppichproduktion der Berberstämme erforscht: Tasnacht Teppichkunst und traditionelles Handwerk der Berber Südmarokkos. Adeva Verlag, www.culture-and-more.com.

Tipp: Der Wochensouk in Tazenakht, der bedeutendste Wochenmarkt der Region, erlebt heute eine Renaissance; die in den letzten Jahren neu gegründeten Kooperativen bieten eine breite Palette „moderner" Teppiche und Flachgewebe in unterschiedlichen Qualitäten.

Von Tiznit über Guelmim nach Sidi R'bat

Tiznit

Die von mächtigen gut erhaltenen Stadtmauern umgebene Medina der 60.000-Einwohner-Stadt und die große Place Méchouar sind über die Bab el Aouina bzw. die Bab Oulad Jarrar schnell erreicht. In einem der Cafés des von Arkaden gesäumten Platzes lässt sich der Puls des geschäftigen Tiznit fühlen.

Leicht gelangt man durch die engen Gassen in nördlicher Richtung zur Source Bleu und zur Grande Mosquée. Ihr Anfang des 20. Jh. gebautes, mit hölzernen Querstangen versehenes Minarett erinnert an die Lehmmoscheen von Mali. Der Überlieferung nach sollten die Stangen den Seelen der Toten als „Starthilfe" zum Flug ins Jenseits dienen. Weit über die Region hinaus bekannt ist Tiznit durch den hier gefertigten Silberschmuck. Die kleinen Läden und Kooperativen in der Medina bieten qualitätvolle moderne, chiadmische (nordmarokkanische) und berberische Stücke an. Ein Besuch der Stadt lohnt besonders am Donnerstag, wenn der Wochenmarkt stattfindet; dann kommen auf dem großen Souk Menschen der ganzen Umgebung zusammen, um hier ihre Produkte anzubieten.

Wie Taroudannt war auch Tiznit ein bedeutender Umschlagplatz der Karawanen. Hier tauschte die Bevölkerung seit Generationen ihre kunstvoll gefertigten Waffen, Messer und Schmuckarbeiten. Bevor unter Moulay el Hassan Ende des 19. Jh. ein Befestigungsring um die Stadt gebaut wurde, bestand Tiznit lediglich aus 10 Kasbahs. 1912 gelang es El Hiba, die Saharanomaden und große Teile der Bevölkerung des Souss gegen die Franzosen zu mobilisieren. El Hiba ließ sich zum Sultan ausrufen, seine Truppen wurden aber im selben Jahr von französischen Truppen geschlagen, die Region wurde besetzt. Auch nach dem Abzug der Franzosen 1956 blieb Tiznit Garnisonsstadt – jetzt als Stützpunkt für den Westsahara-Krieg.

● *Information* Auskünfte in den Hotels und Cafés an der Place Méchouar.

● *Verbindungen* **Gare Routière** für die privaten Busse an der Route de Tafraoute außerhalb der Stadt; große Drehscheibe in Richtung Laayoune: täglich 4-mal nach Guelmim und Tan-Tan sowie jeweils 2-mal nach Laayoune, Dakhla, Tafraoute, Agadir. CTM-Busse und Kollektivtaxis starten von der **Place Méchouar**.

Teppichgeschäft in Tiznit

Supratours-Büro ebenfalls an der Place Méchouar. ✆ 0528-862329, www.ctm.ma.

• *Übernachten/Essen & Trinken* ****** Idou Tiznit (6)**, großzügiges Hotel mit Restaurant, Bar und Pool. Traditionelle, harmonische Einrichtung, freundlicher Service. Menü ab 150 DH. EZ 450 DH, große DZ 600 DH, jeweils inkl. Frühstück. Empfehlenswert die Zimmer zum Innenhof. Av. Hassan II. ✆ 0528-600333, www.idoutiznit.com.

Hotel Paris (7), am Kreisel zum Zentrum. Das kleine Restaurant hat einen guten Ruf und wird gern von der Lokalbevölkerung besucht. Die Zimmer sind sauber, zur Straße aber etwas laut. DZ 170 DH. Avenue Hassan II. ✆ 0528-862865.

Hotel Mauritania (8), preiswertes, einfaches Travellerhotel; EZ 60 DH, funktionale DZ 80 DH. Bd. Bir Anzarane. ✆ 0528-862072.

Des Touristes (4), freundliches Hotel ganz am Rand der Place Méchouar – und damit das Hotel mit dem geringsten Lärmpegel an diesem Platz. Die Atmosphäre ist familiär, die Söhne des Besitzers Hassan stehen den Gästen mit Tipps für die Stadt zur Seite. DZ ab 100 DH. ✆ 0528-862018.

Hotel Atlas (5), sehr einfach, aber mit kalten Duschen und großem Restaurant mit TV. Funktionale DZ 80 DH. Place Méchouar.

Chambre Bab El Maader (2), frische Farben und frischer Geist in alten Mauern. Nett! Erste Straße links nach dem östlichen Stadttor. DZ 300 DH. ✆ 0528-864252, www.bab-el-maader.com.

Amulette aus Silber

Tiznit ist bekannt für hochwertigen Silberschmuck und bis heute, wie vor hundert Jahren, als die geschickten Kunstschmiede der Stadt noch reich verzierte Gewehre und Messer mit Silberapplikationen fertigten, ein Zentrum dieses alten Handwerks. Und wie einst kommt das Silber dafür aus den Minen von Askouan in der Provinz Taroudannt. Doch Waffen werden nur noch in kleiner Stückzahl als Dekorationsstücke oder für Fantasia-Reiterspiele verkauft, davon leben könnte hier niemand mehr. Ganz anders ist das mit dem Silberschmuck. Die von den jüdischen Juwelieren, den Begründern der Schmiedekunst zur Perfektion entwickelten Gold- und Silberzielierarbeiten sowie den typischen Tiznit-Schmuck gibt es bis heute. Etwa die überall in Marokko getragenen, in allen Größen und Gewichten erhältlichen dreieckigen Amulette aus Silber, Klemmen, die Kleider und Schals zusammenhalten und die je nach Qualität, ob mit Edelsteinen, Glasperlen, Perlen oder kostbaren Einlagen bestückt, auf die soziale Stellung ihrer Trägerin hinweisen. Es gibt Stücke, die aus über 500 Gramm reinem Silber geschmiedet sind und Museumswert besitzen.

Wer qualitativ guten Silberschmuck untersucht, erkennt fein gearbeitete, homogene Lötnähte und ziselierte Flächen mit geringem Zinngehalt, die wie ein mikroskopisches Blumenbeet in voller Blüte wirken. Doch gibt es in Tiznit wie andernorts auch Berberschmuck, der nur alt wirkt. Ein über viele Jahre getragenes echtes Schmuckstück zeigt jedoch andere Gebrauchsspuren (etwa abgetragene Ecken) als durch schlechte Lagerung und Wetter korrodierter Silberschmuck.

Sehenswertes/Rundgang

Auf einem Spaziergang über die **Place Méchouar** zur **Rue Tasuq el Khemis** mit ihren vielen Seitengassen lässt sich die Medina gut erkunden. Die großen Stadttore in die Medina – Bab el Aouina, Bab Oulad Jarrar, Bab el Maader, Bab el Djedid, Bab Targua, Bab el Khemis und Bab Aglou – sind noch gut erhalten, ebenso die 62 Bastionen der Stadtmauer.

Tafraoute und der Süden

Die der als Heilige verehrten **Lalla Fatima** gewidmete Quelle, die **Source Bleu** nahe der großen Moschee, entspringt unterirdisch, nur ein hässliches Betonbecken findet sich hier. Die Legende erzählt, dass die Gründerin der Stadt an diesem Ort starb, an dem dann die Quelle hervorsprudelte. Einen Besuch dagegen lohnt die Grande Mosquée mit ihrem um 1910 neu gebauten Minarett, auch wenn sie nur von außen zu besichtigen ist.

Die von jüdischen Silber- und Goldschmieden begründete Tradition der Schmuckherstellung wird in Tiznit weitergeführt. Viele Kunstschmiede haben sich nahe der „Rivière" bzw. der Rue Tasuq el Khemis (hier verlief früher ein Fluss an der Straße)

Ü bernachten
2 Chambre Bab El Maader
4 Des Touristes
5 Atlas
6 Idou Tiznit
7 Hotel Paris
8 Hotel Mauritania

E inkaufen
1 Trésor du Sud
3 Perle du Sud

und der nördlichen Medina angesiedelt. Mit ein wenig Geduld finden sich nach wie vor ausgefallene ziselierte Schmuckarbeiten zu guten Preisen (keine Festpreise). Gute Qualität gibt es auch in der Manufaktur **Trésor du Sud (1)** und der Kooperative **Perle du Sud (3).** Weitere Schmuckhändler finden sich in der schnell zu erreichenden neuen Passage im Süden der Place Méchouar**.**

Sidi Moussa d'Aglou

17 km von Tiznit liegt der Badeort Moussa d'Aglou direkt am Meer. Das ehemalige Fischerdorf bekam inzwischen mit tat- und finanzkräftiger Unterstützung von Investoren aus Agadir eine schicke Strandpromenade und einige Cafés im mediterranen Stil – und dazu eine ultramoderne Beleuchtung, die selbst in Südspanien der letzte Hit wäre.

● *Übernachten/Essen & Trinken*   ***** Aglou Beach**, am Ortseingang von Moussa d'Aglou rechter Hand. Die große Hotelanlage mit gut geführtem Restaurant passt sich gut in das strukturell verbesserte Ortsbild ein. Das Restaurant ist auch bei den Tizniti beliebt. Geräumige DZ inkl. Frühstück 350 DH. ✆ 0528-866196, www.agloubeach.com.

Le Chant du Chameau, fantastische Lage südlich von Aglou, direkt am Meer. Fanta-sievolle Appartements für 2 Pers. (HP 780 DH) mit schönem Garten; außerdem Zelte (HP 660 DH), in denen bei Dunkelheit im Kerzenschein gegessen wird, um den Generator nicht beanspruchen zu müssen. ✆ 0667-904991, www.chantduchameau.com. Es gibt 1-wöchige Tadelakt-Kurse. Unser Tipp!

Camping, gleich hinter dem Aglou-Beach. Leider sind Ausstattung und sanitärer Bereich immer noch mangelhaft. 2 Pers. inkl. Zelt 40 DH.

Weiterfahrt nach Tafraoute, Taroudannt, Guelmim

Sowohl die Routen nach Tafraoute als auch nach Taroudannt sind relativ wenig befahren und von großer landschaftlicher Schönheit. Während Tafraoute über drei relativ gut beschilderte Teilstrecken leicht zu erreichen ist, braucht es für die Landstraße nach Taroudannt eine gute Straßenkarte. Richtung **Taroudannt** in Ait-ou-Mribete (ca. 30 km) rechts nach Ait-Baha (ca. 20 km) abbiegen; ab der Kreuzung östlich von Ait-Baha weitere 34 km nach Taroudannt (ausgeschildert).

Nach **Tafraoute** gibt es zunächst die südliche, gut befahrene Strecke über den Col du Kerdous mit seinem bekannten Hotel am Pass (1100 m, ca. 54 km). Die zweite Möglichkeit führt nahezu ohne Verkehr über Anezi von Süden in das Ammeln-Tal – eine Strecke mit weitgehend reicher Vegetation und im zweiten Abschnitt mit sehr hübschen Ortschaften. Die dritte Streckenvariante schließlich verbindet Ait-Baha mit Tafraoute und bietet sich eigentlich nur für eine Anfahrt aus Richtung Agadir an.

Übernachten   ****** Hotel Kerdous**, km 54, Route de Tiznit à Tafraoute; besonders in den Morgen- und Abendstunden wunderschönes Panorama. Das Hotel gehört inzwi-schen zur Kenzi-Gruppe und kommt jetzt dem 4-Sterne-Komfort näher. DZ ab 800 DH. ✆ 0528-862063, www.hotelkerdous.com.

Von Guelmim nach Foum-Zguid und Zagora

Das 40 km von Guelmim nordöstlich gelegene **Bou-Izakarn** ist Drehscheibe für die große West-Ost-Verbindung parallel zur algerischen Grenze. Bou-Izakarn ist damit Ausgangspunkt für die mit normalem Pkw gut befahrbare Strecke nach **Tata** (250 km) und bis **Foum-Zguid** (390 km) Reizvoll ist der Panoramablick bis zum Meer auf dem Weg von Bou-Izakarn zum Tizi-n-Mighert-Pass, 25 km nördlich an der Strecke nach Tiznit.

Tafraoute und der Süden

Interessante Architektur bei Taliouine

Lohnenswert ist **Amtoudi** bzw. die zum UNESCO-Weltkulturerbe vorgeschlagene **Id Aissa Kasbah,** ca. 105 km östlich von Bou-Izakarn; die Kasbah wird an einigen Tagen bis zum Nachmittag von geführten Gruppen aus Agadir besucht (bisher Freitag bis Montag), was die Ruhe des Ortes leider etwas beeinträchtigt. Für den Aufstieg vom Parkplatz zur Kasbah sollte man etwa 50 Min. rechnen. Am Rand der sehr schönen Oase von Amtoudi befinden sich die sogenannten **Sources d'Amtoudi,** kleine Quellbäder, in denen man auch schwimmen kann (ausgeschildert). Eine Wanderung auf den Pfaden am Flussbett kann man Richtung Norden auch zur Tageswanderung ausdehnen. Dieses Gebiet wird von den Ait-Oussa-Berbern bewohnt, die bis heute ein halbnomadisches Leben führen (→ Wissenswertes A–Z/Transhumanz).

Die wenig frequentierte Strecke von **Bou-Izakarn** nach **Foum-Zguid** führt durch eine vorsaharische Steppe zu einigen Ortschaften wie Taghjicht, Aicht Herbi und **Icht,** die an Oasen entstanden und in denen bis heute noch ein recht ursprüngliches Leben geführt wird. Bei den Unterkünften ist wenig Komfort zu erwarten, auch im größeren Tata sind überhöhte Preise bei schlechter Qualität die Regel. Von **Icht** (120 km von Bou-Izakarn) ist das nahe **Foum-el-Hassan** (4 km) mit einigen Felszeichnungen leicht zu erreichen (Abzweig hinter der Ortschaft rechts). In Icht und Foum-el-Hasssan befinden sich einige nicht besonders gut erhaltene Ksars, die dennoch einen gewissen Charme ausstrahlen. Eine wirtschaftlich etwas besser gestellte Oasensiedlung ist **Akka** (85 km von Icht) mit den Überresten einer früheren jüdischen Siedlung (Mellah). Im wenig einladenden Café Tammdoult gibt es Informationen/Guides zu den Felszeichnungen bei Akka. Die kurz vor Akka am ausgetrockneten Flussbett des Oued Akka verlaufende Palmeraie erstreckt sich parallel zur Straße nach **Imitek.**

In **Tata** (ca. 75 km von Akka) mit seiner berber- und beduinenstämmigen Bevölkerung und einem sehenswerten Souk (Donnerstag) ist wegen der Nähe zu Algerien die Militärpräsenz besonders stark. Im nahen **Tazzert** (11 km südlich) findet sich eine fast verlassene ehemalige jüdische Siedlung. In **Tissint** (70 km von Tata, Poli-

Umgebung von Tiznit

20 km

zei-Straßenkontrollen) können die Straßenstrapazen in einem fantastischen See (2 km östlich hinter dem Ort) am Wasserfall abgespült werden. In **Foum-Zguid** (76 km von Tissint), wo sich ansonsten die Wüstenfüchse gute Nacht sagen, kann man in der lokalen Kooperative einiges über die prächtigen Teppiche und die Kultur der Berberstämme der Region erfahren; allein der Souk am Donnerstag ist einen Besuch wert und lohnt den strapaziösen Weg.

Von Foum-Zguid führt eine reguläre Straße nach **Tazenakht:** ca. 100 km auf der R 111 und über den 1600 m hohen Tizi-Taguergoust-Pass. Im 7 km nördlich von Foum-Zguid gelegenen M'Hamid beginnt die Piste nach **Zagora,** die nur mit 4x4-Fahrzeug zu erreichen ist (weitere ca. 120 km – siehe Zagora/Weiterfahrt).

Auch die Nord-Route nach **M'Hamid** über die **Zaouia Sidi Abed en Nebi** (ca. 150 km und nur mit 4x4 sowie Guide machbar) bedeutet „Wüste total".

● *Übernachten/Essen & Trinken* **Hotel Amtoudi,** in Amtoudi; funktionales Hotel mit leicht überteuerten Preisen, die man aber herunterhandeln kann. In der angegliederten **Campinganlage** (Zelt mit Auto 40 DH) befindet sich ein Restaurant. DZ ohne Bad 320 DH. ✆ 0528-789394.

On dirait le sud, vor Amtoudi, ausgeschildert. Originelle Unterkunft und gute Küche. Der Besitzer George kennt die außerordentliche Geologie der Region gut. Übernachtet werden kann im Zelt (40 DH) oder im DZ mit Bad (250 DH). ✆ 0528-789414, www.ondiraitlesud.ma.free.fr.

Hotel de la Renaissance, in Tata, ausgeschildert; funktionell-kalte, aber saubere Unterkunft. DZ 150 DH. Av. des Far, ✆ 0528-802225.

Auberge Iriki, in Foum-Zguid, ausgeschildert; Küche und Service gut. Der Inhaber handelt mit interessanten Objekten aus der Region. Angeblich nur HP für 400 DH/Person. ✆ 0528-806568.

● *Einkaufen* **Teppich-Kooperative** in Foum-Zguid, ausgeschildert; gute Qualität, passable Preise; mit etwas Glück werden auch alte Teppiche aus der Region gezeigt. Unser Tipp.

Guelmim

Die Stadt an diesem südlichsten Ausläufer des Anti-Atlas war einst ein wichtiger Markt der Großkarawanen aus Mauretanien, sogar aus dem Senegal und dem Sudan – oft campierten hier über 10.000 Kamele. Besucht wurde der legendäre Markt bis zur Zeit des französischen Protektorats auch von den Sahara-Nomaden vom Stamm der Regùibat, den „hommes bleus", die sich wie die mauretanischen Tuareg in blaue Gewänder kleiden.

Diesem Mythos der Marktstadt, den Elias Canetti in „Die Stimmen von Marrakech" literarisch verewigte, verdankt Guelmim, heute Garnisonsstadt, immer noch viele Besucher. Doch heute kommen die meisten Marktteilnehmer nicht mehr mit Kamelen, sondern mit alten Landrovern auf kaputten Straßen aus den Off-Regionen, wo sie via Parabolantenne an den Segnungen der Gegenwart zumindest virtuell teilhaben. Einen Eindruck von diesem Handelsplatz mit dem gewissen archaischen Flair vermittelt der Kamelmarkt noch heute, auch wenn die Käufer mittlerweile eher schwarze oder helle Djelabas (knöchellange, geschlossene Wollumhänge) tragen. Im westlichen Teil des Markts riecht es nach Dung und Heu, wenn sich Hunderte von Ziegen, Schafen, Kamelen und gelegentlich, ebenfalls in Herden auftretend, die Bustouristen allsamstäglich versammeln. Letztere vermeidet man am frühen Morgen.

• *Information* **Délégation du Tourisme (1)**, tägl. 9–16.30 Uhr. Av. Mohammed VI. ✆ 0528-872911. Travellertalk am ehesten im **Café Ali Baba (4)** in der Medina und im **Cyber Horizons**.

• *Verbindungen* **Gare Routière** und **Kollektivtaxis** an der Av. Agadir, etwa 500 m vom Zentrum an der alten Route nach Sidi Ifni. Nach Tan-Tan täglich 2-mal, nach Dakhla 4-mal, nach Laayoune 5-mal. Die CTM-Busse starten an der gegenüberliegenden Haltestelle.

• *Übernachten/Essen & Trinken* **Au Rendez-vous des Hommes Bleus (2)**; sauber und komfortabel, Zimmer mit AC, Bad und Dusche. DZ 350 DH. Av. Hassan II. 447. ✆ 0528-772821.

Hotel Salam (3), ältestes Hotel am Platz mit Restaurant; Zimmer mit WC und Balkon. DZ 155 DH. Av. Youssef Ibn Tachafine. ✆ 0528-872057.

Dar Nomade, in Tighmert, in der 10 km östlich gelegenen Oasis mit alter Kasbah, die einen Besuch lohnt. DZ ab 200 DH. ✆ 0667-909642, www.darnomade.com.

Kamelmarkt in Guelmin

Roadbooks von Maroc Inedit: Tourisme Chez Habitants

Annie Lauvaux von Maroc Inedit in Taroudannt wünscht sich einen ganz anderen Tourismus. Durch ihren marokkanischen Partner Mahjoub hat sie nicht nur die Region von Taroudannt und Taliouine aus einer anderen Perspektive kennen gelernt: „Genau betrachtet sind wir die Hälfte des Jahres unterwegs. Zum einen pflegen wir die Kontakte zu den Familien und Partnern in den ländlichen Regionen, zum anderen erkunden wir ständig neue Gegenden, für die wir Routen schreiben."

Annie möchte Land und Kultur nicht als „exotischen Traum" darstellen. Vielmehr geht es darum, die Menschen in ihren Lebensräumen in den Mittelpunkt der Reise zu stellen. Zu erkennen, dass sich durch ihr Wirken das ländliche Leben regeneriert. Ein Zusammenleben – wenn auch für nur kurze Zeiträume – gibt den Reisenden zu verstehen, dass sich diese Menschen zwar in ihrer Bindung zum Land eher konservativ verhalten, aber auch veränderte Bedürfnisse haben. Eine der größten Herausforderungen ist also für beide Parteien, dem unrealistischen Bild durch die Medien zu widersprechen. Es geht, so das eingespielte Team, ja darum, zunächst Vorurteile und Berührungsängste abzubauen. Im Weiteren können dann Schritt für Schritt Einblicke in Leben und Arbeit des Ortes gegeben werden.

Auch versucht Maroc Inedit mit Tourismus mögliche komplementäre Einkommensquellen weiterzubringen: landwirtschaftliche Produkte, Aufzucht von Tieren oder Kunsthandwerk. Und genau hier, so bekennt Annie Lauvaux, gibt es noch undenkbar viele Chancen. Bis heute haben sie und Mahjoub in einem Dutzend Regionen die Entstehung von solidarischen lokalen Netzwerken und lokalen Zusammenschlüssen sowie die Übernachtungen bei Einheimischen („Chez Habitants") konzeptionell begleitet. Ihre Besucher übernachten in Orten auf den Bergplateaus von Taliuoine bei der Lokalbevölkerung und erwerben zugleich das hier angebaute Safran. Qualifizierte lokale Guides bieten Trekkings in die Berge an. In anderen Regionen folgen sie ganz unterschiedlichen lokalen Vorschlägen.

In Tislit finden sich in einigen Haushalte Unterkünfte, während Frauen an bestimmten Tagen ihre in Hausarbeit hergestellten Teppiche anbieten. In Timdirt werden lokale Produkte und Übernachtung in einer alten Kasbah angeboten. In Tizgui Abdellah werden Gemüsegärten angelegt und Anbauweisen der Feldwirtschaft erläutert. Im von der Trockenheit der 90er-Jahre gebeutelten Töpferdorf Tatelgmout bieten mehrere Familien Zimmer an – Hausmacherküche mit eingeschlossen.

Informationen zu den Roadbooks, mit denen selbst auf Tour gegangen wird, und den geführten Touren unter www.maroc-inedit.com.

Sehenswertes

Vom Zentrum der Neustadt, der Place Bir Anzarane und ihrer modern wirkenden Moschee, verlaufen zahlreiche Straßen an die Peripherie. In der Avenue Prince befindet sich der **mauretanische Souk,** schräg gegenüber vom **Tagessouk** mit prächtig leuchtenden Stoffen, die meterweise verkauft und in Heimarbeit vernäht werden. Die Mauretanier und Schwarzafrikaner sind hier in der Mehrheit. Im Südwesten befindet sich hingegen der ältere Teil der Stadt mit einem kleinen Kasbah-Viertel.

Der Marabut von Sidi Al Ghazi, dem Schutzpatron der Stadt, befindet sich hinter der Place Hassan II.; im Juni findet hier für den Heiligen ein großer Moussem statt. Den Marabut erkennt man an dem Dach mit dunkelgrün gebrannten, leuchtenden Ziegeln. Wie groß die kulturelle Nähe zur Westsahara ist, vermittelt ein kleiner Spaziergang zur **Medina** am Oued Oum im Südwesten bzw. bis zum Ende der Rue Mohammed V.

Ausflüge

Station Thermale Abaynou: Das schwefelhaltige Thermalbad an der Straße nach Sidi Ifni (11 km) wurde in den letzten Jahren nach dem Motto „bien équipée", gut ausgestattet, erheblich umgebaut, hat dabei aber eher verloren als gewonnen. Ein Vorteil, von dem man sich an gewissen Tagen überzeugen kann, ist allerdings das Ausbleiben sandhaltiger Winde.

Tägl. 18–21 Uhr für beide Geschlechter. Eintritt 10 DH, Massage 100 DH. 18–24 Uhr für Touristen reserviert. 0528

Fort Bou-Jerif: Wäre das ca. 60 km westlich von Guelmim gelegene Fort im Großraum Agadir, würde man es für ein marokkanisches Disneyland halten. Da das 1935 von einem verrückten Franzosen in eigener Regie gebaute Fort aber vollkommen verlassen liegt, lohnt der Besuch. Vor allem, um von hier in einer weiteren Etappe die **Plage Blanche** (weitere 20 km) zu erkunden. Übernachtung im eigenen Zelt, im Nomadenzelt (60 DH) oder in komfortablen DZ ab 350 DH.

Anfahrt Von Guelmim 1 km hinter dem südlichen Ortsende dem Schild folgen. ✆ 0672-130017, www.fortboujerif.com.

Plage Blanche: Marokkos angeblich längster Strand (über 50 km) ist ein Paradies für Strandsegler, aber auch zum Erkunden zu Fuß einen Besuch wert: Die Dünen der Wüste verlaufen bis zum Strand, und die ist tatsächlich von feiner weißer Struktur! In dieser unendlichen Weite kann man fantastische Lichtsituationen erleben, mit entsprechender Ausrüstung ein paar Tage in wirklicher Abgeschiedenheit genießen – und bald zwischen hundert verschiedenen Windtönen unterscheiden. Tipp für Strandsegler: Die Strecke abfahren

Agadir, Tiznit

Gare Routière

TAXI   BUS

BUS

CTM-Busse

Abaynou

Sidi Ifni

Sonstiges
1 DDT-Büro

Übernachten
2 Au Rendez-vous des Hommes Bleus
3 Hotel Salam

Cafés
4 Café Ali Baba

Avenue Hassan II

Place Hassan II

Tagessouk

Kamelsouk

Mauretanischer Souk

Medina

Oued Oum

Plage Blanche

Tantan, Laayoune

Guelmim

400 m

(mit eigener Ausrüstung oder in Agadir leihen) und in zehn Jahren von diesem Rausch träumen – falls die Regierung mit ihrem touristischen Master-Plan tatsächlich ihr Megaprojekt mit einigen zigtausend Gästebetten an der Plage Blanche verwirklicht haben sollte. Ab Fort Bou-Jerif ausgeschildert.

Sidi Ifni

Eigentlich ist Sidi Ifni nicht viel mehr als ein marokkanischer Ferienort, der von den Städtern im Sommer besucht wird. Eine Ausnahme sind die Traveller und Camper, die die Stadt in den letzten Jahren entdeckt haben. Eindrücklich ist die reiche, von den Spaniern gestaltete Art-déco-Architektur um die Place Hassan II.

Das Leben der Kleinstadt verläuft beschaulich, wie ein abendlicher Blick auf eines der Straßencafés an der Avenue Hassan II. bestätigt. Im etwa 2 km weiter in Richtung Süden gelegenen Hafen kommt allerdings am Spätnachmittag Leben auf, wenn der Fang der zurückkehrenden Fischerboote verladen wird.

Die von den Spaniern im 15. Jh. gebaute Stadtfestung wurde in zahlreichen Konflikten immer wieder attackiert und beschädigt und schließlich von den Berbern eingenommen. Nach dem Krieg gegen Spanien wurde sie 1860 wieder abgetreten und von den Spaniern bis zum 30. Juni 1969 besetzt gehalten. Anlässlich dieses Jahrestags findet alljährlich Ende Juni ein Moussem mit Fantasia-Reiterspielen und eine einwöchige Festwoche statt.

Hinter der Plage Blanche beginnt die Wüste

● *Information* Die Brüder Aya im **Café Nomad** (→ unten) sind Kenner der Region und geben gern Auskunft.

● *Verbindungen* Privatbusse starten gegenüber dem Souk nahe der Av. Sidi M. Abdallah. Der Parkplatz der Kollektivtaxis liegt im Nordosten.
Ein kleines Internetcafé liegt an der Verbindungsstraße zwischen Place Hassan II. und der Av. Hassan II.

● *Einkaufen/Sport* **Souk** am Sonntag südlich der Av. Hassan II.
Sahara Surf, beim Suerte Loca. Alles, was Surfer verzückt.

*Ü*bernachten/*E*ssen & *T*rinken

** **Hotel Bellevue (6)**, das Hotel mit einem Hauch 70er-Jahre-Flair liegt direkt an der Felskante, die riesige Terrasse über den Felsen ähnelt einer breiten Schiffskommandobrücke. Gutes Restaurant, Wifi. EZ 160 DH, DZ ab 200 DH; zudem auf der Dachterrasse fünf DZ, die früher dem Personal zustanden und etwas kleiner sind, deshalb nur 120 DH. Place Hassan II. ☎ 0528-875072. Unser Tipp!

* Suerte Loca (2), sympathisches Traveller-hotel mit preiswerten Zimmern und kleinem Restaurant mit fantasievoller Küche, betrieben von Ayad und seiner französischen Frau. Ausgezeichnetes Menü ab 70 DH. DZ mit (ohne) Dusche/WC 170 DH (110 DH). Bd. Moulay Youssef. ✆ 0528-875350, suerteloca36@yahoo.com.

Xanadou (4), individuelle und schicke DZ (550 DH), große Dachterrasse mit Panorama über die Stadt. Es gibt eine Bibliothek und Wifi. ✆ 0528-875350, www.maisonxanadou.com.

Ait Baamrane (1), Hotel direkt am Strand neben dem Camper-Platz. Sehr sauber. Kleines Restaurant, gute Preise; DZ mit Bad 200 DH.

Camping El Barco (3), zwischen Steilhang und Meer; ein Geheimtipp unter Campern, die absolute Meernähe suchen und bei tobender Brandung gut schlafen können. Von winterflüchtigen Franzosen gern frequentiert. Toiletten und Duschen recht sauber. 2 Personen plus Zelt 60 DH/Tag. Rue de la Plage, ✆ 0528-780707.

Café Restaurant Nomad (5), von den Brüdern Abdallah und Brahim Aya betriebenes Musikcafé mit ausgezeichneter Küche. Gelobt werden die reichhaltigen Tajines und Fischgerichte. Im Café finden sich regelmäßig junge Musiker zusammen, ein regionales Musikfestival zur Musik der Sahraouis bzw. Nomaden ist in Planung. Vermietet wird ein kleines, gut ausgestattetes Haus gegenüber dem Café für ca. 200 DH/Tag. Rue Moulay Youssef. ✆ 0662-173308.

Hotel Restaurant Ère Nouvelle (7), freundlicher Ort mit Esprit, kleine, gute Karte. Preiswerte DZ ab 80 DH. Av. Sidi Mohammed Abdallah. 0528-875298.

• *Außerhalb* Leider hat eine exzessive Erschließung auch die Region von Legzira nicht verschont. Aber die Bauspekulation hat sich wieder gelegt, die Natur erobert zurück, was allzu fremd schien. So hofft man jedenfalls im Café Legzira.

Auberge Café Restaurant Legzira, sympathisches, von Abdul Sarkoukou geführtes Strandhotel (Abdul hat in Deutschland gearbeitet) – ein Traum für Strandträumer und Gleitschirmflieger! Die Speisen wurden leider etwas teurer, sind aber immer noch gut, besonders die Tajines mit Fisch (80 DH). Wer hier ausgehungert vom Wandern ankommt, sollte gleich bestellen, da es meist eine Stunde dauert, bis die Tajine fertig ist. DZ ohne Bad ab 200 DH, HP ab 400 DH . Plage du Legzira, ✆ 0528-780457, www.elgzira.free.fr.

Chambre de Plage, neben dem Strandcafé von Legzira; zwei sehr einfache DZ, ein Appartement mit Dusche/WC. Auskunft bei Brahim im Café Nomad. ✆ 070-802422, www.legzirabeachclub.com.

Sehenswertes

Das alte Stadtbild in der westlichen Oberstadt wurde in den letzten Jahren teilweise wiederhergestellt, besonders die reiche von den Spaniern gestaltete Art-déco-Architektur um die Place Hassan II. hat von der Sanierung sehr profitiert – der Platz zeugt bis heute von dieser zumindest wirtschaftlich blühenden Zeit. Dagegen verfällt das **ehemalige spanische Schatzamt** (rechts vom Hotel Bellevue) auf fast schon symbolische

Übernachten
1 Ait Baamrane
2 Hotel Suerte Loca
3 Camping El Barco
4 Xanadou
6 Hotel Bellevue

Nachtleben
5 Café Nomad

Essen & Trinken
5 Café Nomad
7 Restaurant Ère Nouvelle

Cafés
5 Café Nomad

Mirleft, Agadir

Guelmim

Park Houria

CTM-Busse

Avenue El Houria

Avenue Mohammed V

Spanisches Schatzamt

Place Hassan II

Privatbusse

Rathaus

Königliche Residenz

Av. Sidi M. Abdallah

Avenue Hassan II

Sonntags-Souk

Hafen

Fort Bou-Jerif (Piste)

Sidi Ifni

100 m

Tajine essen oder mitnehmen

Weise; auch dieses Gebäude wurde wie die meisten Häuser an der nach Süden verlaufenden Avenue Sidi Mohammed im Stil des seit 1910 aus Spanien gekommenen Art déco gebaut. Auch das alte, inzwischen stillgelegte Kino einige Schritte weiter zeigt mit seiner klaren, geometrisch gegliederten Fassade den Stil dieser Zeit. Direkt gegenüber der Place Hassan II. mit ihrem hübschen kleinen Park liegt das **Rathaus,** daneben die **königliche Residenz** (heute vom Gouverneur genutzt). Der Stadtstrand ist häufig ein beliebter Treffpunkt, hier wird geplaudert, spaziert und vielerorts Fußball gespielt. An ruhigen Tagen ist das Meer auch zum Schwimmen geeignet, man sollte die Strömung allerdings im Auge behalten: Normalerweise peitscht die Brandung heftig gegen die Felsen unterhalb der Oberstadt.

Wanderung von Sidi Ifni zum Strand von Legzira

Eine herrliche Möglichkeit, den Strand von Legzira zu erreichen, ist eine etwa zweistündige Wanderung von Sidi Ifni (ca. 7 km). Allerdings muss sichergestellt sein, dass die Flut zurückgeht bzw. die Ebbe beginnt, da sonst das Meer bis an die Felsküste brandet und es nicht möglich ist, diese schöne Wanderung zu unternehmen (aktuelle Gezeiteninfos bei der Stadtpolizei).

Startpunkt ist beim Marabut am nördlichen Strandabschnitt des Ortes, von hier läuft man in Richtung Norden. Die mächtigen Felsformationen, unter denen man hindurchlaufen kann, finden sich ab etwa 1 km vor Legzira. Die 500 m breite Bilderbuchbucht ist noch kaum erschlossen. Wer sich länger in der Bucht aufhalten will, sollte mit Bus oder Taxi auf der Hauptstraße nach Sidi Ifni zurückfahren, da die Flut den Rückweg möglicherweise bereits versperrt. Die Piste von der Auberge von Legzira führt nach 300 m direkt zur Hauptstraße (von dort ca. 9 km zurück bis Sidi Ifni). An der Hauptstraße kann man ein Kollektivtaxi für den Rückweg nehmen.

Tafraoute und der Süden

Sonntags am Strand von Legzira

Ausflug/Weiterfahrt nach Sidi Ouarsik und Guelmim

Für einen Ausflug zum ca. 18 km entfernten Fischerdorf Sidi Ouarsik verlässt man die Avenue Hassan II. in südlicher Richtung auf einer Piste, die ebenfalls über **Foum-Assaka** nach **Fort Bou-Jerif** und **Guelmim** führt (und von Guelmim auch als Rundtour über die Aphaltstraße nach Sidi Ifni und zurück gefahren werden kann). Diese Route, insgesamt 140 km bis nach Guelmim, ist allerdings recht anspruchsvoll und nur mit 4x4-Fahrzeug und einem ortskundigen Fahrer zu bewältigen, zudem kann sie von Sandstürmen verweht und damit nur schlecht erkennbar sein. Weite Abschnitte der Strecke verlaufen an der Küste, die sehr abwechslungsreich zwischen Flussmündungen, Felsstürzen und an ausgedehnten Strandabschnitten entlangführt. Die Strecke nach Sidi Ouarsik lässt sich auch mit dem Kollektivtaxi zurücklegen. Informationen auch für 4x4-Randonnées im Café Nomad sowie im Café des Hotels Suerte Loca (→ Übernachten).

Mirleft

Die verträumte, in eine weiche Hügellandschaft eingebettete Ortschaft 35 km nördlich von Sidi Ifni besteht nur aus ein paar Straßenzügen. Reizvoll sind die Fassaden an der Rue du Souk. Das Hauptereignis in Mirleft ist der kleine Wochensouk am Montag.

In den letzten Jahren haben sich in Mirleft etliche Wahlmarokkaner aus Frankreich niedergelassen, die hier auch Hotels führen. Ein schöner Kolonnadengang führt durch die Rue du Souk mit einigen hübschen Cafés, einer Galerie und kleinen Hotels mit Restaurants. Der erste Strand Inim Tougra liegt 10 Fußminuten entfernt in Sichtweite, daran anschließend ein weiterer wunderschöner Strand, der Afftas Beach, mit der Beachbar einer Deutschen. Etwas südlich dann, nach ca. 2 bis 3 km, folgt der Plage Sauvage mit Surfschool. Wegen der schwächeren Strömung ist das Meer hier auch für Schwimmer geeignet.

• *Verbindungen* Busse und Kollektivtaxis halten an der zentralen Kreuzung, Taxis auch auf der Place Centrale. Verbindungen nach Tiznit und Sidi Ifni mehrmals täglich.

• *Übernachten/Essen* **** Hotel Restaurant Atlas**, unter den Arkaden der kleinen Geschäftsstraße.

Das Haus aus den 60er Jahren wurde in ziemlich heruntergewirtschaftetem Zustand übernommen und mit viel Liebe zum Detail renoviert, ohne dabei den Grundriss zu verändern. Auf der großen Terrasse (Wifi) mit Blick über Mirleft lässt es sich gut aushalten. Im Angebot sind Koch-, Surf- und Yogakurse. Abends Pizzeria. DZ 240 DH. ✆ 0528-719309, www.atlas-mirleft.com.

Hotel du Sud, kleines, einfaches Travellerhotel. Auf der Terrasse kann auch gefrühstückt werden. DZ ab 200 DH. ✆ 0528-719407, www.hoteldusud.fr.

Restaurant Azour, das Restaurant wird als bestes am Platz gelobt. U. a. Pastillas, gegrillter Fisch, Tajines. Menu 100 DH. Rue du Souk.

*** Les Chameaux, am nahen Berghang östlich des Zentrums; ausgefallenes, geschmackvoll eingerichtetes Hotel mit großer Terrasse und Panoramablick; feines Restaurant; individuell gestaltete Zimmer und Suiten (ab 1300 DH). ✆ 0528-719187, www.3chameaux.com.

Cafe Tayoughte, beliebtes Cafe, abends Livemusik. Rue du Souk.

• *Souk* Montag an der Place du Souk.

• *Post/Bank* Filialen an der Hauptstraße.

• *Wandern/Reiten* Hübsche Orte liegen in den Bergen oberhalb von Mirleft. Man kann sie z. B. auf Pferderücken erkunden. Ranch Les 2 Gazelles: www.les2gazelles.com.

Sidi R'bat und Parc National de Souss-Massa

Das Fischerdörfchen am Ende einer langen Piste war vor einiger Zeit noch ein Tipp unter zivilisationsmüden Europäern. Inzwischen haben auch die Marokkaner den vom Tourismus weitgehend verschonten Fleck am Rand des Parc National de Souss-Massa entdeckt.

Sidi R'bat liegt oberhalb einer 2 km langen Bucht, die im Nordosten mit teilweise hübsch dekorierten, parzellierten Felshöhlen abschließt; sie werden von den Fischern des Ortes zum Aufbewah-

Ein Paradies nicht nur für Vögel: Nationalpark Souss-Massa

ren der Netze und Angeln genutzt. Einige Fischer bessern ihr Einkommen mit dem Verkauf von frisch zubereitetem Fisch auf. Sehenswert ist der Marabut ganz am Südende des Strandes (ca. 1 Std. zu Fuß).

Ein Tipp für Trekker und Biker ist der atemberaubende Küstenabschnitt (Piste) von Sidi Rabat nach Tifnit (ca. 20 km nördlich) oder vom nahen Sidi Ouassai in das ca. 30 km südliche Aglou Plage.

Parc National de Souss-Massa: Der etwa 800 m südwestlich von Sidi R'bat gelegene Nationalpark ist ein ökologisches Kleinod, das auch direkt von Agadir einfach zu erreichen ist. Der Park befindet sich im Mündungsgebiet des Oued Massa und des Oued Souss – allerdings sind die Flüsse aufgestaut und erreichen nur in regenreichen Zeiten das Meer. Der 34.000 Hektar große Park liegt in einer klimatischen Zone, die gemäßigt-warmes und trockenes Wüstenklima vereint. Der Kanarenstrom sorgt dabei durch das Aufeinandertreffen mit der heißen Inlandsluft für hohe Luftfeuchtigkeit. So entwickelte sich an den Dünen ein großer Pflanzenreichtum. Im Frühjahr erstrahlt der Park in einem Blütenmeer von Strandginster, Wildblumen und Margeriten. Der etwa 3 km lange Sandweg entlang des Ufers wird bis auf Sonntage (Schulklassen) kaum besucht. Die Guides des Parks (Hassan, Mohammed und andere) sind ausgezeichnete Kenner dieses außerordentlichen Mikrokosmos und verstehen es, die Besucher für die hier lebenden, zum Teil endemischen Vogelarten zu begeistern – neben Ibis und Wassereule wurden mehr als 200 verschiedene Arten gezählt! Auch Kormorane und Flamingos sind, je nach Jahreszeit, keine Seltenheit. Leider wird ein mit EU-Mitteln bereits teilfinanziertes Projekt (Schutzgebietsmanagement mit kontrolliertem Tourismus) von der marokkanischen Bürokratie bis jetzt nicht fortgesetzt.

Neben dem einzigartigen Naturpark lockt der mehrere Kilometer lange Strand, an dem sich die wenigen Besucher schnell verlieren. Wer in Sidi R'bat eine Übernachtung einlegt, kann das Naturreservat gleich am frühen Morgen besuchen – besonders in den Morgenstunden und in der Abenddämmerung ist der Park ein eindrückliches Erlebnis.

● *Anfahrt/Informationen zum Parc National* Von der Hauptstraße Agadir–Tiznit, ca. 35 km südlich von Agadir, führt in Had-Belfa eine Abzweigung rechts nach Sidi R'bat. Nach der Ortschaft Sidi Ouassai folgt eine ausgeschilderte Piste geradeaus zum Park bzw. nach Sidi Bnazarn, während rechter Hand eine weitere Piste in Sidi R'bat endet (kleinere Pisten bis auf eine nördliche Piste führen teilweise parallel zum Ort). In dem Fischerdorf gibt es einen 500 m langen Fußweg, der zum östlichen Eingang des Parks führt. Mit Verpflegung kann man sich in den kleinen Läden in Sidi R'bat eindecken. 500 m nördlich lohnen die in den Fels am Meer geschlagenen Räume der Fischer eine Wanderung.

● *Übernachten* In Sidi R'bat gibt es einen kleinen **Campingplatz**, einige Privatunterkünfte sowie zwei – allerdings recht teure – Luxusunterkünfte. Das Khaima (Zelt-)Hotel in Douira (nördl. Richtung Ifriane) mit Bio-Anstrich kann nur ab 3 Nächten gebucht werden (www.khaimahotelbio.com).

La Dune, schicke neue Zimmer und Appartements in unterschiedlichen Größen in einer schönen Anlage mit Terrassen, Meerblick und kleinem Restaurant. 7 Khaimas und Platz für weitere Zelte. Brahim ist ein guter Kenner der Region und spricht Deutsch; er holt seine Gäste auch auf Wunsch von Had Belfa an der N1 ab. DZ ab 390 DH, Berberzelte 100 DH/Person. Oberhalb der Straße zum Hotel Ksar Massa (bei der großen Antenne) in Meernähe. 0666-807824, www.ladune.de. Unser Tipp!

Verlagsprogramm

Abruzzen • Ägypten • Algarve • Allgäu • Allgäuer Alpen *MM-Wandern* • Altmühltal & Fränk. Seenland • Amsterdam *MM-City* • Andalusien • Andalusien *MM-Wandern* • Apulien • Athen & Attika • Australien – der Osten • Azoren • Bali & Lombok • Baltische Länder • Barcelona *MM-City* • Bayerischer Wald • Bayerischer Wald *MM-Wandern* • Berlin *MM-City* • Berlin & Umgebung • Bodensee • Bretagne • Brüssel *MM-City* • Budapest *MM-City* • Bulgarien – Schwarzmeerküste • Chalkidiki • Chianti – Florenz, Siena • Cilento • Cornwall & Devon • Dublin *MM-City* • Costa Brava • Costa de la Luz • Côte d'Azur • Cuba • Dolomiten – Südtirol Ost • Dominikanische Republik • Dresden *MM-City* • Ecuador • Elba • Elsass • Elsass *MM-Wandern* • England • Fehmarn • Franken • Fränkische Schweiz • Friaul-Julisch Venetien • Gardasee • Genferseeregion • Golf von Neapel • Gomera *MM-Wandern* • Gran Canaria • Graubünden • Griechenland • Griechische Inseln • Hamburg *MM-City* • Harz • Haute-Provence • Havanna *MM-City* • Ibiza • Irland • Island • Istanbul *MM-City* • Istrien • Italien • Italienische Adriaküste • Kalabrien & Basilikata • Kanada – der Osten • Kanada – der Westen • Karpathos • Katalonien • Kefalonia & Ithaka • Köln *MM-City* • Kopenhagen *MM-City* • Korfu • Korsika • Korsika Fernwanderwege *MM-Wandern* • Korsika *MM-Wandern* • Kos • Krakau *MM-City* • Kreta • Kreta *MM-Wandern* • Kroatische Inseln & Küstenstädte • Kykladen • Lago Maggiore • La Palma • La Palma *MM-Wandern* • Languedoc-Roussillon • Lanzarote • Lesbos • Ligurien – Italienische Riviera, Genua, Cinque Terre • Ligurien & Cinque Terre *MM-Wandern* • Liparische Inseln • Lissabon & Umgebung • Lissabon *MM-City* • London *MM-City* • Lübeck *MM-City* • Madeira • Madeira *MM-Wandern* • Madrid *MM-City* • Mainfranken • Mallorca • Mallorca *MM-Wandern* • Malta, Gozo, Comino • Marken • Mecklenburgische Seenplatte • Mecklenburg-Vorpommern • Menorca • Mittel- und Süddalmatien • Mittelitalien • Montenegro • Moskau *MM-City* • München *MM-City* • Münchner Ausflugsberge *MM-Wandern* • Naxos • Neuseeland • New York *MM-City* • Niederlande • Niltal • Nord- u. Mittelgriechenland • Nordkroatien – Zagreb & Kvarner Bucht • Nördliche Sporaden – Skiathos, Skopelos, Alonnisos, Skyros • Nordportugal • Nordspanien • Normandie • Norwegen • Nürnberg, Fürth, Erlangen • Oberbayerische Seen • Oberitalien • Oberitalienische Seen • Ostfriesland & Ostfriesische Inseln • Ostseeküste – Mecklenburg-Vorpommern • Ostseeküste – von Lübeck bis Kiel • Östliche Allgäuer Alpen *MM-Wandern* • Paris *MM-City* • Peloponnes • Pfalz • Piemont & Aostatal • Piemont *MM-Wandern* • Polnische Ostseeküste • Portugal • Prag *MM-City* • Provence & Côte d'Azur • Provence *MM-Wandern* • Rhodos • Rom & Latium • Rom *MM-City* • Rügen, Stralsund, Hiddensee • Rund um Meran *MM-Wandern* • Salzburg & Salzkammergut • Samos • Santorini • Sardinien • Sardinien *MM-Wandern* • Schleswig-Holstein – Nordseeküste • Schottland • Schwarzwald Mitte/Nord *MM-Wandern* • Schwäbische Alb • Shanghai *MM-City* • Sinai & Rotes Meer • Sizilien • Sizilien *MM-Wandern* • Slowakei • Slowenien • Spanien • St. Petersburg *MM-City* • Südböhmen • Südengland • Südfrankreich • Südmarokko • Südnorwegen • Südschwarzwald • Südschweden • Südtirol • Südtoscana • Südwestfrankreich • Sylt • Teneriffa • Teneriffa *MM-Wandern* • Thassos & Samothraki • Toscana • Toscana *MM-Wandern* • Tschechien • Tunesien • Türkei • Türkei – Lykische Küste • Türkei – Mittelmeerküste • Türkei – Südägäis • Türkische Riviera – Kappadokien • Umbrien • Usedom • Venedig *MM-City* • Venetien • Wachau, Wald- u. Weinviertel • Westböhmen & Bäderdreieck • Warschau *MM-City* • Westliche Allgäuer Alpen und Kleinwalsertal *MM-Wandern* • Westungarn, Budapest, Pécs, Plattensee • Wien *MM-City* • Zakynthos • Zentrale Allgäuer Alpen *MM-Wandern* • Zypern

www.michael-mueller-verlag.de

Michael Müller Verlag GmbH, Gerberei 19, 91054 Erlangen
Tel. 0 91 31 / 81 28 08-0   Fax 0 91 31 / 20 75 41
info@michael-mueller-verlag.de

Register

Tanger • • Ceuta (span.)

Rabat •
Casablanca •

Marokko

Ausschnitt Südmarokko

• Marrakesch

Agadir •

Lanzarote

Fuerteventura

Algerien

Westsahara
(von Marokko annektiert)

Atlantik

Lanzarote

Sidi Ifni •

Guelmim •

Plage Blanche

N1

El-Ouatia •
Tan-Tan •
• Dar-Chebika

Oued Drâa

N1

Sidi-Akhfenir •

R 101

Tarfaya •

M'Sied •

• Abatteh

Tah •

El Hagounia •
As-Sakn •

Westsahara
(von Marokko annektiert)

Dakhla
Laâyoune

Smara